Baedeker
Allianz Reiseführer

Köln

VERLAG KARL BAEDEKER

Hinweise zur Benutzung

Sternchen (Asterisken) als typographisches Mittel zur Hervorhebung bedeutender Bau- und Kunstwerke, Naturschönheiten und Aussichten, aber auch guter Unterkunfts- und Gaststätten hat Karl Baedeker im Jahre 1846 eingeführt; sie werden auch in diesem Reiseführer verwendet: Besonders Beachtenswertes ist durch * einen vorangestellten 'Baedeker-Stern', einzigartige Sehenswürdigkeiten sind durch ** zwei Sternchen gekennzeichnet.

Zur raschen Lokalisierung der Sehenswürdigkeiten von A bis Z auf dem beigegebenen Stadtplan sind die entsprechenden Koordinaten der Plannetzmaschen jeweils neben der Überschrift in Rotdruck hervorgehoben: Dom **N 13**.

Farbige Streifen an den rechten Seitenrändern erleichtern das Auffinden der Großkapitel des vorliegenden Reiseführers: Die Farbe Blau steht für die Einleitung (Natur, Kultur, Geschichte), die Farbe Rot für die Sehenswürdigkeiten, und die Farbe Gelb markiert die praktischen Informationen.

Wenn aus der Fülle von Unterkunfts-, Gast- und Einkaufsstätten nur eine wohlüberlegte Auswahl getroffen ist, so sei damit gegen andere Häuser kein Vorurteil erweckt.

Da die Angaben eines solchen Reiseführers in der heute so schnellebigen Zeit fast ständig Veränderungen unterworfen sind, kann der Verlag weder Gewähr für die absolute Richtigkeit leisten noch die Haftung oder Verantwortung für eventuelle inhaltliche Fehler übernehmen. Auch lehrt die Erfahrung, daß sich Irrtümer kaum gänzlich vermeiden lassen.

Baedeker ist ständig bemüht, die Qualität seiner Reiseführer noch zu steigern und ihren Inhalt weiter zu vervollkommnen. Hierbei können ganz besonders die Erfahrungen und Urteile aus dem Benutzerkreis als wertvolle Hilfe gar nicht hoch genug eingeschätzt werden. Vor allem **Ihre Kritik, Berichtigungen und Verbesserungsvorschläge sind uns stets willkommen**. Sie helfen damit, die nächste Auflage noch aktueller zu gestalten. Bitte schreiben Sie in jedem Falle an die

Baedeker-Redaktion
Karl Baedeker GmbH
Zeppelinstr. 41
D-73760 Ostfildern
Fax: (07 11) 45 02-343, E-Mail: baedeker@mairs.de

Der Verlag dankt Ihnen im voraus für Ihre Mitteilungen. Jede Einsenderin und jeder Einsender nimmt an einer jeweils zum Jahresende unter Ausschluß des Rechtsweges stattfindenden Verlosung von drei JRO-Leuchtgloben teil. Falls Sie gewonnen haben, werden Sie benachrichtigt. Ihre Zuschrift sollte also neben der Angabe des Buchtitels und der Auflage, auf welche Sie sich beziehen, auch Ihren Namen und Ihre Anschrift enthalten. Die Informationen werden selbstredend vertraulich behandelt und die persönlichen Daten nicht gespeichert.

Titelbild: Rheinpanorama mit Kölner Dom, Fernsehturm Colonius, Museum Ludwig und Hauptbahnhof

◂ *S. 1: Tünnes und Schäl, die Hauptpersonen vieler Kölner Witze*

Vorwort

Dieser Reiseführer gehört zur neuen Baedeker-Generation. In Zusammenarbeit mit der Allianz Versicherungs-AG erscheinen bei Baedeker durchgehend farbig illustrierte Reiseführer in handlichem Format. Die Gestaltung entspricht den Gewohnheiten modernen Reisens: Nützliche Hinweise werden in der Randspalte neben den Beschreibungen herausgestellt. Diese Anordnung gestattet eine einfache und rasche Handhabung. Der vorliegende Band hat die Stadt Köln zum Thema. Der Reiseführer gliedert sich in drei Hauptteile: Im ersten Teil wird über die Stadt im allgemeinen, über Bevölkerung und Verwaltung, Bildung und Wissenschaft, Köln als Medienstadt, Wirtschaft, Verkehr, Geschichte, Berühmte Persönlichkeiten und über Kunst und Kultur sowie die Musikszene berichtet. Eine kleine Sammlung von Literaturzitaten leitet über zum zweiten Teil des Reiseführers, in dem zunächst einige Vorschläge zur Stadtbesichtigung gemacht werden, um dann die Sehenswürdigkeiten Kölns im einzelnen zu beschreiben. Daran schließt ein dritter Teil mit reichhaltigen praktischen Informationen an, die dem Besucher das Zurechtfinden vor Ort wesentlich erleichtern. Specials beschäftigen sich mit dem Kölner Karneval, der kölschen Mundart, den romanischen Kirchen, den Brücken, dem Kölsch (Bier) und den typischen kölschen Kneipen, den Brauhäusern. Sowohl die Sehenswürdigkeiten als auch die Informationen sind in sich alphabetisch geordnet.

Vielfältige Kontraste prägen die Stadt: Hier lädt die grüne Flora zur Entspannung ein, dort locken die Tempel von Kunst und Kultur – das Wallraf-Richartz-Museum und Museum Ludwig vor der Fassade des Doms.

Baedeker Allianz Reiseführer zeichnen sich durch Konzentration auf das Wesentliche sowie Benutzerfreundlichkeit aus. Sie enthalten eine Vielzahl eigens entwickelter Pläne und zahlreiche farbige Abbildungen. Zu diesem Reiseführer gehört als integrierender Bestandteil ein ausführlicher Stadtplan, auf dem die im Text behandelten Sehenswürdigkeiten anhand der jeweils angegebenen Plankoordinaten leicht zu lokalisieren sind. Wir wünschen Ihnen mit dem Baedeker Allianz Reiseführer viel Freude und einen erlebnisreichen Aufenthalt in Köln!

Baedeker
Verlag Karl Baedeker

Inhalt

Natur, Kultur Geschichte

Seite 10 – 51

Sehenswürdigkeiten von A bis Z

Seite 52 – 165

Praktische Informationen von A bis Z

Seite 166 – 215

Baedeker Specials

Jeder Jeck

Karneval

ist die fünfte Jahreszeit in Köln – und nicht unbedingt die günstigste Zeit für Geschäftsreisen

Diese vielzitierte Lebensweisheit sagt mehr über Köln und die Kölner aus, als man vielleicht denkt. Zum einen verdeutlicht sie die hiesige Grundüberzeugung, daß in jedem Menschen ein Jeck steckt; eine Einschätzung, die generell eine nicht allzu bierernste Sicht auf das Leben mit sich bringt – auch außerhalb der hier geradezu lebenswichtigen Karnevalssaison. Darüber hinaus äußert sich in dieser Feststellung die Bereitschaft, jeden so sein zu lassen, wie er ist. Vielleicht liegt hierin das Geheimnis dieser weltoffenen und wandlungsfähigen Stadt, die seit vielen Jahrhunderten ein Dreh- und Angelpunkt nicht nur für die Wirtschaftswelt, sondern auch für die Kunstszene ist, und die sich nun zudem zu einer bedeutenden Musikstadt und zur Medienmetropole Deutschlands gemausert hat. Köln war und ist ein Anziehungspunkt für jung und alt, für Kunstliebhaber und Karnevalsjecken, für Geschäftsleute und Kneipengänger, für Weltenbummler, Messebesucher und Künstler, die sich von dem Flair der vielseitigen Stadt fesseln lassen.
Einiges von dieser Faszination spürt man schon, wenn man mit dem Zug über die Hohenzollernbrücke in die Stadt hineinrollt, und dabei fast bis vor den berühmten Dreikönigenschrein im Hochaltar des Doms transportiert wird. Vorher hat man aber noch genug Zeit, um das berühmte Panorama der Stadt auf sich wirken zu lassen: hoch ragen die zwei Türme des majestätischen Doms, des Wahrzeichens von Köln, in den Himmel, gleich daneben macht ihm Groß St. Martin mit seinem gewaltigen Vierungsturm Konkurrenz, ihrerseits eine der zwölf erhaltenen, prachtvollen romanischen

Stadtpanorama

Dom, Groß St. Martin und Rathaus prägen das Bild der Stadt am Rhein

Grünanlagen

wie die Flora bieten Ruhe und Erholung vom Trubel der Stadt

is anders

Kirchen der Stadt. Noch etwas weiter zur Linken sieht man den Turm des Rathauses, an dessen Fassade man vor kurzem über Hundert steinerne Skulpturen von Persönlichkeiten angebracht hat, die die Geschichte der Stadt geprägt haben, darunter Heinrich Böll, Karl Marx, Konrad Adenauer und Stefan Lochner. Ob auch diese sich einstmals vom Charme der Altstadt haben einfangen lassen, läßt sich nur erahnen, der Besucher von heute sollte sich jedenfalls einen Bummel entlang der Rheinuferpromenade und durch die kopfsteingepfasterten Gassen der Altstadt nicht entgehen lassen. Vorbei an gemütlichen Cafés und kleinen Läden landet man dann vorzugsweise in einem der traditionellen Kölschen Wirtschaften, den Brauhäusern, in denen der Köbes das Kölsch in Stangen austeilt, der Fremde nicht lange fremd bleibt und es meist laut und lustig zugeht. Danach hat man die schwere Wahl, ob man den hervorragenden Museen einen Besuch abstatten will, allen voran dem international renommierten Museumskomplex Wallraf-Richartz und Ludwig sowie dem Römisch-Germanischen Museum, oder einen Gang durch die diversen Einkaufsstraßen und -passagen Kölns anschließen will, ob man sich in den exquisiten Galerien umsehen möchte oder ob man das Leben und Treiben in den Kölner 'Veedeln' (Vierteln) beobachten will. Und dann hat man den Zoo mit dem berühmten Affenfelsen noch nicht gesehen, die Reste der römischen und mittelalterlichen Baukunst noch nicht bewundert und noch nicht am Schokoladenbrunnen des Stollwerck-Museums genascht. Noch vieles mehr gibt es zu sehen und zu erleben in dieser facettenreichen Stadt, die alle Jecken – damals wie heute – mühelos in ihren Bann zieht.

Severinstor

Eines der vielen imposanten Zeugnissse der 2000jährigen Geschichte der Stadt

Altstadt

So ruhig ist es im Martinswinkel nur früh morgens. Hinter den Cafés erhebt sich Groß St. Martin.

Das Zeughaus

beherbergt heute das Kölnische Stadtmuseum

HOTEL
HOTEL

Natur, Kultur Geschichte

Zahlen und Fakten

Wappen der Stadt
Köln seit 1818

Erklärung des Wappens

Der Reichsadler verweist auf Kölns Zeit als freie Reichsstadt 1475 – 1798. Die drei Kronen im Brustschild stehen für die Heiligen Drei Könige, deren (mutmaßliche) Gebeine 1164 als Kriegsbeute aus Italien nach Köln in den Dom gebracht wurden. Die elf Flammen darunter erinnern an die Legende der Heiligen Ursula mit ihren elf (tausend) Jungfrauen, die vor den Toren Kölns von wilden Hunnenhorden ermordet worden sein sollen.

Allgemeines

Bedeutung und Größe

Den meisten Besuchern ist die Domstadt in erster Linie als Kunstmetropole und internationale Messestadt bekannt. Darüber hinaus hat sich Köln unter anderem durch seine Lage zu einem bedeutenden Verkehrsknotenpunkt und zu einem führenden Handels- und Industriezentrum entwickelt. Die Stadt ist zudem Sitz eines Erzbischofes und etlicher überregionaler Behörden, u.a. des Bundesverwaltungsamtes und des Bundesamtes für Verfassungsschutz. Neun Funk- und Fernsehanstalten, darunter Deutsche Welle, Deutschlandfunk, WDR, RTL, Vox und VIVA haben hier ihren Standort und begründen damit Kölns Ruf als Medienstadt.
Die vielbesuchte Großstadt ist von ihrer Fläche her die drittgrößte, von ihrer Bevölkerungszahl mit knapp über einer Million Einwohner die viertgrößte Stadt Deutschlands. In Nordrhein-Westfalen stellt sie die größte Stadt dar. Sie erstreckt sich über 28,1 km in nordsüdlicher Richtung und dehnt sich 27,6 km von Osten nach Westen zu beiden Seiten des Rheins aus.

Stadtbild

Das Stadtgebiet wird vom Rhein in Längsrichtung durchschnitten, wobei das 'alte' Köln linksrheinisch liegt, d.h. die ursprüngliche römische Anlage bzw. die heutige Altstadt und sämtliche Stadterweiterungen, die bis zum 19. Jahrhundert vorgenommen wurden. Kommt man von der rechtsrheinischen Seite über eine der Brücken nach Köln, eröffnet sich dem Besucher die weltbekannte Silhouette mit dem Rhein und der Rheinpromenade im Vordergrund, hinter der sich die Türme des Doms, Groß St. Martins und der Rathausturm erheben, zu denen sich seit den Siebzigern auch der Fernsehturm gesellt hat. Köln konnte sich im Vergleich zu anderen Großstädten relativ viel Grünfläche erhalten: nur ein Drittel der Gesamtfläche Kölns ist bebaut.

Das Linksrheinische

Die Stadt auf der linken Rheinseite schmiegt sich in mehreren, größer werdenden Halbkreisen um die Biegung des Flusses. Im innersten Halbkreis liegt die eigentliche Altstadt mit dem Dom, dem Rathaus, mit ihren engen Gassen und der großzügigen Rheinpromenade. Um sie herum zieht sich bis zu den 'Ringen', die in etwa dem Verlauf der 1180 errichteten Stadtmauer entsprechen, die Innenstadt mit ihren vielen Plätzen, darunter der zentral gelegene Neumarkt sowie westlich davon der Rudolfplatz mit dem

◂ *Der idyllische Martinswinkel am Rheinufer und Groß St. Martin*

Das Linksrheinische (Fortsetzung)

monumentalen Hahnentor, weiter südlich der Zülpicher Platz, der den Ausgangspunkt zum Kneipen- und Studentenviertel 'Kwartier Lateng' bildet. Im Bereich der Innenstadt liegen auch die zwölf berühmten romanischen Kirchen Kölns und die großen Einkaufsstraßen wie Schildergasse, Hohe Straße, Breite Straße, Mittel- und Ehrenstraße. Ein breiter Streifen mit Parks und Grünanlagen, der sogenannte Grüngürtel, liegt um die Ringe herum. Die Industrialisierung nach 1800 leitete einen Boom ein, der zur Stadterweiterung führte, im Zuge dessen die nächsten großen Ringe, die Innere Kanalstraße und um sie herum der 'Gürtel', entstanden, letzterer in etwa 4 km Entfernung von der Altstadt. Innerhalb dieses bebauten Streifens und über diesen hinaus entstanden schöne Wohnviertel wie Lindenthal im Westen mit der Universität, elegante Villenviertel wie Marienburg im Süden und Arbeiterviertel wie Ehrenfeld und Nippes im Norden und Nordwesten. Der große 'Militärring' und die Autobahn schließen die Ringstruktur des Linksrheinschen ab. Acht Brücken verbinden die beiden, in ihrer städtebaulichen Anlage völlig verschiedenen Rheinseiten.

Das Rechtsrheinische, die 'Schäl Sick'

Die rechte Rheinseite wurde – bis auf das schon in römischer Zeit als militärischer Brückenkopf angelegte Deutz – erst seit der zweiten Hälfte des 19. Jahrhunderts bebaut. Den Rhein entlang ziehen sich breite Parkanlagen, hinter denen verschiedene Stadtteile gewachsen sind. Auch die Messe hat hier ihren Standort. Daß diese Rheinseite von den Kölnern seit jeher als etwas suspekt und ihrer Stadt nicht zugehörig angesehen wurde, spiegelt sich in dem Begriff 'Schäl Sick' ('schielende Seite') wider, wie das Rechtsrheinische von den Kölnern bis heute genannt wird. Der Begriff rührt von den durch ihre Scheuklappen schielenden Treidelpferden her, die die Schiffe auf der rechten Rheinseite den Fluß hinaufzogen.

Landschaftliche Umgebung

Köln liegt zu beiden Seiten des hier etwa 400 m breiten Rheins in der Kölner Bucht. Diese Bucht gehört zum Niederrheinischen Tiefland, dessen südlichen Teil sie bildet. Begrenzt wird die Kölner Bucht von der Eifel im Westen, dem Bergischen Land im Osten und vom Westerwald und dem Mittelrheintal im Süden. Innerhalb der Kölner Bucht liegen die Ville (westlich von Köln) und das Siebengebirge, das sich im Süden Kölns bzw. im Südosten von Bonn entlang des Rheins erstreckt. Im folgenden werden diese die Umgebung Kölns prägenden Landschaften von Westen nach Osten kurz charakterisiert.

Köln	**Lage:** 50°56' nördl. Breite 6°57' östl. Länge
	Fläche: 405,14 km²
Bundesland: Nordrhein- Westfalen	**Einwohnerzahl:** 1.004.928

Die Ville im Westen

Ein nicht nur landschaftlich, sondern vor allem wirtschaftlich bedeutendes Gebiet ist die Ville, ein von Nordwesten nach Südosten verlaufender Höhenzug westlich von Köln. Hier begann vor 150 Jahren der Abbau von Braunkohle – zunächst in oberflächennahen Flözen im Nordwesten. Heute müssen bis zu 300 m mächtige Gebirgsschichten abgetragen werden, um die Braunkohle im Tagebau fördern zu können, wobei man sich in westlicher Richtung vorarbeitet. Der Südosten der Ville ist dagegen ein nahezu geschlossenes Waldgebiet. Die Ville entstand beim Absinken der Niederrheinischen Bucht vor ca. 35 Millionen Jahren, als sie als Bruchscholle stehen blieb. Damals drang das Meer bis zum heutigen Bonn vor, wobei riesige Torfmoore entstanden, die sich in der Folge zum mächtigsten zusammenhängenden Braunkohlevorkommen Europas entwickelten.

Blick von der Rheinuferpromenade über die Altstadt auf Groß St. Martin

Die Eifel im Südwesten

Etwa 60 km südwestlich von Köln beginnen die nördlichen Ausläufer der Eifel, der linksrheinische Teil des Rheinischen Schiefergebirges. Für viele Kölner ist dieses Bergland an Wochenenden und Feiertagen ein bevorzugtes Ausflugsziel für Spaziergänge und Wanderungen. Die Eifel reicht im Süden bis zum Moseltal bzw. an den Hunsrück. Im Westen dehnt sie sich über die Grenze nach Belgien und Luxemburg aus, während sie im Osten vom Rheintal begrenzt wird. Ihre Attraktivität rührt besonders von ihren verschiedenen Gesichtern: der Köln am nächsten liegende Teil der Eifel im Nordosten ist von den Flüssen Rur und Urft mit ihren Talsperren und den tief in die Hochflächen eingeschnittenen Tälern geprägt. Weiter gen Südosten erhebt sich auf der Höhe von Koblenz der höchste Berg, die Hohe Acht mit 746 m. Tiefer im Süden finden sich die Dauner Maare, die vor 11 000 Jahren durch Gasexplosionen entstanden sind und sich dann mit Wasser gefüllt haben.

Der Westerwald im Südosten

Der rechtsrheinische Teil des Rheinischen Schiefergebirges, der Westerwald, wird von der Sieg im Norden und der Lahn im Süden umflossen. Der Westrand des Gebirges stößt an das Rheintal. Das bekannteste Gebiet im

Der Westerwald (Fortsetzung)

Westerwald ist das Kannenbäcker Land, etwa 20 km nordöstlich von Koblenz, so benannt nach der Herstellung von Tonkannen, einer Tätigkeit, die sich aufgrund der reichen Tonlagerstätten dort anbot.

Das Siebengebirge südlich von Köln

Nicht etwa sieben Berge haben dem Gebirge, das sich mit seinen Ruinen und Burgen malerisch die rechte Rheinseite entlangzieht, seinen Namen gegeben. Vielmehr stammt dieser von den mittelhochdeutschen 'sifen', wie tiefe Täler mit langsam fließenden Bächen genannt wurden. Das kleine Vulkangebirge südöstlich von Bonn wird meistens wegen des Drachenfelses besucht, eines Berges mit einer gleichnamigen Ruine, die nach knapp 500jährigem Bestehen 1634 gesprengt wurde und nun eine der meistbesuchten Ruinen Europas ist. Aus dem Trachyt (ein hellfarbenes vulkanisches Gestein) des Drachenfelsens wurde zum überwiegenden Teil das Baumaterial für den Kölner Dom gewonnen. Der Große Ölberg ist mit 460 m ü. d. M. die höchste Erhebung des Siebengebirges. Fährt man mit dem Zug oder dem Schiff den Rhein von Koblenz Richtung Köln entlang, kann man den herrlichen Blick auf die Weinhänge und den höher gelegenen Laubmischwald des Siebengebirges mit seinen Burgen und Ruinen genießen.

Das Bergische Land im Osten

Im Osten von Köln grenzt an die Niederrheinische Bucht das Bergische Land, das bei den Kölnern als Naherholungsgebiet sehr beliebt ist. Die Ruhr im Norden und die Sieg im Süden umschließen es. Während im Norden große Städte liegen, Wuppertal, Solingen und Remscheid, zeichnet sich das Bergland östlich und südöstlich von Köln durch dicht bewaldete, enge Täler und landwirtschaftlich genutzte Hochflächen in einer insgesamt nur schwach besiedelten, naturbelassenen Gegend aus.

Bevölkerung und Verwaltung

Bevölkerungsentwicklung

Bereits das römische Köln, um 50 n. Chr. erhielt es Stadtrecht, hatte für damalige Verhältnisse ungewöhnlich viele, nämlich rund 40 000 Einwohner. In der folgenden Zeit war die Einwohnerzahl zunächst rückläufig, wuchs aber gegen Ende des 1. Jahrtausends mit Kölns Aufstieg zum Erzbistum und zur Wirtschaftsmetropole wieder an. Im Spätmittelalter (13./14. Jh.) soll Köln an die 50 000 Einwohner gehabt haben. 1794, zu Beginn der französischen Herrschaft, wurden 44 512 Menschen gezählt.
Das Industriezeitalter brachte eine explosionsartige Zunahme: von 1821 bis 1910 verzehnfachte sich die Zahl der Einwohner auf etwas mehr als eine halbe Million. Bei Ausbruch des Zweiten Weltkriegs (1939) waren es 768 352 Einwohner, gegen Ende des Krieges (Anfang 1945) weniger als 40 000 ! 81% aller Wohnungen waren mehr oder minder zerstört, in der Innenstadt waren über 90% aller Häuser total vernichtet. Bereits 1946 lebten in Köln aber schon wieder ein knappe halbe Million Menschen. Diese Zahl stieg durch die Jahrzehnte relativ kontinuierlich auf 1 004 928 (Stand 1999) an.

Religion

Köln ist traditionell eine katholische Stadt. Auch heute ist fast 50% der Bevölkerung römisch-katholischen Glaubens, 20% der Kölner sind evangelisch, 30% gehören anderen oder gar keiner Religionsgemeinschaft an.
Erste christliche Gemeinden sind schon im 2. Jh. n. Chr. in Köln bezeugt. Durch Kölns Stellung als Erzbistum seit dem 8. Jh. mit großem Einfluß im Reich wurde das Christentum in Köln gefestigt, so daß die Stadt auch nach der Vertreibung der Erzbischöfe 1288 eine christliche Stadt blieb. Wegen der großen Zahl seiner Kirchen trug Köln seit dem Mittelalter den Beinamen “Heiliges Köln”. In der Zeit der Glaubenskämpfe blieb Köln katholisch; Protestanten und Angehörige anderer Konfessionen durften bis zur französischen Herrschaft (1802) nicht im Stadtgebiet wohnen. Ab 1802 trug gerade der Zuzug wohlhabender protestantischer Kaufleute mit zum wirtschaftlichen Aufschwung der Stadt bei.

Bevölkerung

Jüdische Gemeinde

Ein Erlaß des römischen Kaisers Constantin von 321 ist der erste Beleg über jüdische Ansiedlungen in Deutschland und zugleich in Köln. Während des Mittelalters wurde die Kölner jüdische Gemeinde mehrmals gewaltsam vernichtet – 881 durch plündernde Normannen, im 11./12. Jahrhundert durch Kreuzritter und im 14. Jh. durch Christen, die den Juden die Verbreitung der Pest zuschrieben. Von 1424 bis ins 19. Jh. hinein war den Juden der Aufenthalt in Köln gänzlich untersagt. Nach 1856, als die Juden Bürgerrechte erhielten, entwickelte sich bis 1933 eine neue Gemeinde von etwa 20 000 Menschen. Infolge des Antisemitismus der nationalsozialistischen Zeit wanderten etwa 40% der jüdischen Kölner aus, bevor die massenhaften Deportationen begannen. Mehr als 11 000 Kölner Juden wurden ab 1941 verschleppt und ermordet. Die vergleichsweise kleine Gruppe, die nach 1945 in Köln wieder zusammenfand, hat heute ihr Gemeindezentrum bei der Synagoge in der Roonstraße.

Kölsche Mundart

→ *Baedeker-Special* "Op Kölsch jeschwad", S. 132 / 133

Verwaltung

Schon im 12. Jh. erstritten sich die Kölner Bürger eine beschränkte Mitverwaltung durch das sogenannte Schöffenkolleg. Doch das entscheidende Jahr war 1396: Damals trat der 'Verbundbrief' in Kraft, durch den die in 'Gaffeln' (Handwerkerorganisationen ähnlich den Zünften) vereinten Bürger

Köln

Stadtbezirke

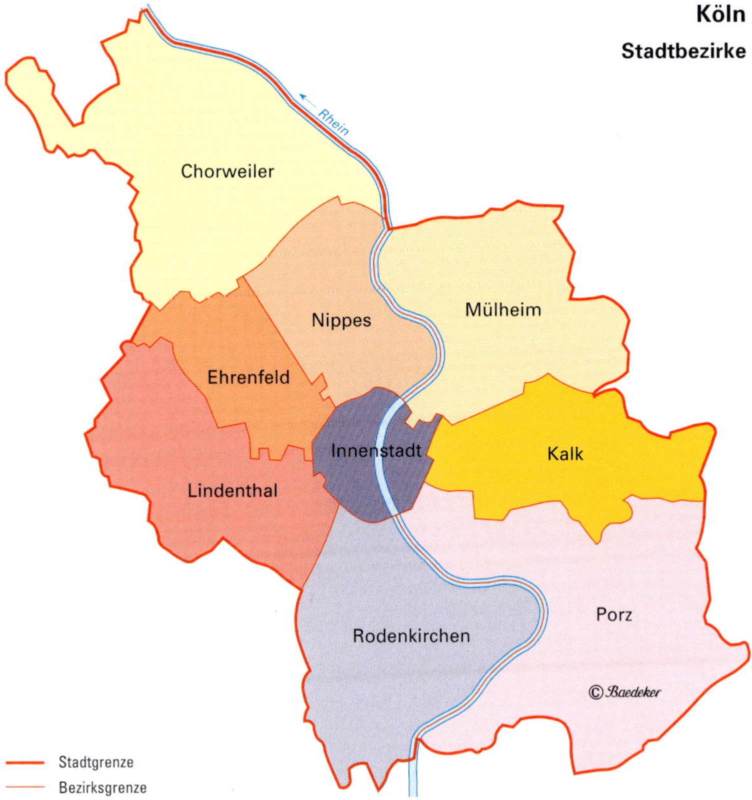

in den Rat kamen und damit Teil der Stadtverwaltung wurden. Was sich heute so unspektakulär liest, war damals eine Sensation: in Köln war nun die erste demokratische Stadtverfassung Europas nördlich der Alpen geschaffen worden, die dann 400 Jahre Bestand hatte. Die Verwaltungsstruktur änderte sich später nochmals unter französischer Herrschaft 1794, dann 1856 und 1933 unter den Nationalsozialisten.
Die 1946 nach britischem Vorbild geformte und bis heute gültige Stadtverfassung ist geteilt in den Rat (beschließender Teil) und die Verwaltung (ausführender Teil). Vorsitzender des Rates ist der gewählte Oberbürgermeister, Leiter der Verwaltung ist ein beamteter Oberstadtdirektor, 13 Dezernenten leiten die einzelnen Bereiche. Der Rat besteht aus 91 von der Bürgerschaft gewählten Bürgerschaftsvertretern. Neben dem Oberbürgermeister gibt es zwei weitere Bürgermeister.

Verwaltung (Fortsetzung)

Köln ist in neun Bezirke mit gewählten Bezirksvertretungen eingeteilt. Zum Bezirk 1 (Innenstadt) gehören linksrheinisch die Alt- und die Neustadt (letztere etwa der ergänzte Halbkreis Innere Kanalstraße/Universitätsstraße), außerdem rechtsrheinisch Deutz. Die weiteren Bezirke sind Rodenkirchen, Lindenthal, Ehrenfeld, Nippes, Chorweiler, Porz, Kalk und Mülheim.

Stadtbezirke

Köln unterhält mit 28 Städten Partnerschaften, darunter mit 21 europäischen, so mit Liverpool (England), Lille (Frankreich), Lüttich (Belgien), Rotterdam (Niederlande), Turin (Italien), Barcelona (Spanien) und Kattowitz (Polen). Im außereuropäischen Raum sind Kyoto (Japan), Tunis (Tunesien), Tel-Aviv-Yafo (Israel), Peking (China), Corinto (Nicaragua), Indianapolis (USA) und Wolgograd (GUS) mit Köln städtepartnerschaftlich verbunden.

Städtepartnerschaften

Bildung und Wissenschaft

Köln braucht in puncto Bildung den Vergleich mit anderen deutschen Großstädten nicht zu scheuen: Sie besitzt neun Hochschulen, darunter die zweitgrößte Hochschule und die größte Fachhochschule Deutschlands, dazu die zweitgrößte Volkshochschule der Bundesrepublik mit über 1 700 Dozenten und Dozentinnen und etliche bedeutende Bilbliotheken und Archive, beispeilsweise das bereits im 14. Jh. entstandene Historische Archiv. Daneben existieren 290 Schulen aller bekannten Schulformen, von Grundschulen über Gesamt-, Berufs-, Fach- und Kollegschulen bis zu verschiedenen Abendschulen. Da Köln als Wirtschaftsstandort nach einer Studie des Magazins "Wirtschaftswoche" an erster Stelle rangiert, haben sich hier auch etliche namhafte Forschungsinstitute angesiedelt.

Allgemeines

Köln war die erste Stadt Deutschlands mit einer städtischen Universität (1388); städtisch heißt, sie wurde von Kölner Bürgern gegründet und finanziert und nicht – wie die drei weiteren deutschen Hochschulen des Spätmittelalters – von der Kirche getragen. 1798, zur Zeit der französischen Besetzung, wurde die Universität aufgehoben. Erst 1899 entstand eine Handelshochschule, für die in der Claudiusstraße ein Gebäude im neubarokken Stil errichtet wurde. 1919 erfolgte auf Betreiben des ersten Rektors der Hochschule, Christian Eckert, und des damaligen Oberbürgermeisters Konrad Adenauer die Neugründung der Universität, die ab 1928 den Neubau (im neuen 'sachlichen' Stil) im Inneren Grüngürtel (Universitätsstraße) erhielt. Heute studieren dort über 56 000 Studenten, womit sie die größte Hochschule Nordrhein-Westfalens und die zweitgrößte der Bundesrepublik ist. Hinzu kommen vier Fachhochschulen, darunter eine für Bibliothekswesen und zwei private, die Deutsche Sporthochschule, die Musikhochschule, die Kunsthochschule für Medien und das Studierzentrum der Fernuniversität.

Universität

Weitere Hochschulen

Neben den neun Hochschulen kann sich Köln auch als Standort der größten deutschen ingenieurwissenschaftlichen Großforschungseinrichtung

Forschung

Bildung und Wissenschaft, Forschung (Fortsetzung)

rühmen: der Deutschen Forschungsanstalt für Luft- und Raumfahrt (DLR). Dort werden schwerpunktmäßig Astronauten ausgebildet und Experimente für Spacelab-Missionen entwickelt. Mit dem Europäischen-Transschall-Windkanal in Köln-Porz können weltweit einmalige Messungen zu Geschwindigkeiten von Zivilflugzeugen erstellt werden. Köln ist zudem eine Hochburg für Gentechnologie, einerseits durch die Kölner Universität, die als erste in Deutschland Genetik als Studienbereich anbot, andererseits durch das Max-Planck-Institut für Züchtungsforschung. Überdies befaßt sich das große Forschungszentrum Jülich GmbH mit diversen Forschungsbereichen: Umwelt, Energie, Materialforschung, Informationstechnik und Biotechnologie.

Historisches Archiv der Stadt Köln

Selbst wenn man sich nicht allein von der großen Zahl der Kölner Archive, es sind ihrer siebzehn, beeindrucken läßt, so muß man doch das "Historische Archiv der Stadt" Köln in der Severinstraße als etwas Besonderes anerkennen. Es entstand bereits Ende des 14. Jh.s, nachdem sich die städtische Selbstverwaltung Kölns lange vor allen anderen deutschen Städten im 12. Jh. der Schrift zu bedienen begonnen hatte. Heute beherbergt das Archiv etwa 60 000 Pergament-Urkunden des 10. bis 18. Jh.s, die ältesten sogar aus dem 6. Jh., daneben Zehntausende Karten, Pläne, Fotos, Filme, Videos und 25 Regalkilometer Akten, die sich jährlich um 500 Meter verlängern. Das politische, wirtschaftliche und kulturelle Leben Kölns ist hier über mehr als ein Jahrtausend dokumentiert, wodurch das Archiv internationale Bedeutung erlangt hat. Bis auf wenige Ausnahmen sind alle Dokumente frei zugänglich, es werden außerdem Führungen angeboten und Ausstellungen organisiert.

Weitere Archive

Diesem Archiv angeschlossen ist das "Dokumentationszentrum zur Erforschung der NS-Zeit in Köln", das EL-DE-Haus am Appellhofplatz, in dem neben Beständen zur jüdischen Geschichte und zu Verfolgung und Widerstand zwischen 1933 und 1945 sowie zu den Fremdarbeitern auch eine Gedenkstätte eingerichtet ist, da sich in diesem Gebäude u.a. Haftzellen der Gestapo befunden hatten. Bedeutend ist auch das Rheinische Bildarchiv mit mehr als 300 000 Bildern zu Kunst und Architektur.

Bibliotheken

Unter den vielen Bibliotheken und Stadtbüchereien sind die Universitäts- und Stadtbibliothek und die Zentralbibliothek der Medizin für ihre Vielfalt an Beständen besonders hervorzuheben. Die große Stadtbibliothek am Neumarkt mit 1,4 Millionen Medien versteht sich auch als kulturelles Zentrum, in dem Hörspielaufführungen, Ausstellungen, Autorenlesungen und Vorträge stattfinden.

Ausländische Kulturinstiture

Mehrere ausländische Kulturinstitute sind in Köln ansässig, so das Amerika-Haus, das Belgische Haus, das British Council "Die Brücke", das französische, italienische, spanische, türkische, osteuropäische, japanische und das lateinamerikanische Kulturinstitut.

Wirtschaft und Verkehr

Geschichte

Hinsichtlich Handel und Industrie erlangte Köln früh Weltgeltung, wozu nicht zuletzt die günstige Verkehrslage an der Kreuzung wichtiger Handelswege beitrug. Aus der Notwendigkeit, in Köln die auf dem Rhein transportierten Waren umzuladen, entstanden große Märkte; Kaufleute siedelten sich an. Das Stapelrecht von 1255 legte fest, daß alle Schiffe ihre Waren in Köln drei Tage lang zum Verkauf ausladen mußten. So war Kölns Handel im Mittelalter bald der vielseitigste und weitreichendste Deutschlands. Die wirtschaftliche Kraft Kölns trug auch wesentlich zu ihrer frühen politischen Unabhängigkeit bei. Ein neuerliches Aufblühen der Wirtschaft erfolgte ab dem 19. Jh. vor allem auf den Sektoren Landwirtschaft, Bergbau und Maschinenbau.

Verkehr

Um von der günstigen Lage Kölns (mit schiffbarem Fluß und einem der ältesten wichtigen Rheinübergänge; heute Mittelpunkt des für die EU-Wirtschaft zentralen Städtevierecks Paris - London - Hamburg - Stuttgart) auch wirtschaftlich profitieren zu können, legten die Kölner seit jeher viel Gewicht auf den Ausbau der Infrastruktur. Um die Stadt wurde ein durchgehender Autobahnring mit sieben Autobahnkreuzen gelegt, der in Europa als Vorbild gilt. Er vereinigt zehn Autobahnen, zwölf Bundesstraßen ergänzen die Verbindungen in alle Richtungen. Über acht Brücken (→ *Baedeker-Special* "Hängend, ziehend und spannend über den Rhein", S. 74 / 75) rollt der Bahn- und Autoverkehr (beispielsweise über die Kölner Südbrücke, die die meistbefahrene Güterzugstrecke in Deutschland ist). Mit etwa 1350 Zügen, die pro Tag in den Kölner Hauptbahnhof einfahren, bildet Köln den bedeutendsten Eisenbahnknotenpunkt Europas. Die sechs modernen Häfen, in denen jährlich etwa 10 Millionen Tonnen umgeschlagen werden, gehören zu den größten europäischen Binnenhäfen. Schließlich bleibt noch der Flughafen Köln/Bonn südöstlich von Köln zu erwähnen, der als einer der modernsten und sichersten der Bundesrepublik gilt.

Der Rheinauhafen, einer der sechs modernen Häfen Kölns, entstand 1898

Industrie

Als Großstadt mit der bundesweit besten Standortqualität – so laut einer Untersuchung der Zeitschrift "Wirtschaftswoche" – zieht Köln viel Industrie und Gewerbe an. Die wichtigsten Wirtschaftszweige sind heute die Automobilindustrie mit sieben internationalen Unternehmen, z.B. die Fordwerke, Toyota und Volvo, der Maschinenbau z.B. von Klöckner-Humboldt-Deutz (in Köln wurde 1876 der erste Viertaktmotor, der Ottomotor, gebaut), die chemische und pharmazeutische Industrie (Nattermann und Madaus), die Elektrotechnik sowie die Mineralölverarbeitung im Süden und Norden Kölns. Weltweit ein Begriff ist auch das Eau de Cologne (Kölnisch Wasser), das in Köln zum größten Teil von 4711 hergestellt wird. Hinzu kommen Bau-, Stahl-, Eisen-, Textil-, Bekleidungs-, Nahrungs- und Genußmittelindustrie (Stollwerk), Druckereien, Brauereien u.a. Außerdem ist Köln das bedeutendste Einkaufszentrum für ein weites Umland.

Wirtschaft (Fortsetzung), Banken und Versicherungen

Seit dem Mittelalter ist Köln eines der wichtigsten Zentren Deutschlands für Bankverkehr aller Art. Bezeichnenderweise entstand in Köln 1848 die erste Aktienemmissionsbank Deutschlands. Bis heute findet sich in Köln eine überdurchschnittlich hohe Zahl an Privatbankiers. Banken und die ebenfalls stark vertretenen Versicherungen konzentrieren sich in der Innenstadt vor allem um die Achse Unter Sachsenhausen / Gereonstraße.

Messen

Seit dem Stapelrecht von 1255 (eine formale Bestätigung eines schon länger geübten Brauches) haben Messen in Köln Tradition. Heute ist Köln einer der ersten Messeplätze der Welt mit 40 internationalen Fachmessen und Ausstellungen, u.a. der photokina, der ANUGA, der ORGATEC und der Süßwarenmesse (insgesamt 30 000 Aussteller aus 100 Staaten, über 1 Millionen Besucher jährlich; dazu kommen zahlreiche zusätzliche Ausstellungen und pro Jahr ca. 1300 Kongresse und ähnliche Veranstaltungen). Das selbständige Unternehmen KölnMesse organisierte 1993 die deutsche Teilnahme an der Weltfachausstellung EXPO'93 in Korea.

Tourismus

Rund 2,5 Millionen Übernachtungen Ortsfremder werden jährlich in Köln gezählt; weitere 4,6 Millionen bleiben jährlich über Nacht bei Freunden und Bekannten. Etwa 35% aller Besucher kommen der Kunst wegen nach Köln. Eine Kölner Besonderheit ist es, daß zu stark besuchten Messen zusätzlicher Übernachtungsraum durch komfortable Hotelschiffe auf dem Rhein geschaffen wird.

Medienstadt und MediaPark

Medienstandort Köln

Mit Recht nennt sich Köln Medienstadt, Medienknotenpunkt in Europa und TV-Hauptstadt Deutschlands. Anbieter aller Medienarten, von Fernseh-, Print- und sonstigen Massenmedien bis Multimedia, haben in Köln ihren Standort. Keine andere Stadt Deutschlands hat mehr Fernseh-Sendeanstalten als Köln, zehn Rundfunksender strahlen ihre Programme von hier aus, und knapp 60 Verlage, über 200 Druckereien und 67 Zeitungs- und Zeitschriftenhäuser bringen in der Domstadt ihre Druckerzeugnisse heraus. In ihrem Umfeld hat sich eine große mittelständische Medienindustrie angesiedelt: Die bundesweit einzige Kunsthochschule für Medien hat sich in Köln niedergelassen, Hunderte von Journalisten, Produzenten, kleine Studios, Pressedienste, Agenturen und viele Zuarbeiter, Zulieferer und Managementbetriebe sind gefolgt. Zur Zeit wird mit dem 200 000 qm großen MediaPark in bester Innenstadtlage ein weiteres riesiges Forum für Information und Kommunikation geschaffen.
Jeder 10. sozialversicherte Arbeitnehmer ist in Köln in der Medien- und Kommunikationswirtschaft beschäftigt, damit steht die Stadt im bundesdeutschen Vergleich einsam an der Spitze.

Der Fernsehturm erhebt sich hinter den Parkanlagen des Inneren Grüngürtels.

Fernsehen

WDR

Die Rundfunk- und Fernsehenbranche ist der Elefant unter den Kölner Medienbetrieben. Der Westdeutsche Rundfunk (WDR) ist heute die größte öffentlich-rechtliche Sendeanstalt für Hörfunk und Fernsehen in Europa. Bereits 1952 ging er, damals noch Nordwestdeutscher Rundfunk Köln genannt, erstmals auf

Sendung. Mit unerwartet großem Erfolg produziert er in den letzten Jahren die Endlos-Serie "Lindenstraße" in Köln-Bocklemünd. Ein zweiter Mediengigant ist RTL, seinerseits der umsatzstärkste private Fernsehsender Europas, der seit 1984 von Köln aus sendet.

WDR (Fortsetzung)
RTL

In den Neunzigern setzte dann geradezu ein Sendergründungs-Boom in Köln ein: 1992 ging die Deutsche Welle tv, hervorgegangen aus dem Berliner Sender RIAS-TV und der Deutschen Welle, mit aktuellem deutschen Fernsehen an den Start oder vielmehr an den Satellit, über den in alle Welt ausgestrahlt wird, ein Jahr später kam VOX, der allerdings mit großen Anfangsschwierigkeiten zu kämpfen hatte und erst nach Umstrukturierungen eine Überlebenschance hatte. Im gleichen Jahr sendete erstmals der Musikkanal VIVA, 1995 bereits VIVA II, der sich auf Rock und Pop der Siebziger und Achziger spezialisiert hat. Seit der umsatzstarke Musikkanal MTV verschlüsselt wurde, ziehen die beiden VIVAs mehr als 600 000 Zuschauer an den Schirm. Im April 1995 zog schließlich der neue Sender Super RTL nach, an dem die Walt Disney Company maßgeblich beteiligt ist. Schon 1988 hatte sich ein kleiner Sender vorgewagt, der bis heute erfolgreich ist, der Kanal 4, der auf den Frequenzen von RTL und SAT 1 Kultursendungen ausstrahlt.

Deutsche Welle tv
VOX
VIVA, VIVA II
Super RTL
Kanal 4

Das "Medienfest LIVE" in der Kölner Altstadt, das parallel zum Medienfachkongreß stattfindet, ist jedes Jahr wieder eine Attraktion für groß und klein.

Hörfunk

Sieben Millionen Menschen hören pro Tag Sendungen des Westdeutschen Rundfunk, des ältesten Kölner Radiosenders. Er strahlte schon 1926 als Westdeutsche Funkstunde AG Hörfunk aus, nachdem im Oktober 1923 der erste Mittelwellensender Deutschlands von Berlin aus den Betrieb aufgenommen hatte. Die Deutsche Welle sendet von Köln-Raderberg aus in 36 Sprachen rund um den Erdball. Gleich nebenan hat das DeutschlandRadio seinen Sitz: Diese Vereinigung von Kölner Deutschlandfunk, Rias Berlin und dem Berliner Deutschlandsender Kultur hat sich zur Maxime gemacht, drei Viertel Wortbeiträge und nur ein Viertel Musik zu bringen. Der

Hörfunk (Fortsetzung)

Lokalsender Radio Köln und das Kölner Programm des rheinland-pfälzischen Radio EPR Eins runden als private Sender das Hörfunkangebot Kölns ab.

Druck und Verlag

Auch wer gern liest, wird in Köln bestens bedient: Elf Zeitungsverlage sitzen in Köln, darunter die mit einer Auflage von 300 000 meistgelesene Abonnements-Tageszeitung "Stadt-Anzeiger". Fast 60 Zeitschriftenverlage und ebensoviel Buchverlage, 218 Druckereien und über 90 Buchhandlungen, darunter Gonski am Neumarkt, eine der größten Buchhandlungen Deutschlands, sorgen in Köln für die Herstellung und Verbreitung des geschriebenen Wortes.

Multimedia und MediaPark

Das Schlagwort Multimedia steht für die Verknüpfung der verschiedenen Medien, mit der sich in Köln bereits mehr als 60 Unternehmen beschäftigen. Die Multimedia-Tage fanden 1995 in Köln erstmals statt, schon zum dritten Mal wurde im gleichen Jahr das interActiva-Festival, ein Forum für Kultur und Medien, veranstaltet.

Im MediaPark (→ Sehenswürdigkeiten von A bis Z) entsteht ein Zentrum für multimediale Forschung und Entwicklung: Im ZIM (Zentrum für interaktive Medien) versuchen 170 Hard- und Softwareunternehmen in Zusammenarbeit mit der Universität und anderen Forschungsinstituten den Einsatz interaktiver Medien zu fördern, im KOMED (Kommunikations- und Medienzentrum) entsteht ein Medien-Bildungszentrum, um nur zwei der vier großen Projekte des MediaParks zu nennen. In der großen Anlage sind neben Büro- und Studioblöcken auch Wohnungen, Ausstellungsräume, Läden, Ateliers, ein grüner Park mit See und ein riesiges Kino, der bereits in Betrieb genommene CINEDOM, geplant bzw. teilweise schon verwirklicht.

Medienfachkongreß und Medienfest

Einen Höhepunkt für die Medienwelt und alle Medieninteressierte bildet das seit 1991 jährlich in Köln stattfindende Medienforum Nordrhein-Westfalen, Europas größter Medienfachkongreß. Hier werden komplexe Aufgaben und Probleme der Multi-Media-Welt erörtert, Fachleute aus Rundfunk, Kommunikation und Datenverarbeitung, TV-Veranstalter, Politiker und Journalisten diskutieren auf verschiedenen Foren über die Zukunft dieser Branchen.

Begleitend dazu wird jedes Jahr ein riesiges Medienbürgerfest veranstaltet, "Medien LIVE", das Tausende von Zuschauern anzieht. Ein Wochenende lang wird ein großer Teil der Kölner Altstadt für den Verkehr gesperrt, überall vom Roncalliplatz am Dom bis zum Alter Markt werden Bühnen, Zelte und Buden aufgestellt, in und auf denen sich nahezu alle Fernseh- und Radiosender aus Nordrhein-Westfalen sowie andere Institutionen und Unternehmen der Medienbranche präsentieren. Hier werden zwei Tage lang Shows geboten, Ferseh- und Radiosendungen live produziert, interviewt und diskutiert. Zudem informieren Ausbilder in den Medienberufen, Moderatoren, Maskenbildner, Stuntmen, Schauspieler und viele andere, die vor oder hinter den Kulissen der Medien tätig sind, über Berufsbilder, Einstiegsmöglichkeiten und Qualifikationen innerhalb des Mediensektors.

Stadtgeschichte

In Köln und der Kölner Bucht, dem Raum zwischen dem Vorgebirge und dem Bergischen Land, haben auch in vorgeschichtlicher Zeit schon Menschen gelebt – das milde Klima am Strom und der fruchtbare Lößboden luden zur Besiedlung ein, die älteste ist 100 000 v. Chr. in der Altsteinzeit nachweisbar. Aber man spricht üblicherweise 'nur' von der zweitausendjährigen Geschichte der Stadt Köln, die kurz vor dem Anfang unserer Zeitrechnung mit den Römern beginnt.

Vorgeschichte

Römische Zeit

In den 50er Jahren v. Chr. erobern die Römer unter Gaius Julius Caesar Gallien. Caesar besiegt die Belgier und rottet die Eburonen aus, die zwischen Rhein und Maas ansässig waren. Unter dem römischen Feldherrn Agrippa siedeln sich die Ubier dort an. Dem Mittelpunkt ihrer Siedlung, dem späteren Köln, gibt Agrippa den Namen 'oppidum Ubiorum'.
50 n.Chr. setzt die in Köln geborene Kaisergemahlin Agrippina, eine Uren-

38 v. Chr.: Ansiedlung von Ubiern durch die Römer

50 n. Chr.: Stadtrecht für CCAA

Römische Zeit (Fortsetzung)

kelin des Kaisers Augustus, durch, daß Claudius ihrer Heimatstadt das römische Stadtrecht verleiht. Sie erhält den Namen Colonia Claudia Ara Agrippinensium (CCAA, d.h. Stadt römischen Rechts, gegründet zur Zeit des Claudius, mit Altar des Kaiserkults, durch Agrippina). Aus Colonia wird Jahrhunderte später und bis heute Köln (früher: Cöln). Wenige Jahre danach erhält die Stadt, damals rund 100 ha umfassend, ihre erste Stadtmauer, von der noch heute einige Teile gut erhalten sind (→ mittelalterliche Stadtmauer und → Römerturm, beides unter Sehenswürdigkeiten von A bis Z). Um das Jahr 90 n.Chr. wird Köln Hauptstadt der Provinz Niedergermanien.

200 n. Chr.: Christentum

Im zweiten Jahrhundert kommt mit den römischen Soldaten und Kaufleuten auch das Christentum nach Köln, spielt aber zunächst neben der Verehrung der römischen Götter nur eine bescheidene Rolle, wird zeitweise auch blutig bekämpft.

Germanen und Römer

Germanen und Römer kommen mehr als zweihundert Jahre lang ganz gut miteinander aus. Die Germanen bleiben rechts, die Römer links des Rheins und treiben etwas Handel. Im dritten Jahrhundert aber dringen die Franken über den Rhein bis nach Gallien vor. Kaiser Konstantin läßt deshalb 310 in Köln die erste feste Brücke über den Rhein schlagen und rechtsrheinisch das Kastell Divitia, Ursprung des heutigen Köln-Deutz, errichten.

Der berühmte, reich verzierte Römerturm des 1. Jh.s mit dem neugotischen Haus von 1900

Die fränkische Zeit

4./5. Jh.: Franken in Köln

Auf die Dauer konnte das geschwächte römische Imperium die Rheingrenze gegen die andrängenden Franken nicht halten. Erstmalig im 4. Jh. besetzen die Germanen, zunächst nur vorübergehend, Köln. In der ersten Hälfte des 5. Jh.s gelangt die Stadt endgültig in die Hand der Franken. Die Merowingerkönige lassen sich in der Kölner Kirche St. Gereon krönen und auch bestatten. Durch Bruderkriege im merowingischen Königshaus kommen die karolingischen Hausmeier zu Einfluß und Macht. Der bedeutendste, Karl der Große, wird im Jahre 800 in Rom zum Kaiser gekrönt. Er ernennt seinen Hofkaplan Hildebold 795 zum ersten Kölner Erzbischof; sein Herrschaftsgebiet reicht von Bremen bis Lüttich.

800: Karl der Große

In den folgenden Jahrhunderten gehören die Kölner Erzbischöfe zu den wichtigsten Ratgebern der sächsischen, salischen und staufischen Herrscher. Streit und Schwäche unter den Nachfolgern Karls des Großen führen zur Dreiteilung des Reiches. Die Normannen fallen ein und zerstören 881 Köln. Aber nach wechselhaften Kämpfen ziehen sich die streitbaren Nordgermanen wieder zurück.

881: Zerstörung Kölns

Herrschaft der Erzbischöfe

953 – 1288

Mehr als 300 Jahre wird die Stadt von ihren Erzbischöfen beherrscht, die zugleich geistliche Oberhäupter wie weltliche Herzöge sind. Gerichtsbarkeit, Marktrecht und Münzhoheit liegen in ihrer Hand. Aber sie müssen dem Kaiser im Kriegsfall auch die nötigen Soldaten stellen. Erzbischof Bruno, jüngster Bruder Kaiser Ottos I., läßt die von Konstantin erbaute römische Rheinbrücke abreißen, so daß die Kölner bis ins 19. Jh. nur per Schiff den Strom überqueren können.

1164: Rainald von Dassel bringt die Gebeine der Drei Heiligen Könige nach Köln

Der Hohenstaufer Friedrich Barbarossa beruft Rainald von Dassel auf den Stuhl des Kölner Erzbischofs. Dieser Kirchenfürst hilft dem Kaiser mit seinen Truppen bei der Eroberung Mailands. Als Dank für seinen militärischen Einsatz (dazumal waren die geistlichen Herren noch Haudegen) und als Geschenk bekommt er vom Kaiser die (angeblichen) Gebeine der Drei Heiligen Könige. 1164 bringt Rainald sie nach Köln. Der Dreikönigenschrein (heute im Kölner Dom) ist während des ganzen Mittelalters ein Hauptanziehungspunkt für zahllose Köln-Pilger. Drei goldene Kronen stehen im Kölner Stadtwappen für Caspar, Melchior und Balthasar.

1180 – 1240: Mittelalterliche Stadtmauer

Im 10. Jh. wird die römische Stadtmauer teilweise niedergelegt und (1180 bis 1240) durch eine erweiterte Befestigung ersetzt, damals die größte und stärkste in Europa. Einige Mauerreste und drei Tore (Eigelstein-, Hahnen- und Severinstor) stehen noch heute.

1248: Beginn des Dombaus

1248 legt Erzbischof Konrad von Hochstaden den Grundstein für den Kölner Dom, der jahrhundertelang Baustelle bleibt; erst 1880 wird er vollendet.

Romanische Kirchen

Bis ins 13. Jh. werden in Köln ("sancta Colonia" genannt oder auch "Rom diesseits der Alpen") zahlreiche Kirchen im römischen Stil gebaut, mit Rundbögen über den Fenstern und Pfeilern. Zwölf dieser romanischen Sakralbauten, einmalig in Deutschland, zeichnen noch heute die Stadt aus (→ *Baedeker-Special* "Zwölf Schätze der Romanik", S. 36 / 37).

Der erste große Kirchenbau in einem neuen Stil ist der Kölner Dom. Für ihn wird die aus Frankreich kommende gotische Bauweise übernommen, mit Spitzbögen und steil in den Himmel ragenden Pfeilern und Türmen.

1259: Stapelrecht

1259 erhält Köln (bis 1831) das Stapelrecht: alle die Stadt erreichenden Waren müssen umgeladen und zum Kauf angeboten werden, was zu einem weiteren Aufblühen der Wirtschaft führt.

1288: Ende der erzbischöflichen Herrschaft

Die selbstbewußten Kölner drängen dann die Macht der Erzbischöfe Schritt um Schritt zurück. Nach wechselhaftem Kriegsglück kommt es 1288 zur Schlacht bei Worringen (heute ein Kölner Vorort), wo Erzbischof Siegfried von Westerburg geschlagen und gefangengenommen wird. Er muß die Freiheiten der Stadt beschwören, die damit praktisch zur Freien Reichsstadt wird, de jure diesen Status aber erst 1475 erhält.

Pest und Judenvertreibung

1348 bricht auch in Köln die Pest aus. Die Juden werden wie in vielen anderen Städten unsinnigerweise verdächtigt, die Brunnen vergiftet zu haben. 1349 findet ein Pogrom statt – für 23 Jahre werden die Juden aus Köln verbannt. Von 1424 bis ins 19. Jh. wird ihnen endgültig untersagt, die Stadt zu betreten.

1388: Universitätsgründung

1388 wird die Kölner Universität gegründet, die 1798 von der französischen Besatzung aufgelöst wird. Erst 1919 wird Köln unter Oberbürgermeister Konrad Adenauer wieder Universitätsstadt.

Fernhandel

Auch in der Hanse spielt Köln eine gewichtige Rolle, als Zentrale des Fernhandels, vor allem nach England, wo die Kölner Kaufleute eine eigene Niederlassung unterhalten, die Guildhall in London. Noch heute zeigt die Kölner Fahne die Farben der Hanse, rot und weiß.

1396: Zünfte erkämpfen neue Verfassung

Wichtig und mächtig werden Ende des 14. Jh.s die gegen den Stadtadel (die Patrizierfamilien) antretenden Handwerkerzünfte, die sich zu sog. Gaffeln zusammenschließen und den patrizischen Stadtrat mittels einer neuen Verfassung durch einen neuen Rat ersetzen. Die 22 Gaffeln wählen nun die Ratsherren. Die Handwerkerverbände existieren vom 12. bis zum Ende des 18. Jahrhunderts. 1796 werden sie von den Franzosen aufgelöst. Sie ersetzen, nach den Prinzipen ihrer großen Revolution von 1789, den alten Zunftzwang durch die Gewerbefreiheit, an der auch die Protestanten teilhaben, die sich zuvor nur außerhalb der Stadtmauern hatten ansiedeln dürfen.

Ansicht der Stadt Köln auf einem Holzschnitt von 1531. Die Türme von Groß St. Martin überragten jahrhundertelang die des unvollendeten Doms.

Reformation und Dreißigjähriger Krieg

1520: Verbrennung von Luthers Schriften

Martin Luther und seine Lehre finden zunächst auch in Köln einige Anhänger, werden dann aber in der Gegenreformation energisch bekämpft. "Ketzer" werden dem Feuer überantwortet; auch die Schriften Luthers werden 1520 öffentlich verbrannt. – Unmittelbar nach der Gründung des Ordens (1534) wird Köln ein Stützpunkt der Jesuiten.

1618 – 1648: Dreißigjähriger Krieg

Im Dreißigjährigen Krieg erklärt sich die Freie Reichsstadt Köln - im Gegensatz zu ihrem Erzbischof – für neutral und entgeht damit den Schrecken und Verwüstungen dieses Krieges. Wirtschaft und Handel gehen natürlich drastisch zurück. Das damals noch selbständige Deutz (Köln gegenüber auf der rechten Rheinseite) wird von schwedischen Truppen erobert.

Hexenverfolgung

Der mittelalterliche Hexenwahn findet auch in Köln seine Opfer. Dagegen schreibt und streitet mit Erfolg der Kölner Jesuitenpater Friedrich von Spee (1591 – 1635). 1734 erscheinen die ersten Zeitungen in der Stadt.

Franzosenherrschaft

1794 – 1814

Wenige Jahre nach der Revolution von 1789, nämlich 1794, besetzen französische Truppen Köln. Die feierlich verkündeten Ideale von Freiheit, Gleichheit und Brüderlichkeit finden zunächst auch unter den Kölner Bürgern Anklang. Dieser schwindet bald, als hohe "Kontributionen" von den Besatzern auferlegt und die Bewohner von Einquartierungen und Beschlagnahmungen bedrückt werden. 1798 wird die Universität aufgehoben.
Aber die Stadt wird unter dem französischen Regiment auch moderner, vor allem zur Zeit Napoleons: 1797 erhalten die Protestanten das Bürgerrecht, wenige Jahre später auch das Recht der freien Religionsausübung, nachdem 1798 der kirchliche und klösterliche Besitz säkularisiert wurde. 1802 wird in Köln die erste deutsche Handelskammer gegründet. Die Franzosen

Franzosenherrschaft (Fortsetzung)
code civil

kümmern sich um Straßenbeleuchtung und -reinigung, alle Häuser werden durchgehend numeriert (daher der Name '4711' für den Parfümhersteller). Der von Napoleon in Auftrag gegebene code civil (Zivilgesetzbuch) wird auch im Rheinland eingeführt. Interessanterweise wird er auch in der folgenden Preußenzeit (ab 1815) nicht abgeschafft und durch das (veraltete) Allgemeine Preußische Landrecht ersetzt. Der code civil bleibt im Rheinland in einer deutschen Übersetzung geltendes Recht bis zum Inkrafttreten des Bürgerlichen Gesetzbuches am 1.1.1900.

Die Preußenzeit

1815: Wiener Kongreß

1815 wird Köln auf dem Wiener Kongreß Preußen zugeschlagen, zunächst zum geringen Vergnügen der Kölner, denen das protestantische, noch überwiegend agrarische Preußen unheimlich ist. Sie fühlen sich mit ihrer modernen Wirtschaft, ihrem Wohlstand und ihrer Liberalität den aus dem Osten Deutschlands kommenden 'Kommißköpfen' geistig und materiell überlegen. Etwas versöhnt werden sie durch Friedrich Wilhelm IV., der 1842 den Weiterbau des Kölner Domes anordnet, der 1880 beendet ist.

1842: Weiterbau des Doms

Im gleichen Jahr ist Karl Marx Redakteur der in Köln erscheinenden 'Rheinischen Zeitung'. Er gründete dieses Blatt zusammen mit Friedrich Engels. 1849 wird es von der Preußischen Regierung verboten, die beiden Gründer müssen ins Ausland gehen.

Eisenbahnnetz und Brückenbau

In den vierziger Jahren des 19. Jh.s wird mit dem Bau eines Eisenbahnnetzes in alle Richtungen begonnen. 1859 entsteht die erste feste Rheinbrükke seit der Römerzeit, um die Eisenbahn über den Strom führen zu können.

Industrialisierung

Weitsichtige Unternehmer industrialisieren die Stadt. Es entstehen große Spinnereien, Webereien, Mühlen und metallverarbeitende Betriebe, Brauereien und Maschinenfabriken, auch zahlreiche Banken und Versicherungen. Die Bevölkerungszahl steigt rasant, von 50 000 zu Beginn der Preußenzeit auf eine halbe Million im Jahre 1910.

Köln im Kaiserreich

1871 – 1918 Kaiserreich

Bald nach der Reichsgründung durch Bismarck 1871 kommt es zum Kulturkampf, besonders heftig geführt im katholisch geprägten Köln. Kardinal Melchers wird auf Anordnung Bismarcks verhaftet und muß nach Holland gehen.

1881: Schleifung der Stadtmauer

In den achziger Jahren wird die Stadtmauer abgerissen, um für die expandierende Industrie der Gründerzeit Ansiedlungsmöglichkeiten in den Außenbezirken zu schaffen. Nur wenige Teile der historischen Mauer, einige Türme und Tore, sind bis heute erhalten geblieben, darunter auch das Eigelsteintor, an das man 1885 den 'Kölsche Boor' anbrachte (siehe Abb. rechts, Original heute im Rathaus). An die Stelle der Stadtmauer treten die den Pariser Boulevards nachgebildeten Ringstraßen.

"Halt fest du Kölner Bauer, bleib beim Reich, es falle süß oder sauer!" (1885)

1880: Domvollendung

Nach der Wiederaufnahme der Bautätigkeiten am Dom 1824 wird dieser 1880 vollendet, mehr als 600 Jahre nach der Grundsteinlegung.

Vor und nach der Jahrhundertwende werden auch rechtsrheinische Orte wie Deutz und Mülheim eingemeindet. Auch werden mehrere moderne Rheinbrücken gebaut, u. a. die zentral gelegene Hohenzollernbrücke. Die alten Pferdebahnen werden durch elektrische Straßenbahnen ersetzt. 1919 wird die Handelshochschule gegründet.

Weltkriege und Drittes Reich

1914 – 1918: Erster Weltkrieg

Von den Kriegshandlungen 1914 – 1918 war die Stadt nur gering betroffen, wenn man von einem englischen Fliegerangriff zu Pfingsten 1918 absieht. Aber auch die Kölner leiden unter Rationierung und unzulänglicher Ernährung und verlieren viele Männer und Söhne im Feld.

Zwischenkriegszeit

Nach dem ersten Krieg haben die Separatisten, die das Rheinland von Deutschland abtrennen wollen, bei den Kölnern nicht viel Erfolg ("Halt faß (fest) am Rich (Reich), do kölscher Boor!" steht eingemeißelt am Eigelsteintor). Ein Glücksfall für Köln ist in den Zwischenkriegsjahren ihr Oberbürgermeister Konrad Adenauer. Er läßt 1919 die Universität wiedererstehen, veranlaßt die Eingemeindung großer, für die Industrieansiedlung notwendiger Flächen und holt neue Betriebe in die Stadt, u.a. die Ford-Werke. 1924 gründet er die Kölner Messe. Das frühere Festungsgelände läßt er zum inneren und äußeren Grüngürtel umgestalten. – Bis in die NS-Zeit hinein macht die Weltwirtschaftskrise auch Köln schwer zu schaffen. Aber hier gibt es vor 1933 die wenigsten Wählerstimmen im ganzen Reich für die Nationalsozialisten. Alsbald nach der Machtergreifung wird Adenauer als Kölner OB von den neuen Herren entlassen. In der 'Reichskristallnacht' werden auch in Köln die Synagogen zerstört.

1939 – 1945: Zerstörung Kölns im Zweiten Weltkrieg

Im Zweiten Weltkrieg ist Köln wie keine andere deutsche Stadt der Zerstörung aus der Luft ausgesetzt. Am Ende des Krieges liegen alle Brücken im Strom. Die Altstadt wird zu 90 %, Gesamtköln zu 72 % zerstört. Nur der Dom ragt, wenn auch schwer beschädigt, aus der Trümmerwüste. Von den fast 800 000 Kölnern zu Beginn des Krieges waren schließlich noch 40 000 in der Stadt. Am 6. März 1945 meldet der Wehrmachtbericht wörtlich: "Der Trümmerhaufen Köln wurde dem Feinde überlassen. "

Köln nach dem Zweiten Weltkrieg bis heute

Wiederaufbau

Trotz allem machen sich die Kölner, bald in Scharen zurückkehrend, an den Wiederaufbau ihrer Heimatstadt. Konrad Adenauer wird wieder Oberbürgermeister, aber schon nach ein paar Monaten von einem etwas dümmlichen, bornierten englischen General abgesetzt. Im Dezember 1945 nimmt die Universität ihre Arbeit wieder auf. Im Mai 1946 überquert die erste Eisenbahn wieder den Rhein – heute überspannen acht Brücken in Köln den Rhein; die ganze Stadt ist von einem Autobahnring umgeben. Die Rheinseilbahn verbindet die Grünanlagen rechts und links des Stroms zwischen Zoo und Rheinpark. 1950 begeht Köln sein 1900jähriges Bestehen.

Siebziger

Zu den vielen wiedererstandenen Museen und Ausstellungen kommt 1974 das Römisch-Germanische Museum, unmittelbar neben dem Dom erbaut. 1975 übersteigt die Einwohnerzahl eine Million. Köln wird erneut einer der bedeutendsten deutschen Wirtschafts-, Handels- und Versicherungsplätze, und traditionsgemäß Hochburg des Karnevals. Mit Funk und Fernsehen wird Köln die Medienstadt am Rhein (→ Medienstadt).

Achtziger

1980, im hundertsten Jahr der Vollendung des Doms, besucht Papst Johannes Paul II. die Stadt. 1985 begeht Köln das "Jahr der romanischen Kirchen". Im gleichen Jahr verstirbt 67jährig der Kölner Heinrich Böll, der 1972 den Nobelpreis für Literatur erhalten hat. 1986 wird zwischen Dom und Rhein mit dem Wallraf-Richartz Museum/Museum Ludwig und der Kölner Philharmonie ein Kulturzentrum eröffnet.

Neunziger

Zu Anfang der 90er Jahre rauben auswärtige Ganoven aus der Schatzkammer des Kölner Doms wertvolle historische Stücke. Die Kölner Unterwelt, von der Geistlichkeit um Beistand gebeten, ist empört über die Geschmacklosigkeit und schafft das Diebesgut wieder herbei. Anführer der Rückholaktion ist "Schäfers Nas". Zum Dank liest der Domprobst für ihn eine Messe. 1993 und 1995, jeweils zum Jahresende, wird Köln von Jahrhunderthochwassern heimgesucht. Der Rhein überflutet große Teile der Altstadt; nur über Hochgerüste und mit Kähnen erreichen die Menschen ihre Wohnungen. Millionenschäden sind die Folgen. 1998 begeht Köln die 750-Jahr-Feier der Grundsteinlegung des Doms.

Berühmte Persönlichkeiten

1995 wurde der Rathausturm wieder mit Figuren geschmückt: 128 Persönlichkeiten von Agrippina bis Böll, die die fast 2 000jährige Geschichte Kölns in der ein oder anderen Weise geprägt haben, umringen nun fast lebensgroß auf Konsolen den Turm. Ihre Biographien sind in dem Band "Köln: Der Ratsturm' aus der Reihe 'Stadtspuren – Denkmäler in Köln, Bd. 21", die die Stadt Köln im Bachem Verlag herausgibt, nachzulesen. Es folgt eine kleine Auswahl der für Köln bedeutenden und auch über Köln hinaus bekannten Personen.

Hinweis

Konrad Adenauer (5. 1. 1876 bis 19. 4. 1967)

Der studierte Jurist Adenauer war von 1917 bis 1933 Kölner Oberbürgermeister. Die Stadt verdankt ihm viel, so die Wiedereröffnung der Universität 1919, die Anlage der Grüngürtel mit ihren Freizeit- und Sportmöglichkeiten, die Einrichtung der Kölner Messe 1924 sowie den wirtschaftlichen Aufschwung in den zwanziger Jahren. 1933 wurde er von den Nazis entlassen, 1944 sogar inhaftiert. Ab 1945 wieder politisch engagiert (Mitbegründer der CDU), 1948 maßgeblich beteiligt an der Schaffung des Grundgesetzes, wurde er 1949 erster Bundeskanzler der Bundesrepublik Deutschland, 1951 – 1955 auch Außenminister..
In seiner Zeit als Kanzler hat er die deutsche Nachkriegsgeschichte entscheidend geprägt. Er erreichte die Integration der Bundesrepublik in den Westen (z.B. NATO-Beitritt), nahm aber auch mit der UdSSR diplomatische Beziehungen auf und konnte die Heimkehr vieler Kriegsgefangener bewirken. 1963 trat er als Bundeskanzler zurück, blieb aber weiterhin politisch aktiv.
(1995 stellte man eine lebensgroße Statue des ehemaligen Kölner Oberbürgermeisters beim Neumarkt an St. Aposteln auf, siehe Abbildung)

Julia Agrippina (6. 11. 15 bis 59)

Julia Agrippina wurde in Köln (damals oppidum ubiorum) als Enkelin des Stadtgründers Marcus Vipsanius Agrippa geboren. Dieser, ein Freund und Schwiegersohn des römischen Kaisers Augustus, hatte 38 v. Chr. während seiner Statthalterschaft in Gallien durch die Ansiedlung des Volksstamms der Ubier das 'oppidum ubiorum', das spätere Köln, gegründet. Julia Agrippina wurde in einer ersten Ehe (28 n. Chr.) Mutter des späteren Kaisers Nero. 48 heiratete sie ihren Onkel Claudius, Kaiser von 41 bis 54, den sie 50 veranlaßte, sie zur 'augusta' (= Kaiserin) und ihre Geburtstadt Köln zur Stadt römischen Rechts zu erheben. Kölns Name war fortan Colonia Claudia Ara Agrippinensium (CCAA), d.h. 'Stadt römischen Rechts zur Zeit des

Julia Agrippina (Fortsetzung)

Claudius, mit Altar des Kaiserkults, auf Veranlassung Agrippinas'. Aus dem Kurznamen Colonia wurde in späteren Zeiten Köln. Agrippinas Bruder war Caligula, römlischer Kaiser von 37 bis 41. 54 vergiftete Agrippina ihren Gemahl Claudius, um ihren Sohn Nero, den sie politisch beeinflußte, auf den Thron zu bringen. Nero ließ seine Mutter 59 ermorden.

Albertus Magnus (um 1200 bis 15. 11. 1280)

Albert d. Gr., vermutlich Graf von Bollstädt, trat während seines Studiums in Padua in den Dominikanerorden ein. Nach Lehrertätigkeit in verschiedenen deutschen Klöstern promovierte er 1247 in Paris zum Magister der Theologie. 1248 wurde er nach Köln geschickt, um innerhalb des dortigen Dominikanerordens ein studium generale einzurichten und zu leiten. Sein berühmtester Schüler in Köln war → Thomas von Aquin.
Bahnbrechend waren Albertus Magnus' Aristoteleskommentare; außerdem betrieb er neben der Theologie in für die damalige Zeit ungewöhnlichem Maße naturwissenschaftliche Studien. Aufgrund seines Ansehens wurde er mehrmals als Schiedsrichter in Auseinandersetzungen zwischen Kölner Bürgern und Erzbischof Konrad von Hochstaden hinzugezogen. Die Kölner Universität ist nach ihm benannt, seine Gebeine befinden sich heute in einem Sarkophag in der Krypta von St. Andreas.

Sulpiz Boisserée (3. 8. 1783 bis 2. 5. 1851)

Der in Köln geborene Sulpiz Boisserée wandte sich mit seinem Bruder Melchior schon früh dem Studium von Kunst, Literatur und Philosophie zu. In Paris lernten die Brüder den großen Romantiker Friedrich Schlegel kennen, der u.a. ihr Interesse für gotische Architektur weckte und sie 1804 nach Köln zurückbegleitete. Hier begannen die Brüder altdeutsche und altniederländische Gemälde, viele aus verweltlichtem Kirchenbesitz, zu sammeln. Die wertvolle Sammlung erwarb 1827 König Ludwig I. von Bayern (Gemälde heute in der Alten Pinakothek, München). – Ab 1808 stellte Sulpiz Zeichnungen vom Kölner Dom her, die, u.a. durch fiktive Darstellungen der vollendeten Kathedrale, für den Weiterbau des Kölner Doms werben sollten. Ab 1835 war Sulpiz bayerischer Landeskonservator.

Heinrich Böll (21. 12. 1917 bis 16. 7. 1985)

Der gelernte Buchhändler Heinrich Böll, gebürtiger Kölner, studierte in seiner Heimatstadt mit Unterbrechung durch seinen Kriegsdienst Germanistik, wurde aber bald freier Schriftsteller. Die längste Zeit seines Lebens verbrachte er in Köln, dem er mit ambivalenten Gefühlen gegenüberstand: einerseits liebte und lobte er die Stadt: "Köln zu loben ist müßig, und doch muß es einmal geschehen, obwohl es schwer ist, etwas zu beschreiben, was unbeschreiblich ist", andererseits kritisierte er die Stadt und ihre Einwohner mit teilweise so scharfen Worten, daß er von manch einem Kölner als "Nestbeschmutzer" beschimpft wurde. Böll gilt als einer der herausragendsten Vertreter deutscher Nachkriegsliteratur und Vergangenheitsbewältigung. Er befaßte sich zunächst mit den materiellen und seelischen Nöten in der Nachkriegszeit, bevor er begann, sich mit der entwickelnden Wohlstandsgesellschaft mit all ihren Folgen (Konformismus, soziale Ungerechtigkeiten usw.) schriftstellerisch auseinanderzusetzen. Berühmte Romane waren z. B. "Haus ohne Hüter" (1954), "Billard um halb zehn" (1959), "Ansichten eines Clowns" (1963) und "Gruppenbild mit Dame" (1971). Das einfache Milieu des Kölner Eigelsteinviertels ist eindrucksvoll in dem Buch "Unter Kranenbäumen" eingefangen (Text von Böll, die Bilder stammen von dem berühmten Fotografen Chargesheimer).
1972 erhielt der in Köln lebende Böll den Literaturnobelpreis, 1983, wiewohl wegen seines politischen und sozialen Engagements angegriffen, die Ehrenbürgerschaft der Stadt Köln. Zwei Jahre später starb Böll.

Josef Frings (6. 2. 1887 bis 17. 12. 1978)

1910 zum Priester geweiht, 1916 in Freiburg i. Br. zum Doktor der Theologie promoviert, wurde Frings 1942 Erzbischof von Köln und 1946 Kardinal. Während des Dritten Reiches prangerte er öffentlich den Antisemitismus und den Terror der Nationalsozialisten an. Sehr wichtig waren seine Tätigkeit als Vorsitzender der Fuldaer Bischofskonferenz 1945–1965, in der er sich für die Völkerverständigung einsetzte, und sein Einsatz im Zweiten Vatikanischen Konzil – hier gehörte er zu den Vertretern der Kirchenreform. Ende der 50er, Anfang der 60er gründete er die Hilfswerke Misereor und Adveniat. Den Menschen Frings (und damit auch die Liebe der Kölner zu ihm) kennzeichnet treffend sein öffentlich geäußertes Verständnis für die Nöte der Kölner in den ersten Nachkriegsjahren, die u. a. dazu führten, daß man bisweilen im kalten Winter Güterwaggons um einige Briketts erleichterte. Für solche Aktionen bürgerte sich dank der höchsterzbischöflichen 'Billigung' flugs die Bezeichnung 'fringse jonn' (= fringsen gehen) ein. – 1969 trat Josef Kardinal Frings aus Altersgründen von seinem Amt zurück, zwei Jahre, nachdem er zum Ehrenbürger Kölns ernannnt worden war.

Nikolaus Gülich (1644 bis 1686)

Nikolaus Gülich, Sohn einer wohlhabenden Kölner Familie, konnte 1680 die Einsetzung eines Untersuchungsausschusses gegen Bestechung und Ämterschacher (auf kölsch: 'Klüngel') im Stadtrat bewirken. Unterstützt von den Gaffeln (Untergliederungen der Bürgerschaft, meist nach Berufen), erreichte er 1683 die Absetzung des gesamten Rates. Es gelang jedoch den gestürzten Ratsherren, Kaiser Leopold in Wien zur Verhängung der Reichsacht – er war nun vogelfrei, ehrlos und rechtlos – über Gülich und seine Freunde zu bewegen (1685). 1686 wurde Gülich hingerichtet.

Konrad von Hochstaden (um 1198 bis 28. 9. 1261)

Ab 1238 Kölner Erzbischof, trieb Konrad von Hochstaden nicht nur eifrig Regionalpolitik – er sicherte Kölns Vorherrschaft am Niederrhein gegen die Herzogtümer Jülich, Limburg, Brabant und Sayn –, sondern vor allem auch Reichspolitik: Er führte die Gegenpartei gegen Kaiser Friedrich II. an und unterstützte die Gegenkönige. 1248 legte er den Grundstein zum Kölner Dom. Mit der immer stärker werdenden Bürgerschaft Kölns lag er in steter Auseinandersetzung: 1252 schlichtete → Albertus Magnus zugunsten der Bürger, 1255 gestand Konrad der Stadt das für die wirtschaftliche Entwicklung wichtige Stapelrecht zu, 1257 unterlag er in der Schlacht bei Frechen, 1258, im "Großen Schied", bestätigte Albertus Magnus den Bürgern erneut ihre Rechte. – Konrad von Hochstaden ist in einer der Chorkapellen des Kölner Doms bestattet.

Irmgard Keun (6. 2. 1910 bis 5. 5. 1982)

Viele der ironisch-kritischen Romane und Erzählungen der Schriftstellerin, deren Werk lange Zeit in Vergessenheit geraten war, spielen in Köln, so ihr berühmt gewordenes Erstlingswerk "Gilgi, eine von uns" (1931) und der Roman "Nach Mitternacht" (1937). 1910 in Berlin geboren, kam sie schon als Kind nach Köln und ließ sich dort zunächst als Schauspielerin ausbilden. Kurt Tucholsky entdeckte ihr satirisches Schreibtalent, sie hatte auch bald Erfolge mit ihren Werken wie dem "Kunstseidenen Mädchen" (1932), das Jahrzehnte später von Fellini verfilmt wurde. Ihre Bücher wurden während des Dritten Reichs verboten. Keun emigrierte für mehrere Jahre, kehrte aber schon 1940 unerkannt zurück und überlebte in wechselnden Verstecken. Nach einem kurzen Comeback durchlitt sie in den Nachkriegsjahren eine schwere Lebens- und Schaffenskrise, von der sie sich nicht mehr erholte, obwohl man ihre Werke in den 70ern wiederentdecke und sie den ersten "Marieluise-Fleißer-Preis" erhielt.

Stefan Lochner
(um 1400 bis 1451)

Der größte Meister der Kölner Malerschule, dessen Wirken in Köln ab 1430 mit Unterbrechungen nachweisbar ist, verband in seinen Bildern die strenge religiöse Tradition mittelalterlicher Malerei mit dem 'modernen' niederländischen Realismus zu einem unverkennbaren persönlichen Stil. Neben so hervorragenden rein religiösen Bildern wie "Madonna im Rosenhag" (Wallraf-Richartz-Museum) und "Madonna mit dem Veilchen" (Diözesanmuseum) malte das zweimalige Kölner Ratsmitglied Lochner (1447 und 1451) für die Ratskapelle den berühmten "Altar der Stadtpatrone" (auch "Dreikönigsaltar" genannt, heute im Dom), der das Selbstbewußtsein des unabhängigen Köln in einzigartiger und in der deutschen Malerei der Zeit völlig ungewohnter Weise zum Ausdruck bringt. Die oben genannten Bilder zählen zu den Hauptwerken der spätmittelalterlichen Malerei in Deutschland. 1451 wurde Stefan Lochner wahrscheinlich ein Opfer der Pest.

Karl Marx
(5. 5. 1818 bis
14. 3. 1883)

Der Philosoph Karl Marx, der zusammen mit Friedrich Engels den Marxismus begründete, arbeitete zwischen 1842 und 1843 als Redakteur bei der Rheinischen Zeitung in Köln. Nach seinem Studium der Rechtswissenschaften, der Philosophie und Geschichte in Bonn und Berlin und seiner Promotion in Jena zog er 1842 nach Köln. Seine Artikel, vor allem seine Stellungnahmen zur Pressefreiheit und dem 'Holzdiebstahlgesetz', führten zwar zum Verbot der oppositionellen Zeitung, wurden aber gleichzeitig vorbildlich für die gesamte deutsche Pressearbeit. Er lebte in den folgenden Jahren an wechselnden Orten, Paris, Brüssel und London waren die wichtigsten Stationen, in dieser Zeit schrieb er u.a. das berühmte "Kommunistische Manifest", bis er 1848 nach Köln zurückkehrte. Hier richtete er zusammen mit Engels die Zentrale ihres "Bundes der Kommunisten" ein und gründete 1848 die "Neue Rheinische Zeitung", als deren Chefredakteur er den sozialrevolutionären und radikaldemokratischen Grundton des Blattes prägte. Nach den revolutionären 'Septemberereignissen' wurde er 1849 von der konservativen preußischen Regierung ausgewiesen. Nach einem kurzen Intermezzo in Paris ging er nach London, wo er bis zu seinem Tode lebte. Hier entstand sein erst posthum veröffentlichtes Lebenswerk, die "Kritik der politischen Ökonomie", 1867 wurde der erste Band des "Kapitals" gedruckt. Schon 1864 wirkte er maßgeblich an der Gründung der ersten Internationalen (IAA) mit, die 1876 an inneren Widerspüchen zerbrach.

Willi Millowitsch
(8. 1. 1909 bis
20.9.1999)

Willi Millowitsch ist Sproß einer ganz alten Kölner Bühnendynastie. Schon sein Urgroßvater verdiente sein Brot als Puppenspieler, auf der "schäl Sick", im rechtsrheinischen Köln. Die Eltern Peter und Käthe Millowitsch wechselten vom Puppen- zum Menschentheater. Ihr Sohn trat schon als Junge in kleinen Rollen auf, ohne je eine Schauspielausbildung genossen zu haben. Im Familienbetrieb gab es Höhen und Tiefen, auch viele Umzüge des Theaters, bis 1936 der jetzige Platz an der Aachener Straße gefunden wurde. Im zweiten Weltkrieg starben die Eltern. Willy Millowitsch baute das bombenbeschädigte Haus wieder auf und eröffnete das Theater wieder. Dabei half ihm Konrad Adenauer, damals Oberbürgermeister. Gerade in dem total zerstörten Köln, bei Hunger und Elend, meinte Adenauer, "müssen die Leute wieder was zu lachen haben." 1953 riskierte das Deutsche Fernsehen die erste live-Übertragung aus einem Theater. Es war das Millowitsch-Theater, wo "Der Etappenhase" mit Willy Millowitsch in der Hauptrolle gegeben wurde. Der Erfolg war riesig, weit über Köln hinaus. Willy Millowitsch, der nie eine Mark an Subventionen bekommen hat, spielte danach noch viele Rollen, in seinem Theater, im Film und im Fernsehen, auch ernste Rollen von welt-

Willi Millowitsch (Fortsetzung)

bekannten Autoren, wovon das breite Publikum aber kaum Notiz genommen hat. Auch Sänger ist er noch geworden ("Schnaps, das war sein letztes Wort ..."). 1989 wurde er Ehrenbürger seiner Vaterstadt. Die dankbaren Kölner haben ihm schon zu Lebzeiten ein Denkmal gesetzt, das ihn auf einer Bank sitzend vor dem Eingang des Hänneschen-Theaters am Eisenmarkt zeigt. Millowitsch starb am 9. September 1999 an Herzschwäche und wurde unter enormer Anteilnahme der Kölner Bevölkerung beerdigt.

Jacques Offenbach (20. 6. 1819 bis 5. 10. 1880)

Der französische Vorname täuscht über Offenbachs Herkunft: der in Köln geborene und als Jakob (kölsch 'Köbes') getaufte berühmte Komponist legte sich den neuen Namen in Paris zu, wo der die meiste Zeit seines Lebens verbrachte. Doch in vielen seiner Werke spiegeln sich die Erfahrungen, die Offenbach in seiner Kölner Jugend und auch später während seiner vielen Kölnbesuche machte, wider. Vor allem das Ironisch-Satirische, der beißende Spott und das Parodistische, Freche seiner Operetten soll er von der 'Kölner Schnauze' und dem Kölner Karneval abgeguckt haben. Offenbachs Stücke gelten als Beginn der modernen Operette, dazu gehört z.B. sein "Orpheus in der Unterwelt". Bis heute populär ist Offenbachs Cancan, eigentlich eine Tanzeinlage in einer seiner Operetten. Er schrieb nur eine einzige Oper, "Hoffmanns Erzählungen", die allerdings noch heute vielfach aufgeführt wird. Passenderweise benannte man den Platz vor der Oper, wo überdies sein Elternhaus stand, nach ihm (Offenbachplatz).

Rainald von Dassell (um 1120 bis 14. 8. 1167)

Der Kölner Erzbischof Rainald von Dassel legte 1164 mit der Überführung der Gebeine der Drei Heiligen Könige aus dem eroberten Mailand nach Köln den Grundstein für Kölns Aufstieg zu einer der bedeutendsten Wallfahrtsorte der Christenheit, was für die Stadt von erheblicher wirtschaftlicher Bedeutung war. Er selbst, Sohn einer Grafenfamilie, war ein Verfechter kaiserlicher Macht über die päpstliche, was ihm zwar keine Symphatie seitens der Päpste, wohl aber die des Kaisers Friedrich I. Barbarossa einbrachte, dessen Berater und Diplomat er jahrelang war und dem Rainald schließlich auch seine kirchliche (!) Karriere verdankte: 1159 ernannte der Kaiser ihn zum Kölner Erzbischof – zum Priester und Bischof wurde er erst sechs Jahre später geweiht und dies auch noch trotz päpstlichen Bannes.

August Sander (17. 11. 1876 bis 20. 4. 1964)

Der in Herdorf im Siegerland geborene August Sander war zunächst Bergmann, erlernte aber ab 1899 in Trier die Fotografie. 1910 gründete er ein Atelier in Köln, wo er u. a. ab 1924 im 'Kreis der Progressiven' um Hoerle und Seiwert mitwirkte. 1929 erschien das hervorragende Werk 'Antlitz der Zeit', in dem Sander Menschen und Berufsstände der 20er Jahre festgehalten hat. Verfemt in der Nazizeit, wurden erst nach 1945 die Bilder Sanders neu geschätzt. Seine Fotografien Kölns aus der Zeit vor dem Krieg (von denen 1953 das Kölnische Stadtmuseum eine Anzahl erwarb) sind nicht nur künstlerisch von hohem Wert, sie stellen auch einzigartige Zeugnisse des alten Köln dar. 1962 erhielt Sander das Bundesverdienstkreuz.

Friedrich Spee von Langenfeld (25. 2. 1591 bis 7. 8. 1635)

Der Jesuit Friedrich Spee von Langenfeld, Geistlicher, Lehrer und Dichter ("Trutznachtigall", geistliche Lieder, 1649), war einer der eifrigsten Streiter gegen den Hexenwahn nicht nur in Köln. 1631 veröffentlichte er anonym das aufsehenerregende Werk "Kriminalistische Vorsicht oder Ein Buch über die Hexenprozesse", einen scharfen Angriff auf die in Hexenprozessen geübte Gerichtspraxis. Spee von Langenfeld starb in Trier als Krankenpfleger an der Pest.

Thomas von Aquin (1225/1226 bis 7. 3. 1274)

Thomas, geboren in Aquino bei Neapel, trat 1243 in den Dominikanerorden ein und war in Köln Schüler von → Albertus Magnus, der einige der wesentlichsten Positionen in Thomas' Denken grundlegend beeinflußte. Von 1252 bis 1259 lebte Thomas in Paris, später in Rom; ab 1272 leitete er das neue Generalstudium der Dominikaner in Neapel.
Thomas von Aquin gilt als der größte Philosoph und Theologe des Mittelalters. An seinen Lehrer Albertus Magnus erinnert, daß er die Berechtigung des Wissens neben dem Glauben ausdrücklich betonte, auch wenn dem

Thomas von Aquin (Fortsetzung)

Glauben der Vorrang gebühre. Thomas' Gedanken sind stark geprägt von Aristoteles, der für ihn als Philosoph schlechthin galt. Seine Hauptwerke sind: "Summa theologica" (1265–1273), "Summa contra gentiles" (1261–1264) und "Quaestiones disputatae" (1256–1273). 1322 wurde Thomas von Aquin heiliggesprochen, 1567 zum Kirchenlehrer ernannt.

Tünnes und Schäl (Abb. s. S. 1)

Diese beiden Urtypen kölnischer Charaktere sind die Hauptpersonen unzähliger Witze und "Verzällcher" (= Erzählungen). Tünnes, kölsch für Antonius, ist ein kleiner, dicker, knollennasiger, eher gütmütig-harmloser Kerl. Doch ist er nicht unbedingt dumm. Schäl (= der Schieler) ist groß, hager und hat einen Silberblick. Listig, etwas verschlagen bis boshaft, ist er ein Typ, "dessen Blicke etwas Stechendes und dessen Urteile und Ansichten etwas Salzgeschmack haben" (Wrede). Er foppt gerne und ist ein 'Grielächer' – dies ist eigentlich unübersetzbar; ungefähr ist damit jemand gemeint, der nichts ernst nimmt und für den "alles zur Variation einer Karnevalssitzung" wird (Böll). Beide ergänzen sich notwendig, sind nur scheinbar widerstreitende Elemente kölnischen Charkters. Das meint der Kölner, wenn er beispielsweise sagt, an irgendeiner Sache seien zuwenig Tünnesse beteiligt – dann überwiegt nämlich das 'schäle' Element. – Beiden ist im Martinsviertel in der Altstadt ein Denkmal gesetzt.

Kunst und Kultur

Kunstgeschichte

Vorgeschichte

Köln ist eine der ältesten Städte Mitteleuropas. Erste Spuren von Besiedlung im heutigen Stadtgebiet reichen bis in die jüngere Steinzeit – 1929 entdeckte man bei der Anlage des Äußeren Grüngürtels Reste eines Dorfes der Bandkeramiker (beim Stüttgenhof im Bezirk Lindenthal).

Römerzeit

Stadtbefestigung

Kurz nachdem Köln im Jahre 50 n. Chr. von den Römern zur Stadt erhoben wurde, errichtete man die 4 km lange und 7,80 m hohe Stadtmauer mit neun Toren und 22 Türmen. Auf dem Bogen des erhalten gebliebenen Nordtors ist die Kurzform CCAA (Colonia Claudia Ara Agrippinensium) immer noch gut lesbar zu sehen. Der Bogen befindet sich heute mit vielen weiteren Zeugnissen der römischen Epoche im Römisch-Germanischen Museum. Einen der Türme der Stadtmauer, den sog. Römerturm, kann man am Ende der St. Apern-Straße bewundern, heute hat dort die Galerie Inge Baecker, die hauptsächlich Fluxus- und Konzeptkünstler vertritt, ihre Räume. Auch der Verlauf der ehemaligen Hauptstraßen der römischen Stadt sind noch in der Kölner Innenstadt nachvollziehbar. In dieser Zeit entstanden zudem prachtvolle Tempel: Ausgrabungen haben bestätigt, daß sowohl St. Maria im Kapitol als auch der Dom über römischen Tempelbezirken erbaut wurden. Von der Zeit um 90 n. Chr., als Colonia zur Hauptstadt der Provinz Niedergermanien ernannt wurde, sind die Reste des Statthalterpalastes, des Praetoriums, erhalten.

Glasherstellung

Außerhalb der Stadtmauer siedelten sich seit der Mitte des 1. Jh.s feuergefährliche Gewerbebetriebe wie Töpfereien und Glashütten an. Köln war in römischer Zeit ein wichtiges Produktionszentrum für kostbare Glas- und Keramikwaren. Die hier entstandenen Diatretgläser aus klarem dickwandigem Glas, das mit einem Netz von andersfarbigem Glas überfangen wurde, stellte eine komplizierte Technik dar, welche diese Gläser zu einzigartigen Kunstwerken machte. Eine weitere Spezialität der Kölner Glasindustrie waren die sog. Schlangenfadengläser, aufwendig geformte klare Gläser, auf die man in noch heißem Zustand farbige Glasfäden auftrug. Heute kann man eine Auswahl dieser besonders kostbaren und schönen Stücke im Römisch-Germanischen Museum bewundern. Schon am Ende des 2. Jh.s gab es in Köln christliche Gemeinden, der erste namentlich bekannte Bischof war Maternus, dessen Kirche dort lag, wo sich heute der Dom befindet.

Dionysosmosaik

1941 fand man neben dem Dom das ungewöhnlich gut erhaltene, 70m^2 große Dionysosmosaik, welches wohl zum Speisesaal einer römischen Stadtvilla aus dem Anfang des 3. Jh.s gehörte. Die 31 Bildfelder, die mit ornamentalen Flechtbändern zusammengefaßt sind, entstammen dem bacchischen Themenkreis. Das große Mittelquadrat zeigt den Weingott

Römerzeit, Dionysosmosaik (Fortsetzung)

Dionysos, der sich trunken auf einen Satyr stützt. Die trapezförmigen Felder der Randzonen mit kleinen Stilleben von Früchten und Tieren erinnern an die Funktion des Raumes. Meisterhaft ist der Einsatz von Licht- und Schatteneffekten bei diesem Mosaik eingesetzt. Der Fund dieses Mosaiks führte 1970 – 1974 zum Bau des Römisch-Germanischen Museums an dieser Stelle.

Ausschnitt aus dem Dionysosmosaik (3. Jh. n. Chr), im Zentrum der trunkene Gott des Weines, Dionysos, der sich auf einen Satyr stützt.

Brückenbau

310 n. Chr. entstand auf Veranlassung von Kaiser Konstantin d. Gr. die erste, 420 m lange feste Rheinbrücke mit 15 steinernen Pfeilern. Sie verband die Stadt mit dem rechtsrheinischen Kastell Divitia (Deutz). Reste dieser ersten festen Verbindung über den Rhein findet man wiederum im Römisch-Germanischen Museum. Der langsame Verfall des römischen Reiches machte sich auch in Köln bemerkbar: die Franken drangen immer weiter ins römische Reich vor und eroberten Köln schließlich 455 n. Chr.

Romanik

Sancta Colonia

Die Stadt avancierte nun zum Sitz der fränkischen Kleinkönige und Statthalter; der römische Vorgängerbau von St. Gereon diente als Hofkirche und Begräbnisstätte des fränkischen Adels. Anfang des 6. Jh.s wurden die heidnischen Franken unter Chlodwig I. christianisiert – die Voraussetzungen für das Zeitalter des Sancta Colonia, des Heiligen Kölns, waren geschaffen. Unter Karl d. Gr., der das Frankenreich einigte und den ersten Erzbischof in Köln einsetzte, wurde die Stadt wieder zum geistigen und wirtschaftlichen Zentrum. Damals nahm man den Bau eines neuen Doms an der Stelle der alten Bischofskirche (aus dem 4. Jh.) in Angriff, fertiggestellt wurde dieser 870 n. Chr. Neben dem Domstift gab es im karolingischen Köln bereits 6 weitere Männer- und Frauenkonvente, ein Zeichen für eine erste Blüte des noch jungen Erzbistums. Ein herber Rückschlag auf dem Weg zur Metropole ereignete sich 881, als die Stadt von den Norman-

Romanik (Fortsetzung)

nen zerstört wurde. Jedoch innerhalb weniger Jahre erfolgte der Wiederaufbau, und dank der Angliederung Kölns an das fränkische Ostreich (950) entwickelte sich die Stadt zur größten und reichsten Stadt nördlich der Alpen. Gleichzeitig wurde sie zu einem der wichtigsten Zentren von Kunst und Kultur Westeuropas.

Plastik

Aus dieser Zeit ist das älteste lebensgroße Kruzifix des mittelalterlichen Abendlandes, das sog. Gero-Kreuz erhalten geblieben. Das farbig gefaßte Holzkreuz, daß um 975 entstanden ist, besticht durch seine wirklichkeitsnahe Darstellung des gerade eingetretenen Todes Christi. Der realistische, ausdrucksstarke Corpus markiert eine neue Auffassung frühmittelalterlicher Plastik und gilt als Vorbild für alle späteren Triumphkreuze.

Architektur: Die romanischen Kirchen

Von der Mitte des 10. Jh.s bis Anfang des 13. Jh.s entstanden in Köln insgesamt 12 große romanische Kirchen, diese Konzentration ist einzigartig: nur hier kann man noch heute auf wenigen Quadratkilometern alle Phasen und Ausprägungen romanischer Baukunst besichtigen. Im Zweiten Weltkrieg wurden sie zwar teilweise stark beschädigt, aber bis 1985, nach 40jähriger, mühevoller Rekonstruktionsarbeit wiederhergestellt. Alle zwölf Basiliken liegen innerhalb des mittelalterlichen Stadtgebiets, d.h. heute innerhalb der Ringe.

Kölns romanische Kirchen:

St. Andreas
St. Aposteln
St. Caecilien
St. Georg
St. Gereon
St. Kunibert
St. Maria Lyskirchen
St. Maria im Kapitol
Groß St. Martin
St. Pantaleon
St. Severin
St. Ursula

Den Reigen eröffnete St. Pantaleon, noch in der 2. Hälfte des 10. Jh.s von Erzbischof Bruno begonnen, wurde sie nach dessen Tod auf Betreiben von Kaiserin Theophanu vollendet, beide sind auch dort begraben. Vor allem wegen ihres noch erhaltenen wuchtigen Westwerks und ihrer klaren frühromanischen Formen ist diese Basilika von großer Bedeutung.
Ebenfalls unter Erzbischof Bruno legte man den Grundstein zur Stiftskirche St. Cäcilien (953-965), vollendetet war sie allerdings erst 1160. Die Pfeilerbasilika ohne Querschiff und ohne Turm beherbergt seit 1956 das Schnütgen-Museum, mit dessen hervorragender Sammlung christlicher Kunst vom frühen Mittelalter bis zum Barock die ehemalige Kirche eine einzigartige Gesamtwirkung entfaltet.
St. Maria im Kapitol ist ein Beispiel für den Bau einer christlichen Basilika auf den Grundmauern eines römischen Tempels aus dem 1. Jh. n. Chr. Die Kirche wurde Mitte des 11. Jh.s vollendet, hier tritt zum ersten Mal die Verbindung eines Langhauses mit dem Zentralbau eines Dreikonchen- bzw. Kleeblattchores auf, die später an zahlreichen Nachfolgebauten auftauchen wird.
Die kleine Kirche St. Maria Lyskirchen, die sich in der alten Hafengegend am Rhein befindet, ist die einzige der romanischen Basiliken, die von den Bomben des Zweiten Weltkriegs nur wenig beschädigt wurde. 1210–1220 erbaut, ist sie heute berühmt wegen ihrer gut erhaltenen und qualitätvollen romanischen Fresken aus dem 13. Jahrhundert.
Auch St. Gereon, benannt nach dem Märtyrer und späteren Kölner Stadtpatron, hat eine langwierige Baugeschichte. Die interessante Synthese von antiken Bauelementen des Vorgängerbaus über romanische Bauformen bis hin zur Vollendung der gotischen Sakristei im 14. Jh. macht den besonderen Reiz dieser Basilika aus. Die Außengliederung zeigt das erste Beispiel romanischer Etagenchöre in Köln und findet Nachahmung bei St. Aposteln in seiner prächtigen mit Zwerggalerien gesäumten Chorpartie, bei Groß St. Martin und bei St. Kunibert, der letzten romanischen Basilika (geweiht 1247) vor dem Baubeginn des gotischen Domes. Im Innern von St. Gereon beeindruckt das erhalten gebliebene Zehneck - das Dekagon des römischen Zentralbaus, welches im 13. Jh. gewölbt wurde und damit seine heutige Form erhielt.
Die Kirche des ehem. Benediktinerklosters Groß St. Martin, die bereits 1172 geweiht wurde, deren mächtiger Vierungsturm aber erst 1220 vollendet war, besticht im Äußeren durch ihre reiche Fassadengliederung, die die schweren Baumassen geschickt auflöst und nochmals das ganze Repertoire der romanischen Bauformen vorführt. Noch heute ist die Kirche das Wahrzeichen der Altstadt – der unverwechselbare Turm behauptet sich sogar gegen den Dom. Das 'goldene Jahrhundert' der Kölner Kirchenbau-

Baedeker Special

Zwölf Schätze der Romanik

Jahrhunderte bevor der Dom zum unbestrittenen Wahrzeichen Kölns wurde, eilte der Stadt am Rhein bereits ein einzigartiger Ruf voraus: sie galt als heilige Stadt (Sancta Colonia), eine Bezeichnung, die im Mittelalter außer Köln nur noch Jerusalem, Rom und Trier für sich in Anspruch nehmen konnten. Der Grund dafür liegt zum einen in der großen Anzahl mächtiger **romanischer Kirchenbauten**, die im 12. und 13. Jh. fast gleichzeitig in einem enormen Kraftakt hochgezogen wurden. Sie versetzten den mittelalterlichen Reisenden, Pilger oder Kaufmann, der bis dato kaum ein monumentales Bauwerk gesehen hatte, in ungläubiges Erstaunen, sobald dieser sich der Stadt vom Rechtsrheinischen her näherte und verschlug ihm wohl erneut die Sprache, wenn er dann – von welcher Seite auch immer – die Stadt betrat und auf eine der prachtvollen Kirchen stieß.

Zwölf dieser bedeutenden Gotteshäuser sind heute noch erhalten – keine andere Stadt besitzt so viele Kirchen dieser Epoche. Nach den schweren Zerstörungen des Zweiten Weltkrieges, von denen nur St. Maria Lyskirchen einigermaßen verschont blieb, stellte man innerhalb von vierzig Jahren die kostbaren Zeugnisse des Mittelalters wieder her und beging 1985 feierlich das "Jahr der romanischen Kirchen".

Charakteristisch für die Romanik, die in Köln erst 1248 (mit der Grundsteinlegung zum Dom) von der Gotik abgelöst wird, ist die Addition verschiedener Baukörper, was vor allem im äußeren Erscheinungsbild sichtbar wird, zu einem harmonischen Ganzen. Die Chorapsis flankierende Türme wie bei St. Gereon und St. Pantaleon kommen ebenso 'in Mode' wie mächtige Vierungstürme (der von Groß St. Martin gilt als der schönste Turm Kölns). St. Maria im Kapitol erhält den ersten großen Kleeblattchor in Köln, Groß St. Martin ahmt dieses Vorbild 1150 nach. An vielen der Kölner romanischen Kirchen sind Zwerggalerien und Triforien zu sehen, die erst in dieser Zeit 'erfunden' werden und zur Strukturierung des Mauerwerks beitragen. Überhaupt werden die Wände nun reich gegliedert durch Sockel, Vorlagen wie z.B. Lisenen und Blendbögen. Zudem beginnt sich im Kircheninneren die Wölbung, besonders das Kreuzgratgewölbe, gegen die flachen Decken durchzusetzen. Es waren größtenteils die Spenden der Bürger, die diesen Bauboom in Köln ermöglichten, der mit St. Kunibert als letzter einheitlicher romanischer Kirche seinen Abschluß fand. Sechs Kölner Kir-

Romanik, Romanische Kirchen (Fortsetzung)

kunst, das diese großartigen romanischen Bauwerke hervorgebracht hat, prägt bis heute das Bild des 'Heiligen Köln - Sancta Colonia'. Die den Kirchen angegliederten Klöster waren aber auch Stätten der Pflege anderer Künste.

Buchmalerei

Zwischen dem 10. und 12. Jh. besaß Köln bedeutende Werkstätten für Buchmalerei, sie deckten den Bedarf der zahlreichen Kirchen, außerdem wurden einige Codicis auch vom Bischof an andere Bistümer verschenkt. Ein besonders herausragendes Exemplar einer solchen Handschrift, das Evangeliar aus St. Pantaleon, entstand um die Mitte des 12. Jh.s wahrscheinlich in der Schreibschule des Klosters und befindet sich heute, wie auch einige andere wertvolle Codicis, im Besitz des Stadtarchivs. Typisch für die in Köln entstandenen Handschriften ist der Rückgriff auf byzantinische Vorlagen und ihre besondere malerische Wirkung.

chen weisen außerdem die für die Romanik typischen großen Hallenkrypten unter dem Chor auf, in denen die Gebeine Heiliger bewahrt und verehrt wurden.

St. Gereon, eine der zwölf berühmten romanischen Kirchen Kölns, mit ihren markanten Doppeltürmen

Die Heiligenverehrung hängt wiederum eng mit Kölns Status als 'Heiliger Stadt' zusammen: auschlaggebend für diesen Ehrentitel war nämlich vor allem die große Anzahl von **Reliquien**, die im Laufe der Zeit nach Köln gebracht (die Gebeine der Drei Hl. Könige, Stab und Ketten des Hl. Petrus u.v.m.) bzw. hier ausgegraben wurden: schließlich lag die Stadt über einem antiken Gräberfeld, das zwar in Wahrheit nicht die Gebeine Heiliger, sondern größtenteils die römischer Soldaten barg, doch wußte man dies damals nicht und wollte es vor allem auch gar nicht wissen – zu einträglich waren die Geschäfte mit den Pilgerscharen, die nun heranströmten und die verköstigt und untergebracht werden wollten. Nach mittelalterlichen Vorstellungen mußte eine Stadt, die derartig viele Gebeine von Heiligen und Märtyrern in ihren Mauern vereinte, eine ungeheure Macht besitzen und beispielsweise vor feindlichen Angriffen weitgehend geschützt sein. Denn man ging allgemein davon aus, daß die Reliquien – das konnten auch Kleidungsstücke oder andere Gegenstände sein, mit denen ein Heiliger in Berührung gekommen war – machthaltig waren und diese Macht auf die Umgebung abstrahlten. Vor allem der Besitz von Reliquien der Kölner Schutzpatrone (hl. Petrus, St. Gereon, St. Ursula und die Heiligen Drei König) schienen die Unangreifbarkeit der Stadt zu gewährleisten. Als dann zwischen 1150 und 1250 der ungeheure Bauboom einsetzte, aus dem die zwölf heute noch erhaltenen romanischen Kirchen hervorgingen, schuf man den würdigen Rahmen für die Gebeine der Heiligen. Mehrere Kirchen besaßen zudem die Reliquien ihrer Patrone, nämlich der Dom, St. Gereon, St. Kunibert, St. Severin und St. Ursula.
Lockt man heute auch keine Pilgerscharen mehr mit den wertvollen Reliquien nach Köln, so verdienen die majestätischen romanischen Kirchen Kölns, an denen alle Phasen der romanischen Baukunst nachvollzogen werden können, immer noch größte Bewunderung als einzigartige Zeugnisse ihrer Zeit.

Goldschmiedekunst

Die Kölner Goldschmiede bildeten die vornehmste Zunft der Stadt, zudem hatte sich Köln im 12./13. Jh. neben Paris zum Zentrum der Goldschmiedekunst im nördlichen Europa entwickelt. Die Stadt war dank der zahlreichen Reliquien, die sich in ihren Kirchen befanden, zum wichtigsten Wallfahrtsort des Mittelalters neben Rom, Jerusalem und Santiago de Compostela avanciert. Die Reliquienverehrung fand einen neuen Höhepunkt, als Erzbischof Rainald von Dassel 1164 die Gebeine der Heiligen Drei Könige nach Köln überführte. Der Erzbischof, der gleichzeitig der Kanzler Kaiser Barbarossas in Italien war, hatte sie aus dem besiegten Mailand mitgebracht. Den Auftrag, für sie den prächtigsten Schrein aller Zeiten zu fertigen, vergab er an den Goldschmied Nikolaus von Verdun, dem dies mit Hilfe seiner Werkstatt auch in fast 50jähriger Arbeit zwischen 1181 und 1230 gelang und der damit das wohl berühmteste Werk der mittelalterlichen Goldschmiedekunst geschaffen hat. Der Dreikönigenschrein, der

Romanik, Goldschmiedekunst (Fortsetzung)

heute hinter dem Hochaltar im Dom zu besichtigen ist, hat die Form einer dreischiffigen Basilika. Dieses Motiv stellt zu seiner Entstehungszeit eine Neuerung dar, die für die Schreine des 13. Jh.s vorbildlich wurde. Er beherbergt außer den Gebeinen der Heiligen Drei Königen auch die der Märtyrer Felix und Nabor und die des Heiligen Gregor von Spoleto. Neben Gold, Silber, Kupfer, Bronze und Email wurden antike Gemmen, Cameen und Edelsteine verarbeitet. Dargestellt ist die Geschichte der Heiligen Drei Könige, die in die gesamte Heilsgeschichte integriert wurde; so war es möglich, ein größeres theologisches Programm vorzuführen. Besonders auffällig ist die neue Bewegtheit der Figuren, die nun endgültig von der byzantinischen Starre früherer Schreine befreit sind.
Weitere Reliquienbehälter, kirchliches Gerät und Monstranzen aus dieser Zeit sind in der Domschatzkammer im Nordquerhaus zu sehen. Auch das Erzbischöfliche Diözesanmuseum, dessen Sammlung sakraler Kunst von frühchristlicher Zeit bis zur Moderne reicht, bietet einen hervorragenden Überblick von der mittelalterlichen Skulptur und Goldschmiedkunst bis zur Spätgotik.

Gotik

Architektur: Der Dombau

Gotisches Formengut findet nur zögernd Eingang in die Kölner Kunst, dies lag sicher am hohen Niveau, das die romanische Kunst gerade hier erreicht hat. Erst mit dem Baubeginn des neuen Domes 1248 kommt plötzlich die voll entwickelte Hochgotik als moderner Baustil zum Durchbruch. Anlaß für den Neubau bot der Pilgeransturm, besonders auf die Reliquien der Heiligen Drei Könige - Köln hatte sich zum bedeutenden Wallfahrtsort entwikkelt. Der magische Anziehungspunkt - der Dreikönigenschrein - sollte angemessen präsentiert werden. Meister Gerhard, der erste Baumeister, orientierte sich an den französischen Königskathedralen Amiens und Reims, wollte diese aber an Pracht und Größe noch übertreffen. Der Kölner Dom sollte die größte Kathedrale der Welt werden und gleichzeitig ein Abbild des himmlischen Jerusalem. Alle Schwere und Erdverbundenheit, die noch den romanischen Kirchenbau auszeichnete, wurde in der Gotik aufgelöst: filigrane Leichtigkeit tritt an ihre Stelle, die vor allem in den mystischen Innenräumen der Kathedrale zum Ausdruck kommt.
Zunächst schritt der Bau zügig voran, 1265 waren die Chorkapellen vollendet, 1277 die Sakristei fertiggestellt. Schon bald danach arbeitete man an dem ursprünglich auf eine Höhe von 500 Fuß veranschlagten Südturm, der mit dieser Höhe alle französischen Beispiele weit überragt hätte. Doch schon im 14. Jh. verlangsamten sich die Bauarbeiten, vor allem wegen der enormen Kosten, die durch Schenkungen und den florierenden Ablaßhandel allein nicht mehr aufgebracht werden konnten. 1560 wurde die Bautätigkeit dann endgültig eingestellt. Fertiggestellt waren der Chor und die ersten beiden Geschosse des Südturms, Teile des Langhauses und der nördlichen Seitenschiffe, die bereits teilweise eingewölbt waren. Die gesamte Fläche des geplanten Domes wurde provisorisch überdacht und der bereits fertige Chor mit einer Wand gegen Westen abgeschlossen. Der Kölner Dom blieb Fragment für die nächsten drei Jahrhunderte.

Profanarchitektur

Das einzige teilweise erhalten gebliebene und wiederhergestellte Patrizierhaus Kölns, das Overstolzenhaus, steht südlich des Heumarkts. 1220/30 wurde das repräsentative Gebäude errichtet, an dessen Schauseite sich der Übergang von der Romanik zur Gotik in der fast völligen Auflösung der Fassade durch die Fensterreihen widerspiegelt. Sakrale und profane Bauformen sind hier miteinander verbunden. Die beiden fünfachsigen Untergeschosse dienten vermutlich als Wohnräume, die vier oberen Geschosse, die einen hohen Stufengiebel bilden, als Speicher. Seit 1989 befindet sich im Overstolzenhaus die Medienakademie.
Patrizierhäuser wie dieses hat es in Köln viele gegeben, der Wohlstand der Bürger, die durch den florierenden Handel reich geworden waren, wurde im Stadtbild des 13.–15. Jh.s sichtbar. Diese reichen Bürger waren es auch,

Gotik, Profanarchikektur (Fortsetzung)

die im Laufe des 13. Jh. gegen die Macht der Kirche und der Erzbischöfe als Stadtherren aufbegehrten und 1288 die Unabhängigkeit für die Stadt erkämpften. Daraufhin wurde mit dem Bau des Rathauses begonnen. Es handelt sich dabei nicht um einen Einzelbau, sondern um eine Gruppe von Gebäuden aus mehreren Bauphasen, die sich um den Rathausplatz als Innenhof gruppieren. Große Teile der Anlage wurden im Zweiten Weltkrieg zerstört, jedoch teilweise wiederaufgebaut. Den gotischen Hansasaal (ca. 1330 entstanden), der das Kernstück des Hauses bildet, stellte man wieder her. Steinplastiken aus der Zeit um 1360 schmücken die Schmalseiten des Raums. 1396 erhielt Köln nach schweren Auseinandersetzungen zwischen Patriziern und Zünften eine neue Verfassung – zum Ausdruck ihrer neuen Vormachtstellung errichteten die Zünfte 1407 – 1414 den mächtigen, 61 m hohen Rathausturm nach dem Muster flandrischer Belfriede. Sein Wiederaufbau wurde 1975 abgeschlossen, seit 1995 schmücken seinen Außenbau wieder über 100 Steinskulpturen von berühmten Kölner Persönlichkeiten, die dem Turm eine fast sakrale Wirkung geben.

Malerei

Neben Buchmalerei, Glas- und Wandmalerei gewinnt die Tafelmalerei ab Anfang des 13. Jh.s an Bedeutung. Das bemalte Altarretabel fand zunehmend Verbreitung, womit sich den Malern ein neues Aufgabenfeld eröffnete. Ihre Werkstätten hatten sie in der Schildergasse, in der sich auch das Zunftgebäude befand. Die Malerei des Mittelalters in Köln empfing ihre Anregungen hauptsächlich von auswärts, besonders der niederländische Einfluß war groß. Auch Stefan Lochner, dessen Name aus der Fülle der anonym gebliebenen Maler herausragt, war kein gebürtiger Kölner, sondern kam wohl um 1435 aus dem Bodenseeraum in die Stadt. Sein Schaffen stellt den Höhepunkt der Tafelmalerei im Heiligen Köln dar. Das wohl berühmteste Werk Lochners, der 'Dreikönigsaltar' (auch 'Altar der Stadtpatrone' oder Dombild genannt), entstand um 1440 und befindet sich seit

Reicher Figurenschmuck verziert die in Strebepfeiler und Maßwerk aufgelöste Westfassade des Doms mit den Hauptportalen, rechts das älteste, das Petersportal aus dem 14. Jahrhundert.

Gotik, Malerei (Fortsetzung)

1809 im Dom in der Marienkapelle. Thema des Altars ist die Verehrung Christi durch die Heiligen Drei Könige, in deren Gefolge sich auch die Stadtpatrone Ursula und Gereon befinden, was wiederum auf den Rat der Stadt als Auftraggeber hinweist. Die Monumentalität der Tafel und die Prachtentfaltung bei den zeitgenössischen Gewändern der Akteure war etwas völlig Neues. Die Lebendigkeit und Frische von Lochners Figuren stellte alles bisher Dagewesene in den Schatten und setzte neue Maßstäbe. Auch Lochners Madonnendarstellungen werden immer wieder gerühmt. Die Madonna im Rosenhag (Wallraf-Richartz-Museum), um 1450 entstanden und wohl sein letztes Werk, ist ein schönes Beispiel dafür, wie zart und abgeschieden diese Geschöpfe sich zwischen irdischer und überirdischer Späre, scheinbar schwebend bewegen. 1451 starb Stefan Lochner in Köln, mit ihm ging in der Stadt auch diese Blüte der mittelalterlichen Malerei, deren bedeutendster Vertreter er war, zu Ende.
Will man sich heute einen Überblick über die Kölner Malschule mit ihren Meisterwerken verschaffen, empfielt sich ein Rundgang durch das Wallraf-Richartz-Museum, gleich neben dem Dom. Hier sind nicht nur die Hauptwerke versammelt, sondern man bekommt bei einem weiteren Gang durch die Räume auch noch die hervorragende Zusammenstellung niederländischer, flämischer, italienischer, spanischer und französischer Malerei vom 14. – 19. Jh. zu sehen.

16. bis 19. Jahrhundert

Allgemeines

Während das 13. – 15. Jahrhundert die große Ära der Kölner Kunst gewesen war, verlor die Stadt mit den wirtschaftlichen Veränderungen der Neuzeit nicht nur als Handelsstadt an Bedeutung, sondern damit einhergehend auch als Kunstmetropole. Nur weniges sei daher im folgenden erwähnt.

St. Peter

Die Pfarrkirche St. Peter, eine dreischiffige Emporenbasilika, erhielt ihre heutige Gestalt 1515–1530. Sie bildet zusammen mit der Stiftskirche St. Cäcilien das letzte erhalten gebliebene Ensemble von Kloster und benachbarter Pfarrkirche und ist einer der wenigen Bauten Kölns aus dem frühen 16. Jh. Im Zweiten Weltkrieg stark beschädigt, ist der Eindruck des Inneren heute nach der Restaurierung verfälscht. Interessant ist St. Peter jedoch wegen seiner Ausstattung: bedeutende spätmittelalterliche Glasmalereien haben sich ebenso erhalten wie die barocke ‘Kreuzigung Petri’ (um 1637) von Peter Paul Rubens, die zu den Schätzen dieser Basilika gehört. Außerdem entwickelte sich St. Peter seit 1987 unter der Leitung von Pater Mennekes zu einem der interessantesten Kunstorte der Stadt. Immer wieder sind Ausstellungen internationaler zeitgenössischer Avantgardekunst zu sehen. Beuys, Tapies, Cindy Sherman, Felix Droese u.a. haben hier in den letzten Jahren ausgestellt.

Profanbauten

Vereinzelt entstanden auch im 16. Jh. noch wichtige öffentliche Bauten, die sich stark an die niederländische Renaissance anlehnten. Beispiele hierfür sind die erhalten gebliebene Rathauslaube (1569 – 1573) und das Zeughaus (1594 – 1606) mit seinem wunderbaren Renaissanceportal. Es ist heute der Sitz des Kölner Stadtmuseums, das sich der Darstellung von Kultur, Geschichte, Handwerk und Industrie der Stadt widmet und über eine sehr interessante Sammlung verfügt.

Private Kunstsammler

Das Ende der freien Reichsstadt Köln war 1794 durch die französiche Besetzung der Stadt besiegelt. Die Säkularisation 1802 hob die Stifte und Klöster auf, zahlreiche Kirchen wurden geschlossen oder abgerissen, ganze kirchliche Bibliotheken und Kunstwerke verkauft und verschleppt. Gleichzeitig setzte aber auch eine rege private Sammeltätigkeit ein, kunstinteressierte Bürger retteten teilweise das kirchliche Kunstgut und legten so das Fundament für die zahlreichen öffentlichen Sammlungen, die heute in Köln zu bewundern sind. Herausragende Beispiele waren Ferdinand Franz Wallraf (1748 – 1824), dessen Sammlung den Grundstock für das

Wie der Bug eines Ozeandampfers wirkt das Dischhaus, ein 1929/1930 errichteter Verwaltungsbau, der von den Prinzipien des Funktionalismus geprägt ist und als eines der wichtigsten Baudenkmäler dieser Zeit in Köln gilt.

16. – 19. Jh., Private Kunstsammler (Fortsetzung)

Wallraf-Richartz-Museum bildete und Alexander Schnütgen (1843 – 1918), dessen Sammlung mittelalterlicher Sakralkunst heute im Schnütgen-Museum seinen Platz gefunden hat.

19. Jahrhundert

Dombau

1814 besetzten preußische und russische Truppen die Stadt, Köln kam zu Preußen. Im gleichen Jahr entdeckte man den mittelalterlichen Fassadenplan des Doms wieder, nun nahm das Vorhaben, die Kathedrale endlich fertigzustellen, erstmals Formen an. Nachdem 1821 das Erzbistum wiederhergestellt worden war, unterstützte auch die Kirche diesen verwegenen Plan. Gleichzeitig wurde die Vollendung des Doms von der neu entstandenen Nationalbegeisterung getragen, der Weiterbau wurde zum Symbol für die Einigung Deutschlands, der Dom zum deutschen Nationaldenkmal. 1841 gründete sich der Zentral-Dombau-Verein, der die enormen Summen für die Finanzierung des Projekts aufbringen sollte. Der preußische König Friedrich Wilhelm IV. versprach, sich mit dem Verein die Kosten zu teilen, und so wurde 1842 der Grundstein für den Weiterbau gelegt. Am 15.Oktober 1880, 632 Jahre nach Baubeginn, war der Kölner Dom dann endlich vollendet und die Silhouette der Stadt, die sich fast 500 Jahre nicht verändert hatte, war nun um die beiden Türme des Doms erweitert.

Hauptbahnhof

1839 wurde Köln an das Eisenbahnnetz angeschlossen, den Hauptbahnhof errichtete man ab 1850 an prominenter Stelle unmittelbar vor dem Dom. Die große alte Bahnsteighalle ist ein interessantes Industriedenkmal des 19. Jh.s, nach Zerstörungen im Zweiten Weltkrieg mußte die Empfangshalle erneuert werden, ein typischer Zweckbau der 50er Jahre.

Abriß der Stadtbefestigung

Die mittelalterliche Mauer, die die Stadt bis 1881 umschloß, wurde abgerissen, nur einige Stadttore (Severinstor, Hahnentor und Eigelsteintor) und

19. Jahrhundert (Fortsetzung)

wenige andere Teilstücke blieben als historische Monumente erhalten. Der Historismus mit seiner Formenvielfalt prägte weite Teile der Kölner Neustadt, die rund um das Zentrum entstand.

20. Jahrhundert

Stadtplanung

Die Expansion der Stadt führte Ende des 19. Jh. und Anfang des 20. Jh. zu großzügigen Eingemeindungen der umliegenden Dörfer und kleinen Städte, dadurch wurde Köln in den 20er Jahren zur flächenmäßig fünftgrößten Stadt Deutschlands. Konrad Adenauer, der die Geschicke der Stadt von 1917 - 1933 lenkte, ließ, als 'grüne Lunge' der Stadt den Inneren und Äußeren Grüngürtel anlegen.

Seit 1986 setzt der Komplex von Wallraf-Richartz-Museum und Museum Ludwig in der Kunstszene und Architekturlandschaft Kölns neue Akzente

Architektur

Auch die Architektur des 'neuen Bauens' konnte in den zwanziger Jahren Einzug halten. 1925 entstand nach Plänen von Jakob Koerfer am Hansaring der Stahlskelettbau des 17geschossigen Hansa-Hochhauses. Der mit Klinker verkleidete Bau war damals mit seinen 65 Metern das erste Hochhaus Kölns und gleichzeitig das höchste Haus Europas. Traditionelle Bauformen sind hier auf sehr harmonische Weise mit der Formensprache des Bauhauses verbunden. Erhalten geblieben ist auch das Dischhaus, ein Verwaltungsbau, der 1929/30 nach einem Entwurf von Bruno Paul errichtet wurde. Der Bau der eleganten "Büromaschine" wird bestimmt von den umlaufenden horizontalen Fensterbändern und der fassadenbestimmenden abgerundeten Ecklösung, die die Zeitgenossen an den Bug eines Ozeandampfers denken ließ. Er ist konzeptionell den früheren, von Erich Mendelsohn für die Warenhauskette Schocken entworfenen Fassaden verpflichtet.
Die Bauideologie der Nationalsozialisten hat in Köln fast keine Spuren hinterlassen, aber die Luftangriffe des Zweiten Weltkrieges legten die Stadt in

20. Jahrhundert, Architektur (Fortsetzung)

Schutt und Asche. 78% der Gebäude im gesamten Stadtgebiet und über 90% der Altstadt wurden zerstört.
Der zuerst nur zögernd begonnene Wiederaufbau erfolgte auf den historischen Grundrissen der Stadt. Vorrangiges Ziel war die Schaffung ausreichenden Wohnraums und die vorläufige Sicherung der Ruinen der mittelalterlichen Sakral- und Profanbauten. Beispielhaft für den Wohnungsbau der 50er Jahre ist das Griechenmarktviertel in der Altstadt.

Museumsneubauten

Nach dem Krieg war das Wallraf-Richartz-Museum, wie fast alle anderen Sammlungen der Stadt, heimatlos geworden, da das Stammhaus völlig zerstört war. Die Architekten Rudolf Schwarz und Josef Bernhard errichteten 1957 einen Neubau, der heute als typisches Beispiel der Architektur dieser Zeit gilt, seinerzeit aber als durchaus unkonventionell angesehen wurde. Als 1968/69 die großartige Sammlung mit Kunst des 20. Jh.s von Irene und Peter Ludwig dort einzog, erwies sich das Gebäude allerdings als zu klein. Heute beherbergt es das Museum für Angewandte Kunst.
Das Römisch-Germanische Museum erhielt ebenfalls an prominenter Stelle direkt am Dom einen Neubau. 1963 gewannen die Architekten Heinz Röcke und Klaus Renner den nationalen Wettbewerb. Bis 1974 wurde der querliegende Kubus mit seiner konsequenten Rechteckrasterung fertiggestellt – auch dieses Gebäude ist ein typisches Beispiel moderner Museumsarchitektur der 60er Jahre.
Den Höhepunkt dieser Reihe bildet aber zweifellos der neue Museumskomplex, Wallraf-Richartz-Museum / Museum Ludwig / Philharmonie, der 1986 fertiggestellt wurde. Dem Kölner Architekturbüro Busmann & Haberer, das den internationalen Wettbewerb gewann, ist mit diesem städtebaulich markanten Gebäude ein Meisterstück gelungen, welches heute in unmittelbarer Nähe von Dom und Hauptbahnhof aus dem Stadtbild nicht mehr wegzudenken ist. Die Gebäude sind so bemessen, daß sie den Blick auf den Dom nicht verstellen. Die architektonische Dominante der glänzenden zinkverkleideten Sheddächer bildet einen reizvollen Gegensatz zum hochaufragenden mittelalterlichen Wahrzeichen der Stadt.

Plastik

Nach dem Zweiten Weltkrieg erfolgte auch in der Bildhauerei eine Neuorientierung, Anknüpfungspunkt wurde für die gegenständlich arbeitenden Künstler die figürliche Plastik des Expressionismus. Ewald Mataré hat dabei im Rheinland eine Vorreiterrolle übernommen. Großprojekte waren rar in dieser Zeit des Wiederauflbaus, aber zum Domjubiläum 1948 erhielt er den Auftrag, die zerstörten Portaltüren des südlichen Querhauses aus dem 19. Jh. zu erneuern, bis 1954 schuf er insgesamt vier neue Bronzetüren. Noch im Jubiläumsjahr entstanden für das Mittelportal die Papsttür, mit dem Wappen von Pius XII. und Hahn und Pelikan, als Symbole für die Wachsamkeit und Liebe, und die Bischofstür mit dem Wappen von Erzbischof Josef Kardinal Frings. Auf der Bischofstür sind die Kölner Heiligen als Personifikationen des Rates, der Weisheit, der Gottesfurcht, der Stärke, der Wissenschaft, des Verstandes und der Frömmigkeit zu sehen. Die Pfingsttür mit dem himmlischen Jerusalem auf der Supraporte, darunter dem brennenden Köln und dem knienden Noah, der den ersten Weinstock pflanzt, ist als Symbol für den Neuanfang der Stadt zu verstehen und entstand 1953. Ein Jahr später vollendete Mataré den Auftrag mit der Schöpfungstür, auf der neben der Schöpferhand Gottes rechts die Verklärung Christi und links der brennende Dornbusch als Verweis auf das Alte Testament zu sehen sind. Die Arbeiten Matarés wurden richtungsweisend, er beeinflußte bis in die 60er Jahre hinein eine große Zahl jüngerer Bildhauer.
Eine ganz andere Richtung der Bildhauerei manifestiert sich in der Gestaltung des neuen Heinrich-Böll-Platzes, der am 1986 fertiggestellten Baukomplex Wallraf-Richartz-Museum und Museum Ludwig entstanden ist. Der israelische Künstler Dani Karavan schuf hier ein Environment, das durch die Verwendung der Materialen Granit, Ziegelstein, Gußeisen und gezielte Baumbepflanzung Bezug nimmt auf das umgebende Areal mit den Museumsneubauten, den Dom, die Hohenzollernbrücke und den Rheingarten. In der Mitte des Platzes errichtete Karavan einen hochaufra-

Kunstgeschichte, 20. Jahrhundert, Plastik (Fortsetzung)

genden Stufenturm, den er Ma'alot nannte. Seine Erklärung des hebräischen Titels ist gleichzeitig auch eine Hilfe zum Verstehen der Platzgestaltung: "Ma'alot ist im Hebräischen ein biblisches, ein archaisches Wort. Vom Verb 'aufsteigen' abstammend, umfaßt es zum einen Stufe, Sprosse, Terrasse, (...), die obere Welt. – Zum anderen meint es vor allem (...) auch Steigerung, Winkel, Kreisteilung (...). Es bezeichnet 'menschliche Grade', positive Eigenschaften im Menschen, Vorzüge, Tugenden, Charakter." Der Platz lädt zum Verweilen ein und ist gleichzeitig ein gelungenes Beispiel zeitgenössischer skulpturaler Gestaltung im öffentlichen Raum.

Malerei

Nach dem Ersten Weltkrieg formierten sich in Köln, wie anderswo, junge revolutionär denkende Künstler zu Avantgardegruppen, die mit dem 'Mief' der Vorkriegsjahre endgültig aufräumen wollten. Einer der wichtigsten unter ihnen, der Dadaist und Surrealist Max Ernst wurde 1891 in Brühl geboren und hat sich bis zu seinem Weggang nach Paris 1922 aktiv als "DADAMAX" am Kunstgeschehen der Stadt beteiligt. Zusammen mit Johannes Baargeld und Angelika und Heinrich Hoerle etablierte er Dada in Köln. Ihre Ausstellung im Brauhaus Winter in der Schildergasse sorgte 1920 für einigen Wirbel. Nach dem Weggang von Max Ernst bildete sich die Gruppe der "Progressiven", deren Hauptprotagonisten wiederum das Künstlerpaar Hoerle und Franz Wilhelm Seiwert waren. Ihr politisches Anliegen zeigte sich in ihren Bildthemen. Der Arbeiter, die Arbeitswelt und das soziale Umfeld wurden darstellungswürdig, stilistisch entwickelte diese Gruppe einen neuen figurativen Konstruktivismus, der zwar von der russischen und französischen Avantgarde beeinflußt war, aber dennoch ein ganz eigener, im Kölner Umkreis entwickelter Stil wurde. Auch die Neue Sachlichkeit konnte sich mit Anton Räderscheidt und Heinrich Maria Davringhausen in den 20er Jahren fest in Köln etablieren. Die Machtübernahme der Nazis und deren rigide Kunstpolitik setzten 1933 diesen interessanten Entwicklungen ein jähes Ende. Einen Überblick über diese spannende Phase des Kölner Kunstgeschehens bietet das Museum Ludwig.

Galerien

Wenn man sich heute über die verschiedenen Strömungen zeitgenössischer Kunst informieren will, muß man nach Köln fahren. Über 80 Galerien von z. T. internationalem Rang sind in der Stadt ansäßig. Auslöser für diesen Boom war der seit 1967 alljährlich im November stattfindende Kunstmarkt (Art Cologne), zu dem weit über 150 internationale Aussteller eingeladen werden. Die Art Cologne hat sich zu einer der wichtigsten europäischen Kunstmessen entwickelt und zog viele Galeristen in die neue deutsche Kunstmetropole. Alle bekannten deutschen Galerien haben heute zumindest eine Dependance in Köln. Wo Kunst verkauft wird, siedeln sich natürlich auch die Künstler an, und so leben etwa 2 000 Künstler jedweder Richtung in Köln. Man muß nicht weit laufen, um sich einen Überblick zu verschaffen. Fast alle Galerien sind in der Altstadt versammelt, vorwiegend im Friesenviertel, im Belgischen Viertel und um den Dom herum. Ein Besuch der Kunststadt Köln lohnt sich also immer – nicht nur im November – wo sonst findet man 2 000 Jahre Kunstgeschichte auf so engem Raum versammelt?

Musikstadt Deutschlands

Aktuelle Lage

Köln ist in den letzten Jahren unbestritten zu der Musikstadt Deutschlands schlechthin avanciert – sein Ruf findet sogar europaweit Anerkennung. Die Musikszene Kölns ist bunt und vielgestaltig und entwickelt sich ständig weiter, von Klassik bis Acid wird für jeden Geschmack etwas geboten. Die Szene wird nicht nur von den verschiedenen etablierten Orchestern und festen Institutionen (Hochschulen, Oper, Konzerthallen) belebt, sondern auch durch unzählige Musikclubs und -kneipen, Dutzende von Tonstudios und Musikverlagen sowie durch viele große, populäre Veranstaltungen und mindestens so viele kleinere für den ausgefalleneren Geschmack.

Westdeutscher Rundfunk

Ein wichtiger Ausgangsfaktor für Köln als Musikstandort war und ist der WDR, in dessen Großem Sendesaal regelmäßig Konzerte (überwiegend Klassik und Jazz) veranstaltet und übertragen werden. 1926 ging in Köln ein Vorläufer des WDR als letzter der neun regionalen Rundfunkanstalten Deutschlands auf Sendung. Daneben hat heute eine große Anzahl anderer Rundfunk- und Fernsehanstalten ihren Sitz in Köln (→ Medienstadt).

Musikverlage und -läden

Auch die meisten der bekannten Musikmagazine werden in und um Köln herausgegeben, beispielsweise das "Fachblatt Musikmagazin", "Musiker", "Pianoforte", "Gitarre und Bass", "Keyboards" (Musik Media Verlag), "Drums & Percussion", "Sticks" und "Musiktexte". An die fünfzig Instrumentengeschäfte und der größte Schallplatten- und CD-Laden der Welt, Saturn auf dem Hansaring, erfüllen auch ausgefallene Musikwünsche.

Auftritt der Bläck Fööss im Tanzbrunnen des Rheinparks

Kölner Ensembles

Fast täglich hat man die Gelegenheit, verschiedene Kölner Ensembles zu hören und zu sehen, insbesondere das Städtische Gürzenich Orchester Kölner Philharmoniker und das Rundfunksinfonie-Orchester des WDR. Insgesamt gibt es zwölf große Ensembles für sog. Alte Musik. Bedeutend sind auch die Chöre, die 1995, im "Jahr der Romanischen Kirchen", auf vielen Kirchenkonzerten Furore machten. Die Hochschule für Musik und die Rheinische Musikhochschule veranstalten laufend Konzerte ihrer Dozenten und Studenten. Berühmte Komponisten waren und sind an der Kölner Musikhochschule tätig, darunter sind Namen wie Karlheinz Stockhausen, der dort (nach einer leitenden Tätigkeit beim WDR) zwischen 1971 und 1977 lehrte, oder Hans Werner Henze, der dort 1980 eine Kompositionsklasse übernahm, auch Mauricio Raúl Kagel, der hier 1974 Professor für Neues Musiktheater wurde, und Bernd Alois Zimmermann, 1957 – 1970 an der Musikhochschule tätig.

Bands und Musikrichtungen

In und um Köln proben und spielen ca. 450 Rock / Pop Bands. Schließlich zog es sogar Sängerstar Tina Turner nach Köln. Seit Jahren lebt sie hier.

Kölschrock

Eine Sonderstellung in der 'Neuen Musik' nimmt der Kölschrock ein: Vorreiter ist hier die Gruppe BAP um den Sänger, Texter und Komponisten Wolfgang Niedecken – Anfang der Achtziger wurde sie u.a. mit "BAP für usszeschnigge" zu einer der beliebtesten deutschen Rockgruppen. Mindestens deutschlandweit bekannt sind außerdem die Kölner Gruppen BRINGS, The piano has been drinking, (Tom Waits-Songs auf Kölsch), Wolf Mahn, L.S.E., Rausch, Cologne City Rockers, Ina Deter und andere. Besonders zu Zeiten des karnevalistischen Treibens, aber auch im übrigen Jahr beliebt sind die Bläck Fööss, De Höhner, De Blaumänner und Jürgen Zeltinger. Zur Frage der Bedeutung der Kölschen Mundart resumierte einst Ex-Bläck-Föös-Sänger Tommy Engel: "Hochdeutsch is doch nur en Behelfssproch!"

Klaus der Geiger

Ein Unikum ist Klaus der Geiger: Neben seinem Wirken in klassischen Orchestern zeigte er sein Können auch schon auf BAP-Scheiben und zeigt es bis heute mit Vorliebe als Straßenmusiker, hauptsächlich auf der Schildergasse. Er hat sich vor langem zum Ziel gesetzt, seine Musik nicht nur für die Ohren eines erlesenen Konzertpublikums zu spielen, sondern sie jedem zugänglich zu machen. Und so lauschen jung und alt seinen gewohnt bissigen, kritischen Texten und feierten vor kurzem sein 25jähriges 'Dienstjubiläum' als Straßenmusiker.

Jazz

Auch der Jazz braucht sich nicht zu verstecken: hier brillieren Ensembles wie die WDR Big Band, die Kölner Saxophon Mafia, das Kölner Trompeten Ensemble, das So Long Swing Orchestra, die Franck Band u.a.

Hochschulen für Musik

Ausbildungsorte für Musiker sind in ersten Linie die Rheinische Musikhochschule und die Staatliche Hochschule für Musik, die international Renommee genießen. Die staatliche Hochschule war auch die erste in Deutschland, die 1982 den Studiengang Jazz und Popularmusik einführte. Auch diesem Umstand ist es zu verdanken, daß viele große Jazzmusiker (nämlich die Dozenten) in Köln leben und auftreten.

Studios, Verlage und Labels

Die immer spannender werdende Musikszene Kölns zog im Laufe der Zeit etliche Tonstudios, Musikverlage und Labels nach Köln, EMI Electrola ist einer der ganz großen im Tonträger-Geschäft, der in Köln sitzt. Auch Sony Music hat eine Zweigstelle in Köln. Ein bekanntes Label ist z.B. Chlodwig Music, ganz neu ist Lipstick. Insgesamt gibt es ca. 150 Tonstudios in Köln, darunter Dierks Studios in Pulheim, die u.a. die Toten Hosen aufnehmen.

Musikfestivals

Ein wichtiger Anziehungspunkt für Musikbegeisterte aus ganz Deutschland sind die vielen Musikfestivals: die Initiative Kölner Jazzhaus veranstaltet z.B. jedes Jahr im April das Jazzhausfestival im Stadtgarten. Bedeutend sind auch die zehntägigen Leverkusener Jazztage in den Herbstferien NRWs, die jedes Jahr 100 000 Besucher anziehen. Europas größte Live-Musikfete ist die POPKOMM. Damit verbunden ist die einzige deutsche Rock/Pop-Messe, das teilnehmerstärkste Musikbranchentreffen. Parallel dazu gibt es vier Tage lang Musik live auf 25 Bühnen – in halb Köln sind dann die Klänge zu hören und alle sind begeistert (oder zumindestens tolerant). Seit 1994 findet alle zwei Jahre eine KLASSIK KOMM statt, die bereits Weltruhm genießt. Ein ebenso junges Festival ist die MusikTriennale: Ensembles aus aller Welt aus den Bereichen Klassik, Rock/Pop und Jazz reisen dafür an. Als Köln-Besucher sollte man deshalb nicht nur die Augen in der Stadt offenhalten, sondern auch die Ohren!

Köln in Zitaten

Karikatur des Heiligsten

Annette von Droste-Hülshoff (10. 1. 1797 bis 24. 5. 1848) Deutsche Dichterin

Der Dom! der Dom! der deutsche Dom!
Wer hilft den Kölner Dom uns baun?" ...
Wo deine Legion, o Herr,
wer hilft den Kölner Dom uns baun?
...
Ach, was ich fragte und gelauscht,
der deutsche Strom hat mir gerauscht,
die deutsche Stadt, der deutsche Dom,
ein Monument, ein Handelsstift,
und drüber sah wie ein Phantom
verlöschen ich Jehova's Schrift.
...
So baut denn, baut den Tempel fort,
mit ird'schem Sinn den Heil'gen Hag,
daß euer bessrer Enkel dort
für eure Seele beten mag!
...
O, er, der alles weiß, er kennt
auch eurer Seele ödes Haus;
baut Magazin und Monument,
doch seinen Namen laßt daraus!

Baedekers Köln und Umgebung 1954

Aus dem Kunstkapitel:
Die Kölner Kunstschätze sind zwar größtenteils gerettet, die Museen jedoch fast alle zu Ruinen geworden, so daß die Bestände vorläufig noch magazinisiert bleiben müssen und nur in Teilausstellungen zu sehen sind...

Aus dem Musikkapitel:
Seiner bürgerlichen Grundhaltung entsprechend sind in Köln gerade auch Gesangsvereine zu großem Ruhm gelangt. Der Kölner Männergesangverein (KMGV) hat europäischen Ruf und und feierte 1952 sein 110-jähriges Bestehen.

Aus dem Kapitel 'Volkstum':
Im 'Kölsch' oder auch 'Kölsch Platt' mischen sich mittelrheinische Sprachelemente mit niederdeutschen ... Da dieser Dialekt mehr breit als singend gesprochen wird, wirkt er herzlich deftig. ... Sind schon diese 'Krätzcher' (Witze) Zeichen einer überschäumenden, oft mit 'Leichtsinn' verwechselten Lebensfreude, so prägt sich diese noch mehr im rheinischen Karneval aus, als dessen Zentrum Köln in aller Welt bekannt ist. Dieses Fest ist auch heute noch das wahre Kölner Volksfest, zu dessen Höhepunkt, dem Rosenmontagszug, Hunderttausende aus Deutschland und aller Welt in die Stadt einströmen, um sich von der unvergleichlichen Feststimmung mitreißen zu lassen.

Aus: "Köln und Umgebung. Reisehandbuch von Karl Baedeker", 1954

Johann Georg Forster
(27. 11. 1754 bis 10. 1. 1794)
Deutscher Reiseschriftsteller

Wir gingen in den Dom und blieben darin, bis wir im tiefen Dunkel nichts mehr unterscheiden konnten. So oft ich Köln besuche, gehe ich immer wieder in diesen herrlichen Tempel, um die Schauer des Erhabenen zu fühlen ... Wir fühlen Jahrhunderts später dem Künstler nach und ahnen die Bilder seiner Phantasie, indem wir diesen Bau durchwandern. Die Pracht des himmelan sich wölbenden Chores hat eine majestätische Einfalt, die alle Vorstellung übertrifft. In ungeheurer Länge stehen die Gruppen schlanker Säulen da wie die Bäume eines uralten Forstes ... Läßt sich schon das Unermeßliche des Weltalls nicht im beschränkten Raume versinnlichen, so liegt gleichwohl in diesem kühnen Emporstreben der Pfeiler und Mauern das Unaufhaltsame, welches die Einbildungskraft so leicht in das Grenzenlose verlängert ... Wenn schon der Entwurf, in Gedanken ergänzt, so mächtig erschüttern kann, wie hätte nicht die Wirklichkeit uns hingerissen!

Aus: "Ansichten vom Niederrhein", 1790

Johann Wolfgang von Goethe
(28. 8. 1749 bis 22. 3. 1832)
Deutscher Dichter

Im Jahre 1810 jedoch trat ich ... mit den Gebrüdern Boisserée in ein näheres Verhältnis. Sie teilten mir glänzende Beweise ihrer Bemühungen mit; sorgfältig ausgeführte Zeichnungen des Doms zu Köln, teils im Grundriß, teils von mehreren Seiten, machten mich mit einem Gebäude bekannt, das nach scharfer Prüfung gar wohl die erste Stelle in dieser Bauart verdient; ... Ich will nicht leugnen, daß der Anblick des Kölner Doms von außen eine gewisse Apprehension in mir erregte, der ich keinen Namen zu geben wüßte. Hat eine bedeutende Ruine etwas Ehrwürdiges, ahnen, sehen wir in ihr den Konflikt eines würdigen Menschenwerkes mit der stillmächtigen, aber auch alles nicht achtenden Zeit, so tritt uns hier ein Unvollendetes, Ungeheures entgegen, wo eben dieses Unfertige uns an die Unzulänglichkeit des Menschen erinnert, so bald er sich unterfängt, etwas Übergroßes leisten zu wollen. Selbst der Dom inwendig macht uns, wenn wir aufrichtig sein wollen, zwar einen bedeutenden, aber doch unharmonischen Effekt; nur wenn wir ins Chor treten, wo das Vollendete uns mit überraschender Harmonie anspricht, da erstaunen wir fröhlich, da erschrecken wir freudig, und fühlen unsere Sehnsucht mehr als erfüllt.

Gottfried Hagen
Kölner Stadtschreiber

Über die Aufnahme von Handwerkern in die Verwaltung (1259):

Da Bürgschaft man gegeben hat',
Kam Bischof Konrad in die Stadt (...)
Nachdem er die Hausgenossen entsetzt,
Wurden die Schöffen abgesetzt.
Er nahm ihnen Wappen ab und Schwert.
Womit ein guter Mann sich wehrt.
Seine Leute der besten zwölfe fingen,
Die anderen kaum entgingen. (...)
Als sie sich aus der Stadt gewandt,
Wurden neue Schöffen ernannt.
Hört ihre Namen von wenig Ruhme:
Gerlach der Weber und Konrade Blume,
Löwe der Fischer und Hermann
Der Kehlstecher und Mönnich Johann,
Auch war einer von ihnen der Brauer Bot',
Tilmann der Bäcker auch, bei Gott,
Und Wilhelm von der Hundesgassen;
Und wär's nicht Sünde, sollt ich's hassen,
Daß die heilige Stadt Köllen jetzt
Mit solchen Eseln war besetzt. (...)
Wenn sie ein Urteil sollten sagen,
So gingen sie erst den Bischof fragen, (...)
Vor des Bischofs Ungnad' ihnen bangte,
Drum taten sie, was er verlangte.

Aus: "Von deutscher Baukunst", 1823

Heinrich Heine
(13. 12. 1797 bis
17. 2. 1856)
Deutscher Dichter

Zu Köllen kam ich spätabends an,
da hörte ich rauschen den Rheinfluß,
da fächelte mich schon deutsche Luft,
da fühlt' ich ihren Einfluß... (...)

Doch siehe! dort im Mondenschein
den kolossalen Gesellen!
Er ragt verteufelt schwarz empor,
das ist der Dom von Köllen.

Er sollte des Geistes Bastille sein,
und die listigen Römlinge dachten:
'In diesem Riesenkerker wird
die deutsche Vernunft verschmachten!'

Da kam der Luther, und er hat
sein großes 'Halt!' gesprochen –
seit jenem Tage blieb der Bau
des Domes unterbrochen.

Er ward nicht vollendet – und das ist gut,
denn eben die Nichtvollendung
macht ihn zum Denkmal von Deutschlands Kraft
und protestantischer Sendung.

Ihr armen Schelme vom Dombauverein,
ihr wollt mit schwachen Händen
fortsetzen das unterbrochene Werk
und die alte Zwingburg vollenden!

O törichter Wahn! Vergebens wird
geschüttelt der Klingelbeutel,
gebettelt bei Ketzern und Juden sogar;
ist alles fruchtlos und eitel. (...)

Er wird nicht vollendet, der Kölner Dom,
obgleich die Narren in Schwaben
zu seinem fortbau ein ganzes Schiff
voll Steine gesendet haben.

Aus: "Deutschland, ein Wintermärchen", 1844

Baedekers
Rheinreise
von 1839
Autor: J.A. Klein

Mit einem Geleitsbriefe kölnischer Bürgermeister, unter dem Schutze des Reichsdoppeladlers reiste man einst überall, wo Hansarecht galt, eben so sicher, als mit dem Ferman des Sultans im Osmanenreiche. Selbst der stolze Venezianer fühlte sich geehrt, wenn der Kölnische Kaufmann im Sammetwamms, das Seidenbarett auf dem Haupte, die schwere Goldkette über der Brust, mit ihm auf dem Sanct Markusplatze einherging. Kölnischen Abgeordneten gab der Doge von Genua eine Ehrenwache. »Ich bin kölnischer Bürger« galt in London so viel, als das »Civis Romanus sum« in einer Proconsular-Provinz. Wenn der Reisende vor dem gewaltigen Bau des Beyenthurms steht, vor dem prachtvollen Rathhause, oder hinaufsieht an der majestätischen Vorderseite des alterthümlichen Gürzenichs, dann empfindet er erst lebhaft, was deutsche Bürgergröße in der Blüthezeit des Volkes war.

Aus: "Rheinreise von Straßburg bis Düsseldorf", 3. von Karl Baedeker umgearbeitete Auflage, 1839

Koelhoffsche
Chronik

Grundsteinlegung des Kölner Doms:
Er (Erzbischof Konrad von Hochstaden) begann den großen, kostbaren und ewigen Bau, den Dom, an dem zur Zeit, im Jahre des Herrn 1499,

Koelhoffsche Chronik (Fortsetzung)

noch täglich gebaut wird. Bischof Konrad legte den Grundstein in dem oben genannten Jahr am Vorabend von Mariä Himmelfahrt. Über dieses Ereignis berichtet im Dom eine Gedenktafel, die über der Tür hängt, wo die Jahre der Regierung des Bischiofs mit Stäben bezeichnet werden; Im Jahre 1320 sang man zum ersten Mal in diesem volltönenden Chor Jubellieder. Auch die verfallende St. Clemenskirche ließ er wiederherstellen, die einst von St. Kunibert erbaut worden war; sie heißt seitdem St. Kunibert.

Aus: "Koelhoffsche Chronik", zum Jahr 1248

Meinhard (2. Hälfte 11. Jh.) Bischof von Hildesheim

Das mittelalterliche Köln als Sündelbabel:
Doch sieh, welch ein Aufruhr der für und wider Dich streitenden Gefühle tobt. Da ruft von der einen Seite die edle Familie der Tugenden Dich, ihren verwöhnten Liebling, um des Glanzes Deiner Gesittung, um der Schärfe Deines Geistes willen an die Spitze ihres Hofes und beansprucht Dich gleichsam als Hausgenossen; von der anderen Seite locken Dich Dein gefährliches Alter, die seidenstrotzenden Leiber der Kölner, ja selbst Deine Gastgeberin, das vielgestaltige Köln oder, wenn Du so willst, Babylon, beunruhigt Dich eher verführerisch als heilsam mit ihrem von Lüsten trunkenen Antlitz.

Aus: "Brief an den Kölner Erzbischof Anno II."

Francesco Petrarca (20. 7. 1304 bis 18. 4. 1374) Italienischer Dichter

Nachdem ich Aachen verlassen hatte ..., nahm mich Agrippina Colonia auf, das am linken Rheinufer liegt. Dieser Ort ist durch seine Lage, durch seinen Strom und durch seine Bevölkerung berühmt. Man ist erstaunt, in diesem Barbarenland eine derartig feine städtische Bildung anzutreffen. Welch ein Stadtbild, welche Würde bei den Männern, welche Anmut bei den Frauen! Es war gerade Johannisabend ... Sogleich ließ ich mich ... von meinem Gastgeber an den Fluß begleiten ... Das ganze Ufer war ... von einer wunderschönen riesigen Prozession von Frauen eingenommen. Wie war ich erstaunt! Gute Götter, welch eine Schönheit! Welch ein Anstand! Hier müßte sich jeder verlieben können, dessen Herz noch frei ist ...
(Er fragt nach dem Sinn dieser Versammlung von Frauen und erhält zur Antwort:) Es sei ein uralter Volksglaube, an dem vor allem die Frauen hingen, daß alles Unheil des kommenden Jahres durch ein Bad im Fluß an diesem Tage weggespült werde ... Unter Führung dieser Freunde bin ich an den folgenden Tagen mehrmals ... durch die Stadt gebummelt: ... Vor allem begegnete ich auf Schritt und Tritt dem Marcus Agrippa, der Gründer dieser Colonie; mag er auch zu Hause und draußen viele herrliche Bauwerke errichtet haben, so hat er dennoch vor allen diese Colonie für würdig gehalten, seinen Namen zu führen ... Ich habe eng beieinander die Reliquien von vielen Tausend heiligen Jungfrauen gesehen ... Ich habe das Capitol gesehen, ein Abbild des unseren ... Ich habe den Dom gesehen, ein herrliches Bauwerk, wenn es auch noch nicht vollendet ist; nicht zu Unrecht nennen die Kölner es das höchste.

Erlebnisse von seiner Bibliothekenreise nach Frankreich, Flandern und ins Rheinland

H. Schöder /H. Fries

Aus vielen Wunden schon blutend erhielt die Stadt am 31. Mai 1942 den ersten tödlichen Prankenschlag. In tosender Flammenbrandung wurde das mittelalterliche Köln ausgelöscht. Aus dem Kranz der Türme brach der Krondiamant Groß St. Martin heraus. St. Aposteln, St. Maria im Kapitol, St. Gereon, älteste Zeugenschaft deutscher Möglichkeit, in Stein zu beten und vergänglichem Stoff jenseitige Schönheit zu leihen, sanken stumm im Andrang der Flammen ... Es war hier, wo nach dem großen Brandangriff ... die Toten der umliegenden Straßen aufgereiht und mit Pappe zugedeckt lagen. Ein noch unvergessenes Bild: das versengte, weiße Haar einer Greisin kriecht unter der Pappe hervor, und eine einzige Tulpe, Gabe eines leidenden Menschenherzens, lag verblühend auf einer schmutzigen Hülle ...

Aus: "Colonia deleta", 1945

Verbot der Mummerei (Maskerade) zur Karnevalszeit (1657)

Wir, Bürgermeister und Rat des Heiligen Reiches freier Stadt Köln, tun einem jeden kund hiermit zu wissen: Da wir hiervor aus wichtigen Ursachen und zutreffender Notwendigkeit ohne Unterschied der Person in dieser Stadt die Mummerei und das heidnische Toben verboten haben, wir seither aber festgestellt haben, daß verschiedene Leute, Gottes Gebot und unserem öffentlichen Edikte zuwider, sich vergessen haben und üppig am hellichten Tage und zu nächtlicher Zeit vermummt gegangen sind, so haben wir deswegen unseren Stiegmeistern aufgegeben, sich nach den Ungehorsamen ... zu erkundigen, dieselben in wohlverdiente enge Bestrafung zu nehmen ...

Elisabeth Langgässer (23.2.1899 bis 25.7.1950) Schriftstellerin

(...) Doch schon fast vollendet, sank wieder das Bauwerk in dem Herzen des Volkes schmählich zusammen.
Wie eine Weinbergschnecke, die angstvoll bei fremder Annäherung ihre Hörner, die unendlich fühlsamen, einzieht,
Stand es da: turmlos;
Stand ohne die Krönung und ohne die Salbung der Vollkommenheit aus der Höhe.
Noch einmal erinnerte sich Germanien und führte mit letzter Kraft Helme und Zierrat der beiden Türme empor.
Dann schwieg diese Kraft, dann erlosch auf den Türmen der Glanz der Unschuld ...
Satanische Feuer, dämonische Brände,
Durchfuhren die Nacht mit dem Schweif des Drachen
Und warfen sich in des Verführers Namen auf das Land und den Strom und das herrliche Haus des Allerhöchsten hernieder.

Aus: "Kölnische Elegie", 1948

Heinrich Böll (21.12.1917 bis 16.7.1985) Schriftsteller

Die Türme des Kölner Doms werden nun doch abgetragen. Beuys – als Bildungsbeauftragter des Landes NRW zuständig – beteiligt daran die Kölner Bevölkerung. Er läßt, von Brueghels "Turmbau zu Babel" inspiriert, stabile, spiralenförmige Rampen bauen, auf denen man ungefährdet bis zu den Turmspitzen vordringen, mit je zwei Steinbrocken heruntersteigen kann. Einen Stein darf jeder als Andenken behalten, der zweite dient zum Aufbau eines "freikatholischen Seminars zur Ergänzung der Theologie und Abschaffung der Dogmen". Es bildet sich ein Verein zum "Wiederaufbau des Doms". Man wittert Klüngel.

Aus: Stadt der alten Gesichter, 1959

Sehenswürdigkeiten von A bis Z

Stadtbesichtigung

Hinweis

Die nachstehenden Empfehlungen sollen dem Reisenden, der zum ersten Mal nach Köln kommt und nur wenig Zeit zur Verfügung hat, als Leitlinie dienen, um den Aufenthalt in der Stadt möglichst eindrucksvoll zu gestalten. Die **fettgedruckten** Sehenswürdigkeiten, Orte und Plätze beziehen sich auf die Beschreibung der "Sehenswürdigkeiten von A bis Z" im Hauptteil dieses Reiseführers.

Stippvisite

Wer sich nur einige Stunden in Köln aufhält und die Highlights der Stadt sehen möchte, kann an einer organisierten Stadtrundfahrt (→ Praktische Informationen, Stadtbesichtigung) teilnehmen. Wer auf eigene Faust losziehen will, dem sei zunächst die Besichtigung des **Doms** empfohlen. Von hier aus sind es nur wenige Meter zu den bedeutendsten Museen der Stadt, dem **Römisch-Germanischen Museum** und dem modernen Komplex von **Wallraf-Richartz-Museum und Museum Ludwig**. Südlich schließt die **Altstadt** an, deren lohnenswerte Besichtigung man mit einem Spaziergang auf der Rheinpromenade (Frankenwerft) beginnen sollte, von der aus man beliebig in eine der Altstadtgassen einbiegen kann. Hier werfe man einen Blick auf *Groß St. Martin** und das **Rathaus**. Wem eher nach einem Einkaufsbummel zumute ist, hat die Auswahl zwischen der nahe des Doms beginnenden **Hohe Straße**, die auf die **Schildergasse** stößt, und der **Breite Staße** sowie der Mittelstraße.

Dauer der Rundgänge

Alle Rundgänge sind in gut zwei Stunden zu bewältigen, entsprechend mehr Zeit sollte man einplanen, wenn man sich in Ruhe einige der bemerkenswerten Museen ansehen oder in eine der alten Kölner Wirtschaften am Weg einkehren möchte.

Rundgang 1

Ausgangspunkt: Dom

Gang durch die Altstadt

Stadtplan mit Rundgängen s. S. 56 / 57

Dieser Rundgang bietet sich für alle diejenigen an, die Köln bisher noch gar nicht kennen und sowohl die wichtigsten Sehenswürdigkeiten anschauen als auch etwas vom Flair der Stadt mitbekommen wollen.

Ausgangspunkt ist der **Dom**, das Wahrzeichen der Stadt, dessen größter Schatz der Dreikönigenschrein im Chor ist. Im Schatten des Doms liegt das bedeutende **Römisch-Germanische Museum**, dessen breite Glasfront den Blick auf das Poblicius-Grabmal und das wertvolle Dionysosmosaik freigibt. Dahinter schließt auch schon der bemerkenswerte Museumskomplex von **Wallraf-Richartz-Museum und Museum Ludwig** an, in denen Malerei und Skulptur des 13. Jh.s bis zur Moderne ausgestellt ist. Eine breite Treppe führt hinunter zum Rheinufer und der **Altstadt**, wo man entlang der Frankenwerft die hübschen Hausfassaden bewundern kann. Hinter dem Fischmarkt biegt man in die kopfsteingepflasterte Salzgasse ein, dann nach links in An dem Rothenberg. So stößt man auf den nördlichen Teil des Heumarkts, einem der zentralen Plätze der Altstadt mit einigen Läden und Gaststätten. Zurück in das Gewirr der Altstadtgassen

◂ *Blick über den Rhein auf die Kölner Altstadt: vor dem Dom das Wallraf-Richartz-Museum und Museum Ludwig, zur Linken Groß St. Martin und der Rathausturm, im Hintergrund der Fernsehturm 'Colonius'*

Rundgang 1 (Fortsetzung)

bietet sich ein Abstecher zum Eisenmarkt an, ein kleiner Platz, an dem das Hänneschen-Theater seinen Sitz hat. Durch die Gasse Unter Käster gelangt man zu ***Groß St. Martin**, einer der bedeutenden zwölf romanischen Kirchen Kölns. Über die Mühlengasse kommt man zum Alter Markt mit dem Jan-von-Werth-Brunnen. Direkt am Platz und in der näheren Umgebung laden mehrere traditionelle Kölsche Kneipen zum Verweilen ein. Vom Alter Markt führt ein kleines Treppchen rechter Hand des Rathausturmes zum prunkvollen ****Rathaus** und er Mikwe hinauf. Wenig weiter stößt man auf den ***Gürzenich**, ein zinnenbekröntes Patrizierhaus des 15. Jh.s. Biegt man dahinter rechts ab, befindet man sich nach wenigen Metern auf der Einkaufsmeile Schildergasse. Am Bierbrunnen biegt man in Richtung **Hohe Straße** ein, eine weitere große Einkaufsstraße, an deren Ende sich rechts die Stollwerck-Passage öffnet. Dahinter liegt der berühmte ***Heinzelmännchenbrunnen**. Nun steht man schon fast wieder vor dem Dom auf dem Roncalliplatz, auf dem rechter Hand das ***Erzbischöfliche Diözesanmuseum** mit mittelalterlicher und zeitgenössischer Kunst lockt.

Rundgang 2

Ausgangspunkt: Dom

Gang von der Altstadt durch die Innenstadt

Auch dieser Rundgang beginnt am Dom, führt dann aber über die Hauptgeschäftsstraßen an verschiedenen Sehenswürdigkeiten der Innenstadt vorbei. Zunächst kommt man, wenn man am Wallraf-Platz nach rechts abbiegt, am **WDR** vorbei zum ***Museum für Angewandte Kunst**, in dem wertvolles europäisches Handwerk und Design vom Mittelalter bis heute präsentiert wird. Durch die Drususgasse und die Kolumbastraße an zwei Kirchen und dem modernen **Disch-Haus** vorbei gelangt man zur **Oper** und zum **Schauspielhaus**. Rechter Hand erhebt sich das **4711-Haus**, von dem aus stündlich ein Glockenspiel erklingt. Durch eine Passage oder über die Kreuzgasse erreicht man die breite Einkaufsstraße **Schildergasse**. Dort ist in der Antoniterkirche der 'Todesengel' von Barlach zu sehen. An Läden aller Art vorbei endet die Schildergasse am **Neumarkt**, dem zentralen Platz der Innenstadt. Im Westen ragen die Türme der romanischen Kirche ****St. Aposteln** mit ihrem berühmten Kleeblattchor auf. Über die **Mittelstraße** mit ihren eleganten Geschäften und am Bazaar de Cologne vorbei erreicht man die ***Hahnentorburg**, das schönste Tor der **mittelalterlichen Stadtmauer** Kölns, durch das einst die gerade gekrönten Könige in die Stadt einzogen. Der Friesenwall und die langgestreckte **Breite Straße** faszinieren durch ihre bunte Vielfalt von Läden, Galerien (in den Seitenstraßen) und Cafés. Am Ende der Breite Straße stößt man wieder auf die Minoritenkirche und das Museum für Angewandte Kunst, von wo aus es nur wenige Meter zurück zum Dom sind.

Rundgang 3

Ausgangspunkt Appellhofplatz

Gang durch die nordwestliche Innenstadt

An der U-Bahn-Haltestelle Appellhofplatz liegt das durch seine rot-weißen Fensterläden sogleich auffallende ***Zeughaus** von 1600, in dem das Stadtmuseum eine Reise durch die Kölner Geschichte anbietet. Am Ausgang der Zeughausstraße liegt der reich verzierte ***Römerturm**, der kostbarste Rest der ehemaligen **römischen Stadtmauer**. Interessierte können hinter dem Römerturm einen Abstecher in die Kreishausgalerie in der St. Apern-Straße machen. Zurück am Römerturm erreicht man durch die Steinfelderstraße ****St. Gereon**, eine der schönsten romanischen Kirchen Kölns mit einer kunstvollen, farbenprächtigen Kuppel. In der Friesenstraße sollte man dann einen Blick in das Brauhaus Päffgen werfen, eine der letzten traditionellen Hausbrauereien Kölns mit urkölschem Flair. Die Alte Wallgasse führt auf die von Läden gesäumte **Breite Straße**. Über die Neven-Dumont-Straße geht man an **St. Maria in der Kupfergasse** und dem Vierscheibenhaus des **WDR** vorbei wieder zum Zeughaus zurück.

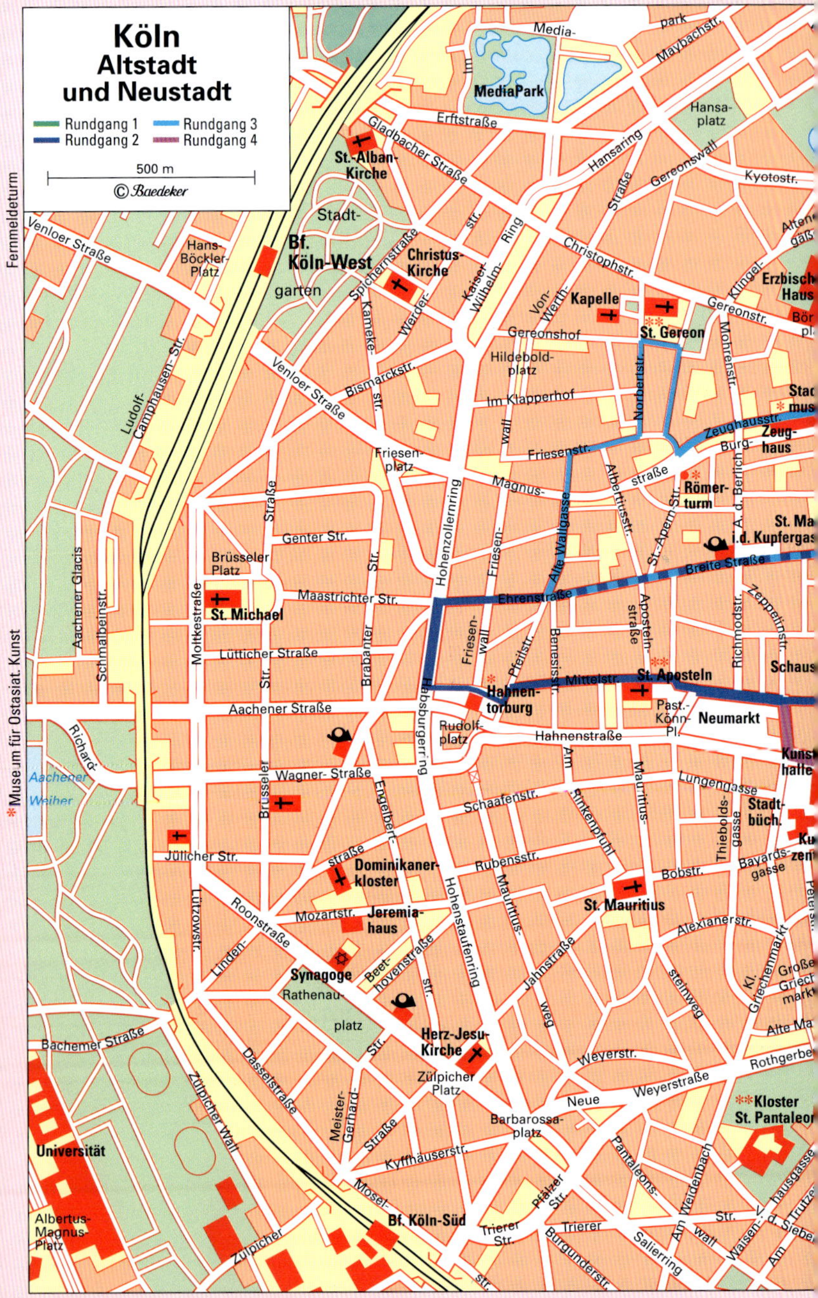
Köln
Altstadt
und Neustadt
Rundgang 1
Rundgang 2
Rundgang 3
Rundgang 4
500 m
© Baedeker
Fernmeldeturm
Museum für Ostasiat. Kunst
Media-
park
Maybachstr.
MediaPark
Hansa-
platz
Erftstraße
Gladbacher Straße
St.-Alban-
Kirche
Hansaring
Gereonswall
Kyotostr.
Stadt-
garten
Bf.
Köln-West
Christus-
Kirche
Spichernstraße
Kaiser-
Wilhelm-
Ring
Christophstr.
Venloer Straße
Hans-
Böckler-
Platz
Kapelle
St. Gereon
Gereonstr.
Erzbisch.
Haus
Von-
Werth-
Gereonshof
Hildebold-
platz
Im Klapperhof
Bismarckstr.
Kameke-
Werder-
Norbertstr.
Mohrenstr.
Zeughausstr.
Zeug-
haus
Burg-
Friesenstr.
Friesen-
platz
Magnus-
Albertusstr.
straße
Römer-
turm
Ludolf-
Camphausen-Str.
Hohenzollernring
Friesen-
wall
Alte Wallgasse
St.-Apern-Str.
A. d. Berlich
St. Ma
i.d. Kupfergas
Genter Str.
Brüsseler
Platz
Breite Straße
Maastrichter Str.
Ehrenstraße
Apostelnstraße
Zeppelinstr.
Aachener Glacis
Moltkestraße
St. Michael
Brabanter
Str.
Benesisstr.
Pfeilstr.
Richmodstr.
Lütticher Straße
Schmalbeinstr.
Mittelstr.
St. Aposteln
Schaus
Hahnen-
torburg
Aachener Straße
Rudolf-
platz
Hahnenstraße
Past.-
Könn-
Pl.
Neumarkt
Kunst
halle
Richard-
Aachener
Weiher
Wagner- Straße
Habsburgerring
Schaafenstr.
Am
Lungengasse
Mauritius-
Thiebolds-
gasse
Stadt-
büch.
Brüsseler
Engelbert-
Jülicher Str.
straße
Dominikaner-
kloster
Rubensstr.
Hohenstaufenring
Bobstr.
Bayards-
gasse
St. Mauritius
Lützowstr.
Roonstraße
Mozartstr.
Jeremia-
haus
Alexianerstr.
Linden-
Synagoge
Beet-
hovenstraße
Jahnstraße
Kl. Griechenmarkt
Große
Griech
markt
Rathenau-
platz
Steinweg
Bachemer Straße
Herz-Jesu-
Kirche
Weyerstr.
Alte Ma
Rothgerbe
Dasselstraße
Zülpicher
Platz
Neue
Weyerstraße
Kloster
St. Pantaleon
Zülpicher Wall
Meister-
Gerhard-
Straße
Barbarossa-
platz
Universität
Kyffhäuserstr.
Pantaleons-
Am Weidenbach
Mosel-
Pfälzer
Str.
Albertus-
Magnus-
Platz
Bf. Köln-Süd
Trierer
Str.
Trierer
Str.
Salierring
Waisen-
v. d. Sieber
Am Trutze
Zülpicher
Burgunderstr.
Wall
Str.

*Eigelsteintor *Zoo, Flora *Rheinpark

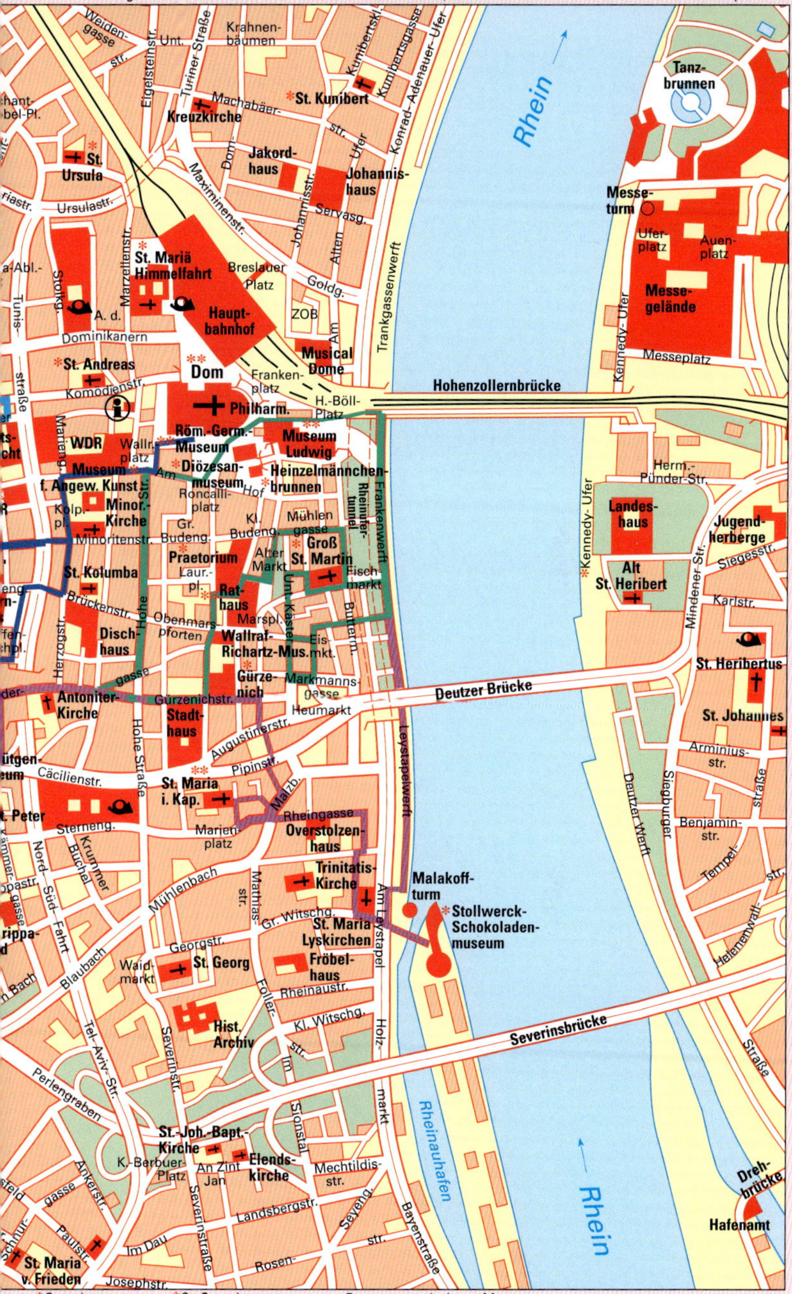

Bf. Köln-Deutz

*Severinstor *St. Severin Rautenstrauch-Joest-Museum

Spaziergang 4

Ausgangspunkt: Neumarkt

Gang durch die Innenstadt zum Rheinufer in Richtung Altstadt

Der vierte Vorschlag für einen Spaziergang führt vom Neumarkt, dem zentralen Platz der Innenstadt, über eine der Hauptgeschäftsstraßen an drei bedeutenden romanischen Kirchen und zwei Museen vorbei zum **Rheinufer**, auf dessen Promenade man zur Altstadt spazieren kann.
Am Neumarkt beachte man vor allem die romanische Kirche **St. Aposteln**, bevor man den Weg Richtung Osten zum ***Schnütgen-Museum** fortsetzt, die eine der bedeutendsten Sammlungen mittelalterlicher Kirchenkunst beherbergt. Gleich daneben schließt die Pfarrkirche **St. Peter** an, in der oftmals bekannnte zeitgenössische Künstler ausstellen. Die Antonsgasse führt sodann auf die große Einkaufsmeile **Schildergasse**, hier sollte man einen Blick in die kleine Antoniterkirche werfen, in der der 'Todesengel' von Barlach hängt. Am ***Gürzenich**, dem heutzutage von Karnevalssitzungen bekannten Patrizierhaus des 15. Jh.s vorbei biegt man nach rechts in die Martingasse ein und erreicht so die eindrucksvolle romanische Kirche ****St. Maria im Kapitol**. Durch das Dreikönigenpförtchen hindurch gelangt man auf die Königstraße. Nach einem Blick auf das **Overstolzenhaus** in der Rheingasse und auf die **Trinitatiskirche** lohnt sich der Besuch von **St. Maria Lyskirchen** mit ihren wunderbaren Gewölbefresken. Nach einem Abstecher ins ***Imhoff-Stollwerck-Museum**, dem Schokoladenmuseum am Rheinauhafen, kann man an der Leystapelwerft entlang bis zur Altstadt und zum Dom spazieren.

Empfehlungen für einen längeren Aufenthalt

Sehenswertes in der Nähe der Innenstadt

Museumsbesuche

Wer in Köln mehr als drei Tage Zeit hat, kann zum einen längere Museumsbesuche einplanen, vor allem für das ****Wallraf-Richartz-Museum und Museum Ludwig** und das ****Römisch-Germanische Museum**. Aber auch das ***Museum für Angewandte Kunst**, das ***Schnütgen-** das ***Schokoladenmuseum** und das Stadtmuseum im ***Zeughaus** lohnen einen ausgiebigen Aufenthalt. Interessiert man sich für die einmallge Sammlung des ***Museums für Ostasiatische Kunst** beim Aachener Weiher, läßt sich ein schöner, ausgedehnter Spaziergang in westliche Richtung am baumbestandenen Kanal in Lindenthal bis zum **Stadtwald** anschließen.

Romanische Kirchen

Wen mehr die berühmte romanische Kirchenbaukunst in Köln reizt, hat die Auswahl zwischen zwölf Meisterbauwerken, die im Stadtgebiet innerhalb der Ringe verstreut sind, darunter besonders ****St. Aposteln** am Neumarkt, ****St. Gereon** im Westen, ****St. Maria im Kapitol** beim Zentrum und ****St. Pantaleon** im Süden. In St. Ursula beeindruckt vor allem die ***Goldene Kammer** mit ihrer Wanddekoration aus Reliquien.

Vom Kennedy-Ufer per Seilbahn zum Zoo

Ein Spaziergang entlang des rechtsrheinischen ***Kennedy-Ufers** in Köln-Deutz eröffnet den einmaligen Blick auf das Altstadtpanorama mit dem Dom. Vom nördlich anschließenden ***Rheinpark** aus hat man die Möglichkeit, per Seilbahn in einer Gondel über den Rhein zu fahren. Hier im Linksrheinischen, im Norden der Innenstadt angelangt, sind es nur wenige Schritte zum bekannten Kölner ***Zoo**, an das das **Aquarium** angeschlossen ist. Wenige Meter weiter westlich erstreckt sich das Areal von **Flora und Botanischem Garten** mit ihrer großen bunten Pfanzenvielfalt.

Severinsviertel

Am anderen Ende der Innenstadt (im Süden) vermittelt ein besonderes Kölsches Viertel, das **Severinsviertel**, dem Besucher einen Eindruck vom alten Köln. Hier steht auch noch eines der wenigen von der **mittelalterlichen Stadtmauer** Kölns erhaltenen Stadttore, die ***Severinstorburg**.

Aussichtspunkte

Köln von oben läßt sich am besten von der Spitze des ****Doms** (Treppen laufen) oder vom ***Fernsehturm Colonius** (per Aufzug) bewundern.

Sehenswertes in der Umgebung

Noch innerhalb des Kölner Stadtbezirks liegt ganz im Westen die *__Römische Grabkammer__ (Köln-Weiden), ein beeindruckendes Zeugnis der Römerzeit. Die ehemalige Benediktinerabtei in **Brauweiler** liegt nur einige Kilometer weiter nordwestlich.

Außerhalb der Stadtgrenze

Gut 20 Kilometer vom Stadtzentrum nach Norden fährt man, um das malerischen Örtchen *__Zons__ am Rhein mit seiner Freilichtbühne zu besichtigen. In derselben Entfernung liegt im Nordosten von Köln die Kirche des ehemaligen Klosters *__Altenberg__ und der hübsche Märchengarten. Wen es eher in den Süden zieht, trifft bereits nach etwa 13 Kilometern auf Brühl, das nicht nur das wunderbare **__Schloß Augustusburg__ aus der Rokoko-Zeit aufzuweisen hat, sondern auch noch mit dem *__Phantasialand__ lockt, einem großen Vergnügungspark mit diversen Attraktionen. Weitere lohnenswerte Ausflugsziele sind in den → Praktischen Informationen unter 'Ausflüge' beschrieben.

Köln

Touristische Höhepunkte in den Außenbezirken

Sehenswürdigkeiten von A bis Z

*Altenberg (Ausflugsziel)

Lage
20 km nordöstlich des Kölner Stadtzentrums

Anfahrt
Bus Linie 434 ab Wiener Platz; mit dem Auto ab Köln-Mühlheim über B51, dann Ri Odenthal

Führungen
wochentags nach Anmeldung Tel.: 0 22 02 / 3 00 08

Restaurierungen
am Dom bis 2001

Altenberg im Bergischen Land, etwa eine dreiviertel Stunde Fahrtzeit von Köln entfernt, ist ein bei Großen und Kleinen sehr beliebtes Ausflugsziel, denn es bietet neben der eigentlichen Hauptattraktion, dem Altenberger Dom, der in landschaftlich schöner Lage im Tal der Dhünn liegt, auch große Wälder zum Spazierengehen sowie die Gelegenheit, Belgische Waffeln zu kosten (Waffeln mit Sauerkirschen und Schlagsahne) und den malerischen Märchenwald zu besuchen, der vor allem die Kinder begeistert.
Der Altenberger Dom, dessen Fertigstellung mehr als ein Jahrhundert dauerte, wird hauptsächlich wegen seines imposanten achtteiligen Westfensters, dem größten Kirchenfenster Deutschlands, mit schöner Glasmalerei bewundert.

Altenberg war ursprünglich der Name einer Zisterzienserabtei, die die Grafen von Berg 1133 neben ihrem alten Stammschloß (auf dem 'alten Berg') gründeten, das sie zugunsten eines neuen, dem sogenannten Schloß Burg an der Wupper aufgaben. Die Altenberger Abtei des 1098 gegründeten strengen Reformordens bestand bis 1803, als sie säkularisiert wurde. Nach dem Verkauf der Gebäude, der Errichtung einer Farbenfabrik an ihrer Stelle und schließlich einem verheerenden Brand (1815) wurde die ehemalige Klosteranlage erst in der zweiten Hälfte des 19. Jh.s wiederaufgebaut bzw. umgebaut. Heute befindet sich in ihnen die katholische Jugendbildungsstätte 'Haus Altenberg'.

Altenberger Dom

Geschichte und Architektur

An der Stelle einer ursprünglich romanischen Kirche des Klosters entstand zwischen 1255 und 1386 eine gotische dreischiffige Basilika, die ein fast ebenso breites dreischiffiges Querhaus aufweist. Das südliche Querhaus ist verkürzt, da dort vormals die Klostergebäude angeschlossen waren. Gemäß den strengen Ordensvorschriften ist die Kirche ein einfacher Bau, der seine Schönheit nur aus den klaren Proportionen und der Zweckmäßigkeit der gotischen Architektur bezieht. Dank des fehlenden Schmuckes ist die Bauidee der Gotik deutlich erkennbar: soweit möglich, sind alle Wände in Fenster aufgelöst; das Gewicht der Steinmassen wird abgelenkt und aufgefangen im regelmäßigen Gerüst der Strebepfeiler. Kein Turm, nur ein bescheidener Dachreiter krönt die Kirche. Um den Chor ist ein Umgang mit einem Kranz von sieben sechseckigen Kapellen gelegt. Durch den schweren Kloster- und Kirchenbrand 1815 wurden die Dächer der Kirche zerstört, 1830 stürzte auch das Vierungsgewölbe ein. Daraufhin setzte man beim Wiederaufbau (1835 – 1847) nach dem Vorbild des Kölner Doms Walmdächer auf die Kapellen am Chor. Seit 1856 wird die Kirche für evangelische und katholische Gottesdienste gebraucht. Seit 1994 bis etwa 2001 wird der Dom restauriert, so daß vorübergehend einzelne Teile der Kirche nicht zugänglich sind.

Altenberger Dom (Fortsetzung)
Innenraum
Fenster

Im Innern zeigt sich die Architektur als sparsam rot und grün akzentuierter Rahmen für die berühmten Fenster, die, gemäß gotischer Auffassung, das Licht des überirdischen Jerusalem hereinlassen. Besonders imponierend wegen ihrer Größe sind das achtteilige Westfenster mit goldfarbener Glasmalerei (um 1400) und das Nordfenster mit vorwiegend grauen ornamentalen Gläsern (vor 1300). Vor allem jedoch im Chor erfahren die reinen Architekturformen eine einzigartige Steigerung durch die gemäß einer alten Ordensregel in Grautönen gehaltenen Blattornamente der Fenster vom Ende des 13. Jahrhunderts.

Ausstattung im Chor

Vor dem schönen schmiedeeisernen Lettnergitter stehen rechts eine Figur des Ordensheiligen Bernhard von Clairvaux, links eine des Moses (alles 17. Jh.). An der Ostwand des nördlichen Chorseitenschiffs fand die steinerne Verkündigungsgruppe vom Westportal im sog. Weichen Stil (um 1380) Aufstellung. Im Choranfang hängt eine Madonna (16. Jh.) im Strahlenkranz (modern). Im Chorhaupt steht ein Altarkreuz des 15. Jh.s, wenig nördlich das schöne spätgotische Sakramentshaus (1490). In den Chorkapellen finden sich Grabplatten verschiedener Äbte, in der Achsenkapelle wird das Herz des 1225 ermordeten Kölner Erzbischofs Engelbert von Berg in einem Reliquiar aufbewahrt. Der Marienaltar im südlichen Chorseitenschiff zeigt Figuren einer Marienkrönung (15. Jh.).

Ausstattung im Querhaus

Das nördliche Querhaus hat seinen Namen Herzogenchor von den acht Gräbern bergischer Herzöge, die sich hier befinden. Das erste Grab von der Vierung her ist das des Klosterstifters Adolf I. Im Herzogenchor auf einer Konsole links neben dem Nordportal steht die moderne Bronzeplastik 'Bernhard v. Clairvaux als Mystiker' von W. Franzen (1985). Weiter westlich an einem Pfeiler sieht man eine Holzplastik des Christophorus (16. Jh.). In der von-Steinen-Kapelle im Nordquerhaus befindet sich die Bronzeplastik 'Der Gekreuzigte umarmt die beiden Kreuzestheologen, Bernhard v. Clairvaux und Martin Luther', ebenfalls von W. Franzen (1986/87). In die wegen des ehemals dahinterliegenden Kreuzgangs nicht in Fenster aufgelöste Wand des südlichen Nebenschiffs sind Grabplatten eingelassen, von denen die erste, die des Abtes Johann Blanckenberg († 1662), besonderes beachtenswert ist. Im südlichen Querschiff fand die moderne Orgel Aufstellung.

Kirchenmusik

Berühmt ist die Kirchenmusik im Altenberger Dom, die, mit Ausnahme besonderer Termine, in der Zeit von Mai bis Oktober sonntags um 11.15 und 14.30 Uhr stattfindet. Zeitweise findet an Donnerstagen, 20 Uhr, ein internationaler Orgelzyklus statt.

Reste der ehemaligen Klosteranlage

Barocktor

Der alte Zugang zum Kloster führte westlich der Kirche über die Dhünnbrücke durch das erhaltene Barocktor (18. Jh.): in der Mittelnische des Portalbogens außen die Figur des Ordensheiligen und Kreuzzugpredigers Bernhard von Clairvaux, innen eine Madonna.

Altenberger Hof

Links neben der Brücke erhebt sich auf den Grundmauern des ehemaligen Pförtnerhauses und der Pilgerherberge der Altenberger Hof, heute ein schönes Gartenrestaurant. Rechts der Pforte befand sich eine Marienkapelle, deren Reste in das Brauhaus (Bau von 1715) vermauert sind.
Der eigentliche Klosterbezirk befand sich weiter südlich, getrennt in mehrere Höfe durch nordsüdlich verlaufende Gebäude, von denen nur noch der Konversenflügel erhalten ist.

Markuskapelle

Im Norden befanden sich das Wirtschaftsgebäude und das Krankenhaus, von dem noch die Markuskapelle von 1222 (1899 renoviert) erhalten ist. Unter ihrem Fußboden wurden zwei weitere Bodenbeläge gefunden, deren unterster eine älteste Baustufe im 12. Jh. belegt. Bemerkenswert ist die Ausmalung (vor 1300: Ornament am Mittelfenster hinter dem Altar und Marienkrönung an der Westwand); die Fenster entstanden um 1900. Die Kapelle wird noch zu Gottesdiensten genutzt.

Märchenwald

Altenberg (Fortsetzung)

Nördlich der Abtei (10 Minuten zu Fuß) liegt der Märchenwald. Hier läßt sich in idealer Weise ein schöner Spaziergang durch die Natur mit einer Attraktion für Kinder verbinden: Entlang eines Waldweges sind unter dichten Bäumen kleine Häuschen mit den bekanntesten Grimmschen Märchen in szenischen Darstellungen aufgebaut; auf Knopfdruck, teils auch durch Rufen, lassen sich Tonbandwiedergaben zum Märcheninhalt, manchmal auch Aktionen der Figuren auslösen. Der Märchenwald ist ganzjährig tagsüber geöffnet.

**Altstadt / Martinsviertel — N 13/14

Lage
Zwischen Hohenzollern- und Deutzer Brücke

Straßenbahnen
5, 6, 12, 14, 16, 18 (Dom/Hbf) oder 1, 2, 7, 9 (Dom/Hbf))

Busse
132 (Rathaus) oder 133 (Gürzenichstr.)

Selbst bei der kürzesten Stippvisite in Köln sollte man versuchen, neben einem Besuch des Kölner Doms einen Spaziergang durch die verwinkelten Gassen, über die malerischen Plätze und entlang der begrünten Rheinpromenade der historischen Altstadt zu machen. Hier reiht sich Café an Café und Restaurants an kölsche Brauhäuser, unterbrochen von Musikkneipen und kleinen Läden.

Das von den Kölnern üblicherweise als Altstadt bezeichnete Gebiet deckt sich weder mit den römischen noch mit den mittelalterlichen Stadtgrenzen: Denn innerhalb der römischen Mauern lag auch das Gebiet um Hohe Straße und Schildergasse, das man heute 'Innenstadt' nennt, während die mittelalterliche Stadt sogar bis zu den heutigen Ringen reichte (heute Neustadt). Das hier abgehandelte Gebiet umfaßt dagegen das sogenannte Martinsviertel bzw. die ehemalige 'Rheinvorstadt': Bis ins Mittelalter hinein war der Stadt eine kleine Insel vorgelagert, auf der hauptsächlich Speichergebäude standen. Köln hatte daher einen natürlichen Hafen. Da man in Köln die Waren von Schiffen mit größerem Tiefgang, die von der Küste den Rhein heraufkamen, auf flachere Schiffe umladen mußte, setzte die Stadt durch, daß die umzuladenden Waren in Köln zum Verkauf ausgestellt werden mußten (Stapelrecht). So siedelten sich auf der Rheininsel von frühester Zeit Kaufleute und Händler an. Nachdem Erzbischof Bruno I. Mitte des 10. Jh.s den Rheinarm, der die Insel von der Stadt trennte, hatte zuschütten lassen, entstand dort ein neues Stadtviertel, die Rheinvorstadt (Altstadt), mit der ebenfalls zu dieser Zeit erbauten Benediktinerabtei → Groß St. Martin als kirchliches Zentrum. Anfang des 15. Jh.s wurde der Rathausturm (→ Rathaus) von den in sogenannten Gaffeln organisierten Bürgern als Zeichen ihrer vor kurzem erstrittenen politischen Macht errichtet. Trotz der schweren Zerstörungen durch den Zweiten Weltkrieg blieb das Altkölnische im Martinsviertel bis heute gegenwärtig, an den kaufmännischen Ursprung erinnern Straßennamen wie Butter-, Fisch-, Eisenmarkt, Salz- und Mauthgasse.

Fläche

Flächenmäßig umfaßt das Martinsviertel das Gebiet zwischen Hohenzollernbrücke im Norden und der Deutzer Brücke im Süden (die Rheinvorstadt reichte darüber hinaus bis zum Filzengraben), sowie vom Rhein im Osten bis zur Linie Alter Markt - Heumarkt im Westen, wo einst der Rheinarm verlief.

Rundgang durch das Martinsviertel

Gesamtbild

Die eigentliche Kölner Altstadt, berühmt wegen ihres Rheinpanoramas, ist heute ein Kneipen-, Restaurant- und Wohnviertel, aus dem der Autoverkehr verbannt ist. Der mittelalterliche Gassenverlauf ist weitgehend erhalten; zwischen alter Bausubstanz versuchen Neubauten wie der Wohnkomplex von Joachim Schürmann (1975 – 1978) nördlich und westlich von Groß St. Martin den Charakter des Viertels zu wahren, indem z.B. die alten Giebelformen wieder aufgegriffen werden.

Das Haus Delft (1620) an der Frankenwerft...

... steht nicht weit vom Fischmarkt entfernt.

Rundgang durch das Martinsviertel (Fortsetzung)

Auf einem Rundgang durch das Martinsviertel trifft man überall auf alte Fassaden und hübsche Winkel. Bemerkenswert sind an vielen Häusern die alten Kranausleger für die Speicher und die 'Grinköpfe', maskenartige Halterungen der Krankonstruktionen.

Am Rheinufer (Frankenwerft)

Heinrich-Böll-Platz

Ausgehend vom Domplatz gelangt man links am → Römisch-Germanischen Museum und am → Wallraf-Richartz-Museum/Museum Ludwig vorbei auf den Heinrich-Böll-Platz, auf dem der schwarz-weiße Stufenturm, der sogenannte Ma'alot (hebräisch für Stufe, Aufstieg; Näheres siehe unter → Kunstgeschichte), aufgestellt ist. Unter dem Platz befindet sich die → Philharmonie. Über die breite Treppe geht man zur Rheinpromenade, der Frankenwerft, hinunter.

Rheingarten

Im Rheingarten unterhalb der Treppe fällt die Rheingartenskulptur von Eduardo Paolozzi auf, ein breit angelegtes Wasserspiel, das mit Anklängen an Motorblöcke und Schiffe auf den Verkehr und insbesondere auf die Untertunnelung des Geländes für den Autoverkehr 1983 anspielt.

Stapelhaus

Ein Stück weiter steht das ausladende Stapelhaus (Ecke Fischmarkt), das im 16. Jh. als Fischkaufhaus erbaut wurde. Erst seit dem 19. Jh. wurde es als Stapelhaus genutzt, in dem alle auf dem Rhein transportierten Waren drei Tage lang zum Verkauf ausgestellt werden mußten. Nach dem Krieg wurde das in Grundriß und Baumaterial (Trachyt) an den Gürzenich erinnernde Gebäude in ähnlicher Form wiederaufgebaut, nur der Renaissanceturm an seiner Seite ist wirklich alt.

Fischmarkt

Weiter südlich trifft man auf den belebten Fischmarkt: Wo früher Fisch gehandelt wurde, sitzt man heute bei Kölsch oder Kaffee im Freien oder unter einem Pavillon, im Hintergrund der mächtige Trikonchos von → Groß St. Martin. Hier legen auch die Ausflugsschiffe der Köln-Düsseldorfer an.

Haus Delft

Das schöne Haus Delft an der Frankenwerft 27 entstand schon um 1620.

Salzgasse und Eisenmarkt

Grinkopf und Walfisch

In der Salzgasse 2 hängt einer der wenigen erhaltenen Grinköpfe, sehenswert ist auch das Weinhaus Walfisch (Nr. 13) aus dem Jahr 1626.

Hänneschen-Theater

Biegt man links in den baumbestandenen Eisenmarkt ein, steht man vor dem berühmten Hänneschen-Theater, dem alteingesessenen, von jung und alt gleichermaßen gern besuchten urkölnischen Stockpuppentheater, das schon 1802 gegründet wurde. Die in Kölscher Sprache geschriebenen und gesprochenen, humorvollen Volkstheaterstücke haben meist Themen und Problemstellungen unserer Zeit zum Inhalt und bemühen sich darum, gleichermaßen Tradition und Brauchtum zu bewahren. Die jedem Kölner Kind bekannten Hauptfiguren des Puppentheaters sind das 'Hännesje' (Verkleinerungsform von Johannes), ein pfiffiger, etwas vorlauter, aber liebenswerter Schlingel, das 'Bärbelchen', seine schlagfertige Freundin, der 'Besteva' (Bester Vater, d.h. Großvater) und seine Frau 'Maritzebill' (Maria Sybilla), 'Tünnes' (Anton), 'Schäl' (er schielt) und natürlich der mit einer überaus feuchten Aussprache (er spuckt ständig) gestrafte Stotterer 'Speimanes'. Die jährlich ca. 275 Vorstellungen für Kinder und Erwachsene sind seit acht Jahren an jedem Abend ausverkauft.

Auf einer Bank auf dem Eisenmarkt sitzt lächelnd der bekannte Schauspieler und Kölner Ehrenbürger Willy Millowitsch – in Bronze.

Hännesje und Bärbelchen

Heumarkt

Teilung des Platzes

Der Heumarkt war ehemals ein langgestreckter schöner Platz, der von prachtvollen Häusern reicher Kaufmannsfamilien umstanden war. Die alte Gliederung des Platzes ist durch den Zweiten Weltkrieg, endgültig jedoch durch die platzraubende Verkehrsführung zerstört worden. Vor allem der Bau der Deutzer Brücke, die 1913 – 1915 erstmals errichtet, kurz nach dem Zweiten Weltkrieg erneut konstruiert und schließlich 1979 auf fast 40 m erweitert wurde, bewirkte eine derart krasse Teilung des Heumarkts, daß seine ursprüngliche Gestalt kaum mehr zu erahnen ist. Der Teil nördlich der Deutzer Brücke hat noch am ehesten das Aussehen eines Platzes bewahrt, während sein südliches Ende mit dem Hotel Maritim und der Malzmühle den Platzcharakter vollkommen eingebüßt hat.

Sehenswerte Gebäude

Von den wenigen altehrwürdigen Häusern sind vor allem das Gebäude Heumarkt 77 'Zum St. Peter' aus dem 16. Jh. und die zwei beliebten kölschen Gaststätten 'Päffgen' (Nr. 62, an der Nordseite des Platzes) mit einer schönen Rokokofassade und die 'Malzmühle' ganz im Süden (über die breite Augustinerstraße und am Hotel Maritim vorbei) sehenswert. Im Kontrast dazu steht der Neubau des Hotel Maritim, ein großer Komplex mit einem eindrucksvollen Foyer und mehreren Restaurants, am elegantesten (und am teuersten) das im Obergeschoß mit einem schönen Blick über den Rhein. Wenige Schritte entfernt liegt das prachtvolle → Overstolzenhaus.

Reiterdenkmal

Mitten zwischen den zwei Platzhälften steht in der Nähe der Brückenauffahrt das Reiterdenkmal Friedrich Wilhelms III., heute reichlich isoliert, einst der Mittelpunkt des Heumarkts und des geselligen Lebens, trafen sich doch 'ungerm Stätz (Schweif) vum Päd' (Pferd) besonders vor dem Ersten Weltkrieg die jungen Leute. Das ursprünglich 1878 aufgestellte Standbild des Königs mit Pferd ist keine reine Huldigung an den König, der das Rheinland entsprechend den Vereinbarungen vom Wiener Kongreß 1815 in den Großstaat Preußen eingliederte: Stehen doch um den Sockel des

Denkmals lauter Bürger, Gelehrte und Militärs, deren reformfreudige Ansichten der König ablehnte. Erst vor wenigen Jahren wurde das im Krieg stark zerstörte Standbild neu gegossen – lange zeit prangte nur das Hinterteil des Pferdes auf dem Sockel.

Heumarkt, Reiterdenkmal (Fortsetzung)

Ostermannplatz

Ostermannbrunnen

Zurück in das Herz der Altstadt kommt man durch 'Unter Kasten' zum verwinkelten Ostermannplatz, der in den dreißiger Jahren durch den Abbruch der Hinterhäuser entstand. Der Brunnen von 1938 ist nach dem Kölner Willi Ostermann (1876 – 1936) benannt, der durch seine aus dem (kölschen) Leben gegriffenen Karnevalslieder, z.B. 'Et Stina' sehr populär wurde. Die Figuren aus seinen Liedern findet man an dem Brunnen wieder.

Alter Markt

Gesamtbild

Der Alter Markt ist immer noch einer der atmosphärenreichsten Plätze Kölns, obwohl wenig von der alten Bausubstanz erhalten ist. Neben dem jüngst vollständig renovierten Turm des → Rathauses ist das Spätrenaissance-Doppelhaus 'Zur Brezel' und 'Zum Dorn' von 1580 mit seinen schönen Giebeln besonders sehenswert (Nr. 20 – 22).

Jan-von-Werth-Brunnen

In der Platzmitte steht seit 1884 der Jan-von-Werth-Brunnen, dessen Geschichte zuerst in einem Lied von Karl Cramer festgehalten wurde. Es berichtet vom Bauernsohn Jan, der von der Magd Griet abgewiesen wurde, da er ihr zu arm war. So zog er fort und avancierte im Dreißigjährigen Krieg zum Reitergeneral – der allerdings wegen seiner schonungslosen Verwüstungen auch 'Schwarzer Hans' genannt wurde. Als Jan später stolz zu Pferde wieder in die Stadt einzog, soll er die immer noch arme Griet wiedergetroffen haben und sich der berühmte Dialog abgespielt haben, der

Ostermannbrunnen mit Figuren Kölner Lieder

Kölsches Brauhaus 'Päffgen'am Heumarkt

Alter Markt, Jan-von-Werth-Brunnen (Fortsetzung)

alljährlich an Weiberfastnacht nachgespielt wird und den man als Ausdruck des Kölner Pragmatismus verstehen kann:

Jan: "Griet, wer et hätt jedonn!" (nämlich ihn zu heiraten).
Griet: "Jan, wer et hätt jewoß!"

An Jan von Werth erinnert im Kölner Karneval das Reiterkorps Jan von Werth, wie überhaupt der Alter Markt im Karneval eine bedeutende Rolle spielt: Hier wird am 11.11 um 11.11 Uhr der Karneval ausgerufen und es bricht hier donnerstags vor dem Karnevalswochenende der 'Wieverfastelovend' (Weiberfastnacht) los (→ *Baedeker-Special* "Kölle Alaaf", S. 104 / 105). Außerdem findet an jedem dritten Samstag im Monat hier und im benachbarten Martinsviertel ein Trödelmarkt statt (im Sommer).

Der hübsche Alter Markt ist von einladenden Cafés und Restaurants umgeben, im Mittelpunkt der Jan-von-Werth-Brunnen, im Hintergrund der Dom

Kallendresser

Am Haus Nr. 24 befindet sich unter dem Dachvorsprung die Figur des 'Kallendressers' ('Rinnenscheißer'), geschaffen von Ewald Mataré nach der Vorlage eines alten Reliefs. Über den Ursprung des unfein dahockenden Männleins gibt es verschiedene Ansichten, die alle auf das 15. Jahrhundert zurückgehen: Zum einen wird von einem Bewohner erzählt, der aus Faulheit stets die Dachrinne statt des Hinterhofes für seine Geschäfte benutzte, zum anderen soll der nackte Hintern des Figürchens eine geradezu politische Meinungsäußerung gewesen sein: Auf Veranlassung unzufriedener Bürger soll er symbolisch dem ungeliebten patrizischen Stadtrat (oder dem Abt von Groß St. Martin) entgegengereckt worden sein. Die Antwort der Obrigkeit kann man gegenüber am Rathausturm ablesen: Zu jeder vollen Stunde streckt der 'Platzjabbek' (das finstere Gesicht unterhalb der Uhr) den Kölnern die Zunge heraus (von 'jappen', dem Mundaufreißen).
Über eine Treppe, die den Höhenunterschied zwischen dem Niveau des Alter Markts (d.h. dem zugeschütteten Rheinarm) und der Stadt überwindet, gelangt man zum → Rathaus.

Mühlengasse (in der Altstadt)

In der Mühlengasse 1 – 15 steht das klassizistische Brügelmannhaus (1895), das einzige erhaltene Fabrikgebäude in der Innenstadt. Seit 1820 stellte der Garnhändler Friedrich Wilhelm Brügelmann Textilien in der damals noch kleinen Fabrik her, in der kurz vor Ausbruch des Ersten Weltkrieges über 1 000 Menschen beschäftigt waren. Heute sitzt die Firma in Köln-Deutz; in dem alten Fabrikgebäude finden u.a. die Aufführungen des literarischen Kabaretts 'Senftöpfchen' statt (Eingang Große Neugasse 2 – 4).

Altstadt (Fortsetzung)
Brügelmannhaus

Umgebung von Groß St. Martin

Im Brigittengäßchen nahe → Groß St. Martin hat Wolfgang Reuter den berühmten Kölner Urtypen Tünnes und Schäl ein Denkmal in Bronze gesetzt: Die beiden Hauptpersonen unzähliger Kölner Witze und Puppen-Mitglieder des Hänneschen-Theaters verkörpern zwei typische Kölner Bürger, die sich in ihrer Gegensätzlichkeit ergänzen und brauchen: Während Tünnes (der Dicke) einfältig und gutmütig ist, zeichnet sich der schielende Schäl (der Dünne) durch Schlitzohrigkeit aus. Da es Glück bringen soll, die große Knollennase von Tünnes zu streicheln, sticht diese durch auffallenden Glanz aus den ansonsten schwarz-grün verfärbten Bronzefiguren heraus.

Tünnes und Schäl (Abb. s. S. 1)

Ein wenig weiter erinnert die 'Schmitzsäule', die zum Teil aus römischen Mauerresten errichtet wurde, an so unterschiedliche Dinge wie die erste Mondlandung und an die Ubiermädchen, aus deren Verbindung mit römischen Legionären der urkölnische 'Adel', die Familien Schmitz (der häufigste Name in Köln) hervorgegangen sein soll – ein sinnreiches Denkmal einer Stadt, die ihr Selbstbewußtsein nicht etwa den Fürsten verdankte, sondern es aus der Tatkraft ihrer Bürger bezog.

Schmitzsäule

Belgisches Viertel **N 12**

Im Belgischen Viertel zwischen Aachener und Venloer Straße, im Osten begrenzt vom Hohenzollernring, im Westen vom Park des Grüngürtels, hat sich neben vielen Kneipen und Restaurants eine bedeutende Kunstszene etabliert. Mehr als 20 Galerien stellen hier in den nach belgischen Städten benannten Straßen aus, die dem Viertel den Namen gegeben haben.
Mittelpunkt des Viertels ist er Brüsseler Platz, der von einigen originellen Kneipen und alten Bürgerhäusern umgeben ist. Hier findet sich auch, versteckt hinter großen Bäumen, die katholische Pfarrkirche St. Michael, ein von romanischen und byzantinischen Einflüssen geprägter Bau mit einer reizvollen Doppelturmfassade (1902 – 1906 erbaut). Die im Zweiten Weltkrieg zerstörte Kuppel über der Vierung wurde in den sechziger Jahren durch flache Holztonnen ersetzt.
Nicht weit entfernt findet sich in der Antwerpener Straße 55 das 'Haus des Kölner Karnevals', ein Museum zur jahrhundertealten Geschichte des Kölner Karnevals, das in seiner Größe und mit seinen Exponaten in Deutschland einmalig ist.

Lage
Gegend um den Brüsseler Platz

Straßenbahnen
3, 4, 5, 6, 15, 19 (Friesenplatz)

Bus
142 (Bismarckstraße)

Am Ende der Antwerpener Straße stößt man auf den Friesenplatz. Der ehemals begrünte Platz an den Ringen wurde nach dem Krieg lange Zeit vernachlässigt, heute hat man ihn durch U-Bahnbau und Straßenumlegungen etwas verkehrsberuhigt. Von hier aus gelangt man schnell zu den attraktiven Einkaufsvierteln um Ehren-, Mittel- und Hahnenstraße.

Friesenplatz

Brauweiler / Ehemalige Benediktinerabtei (Ausflugsziel)

Der Ort Brauweiler, heute zu Pulheim gehörig, liegt westlich Kölns in schöner Landschaft am Anstieg zur Ville. Im Villegebiet nicht weit von Brauwei-

Lage
13 km westlich

Brauweiler (Fortsetzung)

Busse
961, 962
(Breslauer Platz)

ler befindet sich das Braunkohleabbaugebiet der Rheinisch-Westfälischen Elektrizitätsgesellschaft, die hier auch ihr größtes Umspannwerk betreibt. Ein Abstecher nach Brauweiler lohnt, wenn man sich die ehemlige Benediktinerabtei aus dem 11. Jh. ansehen möchte. Der große, den Ort dominierende Komplex wurde 1024 von Mathilde, einer Tochter Kaiser Ottos II., an der Stelle von Vorgängerbauten, die bis ins 6. Jh. zurück belegbar sind, gegründet. Benediktiner aus Trier wurden angesiedelt. Der heutige Kirchenbau ist ein Gemisch verschiedener Epochen der Romanik von etwa 1050 bis ins 13. Jh. mit gotischen Zutaten.

Äußeres

Weithin sichtbar erheben sich die markanten Türme der Kirche über die Ebene. Das eindrucksvolle Westwerk (um 1140) mit Turmhelm (1515) ragt 69 m hoch auf. Die Dachlandschaft wird von dem achtseitigen Vierungsturm mit seinen Flankentürmen (13. und 19. Jh.) über dem einfachen Langhaus und dem rheinisch-hochromanischen Chor (13. Jh.) bestimmt. Der Eingang zur Kirche befindet sich an der Nordwestecke der barocken Klostergebäude (18. Jh.). Das reliefierte Westportal innerhalb der Vorhalle stammt aus dem 12. Jh.

Innenraum

Im Innern der Kirche fügen sich die romanischen Formen der Wandgliederung in Langhaus, Vierung und Chor (wegen der Krypta höher gelegen) und die spätgotischen Langhausgewölbe mit ihren Rankenmalereien zu einer harmonischen Einheit. Beachtenswert sind vor allem die Reste der mittelalterlichen Ausmalung an den Chor- und Langhauspfeilern. Von der reichen Ausstattung verdienen folgende Stücke besondere Beachtung: im Südquerschiff der Renaissancealtar des Antonius, im südlichen Seitenchor ein schöner Marienaltar von 1180, über der nach Süden führenden Türe die Figur der Stifterin Mathilde (um 1200).

Krypta

Der Zugang zur Krypta befindet sich an den zur Vierung hinaufführenden Stufen. Die ältesten Teile der um 1200 nach dem Vorbild von → St. Maria im Kapitol umgebauten Krypta stammen aus der Zeit um 1050.

Kreuzgang

Sehenswert sind außerdem der Kreuzgang im Süden der Kirche (zugänglich vom südlichen Seitenschiff aus), der vor 1200 entstand (West- und Nordflügel um 1810 zerstört), der Kapitelsaal im Ostflügel des Kreuzgangs mit bedeutenden Deckengemälden des 12. Jh.s in den schönen romanischen Gewölben (beachtenswerte Kapitelle), sowie das Lapidarium mit einzigartigen Reliefplatten des 11. Jh.s (dargestellt sind Christus, die Apostelп und die Tierkreiszeichen).

Breite Straße und Ehrenstraße N 12/13

Lage
Innenstadt

Straßenbahnen
1, 2, 3, 4, 7, 9, 12
14, 16, 18
(Neumarkt)

Neben dem Einkaufsviertel um Schildergasse und Hohe Straße herum bietet besonders die Gegend um die Breite Straße die Möglichkeit, zwischen einer enormen Vielfalt an unterschiedlichsten Läden, kleinen Boutiquen, gemütlichen Straßencafés und bekannten Galerien zu flanieren.

Die Breite Straße nimmt ihren Anfang an der Nord-Süd-Fahrt, wo sich auch die → Oper und das 4711-Haus befinden. Dem Verlauf der Straße folgend, die von hier bis zur Richmodstraße als Fußgängerzone angelegt ist, trifft man Ecke Neue Langgasse auf das älteste Einkaufszentrum Kölns, die

Schweizer Ladenstadt

Schweizer Ladenstadt aus den Sechzigern. Architektonisch fällt im Vergleich zu den modernen Geschäftszentren (wie dem Bazaar de Cologne an der Mittelstraße oder dem Olivandenhof in der Zeppelinstraße) die Schlichtheit der Anlage auf: Ohne Neon und viel Pomp sind hier die zum Teil recht exklusiven Läden wie in einem Labyrinth unter einer schmucklosen Betondecke verteilt, dazwischen findet sich auch ein Theater, das sogenannte Theater am Dom, in dem Boulevardstücke aufgeführt werden.

DuMont-Schauberg-Verlag

An der Ecke zur Neven-DuMont-Straße hat der schon seit 1805 bestehende DuMont-Schauberg-Verlag seinen Sitz, der unter anderem eine der meistgelesensten Tageszeitungen Deutschlands, den Kölner Stadt-Anzeiger, mit einer Tagesauflage von 300 000 herausgibt. Vorläufer dieser Zeitung war die gefragte Kölnische Zeitung, die sich seit dem 19. Jh. durch ihren Liberalismus einen Namen gemacht hatte. Wenig entfernt befindet sich in der Neven-DuMont-Straße auch das große Vierscheibenhaus des → WDR, gegenüber steht St. Maria in der Kupfergasse (→ Zeughaus).

Breite Straße und Ehrenstraße (Fortsetzung)

Galerienviertel

Wo die Gertrudenstraße, die etwa dem Verlauf der früheren römischen Stadtmauer folgt, von Süden her und die St.Apern- und die Albertusstraße vom Norden auf die Breite Straße stoßen, befindet man sich mitten in der Gegend der exklusivsten Galerien. Bedeutend ist zum Beispiel die Galerie Werner (Gertrudenstr. 24 – 28), in der unter anderem Baselitz, Kirkeby und Lüpertz ausstellt werden, beachtenswert sind auch die Kreishaus-Galerien in der St. Apernstr. 17 – 24, in denen international renommierte Galerien auf 3000 qm Fläche Kunst präsentieren.

Ehrenstraße und Umgebung

Geschäfte und Straßencafés

Die Breite Straße geht auf dieser Höhe in die Ehrenstraße über, mit der die Originalität der Läden und Lädchen zunimmt (der Schwerpunkt liegt auf ausgefallener Mode und Schuhen) und auf der sich ein Kino und einige schöne Straßencafés finden, in denen sich meist junge Leute treffen. Selbst wenn man keine Einkäufe plant, lohnt sich ein Spaziergang in dieser bunten, lebendigen Gegend. Statt von der Breite Straße zu kommen, kann man auch vom Hohenzollernring aus in die Ehrenstraße einbiegen (Straßenbahn bis Friesenplatz, Linien 3, 4, 5, 6, 15, 19 oder bis Rudolfplatz, Linien 1, 2, 6, 15, 19).

Pfeilstraße, Kettengasse, Friesenwall

Von der Ehrenstraße gehen zwei weitere schöne Straßen ab, die von Boutiquen und Cafés gesäumt sind: die Pfeilstraße und die Kettengasse. Letztere stößt auf den ebenfalls sehenswerten Friesenwall, während die Pfeilstraße auf die Mittelstraße (→ Neumarkt) stößt, eine der exquisitesten Einkaufsstraßen Kölns mit den ersten Modehäusern.

Deutz (Stadtviertel) N/O 14/15

Lage
Rechtsrheinisch zwischen Zoo- und Südbrücke

Straßenbahnen
1, 2, 7, 9 (Deutzer Freiheit) oder 1, 3, 4, 9,14 (Bf Deutz/Messe)

Busse
170, 250, 260 (Deutzer Freiheit) oder
151, 153, 250, 260 (Deutz/Messe Bf)

Von keiner anderen Stelle aus läßt sich das berühmte Panorama Kölns mit der Rheinfront, dem gewaltigen Dom, Groß St. Martin, dem Rathausturm und den schmalen Altstadthäusern besser bewundern als vom Deutzer Kennedy-Ufer aus. Der Rheinpark und die Seilbahn, die → Messe und Alt St. Heribert nördlich der Deutzer Brücke sind ebenso einen Besuch wert wie der Kern des Viertels mit der abwechslungsreichen Geschäftsstraße 'Deutzer Freiheit' und – im Süden der Brücke – der Deutzer Hafen mit den anschließenden Poller Wiesen.

Das erst 1888 eingemeindete Deutz auf der rechten Rheinseite wurde zwar von den Kölnern durch alle Jahrhunderte hindurch immer skeptisch beäugt und mit abfälligen Begriffen belegt wie "Barbarenland" (so auf einer römischen Grabinschrift des 4. Jh.s) oder "Heidenland" (laut hl. Bonifatius im 8. Jh.), wo man zudem bei längerem Aufenthalt um "seinen Witz, Verstand und seine Gesundheit" fürchten müsse (so laut dem Kölner Stadtrat 1596). Auch heute noch zeigt die Bezeichnung 'Schäl Sick', daß man als echter Kölner und echte Kölnerin das andere Ufer nicht so ganz ernst nimmt oder mit Adenauer annimmt, daß "hinter Deutz Sibirien anfängt". Die Bezeichnung 'Schäl Sick' rührt von den durch ihre Scheuklappen schielenden Treidelpferden her, die die Schiffe auf der rechten Rheinseite flußaufwärts ziehen mußten.

Geschichte

Römisches Kastell (Begehbare Reste)

Der Stadtteil Deutz entwickelte sich aus einem römischen Kastell, dem Kastell Divitia, das Kaiser Konstantin um 310 als Soldatenlager mit einer Grundfläche von 141 m^2 bauen ließ. Zur selben Zeit errichtete er als Verbindung zum römischen Köln die erste befestigte Brücke über den Rhein, der die Grenze zwischen dem Römischen Reich und Germanien bildete. Von der Befestigung sind Mauern des Osttors mit halbkreisförmigen Türmen erhalten (nördlich am Lufthansahochhaus; der Fußweg zum Altenheim → Alt St. Heribert führt hindurch), westlich der Klosteranlage ist die einsti-

Geschichte (Fortsetzung)
Fränkischer Königshof
Kloster

ge Lage des Mittelturms der Nordmauer durch einen Kreis aus Pflastersteinen gekennzeichnet. Das Kastell diente nach der Römerzeit ab dem 5. Jh. als fränkischer Königshof. Um das Jahr 1000 schenkte Kaiser Otto III. das Gelände dem Erzbischof Heribert, der daraufhin mit der Errichtung des Benediktinerklosters St. Heribert begann. Das Kloster zog Handwerker und Händler an, ein kleines Städtchen entstand, 1242 wurden die alten Kastellmauern geschleift. Viel Ruhe war den Deutzern seitdem bis zum 18. Jh. nicht vergönnt: Immer wieder wurde ihr nur notdürftig gesichterter Ort von unzufriedenen Heeren und räuberischen Banden geplündert und zerstört, die das gut befestigte, reiche Köln nicht einzunehmen vermochten.

Vom Kennedy-Ufer aus eröffnet sich der klassische Panoramablick auf Köln mit Schiffanlegestelle, Dom, Groß St. Martin und Rathausturm

Stadtrecht

Zudem konnte man mit der Besetzung von Deutz auch Kölns Handelswege nach Osten kontrollieren. Die Kölner selbst fielen mehrmals in Deutz ein und rissen alles nieder, damit sich Auswärtige nicht des wichtigen Stützpunktes bemächtigen konnten. Erst 1856 erhielt Deutz Stadtrechte, 32 Jahre später wurde es eingemeindet, 1924 hier die erste Messe eröffnet. Nach dem Zweiten Weltkrieg etablierte es sich als Industrie- und Messestandort, zweimal fand eine Bundesgartenschau im Rheingarten statt.

Alt St. Heribert

Lage
Urbanstraße (nördlich des Lufthansa-Gebäudes)

Straßenbahnen
1, 2, 7, 9 (Deutzer Freiheit)

Die ehemalige Benediktinerabtei und die mehrmals völlig zerstörte, prachtvolle Marienkirche, auf deren ottonischem Fundament die heutige Kirche errichtet wurde, wurden vom Reichskanzler und Kölner Erzbischof Heribert auf dem Gelände des römischen Kastells gegründet. Die heutige barocke Kirche mit zwei Chorflankentürmen und den welschen Dächern stammt aus dem 17. Jh. – die Dächer mußten nach den Zerstörungen des Zweiten Weltkriegs erneuert werden –, die östlich liegenden Klostergebäude entstanden im 18. Jh. In den nach den Kriegszerstörungen wiederhergestellten Klosterbauten zog ein Altenheim ein. Seit 1994 gehört die Kirche der griechisch-orthodoxen Gemeinde. Der größte Schatz der Kirche, der Schrein des hl. Heribert, befindet sich heute in Neu St. Heribert (→ Deutzer Stadtkern). Das Ensemble von Kirche und Kloster verschwindet heute fast im Schatten des in den 70er Jahren errichteten Lufthansa-Hochhauses.

Alt St. Heribert (Fortsetzung)

*Kennedy-Ufer

Panoramablick

Bei einem Spaziergang auf dem Kennedy-Ufer am Rhein zwischen Deutzer- und Hohenzollernbrücke kann man die spektakuläre Aussicht auf das Altstadt-Panorama mit Dom und Museum Ludwig, Groß St. Martin, dem 1995 renovierten Rathausturm und dem Fernsehturm im Hintergrund ausgiebig genießen. Vorbei an Alt St. Heribert stößt man von der Deutzer Brücke kommend auf das Kürassier-Denkmal, das 1928 in Erinnerung an das hier seit Anfang des 19. Jh.s ansässige preußische Militär und die im Ersten Weltkrieg Gefallenen errichtet wurde. Südlich der Hohenzollernbrücke ist der riesige Komplex des Hyatt Regency Hotels aus Glas und Granit nicht zu übersehen. Das 1988 eröffnete Luxushotel war zur Zeit heftig umstritten, da für seine Errichtung ein alter Eisenbahndamm abgerissen und mehrere Bäume gefällt werden mußten.

Kürassier-Denkmal

Hyatt-Hotel

Spaziergänger im Blumenmeer des Rheinparks

*Rheinpark

Straßenbahnen/ Busse
1, 2, 7, 9, 170, 250, 260
(Deutzer Freiheit)

Der Rheinpark, der nördlich an das Messegelände und den Tanzbrunnen anschließt und sich von dort den Rhein bis zur Zoobrücke entlangzieht, wo er in den Jugendpark übergeht, ist ein ideales Rückzugsgebiet vom Stadttrubel, perfekt zum Spazierengehen und mit einem großen Spielplatz für Kinder ausgestattet. Mit Blumenbeeten, Teichen, Gewächshäusern, Cafés aus den fünfziger Jahren (mit viel freischwebendem Beton und transparen-

Rheinpark (Fortsetzung)

ten Fassaden), Sessel- und Schmalspurbahn sowie einem Thermalbad und – als Highlight – einer großen Seilbahn über den Rhein bietet es eine Menge Abwechslung.

Skulpturen

Auf dem Gelände der Bundesgartenschauen von 1957 und 1971 wurden u.a. etliche Skulpturen aufgestellt: Aus den Fünfzigern stammen die vorwiegend weiblichen Skulpturen, z.B. die "Sitzende" (Kurt Lehmann), die "Stehende" (Fritz Behn), die "Schauende" (Hermann Haller) oder die "Eva" (Gerhard Marcks), in den Siebzigern wurden abstrakte Kunstwerke hinzugefügt, so die "Windrose" der Brüder Baschet, ein Wind-, Ton- und Wasserspiel aus 14 Plastiken, die sich im Wind bewegen und dabei Musik erzeugen, zu finden beim bzw. im Tanzbrunnen.

Tanzbrunnen

Auf dieser über einem künstlichen Teich gleichsam schwebenden Plattform, über der 1957 das Sternwellenzelt angebracht wurde, wird in den Sommermonaten sowohl zu Walzermusik getanzt als auch Diskomusik, Rock, Pop, Jazz, Folk und Unterhaltungsmusik gespielt. Seit 1971 überdachen den Platz des Orchesters sechs Terrassenschirme (wie das Sternwellenzelt von Frei Otto), die wie vom Wind umgestülpte Regenschirme aussehen. Der Tanzbrunnen wird vom halbkreisförmigen sog. Staatenhaus nördlich des Messeturms umgeben.

Sesselbahn

Dahinter liegt der Eingang zur kleinen Seilbahn, mit der man (in erträglicher Höhe) einmal über die gesamte Länge des Rheinpark bis zur Zoobrücke geschaukelt wird. Wer gerne in noch höheren Sphären schwebt, dem sei die große Rheinseilbahn ans Herz gelegt, der einzigen Stromgondelbahn Europas, mit der man (in beträchtlicher Höhe) quer über den Rhein und die Zoobrücke gondelt. Nach dem Vergnügen, aus den kleinen Kabinen heraus weit über die Stadt und den Rheinpark blicken zu können, kann man am Ziel der Fahrt auf der linken Rheinseite leicht die Straßenbahn erreichen (Zoo/Flora, Linien 15, 16), wenn man nicht wieder durch die Lüfte in den Rheinpark zurückkehren will, (von dort muß man allerdings zur nächsten Haltestelle wieder durch den ganzen Park zurücklaufen).

Rheinseilbahn (geöffnet 1. 4. – 31.10. Mo.–Fr. 10.00–18.00, Sa., So. 10.00–18.00)

Deutzer Stadtkern

Straßenbahnen 1, 2, 7, 9 (Deutzer Freiheit)

Deutz sticht als Stadtviertel Kölns nicht gegenüber anderen Stadtteilen heraus, dennoch gibt es durchaus einiges zu sehen:

Deutzer Freiheit

Auf der Deutzer Freiheit, einer langen Geschäftsstraße, die den Stadtkern ausgehend von der Deutzer Brücke durchschneldet, läßt es sich beispielsweise gut einkaufen. Der ungewöhnliche Straßenname erinnert an die Zeit der Deutzer Selbständigkeit, in der der Ort mit bestimmten Freiheitsrechten ausgestattet war.

Neu St. Heribert

An der Ecke Deutzer Freiheit/Tempelstraße lohnt sich ein Besuch von Neu St. Heribert, einer Ende des 19. Jh.s nach romanisch-staufischen Vorlagen erbauten Pfarrkirche, die 1951 nach schweren Zerstörungen an Dächern, Fenstern und Innenleben im Zweiten Weltkrieg wiederaufgebaut wurde. Anders als beim ursprünglichen Bau fehlt heute der Vierungsturm, die Dächer wurden niedriger angelegt, ornamentale Chorfenster eingesetzt und das Innere sparsam bemalt. Kostbarstes Eigentum der Kirche ist der im Chor aufgestellte goldene Schrein für die Gebeine des Erzbischofs und Klostergründers Heribert. Auf der im 12 Jh. in Köln entstandenen Goldschmiedearbeit ist neben den zwölf Aposteln mit Königen und Propheten auf den Längsseiten sowie Christus über dem Erzbischof auf der vorderen Giebelseite und Maria mit dem Kind auf der hinteren auch das Leben des hl. Heribert in zwölf Medaillons auf dem Schreindach festgehalten. Beachtenswert ist neben dem Schrein auch das Hauptportaltympanon von 1961 mit Persönlichkeiten der Deutzer Geschichte und des Klosters.

Heribertschrein

Tympanon

St. Johannes

Schräg gegenüber der katholischen Kirche Neu St. Heribert steht in der Tempelstraße die evangelische St. Johannes inmitten eines typischen Garnisonsstadt-Wohnviertels des 19. Jh.s. Die Mitte des letzten Jahrhunderts entstandene Kirche mußte nach 1945 wiederhergestellt werden. In der

Saalkirche wurde damals eine Holz-Rabitz-Tonne eingezogen, später rekonstruierte man auch die Krone des Achteckturms mit Giebelkranz.

Stadtkern (Fortsetzung)

Reischplatz Jüdische Geschichte

Am östlichen Ende der Deutzer Freiheit erreicht man rechter Hand den Reischplatz, an dem eine Gedenktafel (an Nr. 6) an die Deutzer Synagoge erinnert, die in der 'Reichskristallnacht' (9./10. November 1938) völlig zerstört und danach nicht mehr aufgebaut wurde. Die jüdische Gemeinde in Deutz (Mitte 17. Jh. war mehr als ein Zehntel der knapp 500 Deutzer jüdisch) wurde vor allem nach 1424 wichtig, als den Juden das Wohnrecht in der Reichsstadt Köln genommen wurde; ein Verbot, das erst 1798 während der französischen Besetzung Kölns aufgehoben wurde. Seitdem lebten in Deutz konstant um die 200 Juden – 1819 wurde hier übrigens der jüdische Komponist Jacques Offenbach geboren –, bis die Gemeinde zu Beginn des Dritten Reiches aus Deutz verschwand.

Jüdischer Friedhof

Außerhalb des Stadtkerns liegt südlich des Deutzer Rings der alte jüdische Friedhof, der seit 1699 benutzt wurde. Jahrhundertealte Grabsteine mit hebräischem Schriftzug und sprechender Ornamentik (Familien Löw, Hirsch, Rindskopf) stehen und liegen – auf Befehl des preußischen Militärs durfte die Schußlinie der nahen Festung nicht durch stehende Steine behindert werden – auf dem Areal.

Bahnhof Deutz und **Ottomotor**

Im Norden des Stadtkerns liegt am Ottoplatz der 1914 gebaute Bahnhof Deutz, der durch seine eindrucksvolle monumentale Kuppel auffällt. Auf dem Platz steht ein originaler Viertaktmotor, der an seinen Erfinder Nicolaus August Otto erinnern soll. Der Maschinenbauer und Unternehmer gründete 1864 zusammen mit Eugen Langen die Gasmotorenfabrik Deutz, die spätere Klöckner-Humboldt-Deutz AG.

Den besten Blick auf das Siebengebirgslagerhaus (von 1908 / 1909) am Agrippinaufer hat man vom Rechtsrheinischen aus

Deutzer Hafen und Poller Wiesen

Wie sich im Norden von Deutz der Rheinpark zum Erholen eignet, so bietet sich im Süden das Rheinufer vom Deutzer Hafen bis hinunter nach Westhoven zum Spazierengehen an. Der Eingang des 1908 fertiggestellten Deutzer Hafens liegt unterhalb der Severinsbrücke, etwas weiter südlich kann man über eine kurze Drehbrücke die Alfred-Schütte-Allee erreichen und auf ihr den Rhein entlang zu den Poller Wiesen laufen bzw. fahren.

Siebengebirgslagerhaus

Auf diesem Spaziergang hat man die beste Aussicht auf die eindrucksvollen, 1908/1909 erbauten Lagerhallen (am Agrippinaufer nördlich der Südbrücke), dem ersten Kölner Gebäude aus Stahlbeton. Der Name Siebengebirgslagerhaus erklärt sich aus der auffälligen Giebellandschaft, die an die Speichergebäude Norddeutschlands erinnert.

Baedeker Special

Hängend, ziehend und spannend über den Rhein

Es gibt auf der Welt nur wenige Großstädte, die auf engem Raum so viele und so unterschiedlich konstruierte **Brücken** über einen großen Strom haben wie Köln. Betrachtet man die Kölner Brücken, derzeit sind es acht, unter dem Aspekt ihrer Statik, findet man alle heute bekannten Systeme vor: die Deutzer und die Zoobrücke sind **Balkenbrücken** – für den Betrachter am unspektakulärsten, da sie von keinen Bögen oder Pylonen geschmückt werden, denn ihre Haupttäger sind die Balken, die statisch auf Biegung beansprucht werden. Eine der beiden Brükken, die Deutzer, die Heumarkt und Deutzer Freiheit verbindet, ist eine Hohlkasten-Balkenkonstruktion für Straßenbahn, Fahrzeugverkehr und Fußgänger, während die Zoobrücke (eine Kastenträgerbrücke) nur von Kraftfahrzeugen und Fußgängern benutzt werden kann.

Beeindruckender sind da schon die großen **Bogenbrücken** Süd- und Hohenzollernbrücke. Haupttragwerk dieser Brückenart sind die Bögen, in denen vornehmlich Druckspannungen entstehen. Beide Eisenbahnbrücken schwingen sich in je drei mächtigen Bögen von Ufer zu Ufer, die Hohenzollernbrücke zum Beispiel von der rechtsrheinischen Messe zum Dom bzw. zum Hauptbahnhof. Läßt man sich von den bisweilen vorbeiratternden Zügen nicht stören, ist ein kleiner Spaziergang über diese Brücke sehr lohnenswert, von der aus man einen phantastischen Blick auf die Altstadt, den Dom und das Museum Ludwig hat.

Als **Schrägseilbrücken** präsentieren sich die Leverkusener Autobahnbrücke ganz im Norden Kölns und die Severinsbrücke bei der südlichen Altstadt. Sehr markant sind die beiden Doppelportale der größten Hängebrücke, der Leverkusener. Die Fahrbahnplatte wird bei diesem Brückentypus durch schräg geführte Seile gegen die Pylone abgespannt. Die Severinsbrükke hat nur einen, aber einen sehr hohen Pylon, von dessen Spitze aus die fächerförmige Seilkonstruktion zur Fahrbahn läuft und diese hält.

Zu einem kompletten Brückenensemble gehören schließlich noch die **Hängebrükken**, bei denen die gesamte Last von

Wie ein riesiges A steht der hoch aufragende Pylon der Severinsbrücke im Rhein.

In drei eleganten Bögen führt die Hohenzollernbrücke über den Rhein zum Dom.

Hängegurten (Kabeln) aufgenommen wird, die zwischen Pylone gespannt sind. Die Kabel werden dabei nur auf Zug beansprucht. Auch von diesem Typus hat Köln zwei Brücken: die Rodenkirchener Brücke, eine sechsspurige Autobahnbrücke im Süden der Stadt, und die Mühlheimer Brücke. Sie ist mit 708 m die längste der Kölner Brücken. Es gibt Stellen in Köln, da kann man vier oder sogar fünf der Rheinbrücken hintereinandergestaffelt sehen, z.B.vom Aussichtsplateau des Domturms, vom linksrheinischen Konrad-Adenauer-Ufer und von der Aussichtsplattform des Schokoladenmuseums aus.

Schon in der Antike gab es einmal eine feste Brücke über den Rhein. Kaiser Konstantin der Große ließ mit ihr um 310 das Kastell Deutz mit dem linksrheinischen Köln verbinden. Jahrhundertelang verkehrten danach bis in die Neuzeit nur Fähren zwischen den beiden Ufern. Erst 1822 gab es wieder eine Brücke über den Strom, aber einen Behelf, eine 400 m lange Holzkonstruktion auf schwimmenden Nachen, die mehrmals am Tage aufgefahren werden mußten, um die Rheinschiffe durchzulassen. Die erste feste Rheinbrükke seit der Antike wurde erst wieder 1855 – 1859 gebaut, da wo sich heute die Hohenzollernbrücke befindet. Es war eine Eisenbahn- und Straßenbahnbrücke, die ihre Errichtung vor allem den in jener Zeit stark aufkommenden Eisenbahngesellschaften verdankte, die dabei waren, die Ost-West-Verbindungen in Deutschland auszubauen. Wegen ihrer engmaschigen Eisengitter-Konstruktion wurde sie von den Kölnern “Muusfall” (Mausefalle) genannt. Kurz nach der Jahrhundertwende entstand dann die Südbrücke, hauptsächlich für den Eisenbahngüterverkehr. Im Mai 1911 weihte Kaiser Wilhelm II. allerhöchstselbst die Hohenzollernbrücke ein, die die “Muusfall” ersetzte. Die 1927 – 1929 erbaute Mühlheimer Brücke war damals die größte Kabelhängebrücke der Welt. Das großartige Bauwerk und die stattlichen Kosten verdankten die rechtsrheinischen Mühlheimer dem Vertrag, den sie schon 1914 bei ihrer Eingemeindung nach Köln durchgesetzt hatten. Übrigens waren die Kölner bis 1920 gezwungen, für jeden Rheinübergang Brückenzoll zahlen. Auch nachdem dieser dann unter großem Beifall der Bürger abgeschafft worden war, mußten Eisen- und Straßenbahn für jeden Fahrgast weiterhin ein Brückengeld von zwei Pfennigen abführen.

Im Zweiten Weltkrieg sind alle Kölner Brücken zerstört worden; die Hohenzollernbrücke wurde noch in den allerletzten Kriegstagen gesprengt. Die ersten einfachen Verbindungen über den Rhein bauten bald nach Kriegsende die Besatzungsmächte. Zuerst 1945 eine Holzüberführung in Höhe der früheren Deutzer Brücke, danach 1946 einen provisorischen, aber eisernen Flußübergang, die Pattonbrücke. Inzwischen sind alle Brükken aus der Vorkriegszeit, dazu einige neue, wiederaufgebaut worden und prägen mit ihrer variationsreichen Architektur das Kölner Stadtbild.

**Dom (St. Peter und Maria) N 13

Lage
Stadtzentrum

Straßenbahnen
5, 12, 14, 16, 18 (Dom/Hbf)

S-Bahnen
S 6, S 11, S 12 (Hbf)

Busse
170, 250, 260, 963, 976, 977, 978, 985 (Dom/Hbf)

Besichtigung
täglich 6.00 – 19.30 (außer während Messen)

Führungen
täglich (Auskunft über Führungen beim DOMFORUM, Domkloster 3, Tel. 92 58 47 30)

Während der Erbauungszeit als größte Kathedrale der Welt geplant, gehört der Kölner Dom noch heute zu den bedeutendsten Bauten der Christenheit. Er ist als Wahrzeichen Kölns der Mittelpunkt der Stadt, wie auch räumlich: hier liegen der → HBF und die größten Museen der Stadt, südlich beginnt die → Altstadt, südwestlich schließt das große Einkaufsviertel mit Hohe Straße und → Schildergasse an.

Geschichte des Dombaus

Den Dom kann man als Höhepunkt und Erfüllung gotischer Kathedralbaukunst ansehen, obgleich er das Produkt vieler Jahrhunderte und deren unterschiedlicher künstlerischer Auffassungen ist.

Baubeginn 1248

Anlaß zum Bau war eigentlich ein Politikum: 1164 hatte Erzbischof Rainald von Dassel, Kanzler Kaiser Barbarossas, nach einem Feldzug durch Italien die Gebeine der Heiligen Drei Könige als Kriegsbeute von Mailand nach Köln überführen lassen. Die Heiligen Drei Könige galten im Mittelalter als Ur- und Vorbilder des Königtums überhaupt, und damit war der Besitz ihrer Reliquien höchste Legitimation – gerade im Kampf um Anerkennung, den Barbarossa mit Papst Alexander III. führte. Untergebracht wurden die Reliquien zunächst im alten Dom, der von 818 an anstelle von Vorgängerbauten (die ihrerseits seit dem 4. Jh. auf Fundamenten römischer Tempel entstanden waren) erbaut worden war.
Doch der Pilgeransturm auf die Reliquien war so groß, daß man bald schon aus Platz- und Prestigegründen eine neue Kirche in Erwägung zu ziehen begann. Die Stätte der Heiligen Drei Könige sollte sich fortan königlich abheben von den übrigen Kirchen Kölns. So legte 1248 Erzbischof Konrad von Hochstaden den Grundstein zum heutigen Dom. Die neue Kirche sollte nicht im Stil der gerade in Köln so fruchtbaren Romanik, sondern nach dem Vorbild französischer gotischer Königskathedralen errichtet werden. Der erste Dombaumeister war Gerhard.

Bautätigkeit bis 1560

In den folgenden drei Jahrhunderten erfolgte durch die 'Großbaustelle Dom' ein enormer wirtschaftlicher Aufschwung des Handwerks, das sich spezialisieren mußte und zu Höchstleistungen angesport wurde, auch die Zünfte (Gaffeln) entstanden in dieser Zeit. 1277 wurde die Sakristei (heutige Sakramentskapelle), 1322 der Chor fertig. Nun ging der Bau langsamer voran, nicht zuletzt wegen der immensen Kosten, die durch Schenkungen und Ablaßhandel gedeckt werden mußten. 1560, als die Bautätigkeiten für fast drei Jahrhunderte eingestellt wurden, war die gesamte Fläche des geplanten Doms zumindest provisorisch überdacht und der Chor mit einer Wand gegen Westen abgeschlossen. Der 58 m hohe Südturmstummel mit seinem Kran bestimmte über Jahrhunderte das Stadtbild.

Weiterbau 1842 und Vollendung 1880

Die erneute Wertschätzung des Mittelalters kam nach 1800 in der deutschen Romantik auf, die Nationalbegeisterung, die in der Vollendung des Doms das Symbol der Einigung Deutschlands sah, sowie das Auffinden des originalen Fassadenplans aus dem 13. Jh. im Jahre 1814 ermöglichten 1842 den Weiterbau. Der preußische König Friedrich Wilhelm IV. von Hohenzollern legte den Grundstein, die Vollendung wurde bereits 1880 durch den deutschen Kaiser Wilhelm I. gefeiert.

Restaurierungen heute

Fertig ist der Dom jedoch eigentlich nie geworden. Die Kölner Dombauhütte ist mit ständigen Restaurierungsarbeiten beschäftigt, nicht nur, um Kriegsschäden zu beheben, sondern vor allem, weil die verschmutzte Luft den Stein, der übrigens ursprünglich hell-beige war, unablässig zerstört. Nach überschlägigen Schätzungen sind für den Dom von 1824 bis 1961 rund 40 Millionen DM ausgegeben worden, zum Teil eingenommen durch die Dombaulotterie, der Rest durch Kathedralsteuern, Spenden und staatliche Zuschüsse. Die Ausgaben bis 1560 lassen sich nicht schätzen.

Südfassade des Doms mit drei Eingangsportalen, davor der Roncalliplatz ▶

Äußeres

Die gotische Kathedrale ist in der Auffassung des 13. Jh.s ein Abbild des Himmels. Ihre Türme und Türmchen bilden die Silhouette der Gottesstadt. Deshalb wird ihr alle Schwere genommen, alle Baukörper werden entmaterialisiert, von den in Fenster (ca. 10 000 m^2) aufgelösten Wänden bleiben nur 'Gerüste' übrig.

Westfassade

Die 7000 m^2 große Fläche der Westfassade mit den Hauptportalen zeigt keine Wände: in Fenstern, Strebepfeilern und Maßwerk wachsen die Türme 157 m hoch empor.

Petersportal

In der Westfassade befindet sich auch das älteste Portal der Kirche, das Petersportal (rechts des Mittelportals) mit den Standfiguren der fünf Apostel und weiteren Skulpturen. Das Tympanon aus der zweiten Hälfte des 14. Jh.s ist das einzige Original am Portal, einige der Gewändefiguren im Stil der Parler befinden sich heute in den Beständen des Diözesanmuseums. Das Tymanon zeigt u.a. das Martyrium des Apostels Petrus, der mit dem Kopf nach unten gekreuzigt wird, und das des Apostels Paulus, der geköpft wird. Darüber die Geschichte vom Magier Simon, dessen (teuflischer) Flug durch die Luft durch die (frommen) Gebete des Apostels Petrus tödlich endet.

Südfassade

Das Gerüstartige der gotischen Architektur zeigt sich deutlicher noch an den Längsseiten, wo das stützende Strebewerk einen Wald von Pfeilern bildet, um die Schwere der Steinmassen in Leichtigkeit aufzufangen. Die südliche Querhausfassade ist ein Werk des 19. Jh.s, während der Chor aus dem 13. Jh. stammt. Die vier bemerkenswerten Bronzetüren an der Südseite stammen von Ewald Mataré aus der Mitte unseres Jahrhunderts: eine zeigt das im Krieg brennende Köln.

Nordfassade

Die im Krieg schwer zerstörte nördliche Querhausfassade wurde erst 1982 wieder fertiggestellt. An der Nordwestecke des Doms ist eine nach dem Krieg notdürftig mit Ziegelsteinen geflickte Stelle an der Fassade zu erkennen, die man als Mahnmal gegen den Krieg unverändert gelassen hat. Eine kleine Gedenktafel weist darauf hin.

Rundgang durch den Innenraum

Im Innern offenbart sich der Geist der gotischen Architektur. Ein mystischer Raum, dessen Grenzen wegen der Auflösung der Wände schwer auszumachen sind, empfängt sein Licht aus der wie überirdischen Welt der bunten Glasfenster. Über hundert Pfeiler tragen die Gewölbe, die im Mittelschiff eine Höhe von 43,35 m erreichen. Das Abbild der Gottesstadt zeigt vollkommene Harmonie; alle Maße sind Bruchteile oder Vielfache der Seitenlänge des Vierungsquadrats (14,45 m): Höhe des Mittelschiffs und Breite des Langhauses z. B. sind das Dreifache, der mittlere Pfeilerabstand ist die Hälfte des Grundmaßes. Der Schlußstein der Vierung wiegt über 9 Tonnen; an ihm hängte der Gymnasiallehrer Caspar Garthe 1852 ein über 40 m langes Pendel auf, um die Erdrotation zu demonstrieren. 1996 wiederholte man vor einem großen Publikum diesen Versuch an derselben Stelle.
Die Fülle der herausragenden Innenausstattung wird im folgenden in einem Rundgang vorgestellt, der im Norden des Langhauses (links vom Hauptportal) beginnt und im Uhrzeigersinn zum Eingang zurückführt.

Nördliches Seitenschiff

Der Gang entlang des nördlichen Seitenschiffs führt an den fünf farbenfrohen Renaissancefenstern (1507 – 1509) vorbei, auf denen Ausschnitte aus dem Alten und Neuen Testament festgehalten sind, im zweiten und vierten sind unten Stifter, umgeben von Familienwappen, zu sehen. An einem Pfeiler zum Querhaus hin steht eine hl. Ursula mit Schutzmantel aus dem 16. Jahrhundert.

Clarenaltar

Am Ostende des Seitenschiffs befindet sich der wertvolle Clarenaltar, der Malereien von 1350 und 1400 zeigt und lange Zeit als Hauptaltar des Doms genutzt worden war. Die Restaurierung wurde erst 1982 abgeschlossen. Der Name Clarenaltar erinnert an das (1807 zerstörte) Klarissenkloster, aus dem er stammt.

Dom
St. Peter und Marien

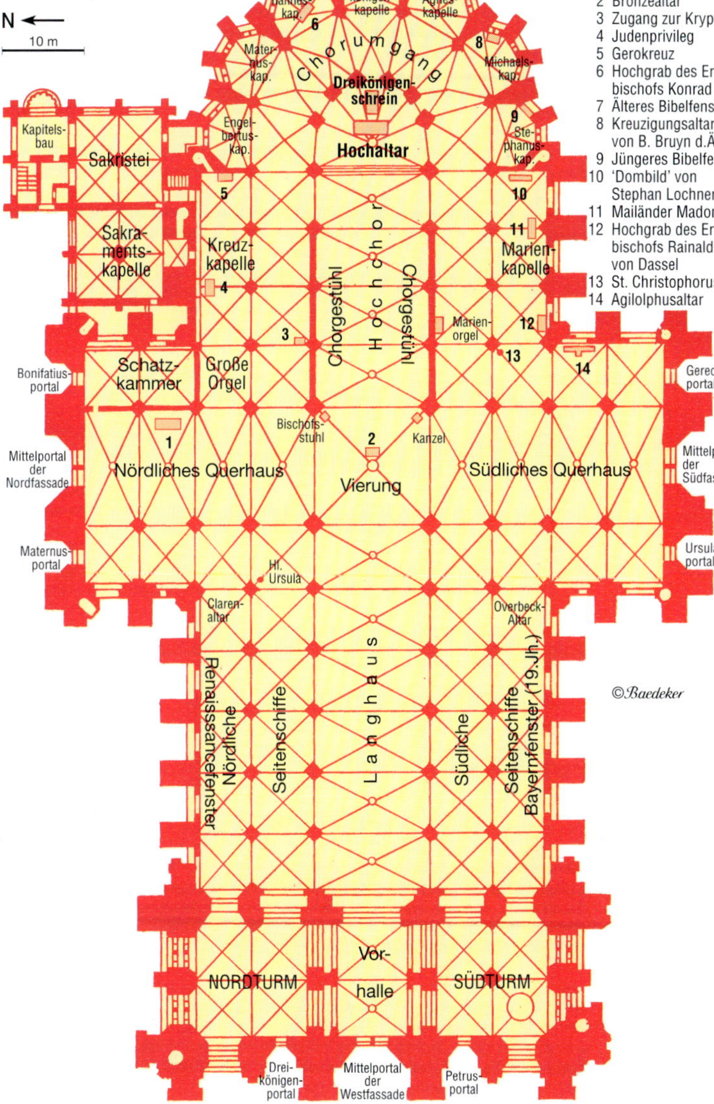

Kathedralkirche des Erzbistums Köln

1 Gnadenmadonna
2 Bronzealtar
3 Zugang zur Krypta
4 Judenprivileg
5 Gerokreuz
6 Hochgrab des Erzbischofs Konrad
7 Älteres Bibelfenster
8 Kreuzigungsaltar von B. Bruyn d.Ä.
9 Jüngeres Bibelfenster
10 'Dombild' von Stephan Lochner
11 Mailänder Madonna
12 Hochgrab des Erzbischofs Rainald von Dassel
13 St. Christophorus
14 Agilolphusaltar

Nördliches Querhaus

In der Nordostecke des Querhauses hing bis 1988 neben dem Eingang zur Domschatzkammer das fast 5 m hohe Altarbild von Friedrich Overbeck, die "Himmelfahrt Mariens" von 1855.

Gnadenmadonna

Vor der Schatzkammer fällt das barocke Gnadenbild auf: Die Marienstatue mit Kind ist mit kostbarem Schmuck überhäuft, den die Kölner und Kölnerinnen als Dank oder Fürbitte durch die Jahrzehnte hindurch gespendet haben und noch spenden.

Schatzkammer

(Öffnungszeiten Mo. – Sa. 9.00 – 16.00, So. 13.00 – 16.00 Eintrittsgebühr)

In der Nordostecke des nördlichen Querhauses ist der Zugang zur Schatzkammer mit einer bemerkenswerten Sammlung kirchlichen Geräts. Großes Aufsehen erregte ein Einbruch in die Schatzkammer 1975, bei dem wertvolle Kunstwerke gestohlen wurden. Eines der bedeutendsten Stücke, die Goldene Monstranz von 1657, wurde zerstört. Inzwischen wurde sie aus den Bruchteilen und neu gefertigten Teilen rekonstruiert. Neben den Reliquiaren, Schreinen und Monstranzen verdienen besonderes Augenmerk die illustrierten mittelalterlichen Schriften, vor allem der sog. Hillinuscodex (1025) von der Insel Reichenau, mit einem Widmungsbild, das den alten Kölner Hildeboldsdom zeigt. Außerdem befindet sich hier eine Monstranz von 1500 mit Kettenteilen, bei denen es sich um Stücke der Kette handeln soll, mit der der Apostel Petrus gefesselt wurde, außerdem der Stab Petri sowie Stoffreste von den Gebeinen der Heiligen Drei Könige.

Hochchor
Vierungsaltar
Chorgestühl

Im Mittelpunkt des Doms, der ursprünglich dem Dreikönigenschrein vorbehalten sein sollte, wurde ein moderner Bronzealtar aufgestellt. Hinter der Vierung saß im größten deutschen Chorgestühl das Domkapitel mit Domprobst, Kaiser und Papst (51 Personen). Über ihnen entfaltet sich ein Programm zunehmender Entrücktheit, zunächst in den Legenden der Altarschrankenmalerei (hinter dem Gestühl) aus dem 14. Jh. mit hervorragenden Schnitzarbeiten auch weltlicher Szenen: Beispielsweise wird an der Nordseite im mittleren und westlichen Bild die Silvester- und Konstantinslegende gezeigt: Papst Silvester und Kaiser Konstantin anerkennen sich gegenseitig in ihren Rechten – weniger geschichtliche Realität als vielmehr praktisches Wunschdenken drückt sich hier aus! Es folgen als Stützen an den Pfeilern die Apostel, Christus und Maria, edle Domhüttenarbeiten des 13. Jh.s. Das 'gläserne Meer' (Apokalypse des Johannes) der wunderbaren Fenster aus dem 13. Jh. läßt schließlich den Glanz des himmlischen Hofes ins Irdische herabscheinen: An den Langseiten die 24 Könige von Juda und die 24 Könige der Apokalypse, im Osten die Anbetung der Heiligen Drei Könige, d.h. insgesamt 51 Könige, was der Zahl der Personen im Chorgestühl entspricht.

Chorraum
Krypta

Betritt man den Chor, stößt man zunächst auf den Zugang zur Krypta (unter der Orgel) mit den Gräbern von Kölner Erzbischöfen sowie Fundamenten des alten Hildebolddoms.

Sakramentskapelle

Etwas weiter befindet sich linker Hand die Kreuzkapelle. An ihrer Nordwand führt ein Eingang in die Sakramentskapelle. Diese ehemalige Sakristei ist der älteste Teil des Doms. Er wurde auch als Kapitelsaal genutzt, in dem das Domkapitel z.B. bei der Wahl eines neuen Erzbischofs zusammenkam.

Judenprivileg

Links vor dem Kapelleneingang erinnert eine Tafel an das sogenannte Judenprivileg. Auf der steinernen Urkunde wurde den Juden u.a. Schutz gegen Überfälle und Angriffe der Christen garantiert.

Kreuzkapelle mit *Gerokreuz

An der Ostwand der Kreuzkapelle hängt das sog. Gerokreuz. Erzbischof Gero soll dieses Kreuz mit einem überlebensgroßen Christus, der ältesten abendländischen Plastik des Mittelalters (um 980), im Alten Kölner Dom unter dem Eindruck der byzantinischen Kunst angefertigt haben lassen. Der Strahlenkranz wurde erst im 17. Jh. hinzugefügt.

Mosaikboden

Der Boden des Chores ist mit einem wertvollen Mosaik ausgelegt, das Ende des 19. Jh.s hergestellt wurde und in Bild und Schrift das Weltverständnis des Mittelalters darlegen will.

Apsis
mit Chorkapellen

Die Apsis, in deren Mitte der Dreikönigenschrein thront, wird von sieben Kapellen umschlossen. In allen bis auf die mittlere finden sich Grabmäler von Erzbischöfen; in der dritten, der Johanneskapelle steht zudem der Sarg der polnischen Königin Richeza, in der Agneskapelle der Sarkophag der hl. Irmgardis.

Apsis (Fortsetzung)

Besonders beachtenswert ist in der Dreikönigenkapelle (der mittleren Kapelle) das sogenannte Ältere Bibelfenster in der Mitte, das das älteste Fenster des Doms von 1260/61 ist. Links sind Szenen des Alten Testaments als Vorausdeutung auf die des Neuen Testaments (rechts) dargestellt. Die beiden anderen Fenster stammen von 1320. In dieser Kapelle stand lange Zeit der Schrein der Heiligen Drei Könige, heute befindet sich dort der Dreikönigenaltar.

Älteres Bibelfenster

Zwei Kapellen weiter (Michaelskapelle) sieht man das Mittelfenster aus der abgerissenen Dominikanerkirche, dort steht auch der 1548 geschaffene Flügelaltar von Barthel Bruyn d. Ä. Das Jüngere Bibelfenster (um 1280), auch aus der Dominikanerkirche, sieht man in der letzten, der Stephanuskapelle.

Der kostbarste Schatz des Doms, der Dreikönigenschrein

**Dreikönigenschrein

Im Hochchor selbst drückt sich das religiöse und politische Programm der Kathedrale am deutlichsten aus. Im Chorhaupt steht der Dreikönigenschrein, ein Gipfel mittelalterlicher Goldschmiedekunst, ausgeführt ab 1181 von Nikolaus von Verdun und seinen Schülern. Am bedeutendsten sind die unteren Teile der Langseiten, deren Propheten, Priester und Könige Nikolaus selber schuf. Auf der Frontseite aus purem Gold (gestiftet von König Otto IV., um sich des Beistands des einflußreichen Köln im Reiche zu versichern) die Anbetung der Heiligen Drei Könige (links hinter ihnen als vierter König Otto IV.) und die Taufe Christi, darüber der thronende Christus. Auf der Rückseite das Porträt des Rainald von Dassel (Mittelzone des Schreins). Im Innnern des Schreins befinden sich Reliquien, die man zu den Gebeinen der Drei Heiligen Könige erklärte. Ursprünglich waren sie als 'Magier aus dem Morgenland' verehrt worden, die Umdeutung fand erst im Mittelalter statt. Die Stoffreste, die die Gebeine umgeben, stammen aus dem 2. Jh. An jedem 6. Januar, dem Feiertag der Heiligen Drei Könige, wird die Frontseite des Schreins geöffnet und gibt den Blick auf die drei Schädel frei.

Der Hochaltar ist einer der größten der Christenheit (4,52 x 2,12 m). An der Vorderseite sind schöne Figuren aus dem 14. Jh. zu sehen.

Marienkapelle
*'Dombild' von Stefan Lochner

Das berühmteste Bild des Doms, der fälschlich 'Dombild' genannte "Altar der Stadtpatrone" des Stephan Lochner (um 1445), befindet sich seit 1956 in der ersten Chorkapelle nach der Apsis. Lochner war der bedeutendste

'Altar der Stadtpatrone' (Fortsetzung)

Vertreter der Kölner Malerschule. Ursprünglich drückte dieses Bild in der Ratskapelle des → Rathauses das Selbstbewußtsein der Kölner Bürger aus, die sich auf dem Bild ohne Vermittlung geistlicher oder weltlicher Herren durch ihre Stadtpatrone Gereon und Ursula sowie durch die Heiligen Drei Könige direkt bei der thronenden Maria vertreten ließen.

Der berühmte "Altar der Stadtpatrone" von Stefan Lochner

Mailänder Madonna

An einem Pfeiler in der Nähe des 'Dombildes' steht die 1280 wahrscheinlich von Meister Arnold gefertigte Mailänder Madonna. Sie ersetzt eine Marienstatue, die gleichzeitig mit den Gebeinen der Heiligen Drei Könige nach Köln kam. Am Westende der Kapelle befindet sich das Grabmal des Erzbischofs Rainald von Dassel, der die Reliquien nach Köln brachte.

Südliches Querhaus

An einem Pfeiler nahe der Vierung steht die überlebensgroße Skulptur (3,73 m hoch) des heiligen Christopherus von 1470, dessen Anblick davor schützen sollte, an diesem Tag ohne die Sterbesakramente aus dem Leben zu scheiden.

Agilolphusaltar

Um die Ecke herum (Ostseite des Querhauses) sieht man den kostbaren Agilolphusaltar, eine Antwerpener Arbeit von 1521. Das kunstvoll geschnitzte Mittelteil zeigt die Kreuzabnahme und Beweinung.

Paulusfenster

Anfang 1995 wurde ein neues Paulusfenster im Südquerhaus eingesetzt. Das ursprüngliche Fenster stammt von 1864 und wurde nach seiner Zerstörung im Zweiten Weltkrieg durch das sogenannte Kinderfenster ersetzt, das aus Spenden Kölner Jugendlicher bezahlt wurde und Szenen mit Kindern aus dem Alten und Neuen Testament darstellte. Das neue Paulusfenster, das für eine halbe Million Mark rekonstruiert wurde, zeigt in der Mitte die Bekehrung des Saulus zum Paulus.

Südliches Seitenschiff
Bayernfenster

Auf dem Weg zurück zum Hauptportal sollte man einen Blick auf die kostbaren Fenster (1848 eingesetzt) des südlichen Seitenschiffs werfen. Sie sind Stiftungen des Bayernkönigs Ludwig I. und werden daher auch Bayernfenster genannt. Sie zeigen die Entstehung und Ausbreitung der christlichen Kirche im Abendland.

Südturm

Wunderbare Aussicht nach mühevollem Aufstieg

Es lohnt sich, die 509 Stufen des Südturms des Domes zu erklimmen (Eingang rechts neben dem Hauptportal), denn von der 97,25 m hohen Aussichtsplattform aus hat man einen phantastischen Blick über die Stadt. Zunächst erreicht man beim Aufstieg die Glockenstube. Bemerkenswert ist die Petersglocke, der 'decke Pitter', die größte schwingende Glocke der

Welt. Ursprünglich hing dort ein noch riesigeres Klanginstrument: die Kaiserglocke mit 27 Tonnen wurde 1874 aus Kanonen gegossen, in welche sie 1918 auch wieder zurückverwandelt wurde – nur der zwei Meter hohe Klöppel entkam dieser Zweckentfremdung. Daneben hängen die Glocke Pretiosa (1448) mit 11,2 Tonnen und die Glocke Speciosa (1449) mit 6 Tonnen. Der weitere Aufstieg führt dann zur windigen Aussichtsplattform mit schönem Rundblick.

Südturm (Fortsetzung)

Öffnungszeiten
tgl. 9.00 – 17.00; im Winter bis zur Dunkelheit

Rund um den Dom

Domplatte
Kreuzblume

Statt einer großzügigen Freitreppe vor den Domportalen wurde in den Siebzigern die Domplatte angelegt. Vor dem Hauptportal unterhalb des Platzes steht die Kopie einer Kreuzblume der Spitze von einem der Domtürme (Höhe 9,25 m, untere Breite 4,48 m). Auf der Domplatte und dem Roncalliplatz (s.u.) zeigen vor allem im Sommer jugendliche Skateboard- und Inlinerfahrer, Akrobaten und andere Kleinkünster, was sie können.

Auf der Domplatte und dem Roncalliplatz gibt es immer etwas zu sehen.

Nordtor (Abb. s.S. 84)

Auf der Domplatte errichtete man die Fußgängerpforte des Nordtors, ein Teil der großen → römischen Stadtmauer aus dem 2. Jh., die sich ursprünglich etwa hier befunden hatte.

Ausgrabungen

Beim Bau der Domplatte wurden Teile der → römischen Stadtmauer ausgegraben, die heute in der Tiefgarage beim Dom (Eingang unterhalb des Nordtors) frei zugänglich sind. Noch spektakulärer sind die Funde unter dem Dom; hier sind die Fundamente der römischen, karolingischen und romanischen Vorgängerbauten des Doms zu sehen. Nach Führungen kann man sich im Domforum am Roncalliplatz erkundigen (Domkloster 3, Tel.: 92 58 47 30)

Roncalliplatz

Geht man von den Hauptportalen aus rechts um den Dom herum, stößt man auf den großzügig angelegten Roncalliplatz, der im Osten vom →

Rund um den Dom, Roncalliplatz (Fortsetzung)

Römisch-Germanischen Museum und im Westen von der beeindruckenden Fassade des spätkaiserzeitlichen Domhotels begrenzt wird. Vor allem im Sommer wird der Roncalliplatz gerne von Skatern, Akrobaten, Jongleuren und Kleindarstellern als Freiluftbühne genutzt – hier ist immer etwas los. Überquert man den Platz nach Süden hin, findet man den → Heinzelmännchenbrunnen und rechts die Passage zur Hohe Straße.

Unübersehbar neben dem Dom ist das 1996 eröffnete Musicaltheater.

Das Nordtor auf der Domplatte war einst der Fußgängerdurchgang der Römer in die Stadt.

Musical Dome Köln

Auf dem Breslauer Platz beim Hauptbahnhof nordöstlich vom Dom fällt das riesige Musicaltheater Musical Dome Köln auf, das am 30.11.1996 mit dem Stück "Gaudi" eröffnete. Der Bau ist eine 3-Gurt-Bogenbinder-Konstruktion von 35 m Höhe und faßt ca. 1700 Zuschauer.

Dombauhütte

Zwischen der Ostseite des Chors und dem Römisch-Germanischen Museum liegt die Dombauhütte, ein durch Spenden, durch die Erträge der Dombaulotterie und durch Subventionen von Stadt und Land finanziertes Restaurationsunternehmen mit über 70 Handwerkern, das seit Anfang unseres Jahrhunderts um den Erhalt der Steinfassade kämpft, die vom Krieg zum Teil zerstört war und heute unablässig von der Luftverschmutzung zersetzt wird. Dabei verwandelt die Schwefelsäure des sauren Regens den Kalkstein in Gips, der leicht weggespült wird. Zudem zersetzen neben Taubendreck auch Pilze und Algen den Stein.

Eigelsteinviertel

M/N 13

Lage
Um den Eigelstein

Hier findet man ein buntes Gemisch von kölschem Trubel mit türkischem Einschlag. Geschäfte und Eßlokale verschiedener Nationalitäten säumen die beiden zentralen Straßen des Viertels, den Eigelstein und die Weidengasse.

Eigelsteinviertel (Fortsetzung)

Straßenbahnen
5, 6, 12, 15, 16, 18, 19 (Ebertplatz) oder 5, 12, 14, 16, 18 (Breslauer Platz/ Hbf)

Busse
134, 148 (Ebertplatz)

*Eigelsteintorburg mit 'Kölschem Boor'

Auf dem Eigelstein zogen einst die Römer Richtung Neuss. Der innere Teil dieser Ausfallstraße wurde Anfang des 13. Jh.s durch den Bau der mächtigen Eigelsteintorburg (in der Nähe des heutigen Ebertplatzes) in die neue → mittelalterliche Stadtmauer einbezogen. Von dem um 1890 restaurierten, beeindruckenden Torkoloß stehen noch die zwei großen Halbtürme, die heute als Museumsdepots dienen und das Eingangsportal einrahmen. An der stadtzugewandten Seite des linken Turmes wurde 1885 der berühmte 'Kölsche Boor' angebracht (heute eine Kopie, das Original ist im Rathaus zu besichtigen). Der 'Kölner Bauer' (Abb. siehe Seite 25) erinnert an Kölns Status als Freie Reichsstadt (seit 1475), als welche es im mittelalterlichen Ständesystem den Bauernstand repräsentierte – obwohl Köln vielmehr eine Handelsstadt war. Eingemeißelt unterhalb des Bauern ist der Spruch: "Halt fass do Kölscher Boor, bliev beim Reich, et fall sös ov sor!" (Halt fest du Kölner Bauer, bleib beim Reich, es falle süß oder sauer!") Heute kennt man den Bauern vor allem als Mitglied des karnevalistischen Dreigestirns von Prinz, Bauer und Jungfrau. In einer östlichen Nische des Tores hängt ein Rettungsboot des im Ersten Weltkrieg gesunkenen Kreuzers 'Köln'.

Umgebung des Eigelsteintors

Viele Hausfassaden der Straßen, die sternförmig vom Eigelsteintor abgehen (z.B. Thürmchenswall, Lübecker Straße u.a.), stammen aus der spätklassizistischen Epoche des 19. Jh.s. Denn erst nach 1860 erfolgte die städtische Besiedlung des Viertels, als Wohnraum für das wachsende Köln der Industriezeit geschaffen werden mußte.
Im Süden des Eigelsteins schließt der Hauptbahnhof, der → Dom und die → Altstadt an, im Nordwesten gelangt man auf den Ring mit dem → MediaPark. 600 m weiter nördlich liegt, vom Ebertplatz aus bereits gut sichtbar, die neugotische Kirche St. Agnes.

St. Agnes

Lage
Neusser Platz

Straßenbahnen
5, 6, 12, 15, 16, 18, 19 (Ebertplatz) oder 6, 12, 18 (Lohsestraße)

Nach dem Kölner Dom ist die neugotische St. Agnes-Kirche von ihrer Grundfläche her das größte Gotteshaus Kölns. Die 1896 – 1902 erbaute Hallenkirche von Carl Rüdell und Richard Odenthal wurde von Peter Joseph Roeckerath zum Andenken an seine erste Frau Agnes gestiftet. Mit ihrem reich mit Maßwerk verzierten Turm prägt die Kirche das Viertel um Ebertplatz und Neusser Straße und nimmt über die Flucht dieser Straße Bezug auf das Eigelsteintor der mittelalterlichen Stadtmauer.
Auch in der Gegend um die Agneskirche, vor allem zwischen Neusser und Riehler Straße, sind schöne Gründerzeitfassaden zu sehen.

El-De-Haus (Gedenkstätte) N 13

Lage
Appellhofplatz 23 – 25
Tel. 221 63 31

Straßenbahnen
3, 4, 5, 12, 14, 16, 18 (Appellhofplatz)

Öffnungszeiten
Di. – Fr.
10.00 – 16.00,
Sa., So.
11.00 – 16.00

Führung
14.00 jeden 1. Sa. im Monat

Das von dem Kölner Kaufmann Leopold Dahmen 1934/35 erbaute Haus wurde 1935 von der Gestapo beschlagnahmt und als 'Dienstgebäude' eingerichtet: Die Obergeschosse beherbergten die Dienststelle, im Keller wurden die Gefangenen festgehalten und gefoltert. Von den zehn winzigen Zellen sind heute noch sechs vorhanden, in jede einzelne (etwa 5 m^2) wurden teilweise über 30 Personen hineingezwängt. Vom Leiden der hier gefangengehaltenen Menschen berichten über 1800 erhaltene Wandinschriften (teils in kyrillischer Schrift, da Russen unter den Gefangenen waren). Viele der Inhaftierten hielten hier ihre Todesangst fest, meist vor ihrer tatsächlichen Ermordung. Das Haus wurde sowohl für Oppositionelle und Kriegsgefangene zur letzten Station ihres Lebens als auch für viele Juden, die hier gesammelt wurden, um sie in die Konzentrationslager zu schicken. 1980/1981 wurde das zwischenzeitlich als städtisches Aktenlager genutzte Gebäude restauriert und die Zellen als Gedenkstätte hergerichtet. Von den Folterungs- und Hinrichtungsstätten ist nichts erhalten. Ein kleiner Raum beherbergt eine aufschlußreiche Dokumentation.

* Erzbischöfliches Diözesanmuseum N 13

Lage
Roncalliplatz 2
Tel. 257 76 72

Straßenbahnen
5, 12, 14, 16, 18
(Dom/Hbf)

Zahlreiche Busse

Öffnungszeiten
tgl. außer Do.
10.00 – 18.00

Eintritt frei

Der Schwerpunkt des 1853 im Schatten des Kölner Doms gegründeten Museums lag bislang fast ausschließlich auf der Präsentation sakraler Kunst des Mittelalters. Seit 1993 verfolgt das Museum jedoch ein völlig neues, spannendes Konzept:
In der auf mehrere Jahre angelegten Ausstellungsreihe "Wiederbegegnung mit dem Unbekannten" stellt es in wechselnden Präsentationen zeitgenössische und mittelalterliche Kunst gegenüber. Eine neue Wahrnehmung und ein andersartiges Erleben der Kunst soll zur Nachdenklichkeit führen und die Möglichkeit eröffnen, auch neue religiöse Dimensionen zu entdecken. Die bestehenden Sammlungen der frühchristlichen Kunst und der Malerei, Plastik und Goldschmiedekunst des 11. bis 16. Jh.s, unter denen die "Madonna mit dem Veilchen" (um 1440) von Stefan Lochner und das "Herimannkruzifix" mit römischem Lapislazuliköpfchen besonders hervorzuheben sind, werden ergänzt und kontrastiert mit unterschiedlichsten Werken des 20. Jahrhunderts.

Herimannkreuz mit Lapislazuliköpfchen

Unter den ausgestellten Künstlern findet man auch Namen wie Gerhard Marcks, Georges Rouault, Ernst Barlach und Otto Dix für die Klassische Moderne oder Joseph Beuys und Antoni Tàpies als Vertreter der Avantgarde um 1970 sowie zeitgenössische Künstler.
Einzigartig sind auch die projektierten Rauminstallationen für den Neubau 'Kolumba', der für das Museum in den nächsten Jahren errichtet werden soll unter Einbeziehung der im Zweiten Weltkrieg bis auf die Grundmauern zerstörten Kirche St. Kolumba gegenüber der Oper.

* Fernmeldeturm Colonius N 12

Lage
Innere Kanalstraße
(Zwischen Venloer und Subbelrather Straße)

Straßenbahnen
3, 4, 5 (Hans-Böckler-Platz)

(Abb. s. S. 18)

Der Fernmeldeturm Colonius ist mit einer Höhe von 243,3 m (Schaftdicke unten 14,9 m, in Höhe der Kanzel 8,8 m) zur Zeit der fünftgrößte der Bundesrepublik Deutschland. Er wurde erbaut, um das Richtfunknetz der Deutschen Bundespost zu vervollständigen. Seine Kanzel, zu erreichen über Aufzüge, enthält im obersten Geschoß technische Einrichtungen, darunter ein auch abends geöffnetes Restaurant, das sich langsam um seine Achse dreht.
Bei klarem Wetter reicht der Blick bis zum Siebengebirge und bis nach Düsseldorf. Lohnend ist jedoch schon die Aussicht auf Köln: Das Wachstum der Stadt in konzentrischen Ringen zeichnet sich deutlich sichtbar im Straßenbild ab.

Flora und Botanischer Garten L 14

Lage
Amsterdamer Str.

Straßenbahnen
15, 16 (Zoo/Flora)

Öffnungszeiten Gewächshäuser
tgl. 10.00 – 16.00, werktags 12.00 –13.00 geschlossen

Eintritt frei

Die beiden Parkanlagen bilden seit 1920 ein harmonisches Ganzes, das bei den Kölnern zusammengefaßt als 'Flora' bekannt ist. Die weitläufige Anlage in der Nähe des Zoos in Riehl bietet Erholsames mit ihren Spazierwegen durch die Gärten, vorbei an Beeten und Teichen, sowie Lehrreiches mit ihren Gewächshäusern und Sondergärten zu verschiedenen Pflanzenarten.
1864 wurde der südliche Teil der Parkanlagen, die sogenannte Flora, von dem Gartenarchitekten Peter Joseph Lénne in Riehl gegründet, nachdem Vorgängeranlagen den Stadtsanierungen weichen mußten, die letzte z.B. wegen des Hauptbahnhofbaus. (Den ersten Botanischen Garten legte Albertus Magnus, der Begründer der wissenschaftlichen Botanik, um 1250 als Klostergarten in Köln an.) In der Flora fällt – ausgehend vom Alten Stammheimer Weg – zunächst der Wintergarten auf, ein Glaspalast des 19. Jh.s, der nach dem Zweiten Weltkrieg allerdings nicht mehr in seiner alten Form restauriert wurde und heute gastronomisch genutzt wird. Davor erstreckt sich ein schönes Blumenparterre (Barockgartenanlage), dahinter links liegt der Frauen-Rosenhof, ein Jugendstilbau von 1906, der heute u.a. Schulklassen als 'Grüne Schule Flora' der Natur- und Umwelterziehung dient. Danach folgen die großen Gewächshäuser, in denen tropische Pflanzen betrachtet werden können: Orchideen, Kaffee-, Tee-, Kakaopflanzen, Ananasgewächse, Bambus und Bananenarten, Würgefeigearten, Kakteen usw. Zwischen den Gebäuden wandelt man an verschiedenen Gehölzarten vorbei, Zierkirschen, Laubengängen aus Hainbuchen, einer mächtigen Blut-Buche, naturdenkmalgeschützten Bäumen aus der Gründerzeit u.v.m. Stilelemente des englischen Landschaftsgartens und der italienischen Renaissance ergänzen die Vielfalt der Gartenanlagen.
Im nördlich ohne sichtbaren Übergang an die Flora anschließenden Botanischen Garten überwiegen die systematisch angelegten Sondergärten, die

Die Flora mit dem 'Wintergarten', in dem sich ein Restaurant befindet

Flora und Botanischer Garten (Fortsetzung)

ausgewählte Pfanzenfamilien zeigen, z.B. Gift- und Arzneipflanzen, Gewürze, Färber- und Gerberpflanzen und Alpengewächse. Am nördlichen Ende des Gartens wurden Enten und Teichhühner in einem Weiher angesiedelt, die sich den Platz mit den üppig wachsenden Seerosen teilen.

*Groß St. Martin N 14

Lage
Martinspförtchen 8 (Zwischen Fisch- und Alter Markt)

Straßenbahnen
1, 2, 7, 9 (Heumarkt)

Bus
132 (Rathaus)

Aus dem Gassengewirr des Martinsviertels (→ Altstadt) erhebt sich imponierend der gewaltige Vierungsturm der Martinskirche, die bis ins 19. Jh. neben dem unvollendeten Domturm das Wahrzeichen Kölns bildete.
Erste Bauten wurden auf den Fundamenten römischer Speicherbauten (Grabungsreste unter dem nördl. Seitenschiff) des ehemaligen Rheinhafens errichtet. Erzbischof Bruno gründete im 10. Jh. ein Chorherrenstift, das wenig später in ein Benediktinerkloster umgewandelt wurde. Der Kirchweihe 1172 folgten etliche Um- und Neugestaltungen, die infolge von Bränden und Stürmen bis zur Mitte des 15. Jahrhunderts immer wieder vorgenommen werden mußten – so entstand auch der Vierungsturm von 1185 bis 1220. Der gotische Knickhelm des Vierungsturms ersetzte das romanische Turmdach erst im 15. Jahrhundert. Das 19. und 20. Jh. brachte nochmals verheerende Zerstörungen: Der Säkularisation 1802 fielen die Klostergebäude zum Opfer, dem Zweiten Weltkrieg die Gewölbe und der Turm. Erst 1984 wurden alle Aufbauarbeiten abgeschlossen.

Vierungsturm und Kleeblattchor der bedeutenden romanischen Kirche Groß St. Martin

Äußeres

Die Schaufassade zum Rhein wird von einem Kleeblattchor ähnlich dem von → St. Aposteln gebildet. Einzigartig ist die Auflösung der schweren Baumassen durch die reiche Wandgliederung: Um die mächtigen Apsiden laufen zwei Arkadenreihen, die von einer Zwerggalerie gekrönt werden, über denen die Kegeldächer angebracht wurden. Diese laufen auf große Dreiecksgiebel mit Fächerblenden zu, in deren Mitte der beeindruckende Vierungsturm, auch dieser reich gegliedert durch eine Zwerggalerie und Biforien, mit seinen vier Ecktürmchen emporwächst. Die horizontal gegliederten romanischen Bauformen kündigen durch ihre Streckung in der Senkrechten schon die Gotik an. Wesentlich schmuckloser erscheint die äußere Gestaltung des Langhauses.

Innenraum und Krypta

Innen beeindruckt das Langhaus vor allem durch seine Höhe (25 m). Vom nördlichen Seitenschiff aus (links des Haupteingangs) kann man die Unterkirche betreten, in der archäologische Funde betrachtet werden können: zuunterst Mauerreste eines Schwimmbeckens (1. Jh.), darüber Reste der alten Speichergebäude der ehemaligen Rheininsel (2. Jh.), außerdem Funde von kirchlichen Vorgängerbauten.

Groß St. Martin (Fortsetzung) Innenausstattung

Unter der sparsamen Innenausstattung fällt der moderne Schmuckfußboden um den Altar auf, über dem ein Radleuchter Licht spendet. Bedeutender sind die Kreuzigungs- und die Grablegungsgruppe von T. van de Burch (beide 1509), die sich hinter dem staufischen Taufstein im nördlichen Seitenschiff befinden. Im südlichen Seitenschiff sieht man das Dreikönigstriptychon (1530) und den fast lebensgroßen 'Schmerzensmann' (16. Jh.).

Grüngürtel

Lage
Innerhalb der Inneren Kanalstr./ Universitätsstraße bzw. außerhalb der Militärringstraße

Gleich zwei grüne Gürtel ziehen sich entlang der Ringstruktur der Stadt und ermöglichen so Ruhe und Erholung inmitten des Stadttrubels durch die Anlage von Parks, Wald, Weihern, Sportanlagen und Gärten. Die Anlage von Innerem und Äußerem Grüngürtel geschah – anstelle der nach dem Ersten Weltkrieg geschleiften Befestigungsanlagen Kölns – nach Plänen von Oberbürgermeister Konrad Adenauer und Stadtbaumeister Fritz Schumacher, die allerdings eine dichtere Bebauung der Gürtel vorsahen, was nur durch die Wirtschaftskrisen der Weimarer Republik verhindert wurde.

Innerer Grüngürtel

Der Innere Grüngürtel erstreckt sich stadteinwärts der Inneren Kanalstraße/ Universitätsstraße über eine Länge von 4 km vom Güterbahnhof Gereon im Norden bis zur Luxemburger Straße im Süden und umschließt damit die Kölner Alt- und Neustadt. Innerhalb des breiten Grünstreifens befinden sich der Aachener Weiher, daneben das → Museum für Ostasiatische Kunst sowie die neue → Universität. Die angelegten Hügel bestehen aus dem Schutt der im Zweiten Weltkrieg zerbombten Kölner Innenstadt. Im Süden schließt nach einigen hundert Metern der → Volksgarten an.

Äußerer Grüngürtel

Der Äußere Grüngürtel reicht über 12 km entlang der Militärringstraße von Müngersdorf im Westen bis Rodenkirchen am Rhein. Der Decksteiner Weiher durchzieht im Südwesten einen großen Teil des Parks. Beide Gürtel sind durch eine grüne Zunge im Westen verbunden: Vom Aachener Weiher führt ein baumbestandener Kanal zum → Stadtwald und damit zum Äußeren Gürtel.

* Gürzenich und Alt St. Alban N 13

Lage
Martinstr. 29 – 31

Busse
132, 133 (Gürzenichstraße)

Straßenbahnen
1, 2, 7, 9 (Heumarkt)

Der Gürzenich, über die Stadt hinaus bekannt durch die jährliche Fernsehübertragung einer großen Kölner Karnevalssitzung, ist neben dem Rathaus der wichtigste frühneuzeitliche Profanbau der Stadt. Er wurde 1441 – 1447 auf dem Grundstück der Patrizierfamilie Gürzenich im Auftrag der Kölner Bürgerschaft als öffentlicher Mehrzweckbau, wie er typisch für bedeutende und wohlhabende Städte war, errichtet. Das Erdgeschoß diente als Lager- und Kaufhalle, im Obergeschoß befand sich der 23 x 53 m große Festsaal mit offenem Dachstuhl. Kaiser waren hier zu Gast, so Friedrich III. 1474, Maximilian I. 1486 und 1505 und Karl V. 1520. Später diente der Gürzenich als Warenhaus, bis er seit Anfang des 19. Jh.s wieder seine Funktion als Festhaus erfüllte. Seitdem finden hier öffentliche Veranstaltungen, Sitzungen und Konzerte statt. – Die gotische Architektur zeigt Elemente feudaler und sakraler Architektur z.B. in den Dachzinnen, den Ecktürmchen oder den Schmuckelementen. Zwischen den großen, die Fassade gliedernden Fenstern hängen Wappenschilde. Die Hauptfassade ist die östliche; dort befinden sich über den Eingängen die Statuen von Marcus Vipsanius Agrippa, dem Gründer Kölns, und Marsilius. Die jahrelangen Renovierungs- und Umbauarbeiten (bis 1997) bescherten dem Gürzenich u.a. einen freistehenden gläsernen Aufzugsturm vor der Südseite. Das Innere zeigt nach den Kriegszerstörungen ein verändertes Bild: Im Erdgeschoß befindet sich die Gastronomie, im Obergeschoß wieder ein Festsaal, den man über eine auffällige, weit geschwungene Treppenanlage der 50er Jahre erreicht.

Alt St. Alban

Der Gürzenich teilt eine Wand mit der Kirche Alt St. Alban, deren Ziegel man oben in einer Wand des Treppenhauses des Gürzenichs bemerkt. Von dort und von der Straße Quatermarkt aus sieht man in die kriegszerstörte Kirche, die als Gedenkstätte für die Toten der Weltkriege dient. Im offenen Innenraum der Ruine kniet zur Mahnung und im Gedenken das um die Toten "Trauernde Elternpaar", eine steinerne Kopie eines Werkes von Käthe Kollwitz von 1931.

*Hahnentorburg N 12

Lage
Rudolfplatz

Straßenbahnen
1, 2, 6, 7, 15, 19
(Rudolfplatz)

Das bedeutendste und schönste Tor der → mittelalterlichen Stadtmauer, das Hahnentor, beherrscht den Rudolfplatz, in dessen Mitte es aufragt. Seine Pracht erklärt sich aus der Tatsache, daß durch dieses Tor einst die in Aachen gekrönten Könige in die Stadt einzogen, um hier ihren Sitz im Domkapitel einzunehmen und die Reliquien der Drei Heiligen Könige zu verehren. Der Name des Tors erinnert an den einstigen Besitzer des an-

Durch das Hahnentor zogen einst die Könige in die Stadt ein, um den Reliquien der Drei Heiligen Könige zu huldigen

Busse
136, 146, 963, 985
(Rudolfplatz)

grenzenden Landes, den Bürger Hageno. Der zu Beginn des 19. Jh.s in Stein gehauene Name 'porte des coqs' (Tor der Hähne) ist die Folge einer Mißinterpretation. Die um 1240 errichtete Torburg hat ihre Schauseite mit zwei zinnenbekrönten Halbtürmen und einem spitzbogigen Eingang, der auf der stadtzugewandten Seite rundbogig ist, nach Westen hin, d.h. in Richtung des ankommenden Krönungszuges. Auf dieser Seite ist oberhalb der Toröffnung auch das Stadtwappen angebracht. Die Räume der dreigeschossigen Torburg wurden zeitweise als Gefängnis genutzt, nach den Renovierungen von 1885 – 1888 und nach dem Zweiten Weltkrieg dienten sie Ausstellungszwecken verschiedener Museen und Kunstvereine. Seit 1988 hat die 'Ehrengarde', eine der traditionellen Kölner Karnevalsgesellschaften, hier ihren Sitz. Gemütliche Cafés und beste Einkaufsmöglichkeiten finden sich in der unmittelbaren Umgebung des Hahnentors: Angefangen am Rudolfplatz selbst, lohnt es sich, den Hohenzollernring entlangzulaufen, oder in die elegante Mittelstraße (→ Neumarkt) einzubiegen, von der aus man über die Pfeilstraße zur Ehrenstraße und zur → Breite Straße gelangt.

Hahnentorburg (Fortsetzung)
Umgebung

Hauptbahnhof N 13

Auf dem Gelände des ehemaligen Botanischen Gartens (→ Flora) wurde 1857 der erste Bahnhof angelegt. Nur die beeindruckende große Bahnsteighalle ist vom Neubau der späten Gründerzeit erhalten und demonstriert mit 255 m Länge, 65 m Breite und 24 m Höhe den technischen Optimismus der Erbauungszeit (1890 – 1894). In der Form der Stahlkonstruktion zeigen sich gewisse Ähnlichkeiten mit der gotischen Architektur des benachbarten Kölner → Doms. Auch das neue transparente Dach vor der großen Bahnhofshalle paßt sich mit seinen dem Verlauf der Schienen folgenden 46 ganzen und 19 halben Kreuzgewölben aus Glas und Stahl der Architektur des Doms an. Die Eingangshalle mit einer Glasfront von 800 m², die den Blick auf den Dom freigibt, stammt von 1957. Das (tiefergelegene) Bahnhofsrestaurant 'Alter Wartesaal' von 1910 im Jugendstil ist heute ein Szene- und Schickeria-Treff mit einem guten Restaurant.

Lage
Zentrum

Straßenbahnen
5, 12, 14, 16, 18 (Dom/Hbf oder Breslauer Platz/ Hbf)

Zahlreiche Busse

*Heinzelmännchenbrunnen N 13

Vom Dom nur durch den Roncalliplatz getrennt, sprudelt das Wasser des Heinzelmännchenbrunnens ebenso wie das Kölsch des vielbesuchten Kölner Hofbräuhauses 'Früh' rechts dahinter, von wo aus man rechter Hand durch die Stollwerck-Passage zur Hohe Straße gelangt. Der Heinzelmännchenbrunnen von 1899 erzählt die alte Kölner Geschichte von den fleißigen Männchen, die unerkannt nachts die Arbeit all derer verrichteten, die zu

Lage
Am Hof

Straßenbahnen
5, 12, 14, 16, 18 (Dom /Hbf)

Die Heinzelmännchen

Wie war zu Köln es doch vordem
Mit Heinzelmännchen so bequem!
Denn, war man faul, ... man legte sich;
Hin auf die Bank und pflegte sich;
Da kamen bei Nacht,
Eh man's gedacht,
Die Männlein und schwärmten
Und klappten und lärmten
Und ruften
Und zupften
Und hüpften und trabten
Und putzten und schabten,
Und eh ein Faulpelz noch erwacht,
War all sein Tagewerk bereits gemacht.

. . .

Neugierig war des Schneiders Weib
Und macht sich diesen Zeitvertreib:
Streut Erbsen hin die andre Nacht.
Die Heinzelmännchen kommen sacht;
Eins fährt nun aus,
Schlägt hin im Haus,
Die gleiten von Stufen
Und plumpen in Kufen.
Die fallen
Mit Schallen,
Die lärmen und schreien
Und vermaledeien!
Sie springt hinunter auf den Schall
Mit Licht: husch husch husch husch! –
verschwinden sie all.

O weh! Nun sind sie alle fort,
Und keines ist mehr hier am Ort!
Man kann nicht mehr wie sonsten ruhn,
Man muß nun alles selber tun!
Ein jeder muß fein
Selbst fleißig sein
Und kratzen und schaben
Und rennen und traben
Und schniegeln
Und bügeln
Und klopfen und hacken
Und kochen und backen.
Ach, daß es noch wie damals wär!
Doch kommt die schöne Zeit nicht
wieder her.

Heinzelmännchen-brunnen (Fortsetzung)

faul waren, selbst zu arbeiten (dargestellt in den seitlichen Reliefs), bis eine neugierige Schneidersfrau Erbsen ausstreute, um die Männchen zu überraschen. Der Mittelteil des Brunnens zeigt oben die Schneidersfrau mit Lampe, die Männchen sind die Treppe hinuntergepurzelt. Wegen dieses Streiches sind die Heinzelmännchen zum Leidwesen aller Faulen bis auf den heutigen Tag verschwunden. Einige Strophen des Gedichts, in das die Sage 1836 von August Kopisch übertragen wurde, sind an den äußeren Seiten des Brunnens zu lesen.

Hohe Straße und Schildergasse N 13

Lage
Zentrum

Die beiden langen, belebten Einkaufsstraßen, die den Fußgängern vorbehalten sind, mit ihren großen Warenhäusern, Spezialgeschäften, Cafés, Straßenmusikanten und Pflastermalern stoßen im rechten Winkel aufeinander und durchschneiden gemeinsam die Innenstadt Kölns; die Hohe Straße in Nord-Süd-Richtung vom Dom ausgehend und die Schildergasse von West nach Ost ab Neumarkt.

Hohe Straße

Straßenbahnen
5, 12, 14, 16, 18 (Dom/Hbf)

Die Hohe Straße erreicht man vom Dom aus über den Wallrafplatz, an dem das Funkhaus des → WDR (1950 – 1953 für den NDR errichtet) auffällt, oder durch die Stollwerck-Passage vom → Heinzelmännchenbrunnen aus. In der Passage steht die Bronzeskulptur der griechischen Göttin der Erde "Gaea" (1965) von G. Marcks. Die Hohe Straße war einst die prächtigste Einkaufsmeile der Stadt mit den teuersten und elegantesten Geschäften. Die Zerstörungen des letzten Krieges und die horrenden Ladenmieten (bis zu 350,- DM/m^2) haben dann zunächst den Einzug großer Ladenketten begünstigt. Nachdem sich dort auch wieder kleinere Boutiquen und viele schöne Spezialgeschäfte niedergelassen haben, kann man hier – allerdings meist in dichtem Gedränge – wieder gut einkaufen. Die Straße folgt in ihrem Verlauf einem hochwasserfreien Uferweg (daher der Name 'Hohe' Straße), der zur Zeit der Römer als 'cardo maximus' die Stadt innerhalb ihrer Mauern vom Nord- zum Südtor durchzog und im weiteren Verlauf nach Norden zum Heerlager Neuss und nach Süden zum Lager Bonn führte.

Schildergasse
(Abb. s. S. 178)

Straßenbahnen
1, 2, 3, 4, 7, 9, 12, 14, 16, 18 (Neumarkt)

'Todesengel' von Ernst Barlach in der Antoniterkirche

Wo die Hohe Straße auf die großzügiger angelegte Schildergasse stößt, befinden sich die zwei bedeutendsten älteren Gebäude der Einkaufsstraße: das ehemalige Palatium, heute Hansen, und das alte Warenhaus Tietz, heute Kaufhof, beide Häuser wurden 1912 – 1914 mit an die Antike erinnernden Steinfassaden gebaut. Das Kaufhaus Tietz wurde unter den Nationalsozialisten schon 1934 zwangsarisiert und die jüdischen Eigentümer enteignet, danach wurde es in Westdeutsche Kaufhaus AG umbenannt. Vor dem Modehaus Hansen rinnt Wasser den etwa 6 m hohen Bierbrunnen aus graubraunem Granit hinunter, der 1972 von Kölner Kunst- und Designstudenten entworfen wurde und den einmal pro Jahr Bier statt Wasser hinablaufen soll (– das Warten auf dieses Ereignis wird nicht empfohlen). Der Name der Straße stammt von den im Mittelalter hier wohnenden Malern (Schilderer). Etwa in der Mitte der Schildergasse (Nr. 57) steht die im 14. Jh. errichtete Antoniterkirche, eine kleine dreischiffige Gewölbebasilika. Im nördlichen Nebenchor befindet sich eine Gedenkstätte für die Kriegstoten. Dort schwebt das berühmte Mahnmal von Ernst Barlach: Der 1926/27 geschaffene 'Todesengel' (Zweitguß von 1942), der die Züge von Käthe Kollwitz trägt.

Schildergasse (Fortsetzung)
Antoniterkirche mit Barlachs 'Todesengel'

*Imhoff-Stollwerck-Museum (Schokoladenmuseum) O 14

Ein Leckerbissen für alle Schokoladenfans ist das 1993 eröffnete Museum für Geschichte und Gegenwart der Schokolade, das der Kölner Schokoladenhersteller Stollwerck bzw. der Stollwerck-Eigner Hans Imhoff am Rheinauhafen errichten ließ.
Von Norden kommend, vermittelt das Museum mit seiner zweistöckigen halbrunden Glasfront, die wie ein Schiffsbug abgeschrägt ist, und den Bullaugen an der Seite den Eindruck eines gestrandeten Schiffes. Erreicht man aber die Drehbrücke, über die man zum Eingang des Museums gelangt, erkennt man, daß der Architekt Fritz Eller moderne Architekturelemente mit der alten Bausubstanz, einem ehemaligen Zollgebäude des Hafens, kunstvoll verschmolzen hat.

Lage
Rheinauhafen 1a

Straßenbahnen
1, 2, 7, 9 (Heumarkt)

Öffnungszeiten
Di. – Fr. 10.00 – 18.00, Sa. So. 11.00 – 19.00 (letzter Einlaß jeweils 1 Std. vor Schließung)

Dieses erste Schokoladenmuseum der Welt weiht den Besucher auf 2 000 Quadratmetern Ausstellungsfläche in alle Geheimnisse der süßen Versuchung ein: Via Photografie wird zunächst die Heimat des Kakaos und sein Anbau in den feucht-warmen Tropengebieten am Äquator vorgestellt und der Weg von der Kakaobohne zum Rohkakao dargelegt. Im begehbaren Tropenhaus tritt man sodann in ersten Kontakt mit den Spendern der Boh-

Das Schokoladenmuseum, das äußerlich an ein Schiff erinnert, ist der verlockenden Welt der Schokolade gewidmet: Es führt die Pralinenherstellung vor, zeigt Schokoladenwerbung, demonstriert den Anbau von Kakao u.v.m.

Schokoladenbrunnen

nen, den Kakaobäumen, und anderen exotischen Pflanzen. Im gläsernen Anbau des Museums ist die Schokolade auch schon zum Greifen nahe: dort fahren, fallen und rollen diverse Pralinenvarianten durch eine vereinfachte Produktionsanlage, so daß Schritt für Schritt die Entstehung und Veredelung der schokoladigen Köstlichkeiten, z.B. Trüffelpralinen und Hohlfiguren (Weihnachtsmänner, Osterhasen usw.) nachvollzogen werden kann. Wem dann die bloße Betrachtung der Schokolade zuviel wird, macht einen Abstecher zum vergoldeten Schokoladenbrunnen, in dem ständig rund 200 Kilogramm warme, flüssige Schokolade sprudelt, in die man eine kleine Waffel zum Verzehr tauchen darf. Derart gestärkt, kann man sich den Exponaten auf den oberen Ausstellungsebenen widmen: mit Figuren und Gefäßen präkolumbischer Kulturen beginnt der Rundgang durch die verschiedenen Jahrhunderte des Schokoladengenusses bzw. der diesen Genuß begleitenden Produkte, wie wertvolles Porzellan zum Konsum des einstigen Luxusgetränkes, historische Schokoladen-Verkaufsautomaten, Werbung auf Plakaten, Schildern und im Fernsehen, wofür ein kleines Kino eingerichtet wurde, und sogar ein komplett eingerichteter alter Laden.

Im Erdgeschoß kann man sich im Café nicht nur an heißer Schokolade, Waffeln u.a. laben, sondern den Panoramablick über den Rhein genießen (zugänglich auch ohne Museumsbesuch). Im Schoko-Shop im Foyer kann man sich anschließend mit jeder Art von Schokolade eindecken.

Rheinauhafen und Malakoffturm

Rheinauhafen mit Drehbrücke

Malakoffturm

Der Rheinauhafen, dessen Beginn das Museum markiert, entstand 1892 – 1898. Zuvor erstreckte sich hier eine echte Insel, die Insel Rheinau, auch 'Werthchen' genannt. Der Mechanismus der alten Drehbrücke ist im danebenliegenden Malakoffturm verborgen, der seinerseits ursprünglich ein Teil der preußischen Befestigungsanlage war. Vor der Brücke erhebt sich die steinerne Skulptur des "Tauziehers" (1908) von Nikolaus Friedrich, der damit erstmals in Köln das Thema Handwerk auf ein Denkmal hob.

Lindenthal (Stadtviertel) — O/P 8–11

Lage
Westlich des Zentrums zwischen Innerem und Äußerem Grüngürtel

Der Mitte des 19. Jh.s gegründete Stadtteil Lindenthal, der westlich an die Kölner Innenstadt anschließt, zeichnet sich neben der → Universität durch seine großen Grünflächen und hübschen Alleen aus, die das Viertel bis heute zu einer der beliebtesten Wohngegenden Kölns machen.

Dürener Straße

Für ausgedehnte Spaziergänge bietet sich der → Stadtwald zwischen Aachener und Dürener Straße mit Adenauer Weiher und Wildpark an, zum Bummeln läd die attraktive Einkaufsmeile Dürener Straße ein, die zwischen Universitätsstraße und Lindenthalgürtel von Geschäften, Cafés und Restaurants gesäumt ist. Wo Dürener und Universitätsstraße aufeinandertreffen, befindet sich das sehenswerte → Ostasiatische Museum am Aachener Weiher. Von hier aus führt ein ruhiger, baumbestandener Weg etwa 1,5 km lang entlang eines schönen Kanals Richtung Westen zum Stadtwald.

Christi Auferstehung

Am Ende des ersten Teilstücks des Kanals stößt man auf die moderne Kirche Christi Auferstehung an der Bruckner Straße. Die Kirchenfassade aus Beton und Ziegelstein ist verwinkelt und vielfach abgestuft, einzelne Blöcke und die verschiedenen Materialien wurden ineinandergeschoben. Schmale Fenster lockern die wuchtige Front auf, in das Glas wurden rote Nägel eingefügt. An der Seite schraubt sich ein Glockenturm mit Treppe

Christi Auferstehung (Fortsetzung)

spiralförmig in die Höhe. In der Kirche wurde eine Gedächtnisstätte für Edith Stein (→ Severinsviertel, St. Maria vom Frieden), die 1987 seliggesprochen wurde, eingerichtet. Das architektonisch zukunftsweisende Bauwerk von Gottfried Böhm wurde 1972 fertiggestellt.

Melatenfriedhof

Nördlich der Aachener Straße dehnt sich zwischen Piusstraße und Melatengürtel der fast zwei Jahrhunderte alte Melatenfriedhof, der Kölner Zentralfriedhof, mit vielen kunsthistorisch bedeutenden Grabmälern und Mausoleen sowie der mehrfach umgebauten Friedhofskapelle aus dem 15. Jh. aus. Die parkähnliche Anlage, die vielen Gräber und Grabinschriften aus vergangenen Zeiten sind faszinierend und machen einen Spaziergang lohnenswert. Der Name des Friedhofs erinnert an die 'Maladen', die Leprakranken, die hier vom 12. bis 17. Jh. außerhalb der Stadtmauern in einem Leprosenasyl leben mußten und nur an wenigen Tagen im Jahr in spezieller Kleidung und mit Klappern in der Hand, die ihr Herannahen ankündigten, in die Stadt zum Betteln kommen durften. Zudem diente Melaten bis Ende des 18. Jh.s auch als Hinrichtungsort für Verbrecher und Verbrennungsstätte von angeblichen Hexen. Zum Friedhof wurde der Ort erst 1804 im Zuge eines Edikts von Napoleon, nach dem aus hygienischen Gründen die alten Friedhöfe innerhalb der Stadt nach außen verlegt werden mußten.

Die moderne Kirche Christi Auferstehung in Lindenthal

Krieler Dömchen

Das hübsche kleine Kirchlein St. Stephan am Suitbert-Heimbach-Platz, nicht weit von der Kreuzung Gleueler und Zülpicher Straße entfernt, geht auf eine karolingische Gründung zurück. Das heutige Mittelschiff wurde gegen 900 errichtet, der Rechteckchor Ende des 10. Jh.s . Um 1100 wurden Apsis und Turm angebaut und im 13. Jh. nördlich ein Seitenschiff und südlich eine heute zerstörte Gerichtshalle errichtet. Die Sakristei entstand erst im 18. Jh. Seit 1224 ist St. Stephan, auch ‚Krieler Dömchen' genannt, als Pfarrkirche bezeugt und heute eine beliebte Hochzeitsstätte. Im Innern befindet sich ein Taufstein aus dem 12. Jahrhundert mit einem Hufeisenbogenfries.

MediaPark und Hansaring

L 13/14

Lage
Nördlich des Hansarings, entlang Erft- und Maybachstraße

U-Bahnen
6, 15, 19 (Hansaring oder Christophstr.)

Auf dem Gelände des ehemaligen Güterbahnhofs Gereon nordwestlich der Innenstadt wird seit 1987 der MediaPark (→ Medienstadt und MediaPark, S. 18–20) angelegt. Es entstanden mehrere Zentren für Informations-, Kommunikations- und Medientechnik, ein Park mit See und ein großes Kino. Auf diesem ausgedehnten Areal haben nicht nur innovative Unternehmen ihren Standort, sondern es wird auch Raum für Aus- und Weiterbildung, für Kunst und Kultur, Wohnen und Freizeit gegeben. Ziel des Großprojekts ist es, Kölns Status als Medienmetropole zu festigen, was nicht unangemessen erscheint angesichts der Tatsache, daß in Köln jeder zehnte Angestellte in der Medien- und Kommunikationswirtschaft tätig ist und bereits heute 45% aller nordrhein-westfälischen Medienbetriebe ihren Sitz in und um Köln haben, einschließlich acht Fernsehsendern.

Tanzmuseum

Das Museum des Deutschen Tanzarchivs Köln (MediaPark 7) zeigt seit 1997 eine kulturhistorische Dauerausstellung, die einen Überblick über die Entwicklungslinien und Stationen der Geschichte des Tanzes gibt.

CINEDOM

Ein Anziehungspunkt ist auch der Kinogigant CINEDOM mit seinen 13 Kinos. Von hier sind es nur wenige Schritte bis zum Hansaring.

Der CINEDOM, ein riesiger Kinopalast auf dem Gelände des MediaParks

Hansaring

Der Name dieses Abschnitts des Rings zwischen Ebertplatz und Kaiser-Wilhelm-Ring erklärt sich aus der führenden Stellung, die Köln zeitweise innerhalb der Hanse einnahm. Ein Spaziergang am Hansaring führt nicht nur an zum Teil sehr schön restaurierten Gründerzeithäusern vorbei, sondern auch zum Hansa-Hochhaus (Ecke Ritterstraße), das mit seinen siebzehn Geschossen und 65 m Höhe zur Zeit seiner Entstehung (1924 – 1925) das höchste Hochhaus Europas war. In dem klinkerverkleideten Turm und dem anschließenden siebengeschossigen Bau bietet heute die Firma Saturn u.a. die größte Schallplattenauswahl der Welt an.

Hansa-Hochhaus

Gereons-mühlenturm

Auf der gegenüberliegenden Seite am Hansaring stößt man wenige Schritte weiter südlich auf den begrünten Hansaplatz mit einem Rest der → mittelalterlichen Stadtmauer, von deren Mächtigkeit man hier einen guten Eindruck erhält. Zudem sind hier auch zwei Stadttürme erhalten, einer davon der Gereonsmühlenturm, ehemals eine Windmühle, die man der Stadtmauer im 15. Jahrhundert hinzufügte. Heute befindet sich in diesem Turm u.a. ein Café. Vor der Stadtmauer hat ein bronzenes Mahnmal von Mari Andriessen Aufstellung gefunden, die "Mutter mit totem Kind", das an die Opfer des Nationalsozialismus erinnert.

Messe

N 14/15

Kölns Tradition als Fernhandels- und Messestadt reicht bis ins Mittelalter zurück, als sich hier wichtige Handelswege trafen, an denen Märkte entstanden, um Waren zu tauschen. Zudem waren die Händler, die ihre Güter per Schiff transportierten, gezwungen, die Fracht in Köln von größeren Schiffen auf kleinere umzuladen, da der Rhein stromaufwärts nicht mehr so tief war. Aus dieser Notwendigkeit entwickelte sich das sog. Stapelrecht, das 1255 festgeschrieben wurde: Alle Kaufleute mußten in Köln ihre Schiffsladung drei Tage lang zum Verkauf auslegen, was die Stadt zu einem der wichtigsten Handelsplätze Deutschlands machte.

Lage
Köln-Deutz,
Messeplatz 1

Straßenbahnen
1, 3, 4, 9, 14
(Deutz/Messe Bf)
oder 3, 4
(Messe/Sporthalle)

In Anlehnung an diese Zeiten wurde 1922–1924 der Bau der ersten Ausstellungshallen im rechtsrheinischen Köln-Deutz entlang des Rheinufers nördlich der Hohenzollernbrücke in Angriff genommen. Der damalige Oberbürgermeister Konrad Adenauer eröffnete dort 1924 die erste Kölner Messe. Drei Jahre später fügte Adolf Abel den Messeturm mit einem Panoramarestaurant, von dem aus man einen schönen Blick auf den gegenüberliegenden Dom und die Altstadt hat, hinzu und ummantelte die Hallen mit einer streng gegliederten Klinkerfassade. In den folgenden Jahrzehnten wurde die Messe nach Osten hin erweitert, so daß sie sich heute bis zur Deutz-Mühlheimer Straße erstreckt. In diesem neueren Komplex befindet sich auch das Congreß-Centrum Ost und die Sporthalle. In Köln werden heute bedeutende Messen wie die Internationale Möbelmesse, die photokina, die Anuga, die ORGATEC, die Kunstmesse u.v.a. veranstaltet (→ Praktische Informationen, Messen).

Gedenktafel

Westlich des Messeturm findet man eine Gedenktafel, die auf die unrühmliche Rolle der Messegebäude im Dritten Reich hinweist: “In den Jahren 1942 bis 1944 diente das Messelager als Häftlingslager. Seit Ende 1942 war hier ein Außenkommando des Lagers Buchenwald untergebracht ...”. Aus dem Häftlingslager wurden fast 12000 Juden in Konzentrationslager deportiert, deren Eigentum, hauptsächlich Möbel, stapelte man in der Messe und verteilte sie dann an ausgebombte Kölner; im ‘Arbeitserziehungslager’ wurden politische Häftlinge interniert, u.a. Konrad Adenauer.

Mittelalterliche Stadtmauer

M–P 12-14

Der Ursprung des ringförmig angelegten Straßennetzes des linksrheinischen Köln, in dessen innerstem Halbkreis die Altstadt zu finden ist, liegt in der im 12. bis 13. Jh. gebauten mittelalterlichen Stadtmauer, die den Verlauf der später entstandenen Ringstraßen vorgab. Von dieser 5,5 km langen Befestigungsanlage sind noch einige beeindruckende Teilstücke, Tore und Türme erhalten, die den Kölner Plätzen ein besonderes Flair verleihen.

Lage
Im Halbkreis
die Altstadt
umschließend,
entlang der Ringe

Karte s. S. 21

Der Bau dieser Mauer wurde 1180 von der Kölner Bürgerschaft gegen den Willen ihres Stadtherren, Erzbischof Philipp von Heinsberg, durchgesetzt, nachdem durch die Ansiedlung von Kaufleuten und Händlern sowie durch die Anlage von Klöstern über die alte → römische Stadtmauer hinaus bereits mehrere Stadterweiterungen nötig geworden waren. Das Befestigungsrecht war den Kölner Bürgern (genauer: dem patrizischen Stadtrat) bereits 1106 von Kaiser Heinrich IV. als eines der ersten Privilegien, die die Bevölkerung ihrem Stadtherren abringen konnte, eingeräumt worden.
Die neue Stadtmauer verlief ein wenig einwärts der heutigen → Ringe; Straßen wie Severinswall, Kartäuserwall, Pantaleonswall erinnern noch an ihren Verlauf. Neben kleineren Pforten boten zwölf große Torbogen Einlaß, deren Anzahl mit der Zahl der Tore des ‘Himmlischen Jerusalem’ aus der Geheimen Offenbarung des Johannes übereinstimmt – die weltliche Stadt sollte ein Abbild der himmlischen sein. Köln war nach dem Bau der neuen Stadtmauer ab 1180 zeitweise die größte Stadt Deutschlands, wenn auch der nun als Stadtgebiet zur Verfügung stehende Raum bis ins 19. Jh. hinein noch viel Ackerland umfaßte. Erst im Industriezeitalter füllte die Stadt

Geschichte (Fortsetzung)

das ummauerte Gebiet aus und begann, darüber hinauszuwachsen (1816 hatte Köln 49 000 Einwohner, 1880 bereits 144 772). 1881 kaufte die Stadt die Mauer für 12 Millionen Mark vom Staat und begann sie einzureißen.

Folgt man den Ringen von Norden nach Süden, trifft man auf die folgenden Reste der Stadtmauer:

'Weckschnapp'

An der nördlichsten Spitze der Befestigungsanlage (heute Konrad-Adenauer-Ufer) trafen die dem Land und die dem Rhein zugewandte Stadtmauer an der Kunibertstorburg zusammen, die durch zwei weitere Türme zusätzlich abgesichert war, einer davon die sog. Weckschnapp. Der Name 'Weckschnapp' erinnert an ein grausiges Gefängnis: Man ließ dort Gefangene hungern, hängte aber einen Wecken an die Decke. Wenn ein Gefangener, vom Hunger getrieben, nach dem Brötchen sprang (nach dem 'Wecken schnappte'), stürzte er unweigerlich durch ein Loch im Boden und wurde von aufgestellten Messern zerrissen. Die Kunibertstorburg und die historische Weckschnapp wurden 1784 durch eine Naturkatastrophe vernichtet, der Name 'Weckschnapp' aber auf den einzigen von der Burg erhaltenen kleinen Turm (Konrad-Adenauer-Ufer 69) aus dem 14. Jh. übertragen, der heute an ein Wohnhaus angebaut ist.

*Eigelsteintorburg

Sechshundert Meter weiter westlich bildet die sorgfältig restaurierte Eigelsteinburg den Beginn des → Eigelsteinviertels.

Gereonsmühlenturm

Dem nächsten erhaltenen Mauerrest begegnet man etwa 800 m weiter südwestlich am Hansaplatz; hier bewahrte man einen Mauerabschnitt mit zwei Türmen, einer davon der Gereonsmühlenturm (→ MediaPark).

*Hahnentorburg

Nach rund 1,5 Kilometern entlang der Ringe ist das bedeutendste und schönste Tor zu besichtigen, das → Hahnentor.

Ulrepforte

Vom südlichen Teil der mittelalterlichen Stadtmauer hat man am Sachsenring (Ecke Ulrichgasse) die Ulrepforte vor dem Abriß bewahrt. Im Mittelalter lebten nahe des Tores die Ulner (Töpfer), die aufgrund ihrer Arbeit mit offenem Feuer am Stadtrand wohnen mußten. Von dem ehemaligen Doppelturmtor erhielt sich nur der heutige Turm, der im 15. Jh. zur Windmühle umgebaut wurde. Heute ist er Sitz der Kölner Roten Funken, einer karnevalistischen Vereinigung von 1823, die eine Ironisierung der ehemaligen Kölner Stadtsoldaten darstellt.

Ulredenkmal

An der Außenseite des Mauerstücks nördlich der Ulrepforte befindet sich ein Relief, eine Kopie des ältesten profanen Denkmals Deutschlands von 1360, das Original ist im → Zeughaus zu besichtigen. Dargestellt ist der Anlaß der Anbringung: Verbündete des Erzbischofs, der im Streit mit der Bürgerschaft lag, drangen hier – angeblich mit Hilfe des bestochenen Schusters Haveneit (= Habenichts) – in die Stadt ein, konnten jedoch von den Bürgern unter Führung des Patriziers Mathias Overstolz (→ Overstolzenhaus) zurückgeschlagen werden.

Im 1994 renovierten Bayenturm wurde das Feministische Archiv untergebracht

Rund 600 m weiter südlich am Karolingerring Ecke Severinstraße steht die große Severinstorburg (→ Severinsviertel).
Biegt man nach 250 m entlang des Ubierrings nach links ab, trifft man auf die Bottmühle (Bott = Turmsockel), eine der vier auf der Stadtmauer erbauten Mühlen (17. Jh.). Im 19. Jh. wandelte man die Mühle wieder in einen mittelalterlich anmutenden Turm um.
Der Bayernturm war der südliche Eckturm am Rhein, zu dem noch in den Strom hinausreichende Vorwerke gehörten. Nachdem der Turm mit seinen angrenzenden Gebäuden im 17. und 18. Jh. als Festungsgefängnis gedient hatte, lagerten dort die Bestände wechselnder Museen ein, bis die Obergeschosse des Turms im Zweiten Weltkrieg völlig zerstört wurden. Seit Abschluß der originalgetreuen Restaurierungsarbeiten am Bayenturm 1994 hat dieser wieder zwei achteckige Geschosse auf einem quadratischen Turmsockel. Im modernen Inneren wurde das 1984 gegründete Feministische Archiv und Dokumentationszentrum untergebracht, dessen Vorstandsmitglied Alice Schwarzer dort ebenfalls ein Büro hat.

Mittelalterliche Stadtmauer (Fortsetzung)
* Severinstorburg
Bottmühle

Bayenturm

Müngersdorfer Stadion — O 8

Das Müngersdorfer Stadion, das durch die Fußballübertragungen des 1. FC bekannt wurde, legte man 1923 zur selben Zeit wie den Äußeren → Grüngürtel an. Der von 1917 bis 1933 amtierende Kölner Oberbürgermeister Konrad Adenauer versuchte vergebens, mit diesem Bau einen Anreiz für die Olympischen Spiele in Köln zu geben. Die erhaltenen klassizistischen Backsteinflügel mit dem großzügigen Eingangsbereich stammen von Adolf Abel (1926). Der Neubau des Stadions mit überdachten Zuschauerrängen (60 000 Plätze) erfolgte 1973 – 1975. Verschiedene Sportanlagen, Hockey- und Tennisplätze, eine Sporthalle und mehrere Kampfbahnen sowie Schwimmbäder, darunter ein im Sommer sehr beliebtes großes Freibad mit mehreren Becken für groß und klein, umgeben das Stadion. Für die Straßenbahnen wurde ein mehrgleisiger Bahnhof angelegt, um der Zuschauermassen – z.B. bei Spielen des 1. FC Köln – Herr zu werden.

Lage
Aachener Straße

Straßenbahn
1 (Stadion)

Busse
141, 144, 963 (Stadion)

* Museum für Angewandte Kunst — N 13

Das 1888 als Kunstgewerbemuseum gegründete, zweitälteste Museum Kölns ist seit 1989 im einstigen Gebäude des → Wallraf-Richartz-Museums zu finden. Ziel der Ausstellungen ist es, wichtige Werke aller wesentlichen Gattungen des künstlerisch gestaltenden Handwerks und Designs Europas zu präsentieren, durch die die Lebenswelt des Menschen vom Mittelalter bis heute ästhetisch geprägt wurde, darunter Möbel, Mode, Porzellan, Glas, Schmuck und Kleinplastik.
Seine Gründung verdankt das Museum dem Nachlaß des Kunstsammlers Ferdinand Franz Wallraf (1748 – 1824), dessen Denkmal vor dem Museum ihn mit einer Kunstmappe zeigt, und dem Museumsstifter Johann Heinrich Richartz (1795 – 1861), der mit einem Museumsgrundriß dargestellt ist. Das in den Sechzigern – nach den Zerstörungen des Zweiten Weltkrieges – von Rudolf Schwarz und Joseph Bernard neu errichtete und in den Achzigern von W. v. Lom umgebaute Museumsgebäude zeichnet sich äußerlich durch Schmucklosigkeit und Schlichtheit aus, die bewußt in Anlehnung an die benachbarte Bettelordenskirche der Minoriten und den Standort des Museums an der Stelle des alten Minoritenklosters gewählt wurden. Reste des Kreuzgangs der Kirche wurden in den Museumsinnenhof integriert.
Im Innern werden die Kunstschätze der etwa 30 Sammlungsgebiete auf drei Etagen präsentiert: Im Erdgeschoß finden in der großen Halle Wechselausstellungen statt, die oft aus den bedeutenden Sammlungsbeständen von Mode und (Interior-)Design zusammengestellt sind oder Einblicke in die Sammlungsschwerpunkte Textilkunst, Gobelins oder die reichhaltige

Lage
An der Rechtschule (Domnähe)
Tel. 221 67 14

Straßenbahnen
5, 12, 14, 16, 18 (Dom/Hbf)

Öffnungszeiten
Di, Do. – So. 11.00 – 17.00,
Mi. 11.00 – 20.00

Abteilungen im Museum

graphische Sammlung (Plakate, Stiche) geben. Von der Halle aus gelangt man in die anschließenden Räume, in denen man sich mit dem Interior-Design des 20. Jh.s auseinandersetzen kann, dazu zählen die Stile vom Art Déco über Bauhaus und Werkbund bis heute. Im Hauptgeschoß (1. Stockwerk) führt ein Rundgang chronologisch durch die Jahrhunderte des Kunsthandwerks und Designs, wobei besonders den Möbeln seit der Gotik und den Teppichen viel Raum gelassen wird, aber auch Ausschnitte aus den Sammlungen von Steinzeug, Majolika und Fayence, Porzellan, Glas, Silber, Schmuck und Kleinplastik präsentiert werden. Die zweite Etage schließlich ist zum größten Teil der Entwicklung von Keramik sowie eines Teils der Modekollektion vorbehalten.
Die öffentliche Fachbibliothek des Museums ist auf Literatur zu Kunsthandwerk, Design und Fotografie spezialisiert. Neben der großen Halle im Erdgeschoß befindet sich ein Café, im Sommer wird auch im Innenhof ser-

Armlehnstuhl aus Mahagoni (Amsterdam um 1898) im Vordergrund, hinten rechts ein Speisezimmerbuffet aus Nußbaum, Ahorn und Messing, 1897

viert, in dem ein Brunnen (1953/1957) von Ewald Mataré aufgestellt ist, der Stefan Lochner gewidmet ist.
Auf der dem Museum gegenüberliegenden Straßenseite erstreckt sich das Hauptgebäude des → WDR, das Hausführungen anbietet.

Minoritenkirche (St. Mariä Empfängnis)

Lage
Minoritenstraße

Die im 13. Jh. errichtete und 1958 nach schweren Kriegszerstörungen restaurierte Gewölbebasilika, die südlich an das Museum für Angewandte Kunst anschließt, ist die einzige erhaltene Bettelordenkirche in Köln. Vom Hof des Museums aus sind Reste des ehemaligen Kreuzganges sichtbar. Seit 1229 ist der vom hl. Franz von Assisi begründete Minoriten- bzw. Franziskanerorden in Köln nachweisbar. Schon außen läßt sich an der Schlichtheit des gotischen Baus ohne Querhaus und Turm das Ideal der Bettel-

Äußeres

mönche ablesen; erst recht aber das Innere ist charakterisiert durch seine einfache, nur sparsam geschmückte Architektur. Im Innern wird der Chor von einem Flügelretabel von 1480 dominiert, ursprünglich aus Alfeld, das im Zweiten Weltkrieg nach Köln gelangte. In der Mitte steht Maria als Himmelskönigin. Südlich des Chores in der Sakramentskapelle ist Adolf Kolping (1813 – 1865) bestattet, der zeitweise Rektor der Kirche war und 1849 den Kölner Gesellenverein gründete. Am südwestlichen Rundpfeiler wurde 1956 eine gemalte Kreuzigung aus dem 14. Jh. entdeckt. Im nördlichen Seitenschiff, vor der Sakristei, befindet sich das 'Brauweiler Kreuz', eine Stiftung von 1024 an das Brauweiler Kloster. Aus der Stiftungszeit ist nur noch das Kreuz selbst erhalten, der Körper des Gekreuzigten ist eine Arbeit des 14. Jahrhunderts. Ebenfalls im nördlichen Seitenschiff ist das Grabmal (1957) des berühmten Johannes Duns Scotus, 1308 Lehrer an der Klosterschule. Dieser Theologe hat sich als einer der ersten mit der Unbefleckten Empfängnis Mariens auseinandergesetzt, woran heute noch der Name der Kirche erinnert. Im Nordwesten vor der Kirche steht eine Statue des 'Gesellenvaters' Adolf Kolping, der gerade einen Gesellen begrüßt.

Museum für Angewandte Kunst (Fortsetzung)

Inneres und Ausstattung

Kolpingdenkmal

Römische Wasserleitung

Ein kleines Stück des fast 2 000 Jahre alten römischen Wasserkanals ist an der Nordwestecke des Museums aufgestellt. Schon im 1. Jh. wurde Wasser über etwa 10 km nach Köln geleitet, und im 2. Jh. entstand die 90 km lange Wasserleitung von der Eifel her (aus dem Quellgebiet der Urft im Bereich Nettersheim/Mechernich im Südwesten Kölns). Sie gibt ein vorzügliches Zeugnis von den Ingenieursfähigkeiten der Römer. Geschickt nutzten diese das Gefälle von 420 m auf 50 m aus. Täler wurden mit Aquädukten überspannt, Berge von Tunneln durchbohrt. Schätzungsweise kamen pro Sekunde 200 Liter Wasser in Köln an. Die Wasserleitung wurde bis ans Ende der Römerzeit genutzt und verfiel dann. Im Mittelalter sah man die Reste der Wasserleitung als Teufelswerk an, wovon Namen wie 'Teufelsrinne' oder 'Teufelsgraben' zeugen sowie die Sage vom Dombaumeister Gerhard, der mit dem Teufel gewettet habe, eher den Dom fertigzustellen, als es dem Teufel gelingen könne, Wasser auf die Baustelle zu leiten – was diesem aber mit Hilfe des Römerkanals gelungen sei, worauf sich Gerhard vom Domgerüst in den Tod gestürzt habe.
Heute führt ein ausgeschilderter Römerkanal-Wanderweg, auf dem man über die römischen Brunnenstuben, Bauweise, Materialien, Schwierigkeiten beim Bau und vieles andere informiert wird, von Nettersheim in der Eifel durch eine herrliche Landschaft bis nach Köln.

Lage
Am Museum (Ecke Drususgasse)

Römerkanal-Wanderweg

*Museum für Ostasiatische Kunst — O 11

Den Besucher dieses ältesten europäischen Museums für Ostasiatische Kunst erwartet nicht nur eine einzigartige Sammlung chinesischer, koreanischer und japanischer Kunst aller Gattungen, sondern auch ein Eindruck fernöstlicher Atmosphäre, der durch die japanische Architektur des Gebäudes und die Einbeziehung der Natur in die Architektur entsteht.
Den Kern des Museums bildet die Stiftung des Ehepaares Adolf und Frieda Fischer 1909 an die Stadt. Schenkungen und Ankäufe haben die Bestände erheblich erweitert. Nachdem der erste Museumsbau im Zweiten Weltkrieg zerstört worden war, konnte 1977 der bemerkenswerte Neubau am Aachener Weiher eröffnet werden. Der Entwurf des Japaners Kunio Maekawa zi-

Guanyin, China, 12. Jh.

Lage
Universitätsstr. 100

Straßenbahnen
1, 2
(Universitätsstr.)

Bus
963
(Universitätsstr.)

Öffnungszeiten
Di., M., Fr. – So.
11.00 – 17.00,
Do. 11.00 – 20.00

Die Architektur des Museums als Pavillonkomplex, verkleidet mit Keramikkacheln, und die japanische Gartenanlage bilden ein harmonisches Ganzes mit den ostasiatischen Exponaten des Museums

Geschichte und Architektur (Fortsetzung)

tiert Fernöstliches, etwa durch die flache, pavillonartig gegliederte Museumsanlage und durch die braunroten Keramikkacheln, die die Außenverkleidung bilden, wie auch durch den japanischen Garten im Innenhof (von Masayuki Nagare) und durch die Orientierung des Baus mit seiner Terrasse (Café) hin zum Aachener Weiher. Große Stiftungen und Ankäufe machten 1992 den Ausbau des Museums notwendig, das 1995 wiedereröffnet wurde. Den teilweise fensterlosen älteren Räumen, von denen einige durch eine abgedämpfte Beleuchtung eine fast mystische Aura verbreiten, wurden nun mehrere lichtdurchflutete Galerien mit großen Fensterfronten angefügt, durch die der Garten optisch mit dem Ausstellungsbereich verschmilzt.

Sammlungsschwerpunkte

Innerhalb der reichen Sammlungsbestände lassen sich mehrere Schwerpunkte ausmachen, die dem Museum Weltruf verliehen haben: Aus dem chinesischen Kulturraum sind es die einzigartige Sammlung von Sakralbronzen des 16. – 11. Jh.s vor Chr., die einen Einblick in die Zeit der ersten Hochkulturen Chinas geben, sowie Keramik und Malerei, unter den japanischen Kunstwerken die buddhistischen Holzskulpturen und die Malerei vom 9. – 18. Jh. sowie Stellschirme und schließlich aus Korea vor allem die Keramik des 10. – 14. Jahrhunderts.

Rundgang
Älterer Trakt

Vom Foyer aus betritt man zunächst die seit 1977 existierenden Ausstellungsräume, in denen Skulpturen, Gemälde und Graphiken gezeigt werden, beginnend mit einer Reihe chinesischer Skulpturen im ersten Raum über buddhistische Kunst im zweiten und chinesische und japanische Malerei im dritten Ausstellungsbereich. Nach einer weiteren Abteilung mit buddhistischer Kunst betritt man erstmals einen Raum, von dem aus man durch schmale Fenster einen Blick auf den Garten und den Aachener Weiher werfen kann, hier wird chinesische und japanische Malerei und Schriftkunst gezeigt. Weiter geht es über die chinesische Druckgraphik und eine

Museum für Ostasiatische Kunst (Fortsetzung)

Sammlung japanischer Stellschirme zu den japanischen Holzschnitten. Nun betritt man die helle Galerie, die sich L-förmig um den japanischen Innengarten legt. Durch die durchgängige Fensterfront der Galerie zum Garten hin soll der Bezug zum Wechsel der Jahreszeiten vermittelt und der Garten selbst zum Ausstellungsobjekt werden. Die nun folgenden fünf Bereiche sind nur durch freistehende Vitrinen unterteilt, lediglich ein schmaler Gang im hinteren Bereich, in dem chinesische Keramik zu sehen ist, ist mittels durchbrochener Wände von der Galerie abgetrennt. In jeder der fünf Abteilungen der Galerie hat man versucht – statt einer traditionellen chronologischen Abfolge von säuberlich nach Materialgruppen getrennten Objekten – eine modernere ganzheitliche Sicht auf die fremden Lebenswelten zu ermöglichen, indem man Kunstwerke verschiedener Gattungen zusammenbringt. So soll im ersten Bereich ein Eindruck der Welt der Shang-Kultur (China, 16. – 11. Jh. vor Chr.) vermittelt werden, indem in den Vitrinen neben Sakralbronzen auch archaische Jaden, Frühkeramik und Fragmente von Orakelknochen aus dieser Epoche ausgestellt sind. In den nächsten zwei Abteilungen soll die Lebenswelt der klassischen chinesischen Gelehrtenelite erfahrbar gemacht werden, was durch die Vermischung verschiedener Gattungen (chinesische Möbel, Lack- und Cloisonnéearbeiten, Jaden, Porzellan und ein Beamtengewand) erreicht wird. Um die Ecke herum liegen vor dem abgetrennten Gang mit den chronologisch angeordneten Keramiken und Porzellanen Chinas noch zwei Abteilungen, deren erste die Korea-Sammlung mit wertvollen Seladonen (grünglasiertes Porzellan) ist, auf die zum Abschluß des Rundgangs die Japan-Galerie mit Kunsthandwerk der Edo-Zeit folgt.

Neuer Trakt

Das Museum zeigt jeden Dienstag um 11.00 Uhr und sonntags um 15.00 Uhr Filme zur Kunst Ostasiens.

Bronzenes Weingefäß vom Typ Jia aus China, Shang-Dynastie, 13. Jh.

Aachener Weiher

Vom rückwärtigen Teil des Museums bzw. seiner Terasse aus blickt man über den Aachener Weiher, ein quadratisch angelegter, öffentlich zugänglicher künstlicher See, auf dem sich Enten und Schwäne tummeln. Er gehört zur Parkanlage des Inneren → Grüngürtels, der seit der Zwischenkriegszeit die Alt- und Neustadt umgibt. Überquert man hier die Universitätsstraße, kann man einen schönen Spaziergang durch die Alleen am Kanal bis zum Stadtwald machen.

Museum Ludwig

→ Wallraf-Richartz-Museum und Museum Ludwig

Neumarkt N 13

Lage
Innenstadtzentrum

Straßenbahnen
1, 2, 3, 4, 7, 9, 12, 14, 16, 18 (Neumarkt)

Busse
136, 146, 976, 977, 985 (Neumarkt)

Der langgestreckte Platz im Zentrum der Kölner Innenstadt ist ein idealer Ausgangspunkt für einen Bummel über die vielen belebten Geschäftsstraßen, die sich hier kreuzen, wie die breite Schildergasse, eine Fußgängerzone, die im weiteren Verlauf auf die → Hohe Straße trifft, oder die exklusive Mittelstraße mit dem Bazaar de Cologne oder auch die → Breite Straße, die man durch eine der kleineren Geschäftstraßen, z.B. die Richmod- oder die Apostelnstraße erreicht. Große Kaufhäuser, Boutiquen, große Buchhandlungen, unzählige kleinere Spezialläden, Bistros und Cafés reihen sich in diesem Viertel aneinander. Neben Trödelmärkten am dritten Mai- und Septemberwochenende und der Kölner Weinwoche (Ende Mai / Juni) findet auf dem Neumarkt auch der große Weihnachtsmarkt statt.
In römischer Zeit lag der heutige Neumarkt genau in der Mittelachse der Siedlung. Funde während Bauarbeiten legen die Vermutung nahe, daß hier eines der vornehmsten Viertel des römischen Köln lag. Weitere Grabungen führte man allerdings nicht durch. Der im 11. Jh. angelegte Platz wurde

Baedeker Special

Kölle Alaaf!

Kölner **Karneval**, auf kölsch "Fastelovend" (= Fastnacht), ist für die meisten Kölner die fünfte Jahreszeit und eine wilde und ausgelassene Liebeserklärung der Kölner an ihre Stadt. Für den Fremden stellt sich der Karneval eher als eruptives Ereignis dar, das selbst das hinterste Zipfelchen der Stadt zum Beben bringt. Die Wurzeln dieses Ereignisses, bei dem alles drunter und drüber geht, die Innenstadt gesperrt ist und dem (mehr oder weniger ahnungslosen) Fremden Absonderliches passieren kann, reichen so weit zurück wie die Geschichte der Stadt selbst. So haben sich im Karneval Formen rauschhafter Feste der Römer, wie etwa im Zusammenhang des Kults des Bacchus (Gott des Rausches und der Ekstase) oder der Saturnalien (Saturn war der Gott des Ackerbaus und der Fruchtbarkeit) mit ihrer zeitweisen Aufhebung der Standesordnung erhalten. Außerdem spielten die Vertreibung böser Wintergeister und die Feier des herannahenden Frühlings eine Rolle. Das Wichtigste scheint jedoch schon damals eine gewisse Ventilfunktion solcher närrischer Tage gewesen zu sein.

Die heutigen Worte Fastnacht oder Karneval geben einen deutlichen Hinweis auf die christliche Umdeutung des Festes im Mittelalter: An diesem seit dem 12. Jh. belegten Fest der vorösterlichen Fastenzeit durfte man sich noch einmal richtig austoben, um dann gesittet die 40 Tage bis Ostern zu verbringen (Karneval kommt von "carne vale" = Fleisch, lebe wohl, denn in der Fastenzeit war der Fleischverzehr verboten). Es ist nicht verwunderlich, daß die Brisanz der losbrechenden Volksfreude der Obrigkeit nicht immer angenehm war; zahlreich waren die Verbote der karnevalistischen Umtriebe.

Die Form des heutigen organisierten Karnevals mit Umzügen und Sitzungen entstand erst im 19. Jh., wenn auch aus älteren Wurzeln. So pflegten schon im Mittelalter Zunftangehörige, Familien oder ganze Straßenzüge Banden zu bilden, die mit Musik und Masken durch die Straßen zogen. Den ersten Rosenmontagszug gab es 1823, als auch das heutige Dreigestirn entstand, das zu Karneval Köln regiert. An erster Stelle steht der Prinz als "Held Karneval", es folgt die Jungfrau – dargestellt von einem Mann verkörpert sie schon seit dem Mittelalter Colonia, die Stadt Köln –, schließlich steht der Bauer für das deftige, bisweilen etwas vulgäre Volkselement, das sich seiner tragenden Rolle in der Stadtgeschichte jedoch bewußt ist: der Kölner Bauer ist z.B. auch am Eigelsteintor dargestellt mit den Stadtschlüsseln in der Hand, die die Kölner 1288 bei Worringen dem Stadtherrn abnahmen. Aus den Saufgelagen früherer Zeiten und den "Generalversammlungen" der Karnevalsorganisatoren im 19. Jahrhundert entstanden die heutigen Sitzungen, Veranstaltungen mit Büttenreden, Liedern und Tänzen. Erwähnenswert in diesem Zusammenhang ist das Wolkenschieberballett der 1874 gegründeten Cäcilia Wolkenburg, in der Tradition alter Fastnachts-Theaterspiele stehende Divertissementchen.

Ein wichtiges Element des Kölner Karnevals, die Roten Funken, waren ursprünglich (seit 1880) die Kölner Stadtsoldaten, mit denen man seit der Romantik ironisch Bezug nahm auf Kölns große reichsstädtische Vergangenheit. Noch stärker ist der parodierende Bezug aufs Militär bei den Blauen Funken: ihre blaue Uniform ist die eines preußischen Dragonerregiments. Eine weitere Erinnerung an die Stadtgeschichte stellt das Reiterkorps Jan von Werth am Alter Markt (→ Altstadt) dar. Die Lust an der Parodierung und Verkehrung der normalen Gesellschaftsordnung macht sich ebenfalls bemerkbar im Werfen von Kamelle (Bonbons) und Strüüßcher

(Sträußchen) von den Wagen der Karnevalszüge: Ähnlich pflegten Fürsten und andere Obrigkeiten früher Geld und Lebensmittel unters Volk werfen zu lassen, um die Stimmung zu heben.
Wichtig ist noch zu wissen: Neben dem offiziellen Karneval gibt es noch den uralten, eruptiven und massiven Fastelovend in den alten Kölner Vierteln, der viel originaler ist als alles, was man im organisierten Karneval finden wird.

Die Chronologie der unverzichtbarsten Ereignisse des Karnevals beginnt am 11. 11. um 11.11 Uhr eines jeden Jahres: der Beginn der Karnevalssession wird auf dem Ostermann-Platz eingeläutet. Spätnachmittags im Rathaus ist die offizielle Eröffnung durch den Oberbürgermeister. Im Januar wird der jeweilige Prinz proklamiert; von jetzt an bis Aschermittwoch finden Bälle und Sitzungen statt.

Endlich dann, an “Wieverfastelovend” (Weiberfastnacht): der Losbruch des Karnevals. Morgens gerät Köln in die Hand der Jecken (mit Narren nur unzulänglich übersetzt), der Verkehr gerät aus den Fugen. Um 11.11 Uhr findet auf dem Alter Markt die Eröffnung des Straßenkarnevals statt. Die Frauen übernehmen die Herrschaft über die Stadt (Verkehrung der gesellschaftlichen Ordnung im Sinne der alten römischen Saturnalien). Nachmittags gegen 15.00 Uhr findet am Severinstor das Karnevalsspiel “Jan und Griet” statt. Die meisten Geschäfte und Behörden schließen spätestens nachmittags!
Abends finden – wie an allen folgenden Tagen – Kostümbälle und Sitzungen statt.
Am Samstag um ca. 11.00 Uhr wird der Biwak der Roten Funken auf dem Neumarkt aufgeschlagen; in einigen Stadtteilen finden bereits Umzüge statt. Am Abend zieht der Geisterzug durch die Innenstadt, eine rebellische Alternative zum Rosenmontagszug.
Meist ab 12.00 oder 13.00 Uhr gehen sonntags die “Schull- un Veedelszöch” (= Schul- und Viertelszüge) durch die Innenstadt los. Diese Züge (erstmals 1933 abgehalten) gehen zurück auf die “Banden” der früheren Zeit.

Der Rosenmontag ist unbestritten der Höhepunkt des Karnevals. Mittags zieht der jedes Jahr unter einem Motto stehende Rosenmontagszug mit Tanz- und Musikgruppen, Wagen, Masken und dem Dreigestirn durch die Stadt. Es empfiehlt sich, sich möglichst frühzeitig einen Platz am Zugweg zu suchen; von morgens früh an sind bereits “Jecken” unterwegs, manche in ganzen Unterzügen.
Am Mittag des nächsten Tages finden Umzüge in den Vororten statt.
“Am Aschermittwoch ist alles vorbei ...”. Um den strapazierten Magen zu erholen und sich auf die Fastenzeit einzustimmen, aber auch, damit nicht alles ganz so schnell vorbei ist, trifft man sich abends zum traditionellen Fischessen. Danach beginnt dann die schreckliche, die karnevalslose Zeit ...

Geschichte (Fortsetzung)

zunächst als Viehmarkt genutzt, 1815 funktionierten ihn die Preußen zum Exerzierplatz um. Nur wenige Jahre später antworteten die Kölner auf die steifen Paraden der ungeliebten Preußen, indem sie den alljährlichen Rosenmontagszug am Neumarkt 'aufmarschieren' ließen.

Richmodishaus

Die zwei Pferdeköpfe am Richmodisturm erinnern an eine kuriose Geschichte

Sehenswert ist direkt am Neumarkt vor allem → St. Aposteln sowie der Turm des Richmodishauses (Neumarkt / Ecke Richmodstraße. Aus dem Obergeschoß des schlanken Treppenturms schauen zwei steinerne Pferdeköpfe heraus, die an die Sage von Richmodis von Aducht erinnern: nachdem diese – durch einen räuberischen Anschlag auf ihren Schmuck – aus ihrem scheintoten Zustand erwacht sei, soll ihr Mann bei dieser Nachricht voller Unglauben ausgerufen haben, daß eher seine Pferde den Turm hinauflaufen würden, als daß seine Frau auferstanden sei – worauf die Pferde hufeklappernd die Treppe hinaufgestürmt seien sollen. Tatsächlich sind die Pferde lediglich ein Teil des Familienwappens der Hackneys, an deren prächtigem Hof der Turm angebaut war. Im Richmodishaus wurde 1838 der Komponist Max Bruch geboren.

Neumarkt-Passage mit Käthe-Kollwitz-Museum

Wenige Schritte weiter westlich in Richtung auf die Apostelnkirche zu findet man in der Neumarkt-Passage neben Cafés und Läden auch das Käthe-Kollwitz-Museum in der obersten Etage (geöffnet: tgl. außer Mo. 10.00 – 17.00, Do. 10.00 – 20.00 Uhr), das international die größte Sammlung von Werken der deutschen Künstlerin (1867 – 1945) besitzt und Handzeichnungen, Druckgraphik und Bronzeskulpturen zeigt.

Olivandenhof

Von der Nordseite des Neumarkt geht auch die Zeppelinstraße ab, an deren Ende der Olivandenhof liegt, ein über einem ovalen Grundriß erbautes, mehrstöckiges Ladenzentrum, das mit einem Architekturpreis ausgezeichnet wurde. In diesem gläsernen, von beleuchteten Rolltreppen durchkreuzten Einkaufspalast liegen exklusive Läden neben skurrilen, für das leibliche Wohl sorgen Restaurants. Der nördlichste Abschnitt der Zeppelinstraße wurde überdacht und als Passage umgebaut.

'Bleche Botz'

An der Nordostecke des Neumarktes (Schildergasse 120) befand sich an der Stelle eines alten Klarissenklosters das Kölner Frauengefängnis, vom Volk ursprünglich in Anlehnung an alte Namen, später jedoch in respektloser Anzüglichkeit 'Bleche Botz' (= blecherne Hose) genannt – daher auch der Kölner Spruch "en de Blech kumme" (= ins Gefängnis kommen).

Kunsthaus Lempertz

Zentralbibliothek, VHS, Kunsthalle

Kölnischer Kunstverein

An der Südostecke zur Cäcilienstraße hin finden die Auktionen des international renommierten Kunsthauses Lempertz statt; auf der anderen Seite der Cäcilienstraße steht seit 1989 ein Ärztehaus mit rundem Lichthof. Dahinter erheben sich die Zentralbibliothek und die Volkshochschule, welche die Josef-Haubrich-Kunsthalle verdeckt. In der Kunsthalle werden wechselnde Ausstellungen alter und neuer Kunst und Kultur arrangiert (wechselnde Öffnungzeiten). Daneben präsentiert der Kölnische Kunstverein (in der Cäcilienstr. 33) Kunst des 20. Jahrhunderts (Di.–So. 10.00–17.00 Uhr).

Mittelstraße

Bazaar de Cologne

Die westlich an den Neumarkt grenzende Mittelstraße besticht durch die Aneinanderreihung der wohl elegantesten (und teuersten) Modefachgeschäfte sowie anderer exklusiver Läden. In jedem Fall lohnt auch ein Abstecher in den Bazaar de Cologne mit seinen Cafés, kleinen Läden, Wohnungen und Büroräumen. Die Anlage von Gruhl und Gerling (1980/1981) stellt einen interessanten Versuch dar, das gerade in Köln so häufige Problem der Lückenbebauung zu lösen: Zwischen der Mittelstraße und der Brinkgasse entstand ein um einen Innenhof gruppierter Komplex aus Stahl und Beton. Den zweigeschossigen Hof deckt ein Glasdach auf weißen Stahlträgern, die Bepflanzung bringt Grün hinein.

Mittelstraße (Fortsetzung)

Opernhaus und Schauspielhaus N 13

Nachdem das alte Opernhaus (ehemals am Rudolfplatz) im Krieg zerstört worden war, errichteten Wilhelm Riphahn und H. Menne 1954 – 1957 am Offenbachplatz das Große Haus, die heutige Oper. Etwas zurückgesetzt baute man wenige Jahre darauf (1960 – 1962) das Kleine Haus, heute Schauspielhaus genannt, südlich an die Oper an. Den Stil des Opernhauses bestimmen Sachlichkeit, aber auch Repräsentationsbedürfnis, die beiden abgeschrägten Aufbauten zu beiden Seiten des Bühnenhauses setzen Akzente. Im Zuschauerraum fällt die Gestaltung der Ränge auf, die wie Schubladen aus den holzvertäfelten Wänden herausragen. Zur Aufführung kommen klassische und romantische Opern sowie zeitgenössische Werke als auch die Choreographien des ältesten modernen Tanzensembles, des Tanz-Forums, das hier regelmäßig auftritt.

Lage
Offenbachplatz

Straßenbahnen
1, 2, 3, 4, 7, 9, 12, 14, 16, 18 (Neumarkt)

Busse
136, 146, 976, 977, 985 (Neumarkt)

Das schlichter gebaute Schauspielhaus, in dem klassische Dramen und zeitgenössische Stücke gegeben werden, wurde 1988/89 restauriert; seit 1993 spielt hier auch das kleine West-end-Theater. Hinter dem Gebäude befindet sich in der Krebsgasse der Eingang zu dem kleinen Experimentiertheater Schlosserei. An der Seitenwand des Opernhauses zur Glockengasse erinnert eine Gedenktafel an die Kölner jüdische Hauptsynagoge von 1859, die in der Reichskristallnacht 1938 zerstört wurde.

Gedenktafel

Der Offenbachplatz wird vom großen Opernhaus beherrscht, davor sprudelt der Opernbrunnen von H. Grümmer

Opernbrunnen

Den Offenbachplatz lockert seit 1966 ein großer Brunnen aus Beton und Stahl auf, in den Mosaiken eingearbeitet sind – die Materialien stammen z.T. aus der Berliner Kaiser-Wilhelm-Gedächtniskirche, z.T. von der Jacht von Onassis.

4711-Haus

Lage
Glockengasse
22 - 28

Gegenüber der Oper fällt ein reich verziertes, neugotisches Haus auf, das eine rasterförmig durchstrukturierte weiße Fassade (von Johann Jakob Claassen), abgesetzt mit Lindgrün und Gold, hohe Torbögen und kleine Ziertürmchen hat. Zwischen 9.00 und 21.00 Uhr erklingt zu jeder vollen Stunde ein Glockenspiel, wobei hölzerne Figuren auf einer Schiene um die Uhr wandern.

Den Wohlklängen aus der Oper gegenüber antwortet das 4711-Haus des mehr als 200 Jahre alten Parfümunternehmens mit Wohlgerüchen.

Es handelt sich bei dem Gebäude um die nach dem Zweiten Weltkrieg wiederaufgebaute Nachbildung des alten Stammhauses der Firma 4711 (offiziell Muelhens KG), der berühmten Duftwasserfirma, die 1992 ihren 200. Geburtstag beging. Das Rezept des Kölner Traditionsproduktes "4711" soll 1792 von einem Kartäusermönch als Hochzeitsgeschenk an den späteren Firmengründer Wilhelm Mülhens übergeben worden sein; seitdem wuchs das Unternehmen, das über 600 Pafümerie-Artikel vertreibt, zum Marktführer im Duftsegment der mittleren Preisklasse in Deutschland an, mit einem Gesamtmarktanteil bei Damendüften von zeitweise knapp 25 % (auch Marken wie Gucci, Sabatini, Tosca und Sir Irish Moos gehören zur Angebotspalette der Muelhens KG). Der Name des bekannten Eau de Cologne (Kölnisch Wasser) rührt aus der Zeit der französischen Besatzung um 1800, als die Häuser Kölns mit Nummern versehen wurden und das Firmengebäude in der Glockengasse die Hausnummer 4711 erhielt. Seit 1995 gehört die Firma dem Unternehmen Wella.

Overstolzenhaus O 14

Lage
Rheingasse 8

Straßenbahnen
1, 2, 7, 9
(Heumarkt)

Das Overstolzenhaus, heute Sitz der neuen Medienakademie, ist das hervorragendste Beispiel eines Bürgerhauses der Romanik in Deutschland. Die Familie der Overstolzen erbaute es 1220 – 1230 im Bereich der → Altstadt, die traditionsgemäß der Sitz reicher Patrizierfamilien (vornehmlich Kaufleute) war. Die Overstolzen, eine reiche Kaufmannsfamilie, spielten eine wichtige Rolle in der Auseinandersetzung zwischen den Bürgern und Erzbischof Engelbert von Falkenburg, indem sie, auf der Seite der Bürger kämpfend, mithalfen, Truppen des Erzbischofs bei der Ulrepforte (→ Mittelalterliche Stadtmauer) zurückzuschlagen.
Typisch für die Häuser reicher Kaufleute im Mittelalter ist die Verbindung von Wohn- und Arbeitsbereich, die sich noch an der Raumaufteilung hinter der aufwendigen Giebelfassade mit ihren schönen Rundbogenfenstern ablesen läßt. Die Gesamtgestaltung steht im Zeichen der Selbstdarstellung bürgerlicher Patrizier. Im Erdgeschoß befanden sich Eingänge und Dielen (Eingänge ehemals an der Stelle der rechten drei Rundbogenfenster, die aus dem 19. Jh. stammen), die erste Etage mit ihren großen Räumen diente repräsentativen Zwecken ('piano nobile' – vornehme Etage). Hier legte man eine Wandmalerei aus dem 13. Jahrhundert frei, die eine Turnierszene mit reitenden Rittern zeigt. Im Geschoß darüber, hinter dem Giebel, erhoben sich vier Speicheretagen. Ganz oben ist noch der Ausleger eines Krans zu erkennen, mit dem die Waren zu den Speichern hochgezogen wurden. Zusammen mit dem Keller nahmen also die dem Erwerb dienenden Räume den größten Teil des Hauses ein.

Das einzige erhaltene Patrizierhaus Kölns aus der Zeit der Romanik ist das der Familie Overstolzen aus dem 13. Jahrhundert.

Die Innenräume haben wegen der Umbauten mehrerer Jahrhunderte und den Kriegszerstörungen nicht mehr viel von ihrem ursprünglichen Charakter bewahren können. Restauriert, fanden in ihnen bis 1986 Wechselausstellungen des Kunstgewerbemuseums statt.

Nähere Umgebung

Wenige Schritte entfernt lohnt es sich, an der Ecke Malzbüchel / Paradiesgasse in die traditionsreiche Brauerei und Gaststätte Malzmühle mit ihrem schönem altem Schankraum einzukehren. Am Rheinufer ist in der Straße Am Thurnmarkt noch ein Törchen der mittelalterlichen Stadtmauer erhalten. Im Filzengraben (ehemaliger Mauerverlauf) ließen sich im 19. Jh. Protestanten nieder und bauten die Kirche → St. Trinitatis.

* Phantasialand (Ausflugsziel)

Lage
Berggeiststr. 31-41
50321 Brühl

Deutschlands größter und meistbesuchter Freizeitpark liegt etwa 15 km südlich von Köln entfernt in der Nähe von Brühl (→ Schloß Augustusburg). In dem 1967 gegründeten und alle paar Jahre um neue Attraktionen erweiterten Vergnügungspark werden neben mehr als 20 Bahn-, Boot-, Gondel-, Achterbahn- und Wildwasserfahrten sowie Kinospektakeln auch verschiedenste Shows geboten.

Der Wildwestpark mit Grand-Canyon-Bahn und Western-Show ist nur eine unter vielen Attraktionen des Phantasialandes in Brühl.

Phantasialand
(Fortsetzung)

Anfahrt
U 18 ab Dom/Hbf bis Brühl Mitte, dort Bus 705 oder 985 (Bahnen und Busse fahren alle 10 – 15 Min.); oder per Auto über die A 553 bis Brühl-Süd, dann B 51 oder direkt über die B 51

Öffnungszeiten:
1. 4. – 31. 10.
tgl. 9.00 – 18.00 (Kassenschluß um 16.00)

Telefon
(0 22 32) 3 62 00

Der Park ist in vier große Themenbereiche eingeteilt (Wilder Westen, Chinatown, Alt-Berlin und Märchenwald), in denen jeweils (fast) maßstabsgetreu Originalbauwerke und -straßenzüge kopiert wurden, so z.B. das Brandenburger Tor in Alt-Berlin oder mehrere chinesiche Bauten, für die die Erbauer sogar die Kulturmedaille vom chinesischen Kultusministerium erhielten. Innerhalb der Themenbereiche befinden sich diverse Shows, Restaurants und Fahrattraktionen, z.B. die Grand-Canyon- und die Gebirgs-Bahn, relativ harmlose Achterbahnfahrten (ohne Loopings) durch ein künstliches Gebirgsmassiv im Wilden Westen, oder die Geister-Rikscha in China-Town, eine Fahrt durch die Welt der Geister und Monster fernöstlicher Sagen, oder auch die Wikinger-Bootsfahrt über den großen Märchensee, vorbei an Szenen der Wikinger-Zeit im 10. Jh. Die Hollywood-Tour, eine weitere Wasserfahrt, führt an sieben lebensecht nachgebildeten Filmszenen mit insgesamt 80 computergesteuerten Figuren vorbei. Daneben gibt es eine Fülle weiterer Fahr-, Kino- und Showangebote, die alle im Eintrittspreis enthalten sind, z.B. der Monorail Jet, eine Einschienbahn, die über das gesamte Areal bis in die Dinosaurier-Welt schwebt, oder eine Gondelbahn, die in das Maul eines gigantischen Drachen gleitet, in dessen Leib man verschiedene Szenen aus 1001 Nacht mit beweglichen Puppen, Musik und kleinen Lichteffekten erlebt, oder die zwei Wildwasserbahnen mit 380 m und 290 m Länge, aber auch rasantere Fahrabenteuer wie das im Space Center, in dem mit 50 km/Std. Raketenschlitten kreuz und quer an Astronauten und Aliens vorbeisausen. Unter den Shows ist eine Eisrevue (Phantasy on Ice) mit 'echten' Läufern und eine Musikshow mit computergesteuerten Puppen (Scala), sowie wechselnde Darbietungen im Wintergarten und im Western Saloon. Im Kuppelkino Cine 2 000 und im 3D-Kino finden visuelle Höhepunkte statt. 1994 wurde Galaxy eröffnet, eine Kombination aus einer vierminütigen Flugsimulation (je 16 Personen sitzen in 16 Flugsimulatoren) und einem Science Fiction-Film mit etlichen Spezialeffekten. Rund 30 Millionen Mark hat dieses neue Projekt gekostet.

Philharmonie

N 14

In den Neubaukomplex, der 1981 – 1986 für das → Wallraf-Richartz-Museum und Museum Ludwig errichtet wurde, wurde auch ein eindrucksvoller Konzertsaal integriert, der nun unter dem Niveau des Heinrich-Böll-Platzes liegt. Das Rund des Konzertsaales mißt 40 m im Durchmesser und wird von einer trägerlosen Dachkonstruktion überspannt. Im Zentrum, an der tiefsten Stelle und aufgrund der Sitzanordnung nach Art eines Amphitheaters von überall gut zu sehen, befindet sich das Podium für den Dirigenten. Die in konzentrischen Kreissegmenten ansteigenden Sitzreihen bieten 2000 Besuchern Raum und ein hervorragendes Klangerlebnis. Es finden überwiegend Konzerte klassischer Musik statt, aber auch die meisten anderen Genres, Pop, Jazz u.a. finden hier ihr Publikum. Das alteingesessene Gürzenich-Orchester hat hier seinen Sitz. Die technische Ausstattung hat Spitzenniveau – nicht zuletzt deshalb, weil der Westdeutsche Rundfunk und sein Rundfunk-Sinfonie-Orchester an rund hundert Tagen im Jahr die Philharmonie nutzt. Großes Gewicht wurde auf die Dämmung von Körperschall gelegt, was wegen der unmittelbaren Nähe des Hauptbahnhofes nicht unproblematisch war. Für die rundfunktechnischen Erfordernisse stattete der WDR den Regieraum mit einer voll digitalisierten Tonstudioeinrichtung von 56 Kanälen aus, die Spitzenleistungen an Übertragungsqualität verspricht.

Lage
Bischofsgartenstraße 1

Straßenbahnen
5, 12, 14, 16, 18 (Dom/Hbf)

S-Bahnen
S 6, S 11, S 12 (Hbf)

Busse
170, 250, 260, 963, 976, 977, 978, 985 (Dom/Hbf)

Praetorium

N 13

Die Ruinen des Praetoriums, d.h. des Palastes des römischen Statthalters für Niedergermanien, liegen unterhalb des heutigen Straßenniveaus unter dem Rathausplatz. Der Eingang zu den bedeutenden Funden aus der Zeit des römischen Köln befindet sich im sog. Spanischen Bau (→ Rathaus) in der Kleinen Budengasse.

Beim Wiederaufbau des Spanischen Baus 1953 nach den Zerstörungen des Zweiten Weltkriegs grub man das Praetorium und einen großen Abschnitt des römischen Abwasserkanals aus. Heute ist ein Areal von rund 180 x 180 m bekannt, zugänglich ist ein kleiner, aber sehr sehenswerter Teil davon.

In einem Vorraum der unterirdischen Ausgrabungsstätte sind interessante Funde aus dem Grabungsgelände ausgestellt, darunter schöne Kleinkunst und Glasarbeiten sowie (an der westlichen Wand auf Stangen) Mauerziegel, deren Legionsstempel belegen, daß die Soldaten in Friedenszeiten auch Tätigkeiten wie der Herstellung von Baumaterial nachgingen. Eine Reihe von Schautafeln zeigt das vermutliche Aussehen der Anlage.

Es läßt sich für das Praetorium eine Entwicklung von vier Baustufen bis zum 4. Jh. nachvollziehen, bis es in der Form bestand, in der es heute zu besichtigen ist. Am Beginn des Rundgangs um die Ruinen des Praetoriums herum kann man sich anhand eines Modells das tatsächliche Aussehen des Palastes im 4. Jh. vor Augen führen. Die römische Anlage umfaßte einen repräsentativen Palast mit großen Sälen, die Aula regia (Sitz des Tribunals, also des Gerichts) sowie weitere Verwaltungs- und Wohnbauten. Dazwischen erkennt man an den kleineren runden Mauerresten die Standorte früherer Brunnen. Der ganze Komplex war merkwürdigerweise schräg zur Stadtmauer (Fundamente unter dem östlichen Umgang) angeordnet.

Nach Abzug der Römer residierten hier bis ins 7. Jh. merowingische Könige. Ab dem 10. Jh. befand sich über den Ruinen das Judenviertel, wovon heute noch die Mikwe (→ Rathaus) zeugt; das jüdische Ghetto wurde 1349 vernichtet. Interessant unter dem Gesichtspunkt geschichtlicher Kontinuität ist die Tradition des Herrschaftssitzes über zwei Jahrtausende hinweg; denn wenig östlich des heute zugänglichen Praetoriumsbereiches entstand spätestens im 12. Jh. das → Rathaus.

Lage
Kleine Budengasse

Straßenbahnen
5, 12, 14, 16, 18 (Dom/Hbf)

Bus
132 (Rathaus)

Öffnungszeiten
Di. – Fr. 10.00 – 16.00, Sa., So. 11.00 – 16.00

Praetorium (Fortsetzung) Römischer Abwasserkanal

Vom Vorraum des Areals aus, in den der Rundgang wieder zurückführt, geht eine Treppe hinunter in einen langen, spärlich beleuchteten Gang: den ehemaligen Abwasserkanal Kölns aus der Römerzeit, in den man über 100 m weit hineinlaufen kann. Einen Abschnitt des römischen Abwasserkanals hat man außerdem in der Kleinen Budengasse ausgestellt.

**Rathaus N 13

Lage
Rathausplatz

Bus
132 (Rathaus)

Straßenbahnen
5, 12, 14, 16, 18 (Dom/Hbf) oder 1, 2, 7, 9 (Heumarkt)

Das Rathaus in seiner heutigen, nach dem Zweiten Weltkrieg wiederaufgebauten Gestalt entstand im Laufe mehrerer Jahrhunderte durch fortwährende Erweiterungen. An derselben Stelle befand sich bereits in römischer Zeit der Sitz der Verwaltung (→ Praetorium).
Ein erstes Bürgerhaus wurde um 1130 an der Stelle des heutigen Rathauses gebaut. Damals lag hier das Judenviertel, woran heute noch die Judengasse und die Mikwe erinnern. Die Grundrisse der Bauwerke des jüdischen Viertels lassen sich durch das Bodenmuster des Rathausplatzes nachvollziehen. Nachdem die Patrizier gegen Ende des 13. Jh.s die weitgehende politische Unabhängigkeit von ihrem erzbischöflichen Stadtherren erlangt hatten, wurde das Bürgerhaus um 1330 durch ein repräsentativeres Haus sowie den Hansasaal ersetzt, auch der Rathausplatz wurde nun angelegt. Den Rathausturm erbauten dann 1407 – 1414 die Zünfte als Zeichen ihres Sieges über die Patrizier (→ Köln in Zitaten, Gottfried Hagen). Diese Erweiterungen innerhalb des Judenviertels waren u.a. durch die Pogrome und Vertreibungen der Juden möglich geworden, bis ihnen ab 1424 bis ins 19. Jh. der Aufenthalt in Köln völlig untersagt wurde. Im 16. Jh. wurde zunächst der Löwenhof (1540), dann die Rathauslaube (1569 – 1573), das schönste Renaissancebauwerk des Rheinlands, angefügt. Ab 1548 dehnte sich das Rathaus durch Einbeziehung von anderen Häusern zum Alten Markt hin aus, und im 17. Jh. wurde der Spanische Bau im Nord-

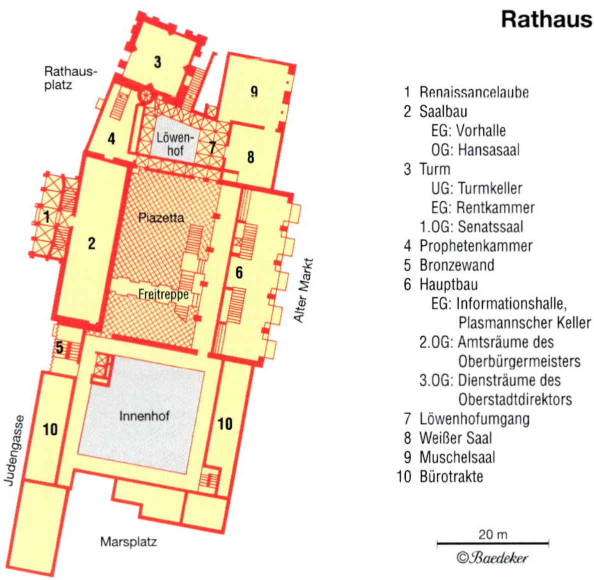

Rathaus mit Renaissancelaube, im Vordergrund die Mikwe

Geschichte (Fortsetzung)

westen des Rathauses errichtet, so genannt, weil hier 1623 die Spanische Liga, das Bündnis der katholischen Reichsstände im Dreißigjährigen Krieg, getagt hatte. Nach den schweren Zerstörungen im Zweiten Weltkrieg wurden Rathausturm und -laube wiedererrichtet, ebenso der Hansasaal; der gesamte Alter Markt- und Südkomplex sowie der Spanische Bau (unter dem beim Bau 1953 Reste des römischen → Praetoriums ans Tageslicht kamen) sind jedoch neu. Statische Probleme wegen des zugeschütteten ehemaligen Römerhafens (→ Altstadt), auf dem sich Teile des Rathauses erheben, wurden durch Einzug von 91 Stahlbetonpfeilern gelöst.

****Renaissancelaube**

An der Westseite des Rathauses fällt zunächst die reich verzierte Renaissancelaube auf, von deren oberer Etage aus die Ratsbeschlüsse verkündet wurden. Der rückwärtige Teil der Laube diente außerdem als Treppenaufgang zum Hansasaal. Alle drei Seiten der zweistöckigen Fassade sind von Rundbögen mit vorgesetzten Säulen durchbrochen und werden von Friesen umlaufen. An ihrer Brüstung erinnert die Darstellung von Bürgermeister Gryns siegreichem Kampf mit dem Löwen, in dessen Grube ihn die Domherren hatten werfen lassen, an den Freiheitskampf der Bürger. Dieses denkwürdige Ereignis soll im Löwenhof im Innern des Rathauses stattgefunden haben. Weiterhin sind Porträts römischer Kaiser über den Säulen des ersten Geschosses angebracht, um an die römische Vergangenheit anzuknüpfen.

Vorhalle

Schreitet man durch das Mittelportal der Laube und die neue Vorhalle, in der eine Kopie des '"Altars der Stadtpatrone"' von Stefan Lochner (Original im → Dom) hängt, erreicht man die sog. Piazzetta, einen modernen überdachten Platz, an dessen Wänden Bilder Kölner Bürgermeister, Dokumente und moderne Kunst hängen sowie das Original des 'Kölschen Boors' des Eigelsteintors (→ mittelterliche Stadtmauer) steht. Nach Norden gelangt man in den Umgang des Löwenhofes. Im westlichen Teil des Umgangs dieses Renaissancehofes fand der sog. Petrusbrunnen, Rest eines Alabastermarienaltars von 1662 aus dem Dom, Aufstellung.

Piazzetta

Löwenhof

Hansasaal

Über der Eingangshalle hinter der Laube befindet sich der Hansasaal (der frühere Lange Saal), so benannt im 19. Jh. in Erinnerung an die Deutsche Hanse, die hier 1367 den Krieg gegen Dänemark beschloß. Die Nordwand zeigt neben der restaurierten gotischen Maßwerkrosette die Holzfiguren der "Acht Propheten" von 1410 (ursprünglich aus der Prophetenkammer), die Südwand ist geschmückt mit den "Neun Guten Helden" (14. Jh.), je drei Vorbilder aus der Antike bzw. der Zeit der 'Heiden' (Alexander der Große, Hektor, Julius Caesar), der jüdischen Zeit vor Christi Geburt (Judas Makkabäus, David, Josua) und der Zeit der Christen nach Christi Auferstehung (Gottfried von Bouillon, König Artus, Karl der Große). Darüber ist Kaiser Ludwig der Bayer mit den personifizierten Stadtrechten dargestellt (das Stapelrecht durch einen Fluß und das Befestigungsrecht durch einen Turm).

Prophetenkammer

Nach Norden schließt die Prophetenkammer an, die den Hansasaal mit dem Senatssaal im Rathausturm (1. OG) verbindet.

***Rathausturm**

Der 61 m hohe, figurengeschmückte Turm im Norden des Rathauses, den die Gaffeln (Kölner Zünfte) als Symbol ihres Sieges über die Patrizier errichtet hatten, war zur Zeit seiner Erbauung im 15. Jh. das erste Hochhaus des Mittelalters und überragte zunächst nicht nur Groß St. Martin, sondern auch den damals noch nicht fertiggestellten Dom. Bis heute prägt dieser Profanbau das Kölner Stadtbild entscheidend. Sein Aussehen sollte sowohl an einen wehrhaften Bergfried einer Burg erinnern als auch an kirchliche Architektur und damit die Überlegenheit seiner Erbauer, der Zünfte, bzw. des Rates demonstrieren.

Den Rathausturm schmücken seit 1995 Figuren berühmter Kölner Persönlichkeiten. Unter der Uhr der Platzjabbek.

Figurenschmuck

Nach seiner Zerstörung im Zweiten Weltkrieg wurde der Turm zwischen 1950 und 1975 wiederaufgebaut, die schmückenden Figuren der Turmfassade aber erst 1995 wieder hinzugefügt bzw. fünf erhaltene wurden restauriert. 124 Personen, die die 2 000jährige Geschichte Kölns geprägt haben, wurden jeweils fast lebensgroß in Stein gemeißelt und auf den Konsolen der Fassade aufgestellt, darunter 18 Frauen. Nun blicken vom obersten, fünften Geschoß die Stadtheiligen herab (z.B. St. Gereon, die Apostel Petrus und Paulus u.a.), die Christus umringen. Die drei Etagen darunter werden von verdienten Persönlichkeiten aller Sparten geschmückt, von Künstlern über Politiker, Industrielle und Kleriker aus allen Jahrhunderten bis heute. Darunter findet man beim näheren Hinsehen u.a. Heinrich Böll und Irmgard Keun als jüngste Mitglieder der illustren Gesellschaft ebenso wie Karl Marx und Konrad Adenauer, Rubens, Lochner, Wallraf, Sulpiz Boisserée und Jacques Offenbach. Auf die unterste Etage wurden die Kaiser und Könige verbannt, darunter Kaiser Augustus, Karl der Große, Theophanu und Maximilian I.

Platzjabbek

Auf der dem Alter Markt zugewandten Seite fällt unter der Uhr der 'Platzjabbek' auf, eine groteske Figur des 15. Jahrhunderts, die bei jedem Stundenschlag ihre Zunge herausstreckt ('jabbt') und so auf drastische Weise (vgl. → Altstadt, Kallendresser) den ehemaligen Stadtherren sagte, was die Stunde geschlagen hatte.

Rathausturm (Fortsetzung)

Die Nutzung der Turmzimmer erstreckte sich vom Senatssaal über Archiv und Waffenkammer bis hin zum städtischen Weinkeller. Im Erdgeschoß des Rathausturmes dient die Rentkammer jetzt als Trausaal. Ursprünglich befand sich hier die städtische Finanzverwaltung, die an bestimmten Tagen Zahlungen (= Renten) leistete.

Nutzung des Turms

Die an den Alter Markt grenzenden neuen Trakte des Rathauses dienen hauptsächlich als Büro- und Amtsräume, das Restaurant Ratskeller liegt im Erdgeschoß. Der Muschelsaal und der Weiße Saal wurden in veränderter Form wiederaufgebaut, heute sind sie mit Stuck verziert und mit Wandteppichen ausgestattet.

Muschelsaal
Weißer Saal

Nordwestlich des Rathausplatzes befindet sich der neue Spanische Bau. Im Südwesten, in einer Vertiefung, sind Reste der zum römischen → Praetorium gehörigen Aula regia zu sehen.

Umgebung

Mikwe

Westlich dieser Vertiefung befand sich die um 1000 errichtete Synagoge. Der einzig erhaltene Rest der mittelalterlichen jüdischen Ansiedlung um das heutige Rathaus herum ist die Mikwe, das rituelle Bad der Juden, das um 1150 entstand. Heute ist sie von einer Glaspyramide überdacht. Entsprechend dem jüdischen Glauben konnte man sich durch ein Tauchbad in der Mikwe von Unreinheit befreien (z.B. nach der Berührung eines Toten, nach dem Genuß bestimmter Speisen, nach einer Geburt und nach der monatlichen Periode der Frauen), wobei das Wasser des Bades 'lebendig' sein, d.h. sich natürlich ansammeln sollte. Das hebräische Mikwe bedeutet daher auch 'Ansammlung'. So hob man zur Sammlung des Grundwassers hier einen 16 m tiefen Schacht aus, in dem Treppen zum Becken hinabführten, das 70 cm tief war. Diese Anlage sowie der Vorraum vor dem Schacht sind zu besichtigen. Ursprünglich stand über dem Brunnenschacht ein etwa 4 m hoher Turm. Anstelle der zerstörten Synagoge nordöstlich der Mikwe entstand 1426 die Ratskapelle, die im Zweiten Weltkrieg zerstört wurde. In ihr stellte Stefan Lochners "Bild der Stadtpatrone" von 1445 (heute im → Dom) die unmittelbare Vertretung der selbstbewußten Bürger durch ihre Stadtpatrone am Himmlischen Hof dar.

Lage
Rathausplatz

Besichtigung:
Mo. – Do. 8.00–16.00, Fr. 8.00 – 12.00, Sa., So. 11.00 – 15.00, (Schlüssel beim Rathauspförtner im Spanischen Bau oder im → Prätorium, Eingang Kleine Budengasse)

Zerstörte Synagoge und Ratskapelle

An Farina

Rathaus und Mikwe gegenüber liegt der Neubau An Farina (Läden, Büros, Praxen, Wohnungen), so genannt in Anlehnung an das nebenstehende neubarocke Haus, in dem einst der berühmte Kölnisch-Wasser-Hersteller Johann Maria Farina lebte. Im Innenhof des neuen Komplexes geradezu versteckt steht der Frauenbrunnen, eine Rundsäule, die die Kölner Frauen im Wandel der Geschichte darstellt. Zehn stilisierte Frauen repräsentieren die Epochen (Römerin, Ubierin usw.) und die vielfältige Bevölkerungsstruktur Kölns (Niederländerin, Italienerin usw.). Die Moderne sollte eigentlich durch eine Frau in Jeans vertreten werden, nach Protesten der Auftraggeber wurde daraus eine Mutter (im Kleid) mit Kind.

Lage
Unter Goldschmied

Frauenbrunnen

Rautenstrauch-Joest-Museum (Museum für Völkerkunde) PM 14

Das 1906 eröffnete Museum für Völkerkunde geht zurück auf Stiftungen der Kölner Bürger Joest und Rautenstrauch. Ursprünglich für 15 000 Ethnographica geplant, platzt es heute mit einem Bestand von über 60 000 Objekten sowie etwa 25 000 historischen ethnografischen Fotografien aus

Lage
Ubierring 45

Rautenstrauch-Joest-Museum (Fortsetzung)

Straßenbahnen
15, 16 (Ubierring)

Busse
132, 133 (Chlodwigplatz)

Öffnungszeiten
Di. – Fr.
10.00 – 16.00
Sa, So
11.00 – 16.00

allen Nähten. Nach Notevakuierungen und Umlagerungen des Magazinbestandes infolge zweier Hochwassereinbrüche in den letzten Jahren sind derzeit nur noch die Abteilungen Nordamerikanische Indianer und Eskimo, Khmer und Thai, Alt-Ägypten, Kunst und Kultur aus Ozeanien und präkolumbische Hochkulturen öffentlich zugänglich. Etwa vier Sonderausstellungen werden pro Jahr veranstaltet, jeweils mit reichhaltigem Rahmenprogramm (Vorträge, Filme, Lesungen, Arbeitsgemeinschaften, Musik- und Tanzverananstaltungen, Kurse). Das Museum hat sich neben der wissenschaftlichen Erforschung des Sammlungsbestandes zum Ziel gesetzt, durch die Präsentation von Objekten verschiedenster außereuropäischer Kulturräume Verständnis und Respekt für andere Weltanschauungen, Lebensweisen und ästhetische Vorstellungen zu wecken und sie in Beziehung zu unserer Lebenswelt zu setzen.
Der Sammlungsschwerpunkt mit den meisten (über 20 000 Objekte) und wertvollsten Stücken ist die Ozeanien-Abteilung, die Kulturgüter aus Australien und den drei großen Südsee-Kulturkreisen Melanesien, Mikronesien und Polynesien besitzt, letztere vertreten durch rund 1 000 Objekte von 22 Inselgruppen. Diese Sammlung gehört damit zu den wichtigsten Kollektionen dieser Art in Deutschland. Bedeutend sind daneben die Sammlungsschwerpunkte Indonesien, Afrika, Vorderer Orient, Khmer und Thai, Alt-Ägypten, Altamerika, Nordamerika, Textilien und historische Fotografien. Neben der Textiliensammlung stammen auch die Kollektionen Keramik und Musikinstrumente aus den verschiedensten Epochen und Ländern. 1997/1998 wurde ein internationaler Architektenwettbewerb für einen Neubau des Museums am Neumarkt ausgeschrieben.

Kopfaufsatz aus Holz (vor 1900) aus der Nordamerika-Sammlung

Bibliothek

Kostenlose Führungen werden jeden Sonntag um 14.30 Uhr angeboten. Dem Museum ist eine Fachbibliothek mit Lesesaal (35 000 Bände) angeschlossen.

Alte Universität

Wenige Gehminuten vom Museum entfernt liegt nahe des Rheinufers in der Claudiusstraße 1 die Alte Universität von Köln, die heute die Fachhochschule beherbergt. 1905 – 1907 ursprünglich als Handelshochschule gebaut, zog schon 1919 die wiedereröffnete Universität in das Gebäude ein, die ihrerseits wegen Platzmangels 1935 in die neue → Universität in Lindenthal wechselte. Während des Dritten Reiches saß dann die Gauleitung Köln/Aachen der NSDAP in dem Komplex. Die Schauseite des neubarokken, schloßartigen Gebäudes öffnet sich zum Römerpark, der 1895 – 1898 als Ersatz für die beim Bau des Rheinauhafens zerstörten Grünflächen angelegt wurde.

Römerpark

Siebengebirgslagerhaus

Gegenüber des Römerparks dehnt sich am Agrippinaufer das Siebengebirgslagerhaus (→ Deutz) aus.

Friedenspark

Im Süden grenzt der Friedenspark (ursprünglich Hindenburgpark) an den kleineren Römerpark. Der Friedenspark umschließt ein altes preußisches Fort von 1825, das 1926 zum Gefallenendenkmal umfunktioniert wurde. Der Park wurde in die Anlage der Wälle und Gräben der Festung eingefügt und zugleich nach den geometrischen Prinzipien des Jugendstils gestaltet.

Rheinuferpromenade (linksrheinisch) M–O 14

Lage
Zwischen Zoo- und Severinsbrücke

Entlang des Rheinufers ziehen sich sowohl rechtsrheinisch (→ Deutz, Kennedy-Ufer) als auch linksrheinisch schöne baumbestandene Promenaden, die besonders an Wochenenden und Feiertagen halb Köln zum Spazierengehen anlocken. Das für Kölnbesucher attraktivste Teilstück der linksrheinischen Promenade, die im Norden bis Niehl und nach Süden weit über das Kölner Stadtgebiet den Rhein hinaufführt, liegt zwischen der Zoo- und der Severinsbrücke, wo sich dem Spaziergänger nicht nur ein wechselnder Panoramablick auf Köln bietet, sondern sich auch viele Gelegenheiten zu einem Abstecher in ein Café, eines der traditionellen Brauhäuser oder eine kölsche Kneipe in der Altstadt ergeben.

Rheinufer-promendade (Fortsetzung)

Konrad-Adenauer-Ufer

Bastei (Abb. s. S. 197)

Bei der Zoobrücke im Norden, an die die → Flora und der Botanische Garten sowie der Zoo grenzen, beginnt das Konrad-Adenauer-Ufer, das sich bis zur Hohenzollernbrücke beim Dom erstreckt. Auf dem Weg in Richtung Altstadt kommt man zunächst an der Bastei (Konrad-Adenauer-Ufer 80) vorbei, einem expressionistischen Rundbau von 1924 mit einer breiten, sternförmigen Plattform, die weit über die Promenade auskragt und auf der sich die Räumlichkeiten eines Gourmet-Restaurants erheben. Wenige Schritte weiter ragen die Türme von → St. Kunibert auf. Richtet man den Blick auf die andere Rheinseite, sieht man den Tanzbrunnen im Rheinpark und die → Messe. Nachdem man die Hohenzollernbrücke passiert hat, beginnt die attraktive Frankenwerft (→ Altstadt), die in der Nähe des → Wallraf-Richartz-Museums und Museums Ludwig beim Dom beginnt und bis zur Deutzer Brücke an hübschen Altstadthäusern mit Café- und Restaurantbetrieb, an kopfsteingepflasterten Altstadtgassen und an → Groß St. Martin vorbeiführt. Das Ufer ist hier mit Schiffsanlegestellen gesäumt. Nach der Deutzer Brücke kommt man an → St. Maria in Lyskirchen und dem Schokoladenmuseum (→ Imhoff-Stollwerck-Museum) vorbei, das sich in seinen äußeren Formen auf der Rheinauhalbinsel wie ein gestrandetes Schiff ausnimmt. Der Spaziergang am Rhein entlang läßt sich nach Süden nun beliebig ausdehnen, weitere Sehenswürdigkeiten am Rande der Promenade liegen um den Ubierring herum (Bayenturm (→ Mittelalterliche Stadtmauer), → Rautenstrauch-Joest-Museum).

Frankenwerft

Am Leystapel und weiter nach Süden

Ringe — M–P 12–14

Lage
Theodor-Heuss-Ring bis Ubierring, rings um die Alt- und Innenstadt

Straßenbahnen entlang der Ringe
15 (Ebertplatz bis Ubierring), 6 (Ebertplatz bis Chlodwigplatz), 19 (Ebertplatz bis Barbarossaplatz)

Die Kölner Ringstraße (nach Wiener Vorbild) und die Neustadt entstanden ab 1881 nach der Schleifung der → mittelalterlichen Stadtmauer nach Plänen von Hermann Joseph Stübben. Ehemals zeigten die Ringe parkähnliche Abschnitte mit herrschaftlichen Villen und öffentlichen Gebäuden, schließlich auch Wohnbereiche. Von den alten Bauten hat wenig den Krieg überstanden, nur z.B. das → Rautenstrauch-Joest-Museum am Ubierring und das neugotische Hansagymnasium am Hansaring (→ MediaPark und Hansaring). Am Hansaring erbaute Hans Koerfer 1924 das (erhaltene) erste Hochhaus Kölns (Hansa-Hochhaus), damals das höchste seiner Art in Europa. Die mittelalterlichen Torburgen wurden in die Platz- und Straßengestaltung miteinbezogen (→ Mittelalterliche Stadtmauer). Die Namen der jetzt verkehrsreichen Geschäftsstraßen spiegeln deutsche und Kölner Geschichte, sie erinnern an die Ubier, Karolinger, Sachsen, Salier, Hohenstaufen und Hohenzollern ebenso wie an Einzelpersönlichkeiten (Barbarossaplatz, Chlodwigplatz usw.). Seit der Untertunnelung der Ringe für die U-Bahn bemüht man sich beständig, den Ringen zumindestens in Teilstükken ihren einstigen Boulevardcharakter zurückzugeben, teilweise allerdings in umstrittenen Planungen. So wurde die Grünanlage in der Mitte des Kaiser-Wilhelm-Rings erweitert und mit Brunnen, Bäumen und Beeten verschönert. An diesem Ringabschnitt findet man elegante Geschäfte neben vielen Versicherungs- und Bankgebäuden. Cafés, Restaurants, Kinos und Geschäfte säumen auch die Ringe zwischen Friesenplatz und Barbarossaplatz, wobei sich zum einen der Hohenzollernring und seine Umgebung zu einer breiten Einkaufs- und Flanierzone entwickelt hat, zum anderen der Hohenstaufenring mit den angrenzenden Straßen (wie die Zülpicher und die Kyffhäuserstraße) besonders unter Studenten zu einem der beliebtesten Kölner Stadtviertel zum Essen und Ausgehen geworden ist.

Kaiser-Wilhelm-Ring

Hohenzollernring

Hohenstaufenring

Außerhalb der Ringe, im Bereich der ehemaligen Rayons (freies Schußfeld im Vorgelände, das nicht bebaut werden durfte), entstand die Kölner Neustadt. Von den schönen Gründerzeitbauten blieb hier einiges erhalten, etwa östlich der Bonner Straße in der Kölner Südstadt, um den → Volksgarten herum, am Rathenauplatz (→ Synagoge), am → Stadtgarten und um → St. Agnes.

Neustadt außerhalb der Ringe

Der etwa 50 n. Chr. entstandene Römerturm ist der schönste und wertvollste Rest der ersten Stadtmauer Kölns. Im Hintergrund ragen die Türme des Doms in den Himmel.

* Römerturm N 13

Lage
Zeughausstr. 13, Ecke St.-Apern-Straße

Straßenbahnen
3, 4, 5, 12, 14, 16, 18 (Appellhofplatz)

Der reich verzierte Römerturm westlich des → Zeughauses bildete einst die Nordwestecke der → römischen Stadtmauer. Wegen seines guten Zustands und seines reichen Mosaikschmucks ist er auch über Köln hinaus berühmt. Die Ornamente sind aus verschiedenem Gestein zusammengesetzt, in der oberen Reihe erkennt man stilisierte Säulentempel. Die 2,5 m dicke Außenmauer zeigt noch viel von der rot-weißen römischen Verzierung. Im Mittelalter war der Turm in das hier befindliche (später zerstörte) Klarenkloster integriert und diente als Abort, was ihn aber immerhin vor dem Abriß bewahrte. In ein Wohnhaus eingebaut, sollte er 1873 niedergelegt werden. Die Stadt kaufte den Turm für 19 000 Taler und sorgte für seine Erhaltung, aus dieser Zeit stammen auch das Werksteinband und die Zinnen. Das neugotische Haus, das an den Römerturm grenzt, wurde um 1900 für den damaligen Dombaumeister errichtet.

Friesenstraße

Nordwestlich des Römerturms liegt das Friesenviertel, das möglicherweise auf eine mittelalterliche Ansiedlung friesischer Handwerker hinweist. Bis in die Sechziger hinein war das Viertel von typisch kölscher Atmosphäre geprägt, wovon heute noch etwas in dem urkölschen Brauhaus Päffgen (Friesenstraße 64 – 66) zu spüren ist. Seit den Achzigern wird die Gegend saniert, wovon die aufwendig restaurierten Gründerzeitfassaden auf der Friesenstraße zeugen.

Brauhaus Päffgen

Helenenturm

Biegt man hinter dem Römerturm in die St.-Apern-Straße ein, kommt man zunächst an dem halbrunden Helenenturm (→ Römische Stadtmauer) aus der Römerzeit vorbei, bevor man auf die aus architektonischer und künstlerischer Sicht sehenswerte Geschäftspassage der Kreishaus-Galerie stößt.

Kreishaus-Galerie

*Römische Grabkammer in Köln-Weiden (Ausflugsziel)

Die Mitte des 2. Jh.s erbaute und 1843 wiederentdeckte Familiengruft einer reichen Gutsherrenfamilie gehört auf Grund ihrer guterhaltenen Ausstattung zu den bemerkenswertesten ihrer Art diesseits der Alpen und lohnt den Besuch zudem aufgrund ihrer düster-geheimnisvollen Atmosphäre. Die Grabkammer gehörte zu einem bis heute nicht gefundenen römischen Gutshof. Über eine steile, im Halbdunkel liegende Treppe gelangt man von dem kleinen Vorraum in die etwa 12 m² große Gruft. Die Anlage der Grabkammer 6 m unter der Erdoberfläche entspricht der eines römischen Speisezimmers und drückt damit die Hoffnung auf ein angenehmes Leben nach dem Tod aus: Drei Klinen (Betten), auf denen beim Mahl die Männer zu ruhen pflegten, sind in die Wände gearbeitet und schön mit Marmor ausgelegt, in den Raumecken stehen zwei Kalksteinnachbildungen von Korbsesseln als Sitze der Frauen. Auf den Klinen wurden Porträtbüsten aufgestellt, südlich zwei Frauen-, nördlich eine Männerbüste. Die 29 kleinen Nischen in den Wänden nahmen die Aschenurnen, die auf Brandbestattung hinweisen, auf.

Lage
Aachener Str. 1328, in Köln-Weiden

Busse
141, 963 (Frechener Weg)

Öffnungszeiten
Di. – Do. 10.00 – 13.00, Fr. 10.00 – 17.00, Sa., So. 13.00 – 17.00; geschlossen 22.12. – 8. 1 + 14 Tage in den Sommerferien

Sarkophag

Der Sarkophag, der vom Wandel der Bestattungssitten zeugt, stammt aus dem 3. Jh. und war ursprünglich nicht in der Grabkammer, sondern wohl in einem kleinen Grabtempel darüber untergebracht. Nachdem die Gruft in Vergessenheit geraten und ihr Gewölbe eingestürzt war, rutschte der Sarkophag in die untere Kammer ab. Auf ihm finden sich Darstellungen des bestatteten Paares in einem Medaillon und geflügelte Gestalten, wahrscheinlich Verkörperungen der Jahreszeiten, sowie kleinere Szenen.

Begleitende Ausstellung

Die kliene Ausstellung der Grabbeigaben, erklärende Fotografien und Tafeln mit Erläuterungen zur Entstehung und Bedeutung der Totenstätte im kleinen Ausstellungsraum über der Kammer vervollständigen das Bild.

Der Sarkophag in der römischen Grabkammer

Römische Stadtmauer N/O 13

Lage
siehe Karte auf Seite 21

Kurz nachdem das "oppidum ubiorum" (= befestigte Ansiedlung der Ubier) 50 n. Chr. auf Veranlassung der Agrippina, der Gemahlin von Kaiser Claudius, das Stadtrecht erhalten hatte und jetzt "colonia claudia ara agrippinensium" hieß (CCAA; = Stadt römischen Rechts, gegründet zur Zeit des Claudius, mit Altar des Kaiserkults, durch Agrippina), wurde mit dem Bau der 3,9 km langen Mauer begonnen. Neun Tore führten in die Stadt, 21 Türme bewehrten die Mauern. Die Mauer selbst besteht aus je einer inneren und äußeren Schale behauener Feldsteine und zementartigem Schüttmauerwerk dazwischen. Die römische Stadtmauer hatte bis weit ins Mittelalter hinein Bestand. Erst im 10. Jh. wurde eine erste Stadterweiterung, die Einbeziehung der Rheinvorstadt (→ Altstadt) notwendig. Weitere Erweiterungen im Norden und Süden erfolgten im 11. Jh.; mit dem Bau der → mittelalterlichen Stadtmauer 1180 wurde die Römermauer abgerissen.

An vielen Stellen der Stadt sind Reste zu sehen. Die wichtigsten werden im folgenden aufgeführt:

Nordtor
(Domplatte)

Das römische Nordtor befand sich auf der Straße An der Burgmauer, etwa gegenüber dem Eingang des Fremdenverkehrsamtes beim Dom. Es hatte drei Durchgänge, einen mittleren von 5,60 m Breite und 8,60 m Höhe, der heute im → Römisch-Germanischen Museum steht, und zwei flankierende Seiteneingänge von 1,90 m Breite. Im 12. Jh. baute man das Tor zum Haus des Domdechanten um, so daß es bis 1826, als man den mittleren Torbogen abriß, erhalten blieb. 1892 wurde das Haus ganz abgetragen, aber erst 1971 stellte man den östlichen Torbogen wieder in der Nähe des alten Platzes auf der nordwestlichen Domplatte auf, wo er heute zu besichtigen ist.

Mauerrest in der Domgarage und unter dem Dom

Nahe der Einfahrt in die Domgarage von der Trankgasse aus sind Reste der Stadtmauer frei zugänglich. Fundamente römischer, karolingischer und romanischer Vorgängerbauten sind weiter östlich unter dem Dom (Führungen vom DOMFORUM am Roncalliplatz, Domkloster 3, Tel. 92 58 47 30) entdeckt worden.

Lysolphturm
(Tunisstraße/Ecke Nord-Süd-Fahrt)

Der Name dieses Rests der römischen Stadtbefestigung stammt aus dem Mittelalter, als die Familie Lysolph den Turm bewohnte. Freigelegt und gesichert wurde er 1964 bei den Ausschachtungsarbeiten zum U-Bahn-Bau. Das Mauerwerk ist sehr gut erhalten.

Mauerrest am Zeughaus
(An der Burgmauer)

Der Kern der Mauer des → Zeughauses zur Straße An der Burgmauer hin ist römisch (nicht sichtbar). Der sog. Römerbrunnen östlich des Zeughauses, der 1915 geschaffen und 1955 wiedererrichtet wurde, zeichnet die Form eines Turms der römischen Stadtmauer nach; an seinen Wänden finden sich Porträts römischer Kaiser sowie fragmentarisch eine Inschrift aus den Annalen des Römers Tacitus, die sich auf Köln bezieht. Die Mauer westlich des Zeughauses ist römisch.

Römerturm

→ dort

Helenenturm
St.-Apern-/Ecke Helenenstr.

Der Helenenturm, der sich wenige Schritte vom Römerturm entfernt befindet, ist der vermutlich einzige Halbturm der Römermauer. Er war zur Stadt hin offen.

Mauerstück am Mauritiussteinweg

Am Mauritiussteinweg ist zwischen den Häusern Nr. 18 bis 52 (nach Osten hinter den Häusern gelegen) ein 140 m langes Mauerstück erhalten. Es war ebenfalls in römischen Wohnhäusern vermauert.

Mauerstücke an den Bächen

Die Straßennamen Rothgerberbach, Blaubach und Mühlenbach kennzeichnen den (heute unterirdischen) Verlauf des Duffesbaches, dessen ansteigendes Nordufer zur Anlage der südlichen Stadtmauer diente. Im gesamten angegebenen Bereich befinden sich Mauer- und Turmreste; über

Römische Stadtmauer (Fortsetzung)

weite Strecken wird der alte Mauerverlauf durch moderne Backsteinmauern gekennzeichnet. – Die Namen Rothgerberbach und Blaubach sind auf die Tatsache zurückzuführen, daß hier im Mittelalter Gerber und Färber ansässig waren.

Ubiermonument
Unter dem Haus an der Malzmühle 1/ Ecke Mühlenbach

Der Name beruht auf der Vermutung, daß der quadratische Turm bereits aus der Zeit des 'oppidum ubiorum' stammt. Untersuchungen der Hölzer aus dem Fundament, das in den Kies des ehemaligen Rheinufers gesetzt worden war, ergaben aber, daß die Bäume erst 4 n. Chr. gefällt worden waren. Jedenfalls ist der Turm der erste römische Befestigungsturm nördlich der Alpen. Neben den Turmresten ist ein kleiner Ausstellungsraum eingerichtet worden, in dem zahlreiche architektonische Funde aus der Umgebung gezeigt werden. Das Kellergeschoß mit dem Turmrest ist eine Außenstelle des → Römisch-Germanischen Museums und zugänglich nach telefonischer Vereinbarung: Tel. 221 45 42.

** Römisch-Germanisches Museum — N 13

Lage
Roncalliplatz 4

Straßenbahnen
5, 12, 14, 16, 18 (Dom/Hbf)

S-Bahnen
S 6, S 11, S 12 (Hbf)

Zu Füßen des Kölner Doms liegt dieses sehr sehenswerte Museum, das 1970 – 1974 über den Resten einer römischen Stadtvilla aus dem 3. Jh. bzw. dem berühmten Dionysosmosaik, das im Hauptraum der Villa auslag, erbaut wurde. Neben den Schwerpunktthemen, der römischen und der merowingischen Epoche der Stadt Köln, präsentiert das Römisch-Germanische Museum auch Ausschnitte aus seiner urgeschichtlichen Sammlung und seinen bedeutenden Glas- und Schmuckkollektionen.
Bemerkenswert ist neben den reichen archäologischen Funden vor allem die besucherorientierte Konzeption des Museums: Raumhohe Scheiben an allen Seiten des Erdgeschosses öffnen das Museum hin zur Umgebung, damit soll die Verbindung zwischen der Gegenwart und der musea-

Das Grabmal des Poblicius (ca. 40 n. Chr.) reicht über drei Museumsetagen

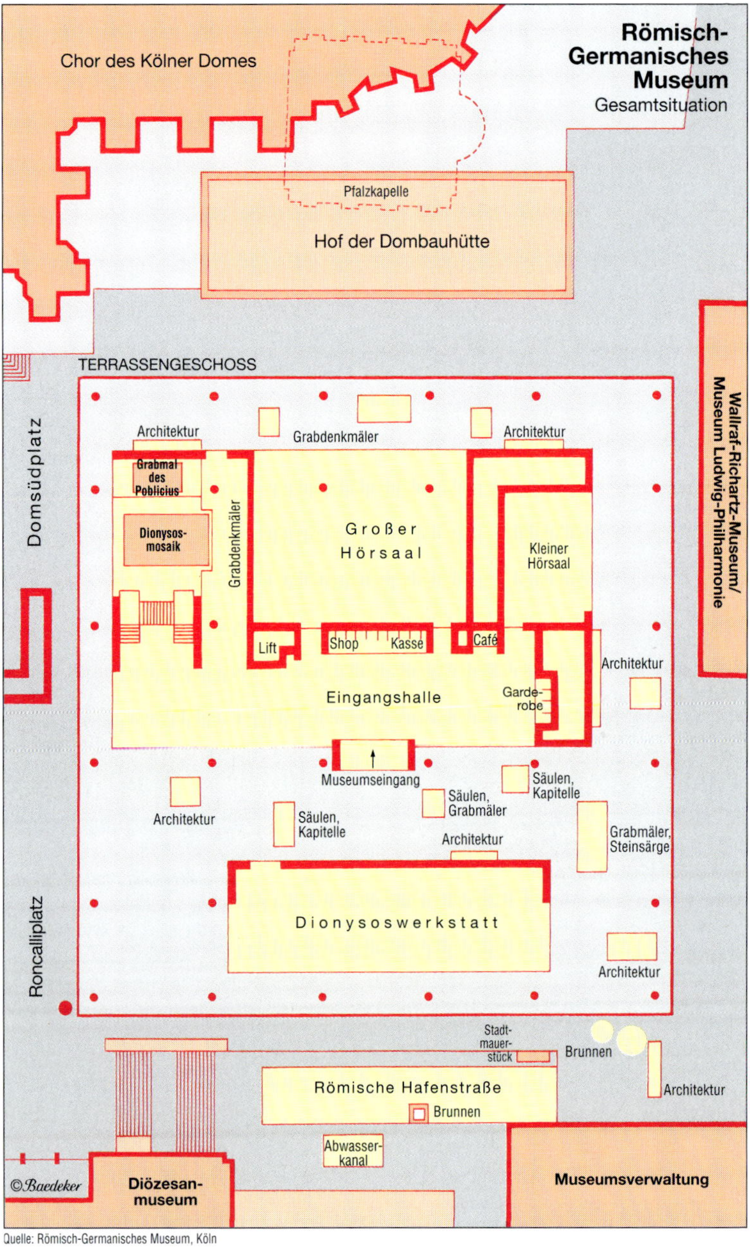

Quelle: Römisch-Germanisches Museum, Köln

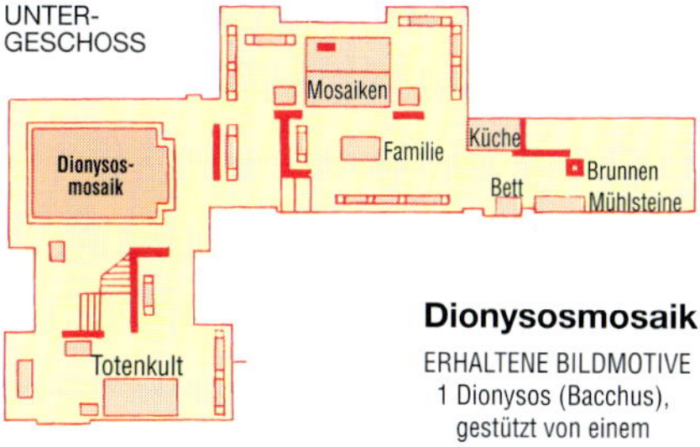

Dionysosmosaik

ERHALTENE BILDMOTIVE

1 Dionysos (Bacchus), gestützt von einem Satyr
2 Mänade (mit Leier) und Satyr (mit Flöte)
3 Tanzpaar (schadhaft)
4 Satyr mit Mänade (mit Tamburin)
5 Amor auf einem Löwen
6 Aufforderung zum Tanz
7 Satyrfamilie
8 Silen auf einem Esel
9 Satyr bläst Flöte
10 Pan mit Ziegenbock
11 Panther
12 Enten
13 Kantharos mit Vögeln
14 Birnen im Kantharos
15 Fuchs
16 Vögel ziehen Wägelchen mit Früchten
17 Feigen am Zweig
18 Vögel ziehen Wägelchen mit Erntegerät
19 Kirschen in einem Flechtkorb
20 Pfau mit Birne im Schnabel
21 Muscheln

Römisch-Germanisches Museum

HAUPTGESCHOSS

A Audiovisuelle Information

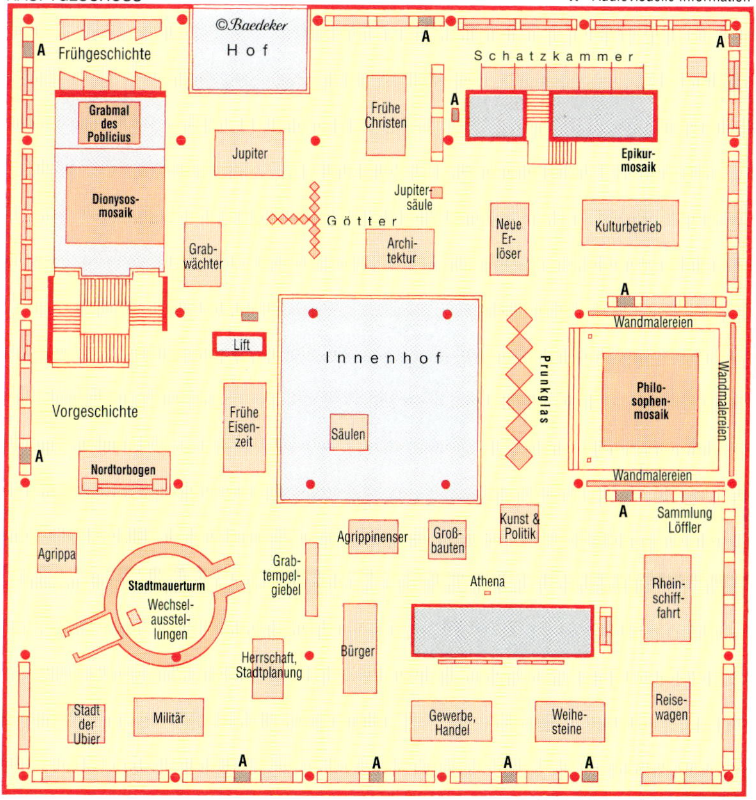

Quelle: Römisch-Germanisches Museum, Köln

Busse
170, 250, 260, 963, 976, 977, 978, 985 (Dom/Hbf)

Öffnungszeiten
Di.–So.
10.00 – 17.00

len Welt der Vergangenheit geschaffen werden, zudem sollen Vorbeigehende durch den Einblick in die Innenräume angezogen werden. Diesen Zielen dient auch die Aufstellung von römischen Steindenkmälern vor dem Museum – dem Bürger sollen die Zeugnisse seiner Geschichte in den Weg gestellt werden – sowie die Anlage der begehbaren römischen Hafenstraße mit einem Abwasserkanal südlich des Museums und die Teile der römischen Stadtmauer. Indem diese Reste gesehen und angefaßt werden können, soll die vergangene Welt real erfahrbar gemacht werden.
Im Innern hat man auf die Anlage eines Rundgangs verzichtet und statt dessen Themengruppen zu einzelnen Lebensbereichen (z.B. Kunst, Handel, Militär, Schiffahrt, Christentum usw.) zusammengestellt, deren Exponate auf Sockeln und in Vitrinen wie Inseln im Raum stehen. So soll der Besucher wie auf einem stilisierten römischen Forum zwischen den verschiedenen Themen spazieren gehen können. Eine Diashow liefert Information zu ausgewählten Exponaten.

Besondere Beachtung verdienen nachstehend beschriebenen Exponate:

Dionysosmosaik
(Abb. s. S. 34)

Vom Treppenhaus aus sieht man unten das berühmte Dionysosmosaik, an dieser Stelle 1941 bei der Aushebung eines Luftschutzbunkers entdeckt. Bereits Albert Magnus hatte im 13. Jh. anläßlich eines Besuchs der Dombauarbeiten von “prächtigen Fußböden aus heidnischer Zeit” in den Ausschachtungen berichtet. Das Mosaik bildete den Fußboden eines Saales in einem römischen Peristylhaus (Haus mit Innenhof und Säulenumgang) des 1.– 3. Jh.s, das mit 40 x 65 m etwa die Ausdehnung des heutigen Museums hatte. Dargestellt sind Tanzszenen, Figuren, Früchte und Tiere aus dem Zusammenhang des Kults des Wein- und Vegetationsgottes Dionysos, der im Mittelfeld sich trunken auf einen Satyr (Gestalt aus dem Gefolge des Gottes) stützt. Nicht geklärt ist die Frage, ob in dem Saal rauschende (dionysische) Feste stattfanden, oder ob es sich (wahrscheinlicher) um einen Speise- und Repräsentationssaal handelte, wobei die Mosaikszenen nur eine visuelle Einladung zu Lebensgenuß und Lebensfreude aussprechen sollen.

Publiciusgrabmal

Über dem Dionysosmosaik ragt das eindrucksvolle Grabmal des Poblicius auf. Es wurde 1967 bei Ausschachtungen am Chlodwigplatz (→ Severinsviertel) entdeckt und 1970 von der Stadt gekauft. Die Originalteile heben sich deutlich von den Ergänzungen ab. Das Monument von 14,6 m Höhe ließ sich der offenbar sehr wohlhabende Poblicius (Name aus der Inschrift auf der Frontseite) um das Jahr 40 n. Chr. errichten. Poblicius selbst steht in der Mitte zwischen zwei weiteren Figuren (Familienangehörige?) in dem von korinthischen Säulen getragenen Obergeschoß des Grabmals. In der Seitenansicht von einer der Galerien aus erkennt man sein interessantes Profil sowie Reliefszenen mit Darstellungen aus dem Dionysoskult, der hier für ewiges Leben und Glückseligkeit steht.

Foyer, Erdgeschoß, Galerie

Im Foyer finden kleine Ausstellungen zu verschiedenen Themen statt. Im Erdgeschoß auf der Galerie sind reliefierte Blöcke von Grabdenkmälern ähnlich dem Grab des Poblicius mit verschiedenen Darstellungen zu sehen.

Untergeschoß

Im Untergeschoß des Museums befinden sich Ausstellungsstücke, die den römischen Totenkult illustrieren, sowie ein langgestreckter Raum, der das Thema “Alltag der Römer” mit Gebrauchskeramik, Möbeln, Spielen, Küchengeräten u.a. behandelt.

Obergeschoß

Glassammlung
Diatretglas

Im Obergeschoß hat man die Möglichkeit, frei von Themeninsel zu Themeninsel zu wandern und Eindrücke aus der Vor- und Frühgeschichte Kölns bis zur fränkischen Herrschaft (ca. 450 – 700 n. Chr.) bezüglich der Bereiche Religion, Kunst, Architektur, Wandmalerei, Politik, Handel u.v.m. zu sammeln. Ein Höhepunkt der Ausstellung ist die Glassammlung des Museums, die größte Sammlung dieser Art in Europa. Ein einzigartiger

Römisch-Germanisches Museum (Fortsetzung)

Schatz unter diesen ist das Diatretglas, ein Glas mit einem herausgeschliffenen feinen Netzwerk. Die Herstellung dieser Art von Glasarbeit, einer der kostbarsten der römischen Kaiserzeit, erforderte ungeheures Geschick und viel Zeit: Aus einem dickwandigen Glasrohling schliff man Ornamente und Buchstaben so aus dem Glas heraus, daß diese nur noch durch dünne Stege mit dem dann dünnwandigen Glaskörper verbunden waren. Das Kölner Diatretglas trägt die griechische Inschrift "Trinke, lebe schön, immerdar". Die vermutlich einzige Produktionsstätte solcher wertvollen Gläser befand sich wahrscheinlich in Köln. Eine Besonderheit im Kölner Raum waren auch die Schlangenfadengläser: Pokale und Flaschen mit bunt aufgelegten Fäden. Zudem sind Schliffgläser mit heidnischen, christlichen und paganen Darstellungen ausgestellt.

Diatretglas

Im Raum gegenüber dem Glas liegt das Philosophenmosaik aus dem 3. Jh. Es stellt griechische Philosophen und Dichter dar, umgeben ist es von Wandmalereien aus dem 2. Jahrhundert. Hervorzuheben unter den vielen Exponaten der Themeninseln sind auch die Porträts des Kaisers Augustus und der Kaiserin Livia, unter deren Herrschaft Köln gegründet wurde, und die Büste des Kaisers Claudius, der Köln die Stadtrechte verlieh sowie das Privatportät einer Frau mit der Frisur der Kaiserin Agrippina. Sehenswert ist zudem die Rekonstruktion eines römischen Reisewagens und Flußgottmasken.

Nordtorbogen

Südlich vom Treppenhaus markiert der Bogen des römischen Nordtores (→ römische Stadtmauer) den Beginn der Römerzeit. Die vier Buchstaben CCAA nennen den Namen des römischen Köln und fassen gleichzeitig seine Entstehungsgeschichte zusammen: C(olonia) = Stadt römischen Rechts; C(laudia) = gegründet zur Zeit des Kaisers Claudius; A(ra) = mit Altar des Kaiserkults; A(grippinensium) = auf Veranlassung der Agrippina (die Gemahlin des Kaisers Claudius, in Köln geboren; bewirkte die Verleihung der Stadtrechte). Direkt dahinter beherbergt der Nachbau eines römischen Turmes (Lysolphturm) einen Raum für kleine Sonderausstellungen.

Schatzkammer

Die Schatzkammer birgt römischen und völkerwanderungszeitlichen Schmuck, z. T. aus Privatsammlungen. Sie befindet sich unter der Studiengalerie, in der Bronzegerät, Münzen und Tonlampen ausgestellt sind.

**Schloß Augustusburg in Brühl (Ausflugsziel)

Lage
Brühl, 13 km südlich des Kölner Stadtzentrums

Anfahrt
Straßenbahn 18 z.B. ab Dom/Hbf bis Brühl Mitte
oder
mit der Deutschen Bundesbahn bis Brühl Bf (das Schloß liegt vis-á-vis des Bahnhofs)
oder
per Auto über die A 553 bis Abfahrt Brühl-Ost

Die Schlösser Augustusburg und das kleinere Falkenlust auf halbem Weg zwischen Köln und Bonn gelten als Höhepunkte des Rokoko und als Vorbilder für etliche deutsche Fürstenhöfe, die in dieser Zeit errichtet wurden. Beide Schlösser sowie die Gärten nahm die UNESCO 1984 in die Liste der Weltkulturdenkmäler auf. Schoß Augustusburg bildet heute, als Eigentum des Landes Nordrhein-Westfalen, beim Empfang hoher politischer Gäste den festlichen Rahmen. Bei solchen Anlässen ist das Schloß für die Öffentlichkeit nicht zugänglich.
Ursprünglich diente hier eine 1284 erbaute Wasserburg den 1288 aus Köln vertriebenen Erzbischöfen als eine ihrer Residenzen (1689 zerstört). Der Wittelsbacher Clemens August (1700–1761), Kurfürst und Erzbischof von Köln, der politisch nicht sehr geschickt, wohl aber den Künsten und der Falkenjagd zugetan war, legte 1725 den Grundstein zum heutigen Schloß. Das ursprüngliche Konzept der Anlage stammt von dem westfälischen Architekten Konrad Schlaun, dessen Entwurf jedoch François Cuvilliés (Baumeister ab 1728) stark abwandelte. Außer den Architekten wurden weitere prominente Künstler engagiert, so z. B. Balthasar Neumann für das Treppenhaus und Carlo Carlone für einige Deckengemälde. 1768 waren die Bauarbeiten abgeschlossen. Während der französischen Besetzung ab 1794 ging fast das gesamte Mobiliar verloren; Kriegszerstörungen 1944 betrafen am schwersten den Nordflügel.

Das Rokoko-Schloß Augustusburg zählt zu den Weltkulturdenkmälern

Öffnungszeiten
(Besichtigung nur mit Führung!)
Di. – So.
9.00 – 12.00 und 13.30 – 16.00,
Dez. und Jan. geschl Kurzfristige Schließung bei Empfängen möglich! Telefonisch informieren unter Tel. (022 32) 4 24 71

Man nähert sich dem Schloß von Osten her. Hier erkennt man die U-förmige Anlage der Schlaunschen Konzeption mit Nord- und Südflügel, die den Ehrenhof flankieren. Die Ostfassaden der beiden Flügel sind in der Barockgestaltung Schlauns erhalten. Unter Cuvilliés' Bauleitung wurde die Südseite zur Schaufassade; weil jedoch Cuvilliés die bereits vorhandene Bausubstanz nur abänderte, ist die Südfassade unsymmetrisch.
An die Geburtsstätte des in Brühl aufgewachsenen berühmten deutschen Malers und Graphikers Max Ernst (1891 – 1976), den Mitbegründer des Surrealismus, erinnert eine kleine ständige Ausstellung in einem Nebengebäude des Schlosses (geöffnet: So. – Mi. 14.00 – 17.00, Do. 14.00 – 20.00 Uhr).

Treppenhaus mit Deckengemälde

Der Eingang ins Schloß (zugänglich nur mit Führung) liegt im Nordflügel, man betritt das Schloß vom Ehrenhof her. Beachtung verdient vor allem das einzigartige Treppenhaus Balthasar Neumanns, das mit Marmor, Stuck, Stucksäulen und Karyatiden (gebälktragende Statuen), gipfelnd im Deckenfresko von Carlo Carlone, die Pracht absolutistischen Selbstverständnisses zum Ausdruck bringt. Das Deckengemälde zeigt auf einer Pyramide die Initialen von Clemens August, der von Allegorien (Verkörperungen der Künste und Gottheiten) umgeben ist, die die bösen Kräfte in die Tiefe stürzen.

Obergeschoß

Im Obergeschoß des West- und Südflügels beeindruckt die Aufeinanderfolge immer wieder anders gestalteter Räume mit ihrer aufwendigen Ausstattung. Auch die Schlafzimmer und andere Räume waren früher Empfängen und Repräsentationen vorbehalten.

Untergeschoß

Das Untergeschoß enthält das sog. Sommerappartement, ebenfalls für Empfänge gedacht, vorwiegend im Sommer benutzt. Einen kühlen Charakter erhalten die Räume durch die Verwendung blauweißer Wandfliesen (aus Rotterdam).

Schloßkonzerte

Von Mai bis September finden im Schloß regelmäßig Konzerte statt. Informationen gibt der Verein der Brühler Schloßkonzerte, Tel. (0 22 32) 4 31 83.

Schloßgarten

Der Schloßgarten im Süden mit seiner regelmäßigen Anlage von Bepflanzungen und Weihern ist das typische Beispiel eines französischen Gar-

Schloßgarten (Fortsetzung)

tens. Der Blick von Süden über den Achsenweg, den Spiegelweiher mit Fontäne und die inszenierte Landschaft des Gartens auf das Schloß offenbart den absolutistischen Geist des 18. Jh.s, der sich planend und selbstherrlich Natur und Staat zu unterwerfen suchte. Der Schöpfer der Gartenanlage war Dominique Girard, ein Schüler Le Notrés, der u.a. den Versailler Park entworfen hatte.

Schloßkirche

Man sollte nicht die Besichtigung der Schloßkirche versäumen (in der Schloßstraße; an der Rückfront, der Nordwestecke des Schlosses; mittags geschlossen). 1493 als Franziskanerkirche geweiht, wurde sie ab 1735 barock umgestaltet. Höhepunkt des sonst schlichten Raumes ist der Hochaltar von Balthasar Neumann, in dessen Mitte sich ein drehbar gelagerter Spiegel mit dem Symbol der Dreifaltigkeit befindet: Hinter dieser Darstellung des Allerheiligsten pflegte der Kurfürst zu sitzen und durch leichtes Drehen des Spiegels ungesehen das Volk zu beobachten, das sich kniend zum Altar wandte.

Jagdschloß Falkenlust (Öffnungszeiten Di. – So. 9.00 – 12.00 und 14.00 – 16.00)

Daran anschließend lohnt sich der Spaziergang (20 – 30 Minuten) durch den Park zum Jagdschlößchen Falkenlust, 1,5 km südöstlich von Augustusburg (auch mit dem Auto zu erreichen). Clemens August war leidenschaftlicher Falkenjäger, wobei er die Falkenjagd auch symbolisch als Übung für Scharfsinn und Disziplin in der Staatsführung verstand. Allein 1748 wurden an seinem Hof rund 10 000 Taler für die Jagd ausgegeben, davon zwei Drittel für die Beizjagd. Zur Durchführung der Jagden, jedoch auch für geheime Verhandlungen und galante Abenteuer, wurde ab 1729 Falkenlust errichtet. Cuvilliés und Leveilly gestalteten das Rokokoschlößchen. Außen- wie Innenverzierung zeigen Jagdmotive. Bemerkenswert im Innern sind vor allem das Lackkabinett (mit einem gemalten Porträt Clemens Augusts), das gekachelte Treppenhaus und im Obergeschoß das Spiegelkabinett. Eine Führung durch Falkenlust wird nicht angeboten, es steht aber ein Diashow zur Verfügung.

Das prächtige Treppenhaus zeugt von absolutistischem Selbstverständnis

*Schnütgen-Museum (St. Cäcilien) O 13

Lage
Cäcilienstr. 29

Straßenbahnen
1, 2, 3, 4, 7, 9, 12, 14, 16, 18 (Neumarkt)

Busse
136, 146, 976, 977, 985 (Neumarkt)

Öffnungszeiten
Di.–Fr. 10.00–17.00, jeden 1. Mi. im Monat 10.00–20.00, Sa., So. 11.00–17.00

Das in der ehemaligen Kirche St. Cäcilien untergebrachte Schnütgen-Museum beherbergt eine der bedeutendsten Sammlungen mittelalterlicher Kirchenkunst. Alexander Schnütgen (1843 – 1918), ab 1887 Domkapitular, stiftete seine teils aus verweltlichtem Kloster- und Kirchenbesitz angelegte Sammlung 1906 der Stadt Köln. 1956 wurde sie erstmals in St. Cäcilien untergebracht. Nach der Neugestaltung des Kirchenraumes und der hervorragenden didaktischen Anordnung der Exponate erfolgte 1977 die Neueröffnung.
Der Rundgang durch das Museum führt durch die Epochen der abendländischen christlichen Kunst vom frühen Mittelalter (6. Jh.) bis zum 19. Jh., schließt aber auch byzantinische Kunst ein. Elfenbeinschnitzerei und Goldschmiedearbeiten, Holz- und Steinskulpturen, Glasgemälde und Textilien bilden mit dem Raum der romanischen Basilika eine harmonische Einheit und vermitteln zusammen einen Eindruck der Lebens- und Ideenwelt des Mittelalters. St. Cäcilien selbst stammt aus dem 12. Jh. und gehört damit zu den berühmten romanischen Kirchen kölnischer Baukunst – die Pfeilerbasilika diente damals als Kirche eines adeligen Damenstifts. Aus dieser Zeit sind im Original nur noch der Bereich des Chors mit seinen fragmentarischen Friesen und die vier östlichen Achsen des Langhauses erhalten. Ehemals lagen hier römische Thermen. Nur ein kleiner Teil des großen Sammlungsbestandes des Museums ist heute auf der Empore, im Mittel- und in den Seitenschiffen, im Chorraum, in der Sakristei und in der Krypta zu sehen. Die vielfältigen kostbaren Holz- und Steinskulpturen stehen – zu thematischen Gruppen geordnet – in allen Räumen. Um ihre Wirkung als Andachtsbilder zu mildern, stellte man sie auf Acrylsockel.

Rundgang

Besonders beachtenswert sind beim Rundgang (im Uhrzeigersinn) durch das Museum die folgenden Exponate:

Eingangshalle

Die Museumshalle zeigt an ihrer Nordseite ein Meisterwerk der Gotik: das sog. Gebote-Fenster aus Boppard (1440–1446). Unten ist die hl. Elisabeth, oben die Gebote dargestellt. Die Fenster an der Westseite stammen aus Altenberg und St. Apern in Köln und zeigen Szenen aus dem Leben des Kreuzzugspredigers und Klosterreformators Bernhard von Clairvaux (Fenster Anfang 16. Jahrhundert).

Vorraum und Empore

Im Kirchenvorraum hängt eine bedeutende Holzarbeit der Frühromanik: das Kruzifix aus St. Georg (um 1067). An der Westwand sind byzantinische Textilien aufgereiht. Auf der Nordempore des Kirchenraumes ist byzantinische und frühmittelalterliche Kunst ausgestellt, bemerkenswerte Elfenbeinwerke (z.B. der Kamm des hl. Heribert, um 870) sowie Goldschmiedearbeiten (z.B. das rheinländische Reliquiar mit Bergkristall, um 1200) und verschiedene Buchdeckel.

Nördliches Seitenschiff

Im nördlichen Seitenschiff, das man von der Nordempore aus über eine seitliche Treppe erreicht, sind hauptsächlich Madonnenfiguren der Früh- und Hochgotik ausgestellt, vornehmlich aus dem Kölner Raum bzw. vom Niederrhein. Hier befindet sich auch (an einem Pfeiler) eine hervorragende Parlerbüste, um 1390 geschaffen von einem Mitglied der Familie Parler, die um diese Zeit einen neuen Stil der Gotik schuf, den sog. Schönen oder Weichen Stil. Am Ende des Schiffs (östliche Wand) läuft man auf eine Reihe von Büsten zu, Reliquienbehälter für die Überreste der Begleiterinnen der hl. Ursula (14. Jahrhundert).

Chorraum

Im Chor steht an den seitlichen Wänden das kostbare Wasserberger Chorgestühl (niederrheinisch um 1300), das zu den wichtigsten Arbeiten der gotischen Bildschnitzerei zählt – rechts, am Anfang, ist der Stifter, vor Maria kniend, dargestellt. Zudem sind hier Figuren vom Hochaltar des Kölner Doms sowie die Statuen der Heiligen Drei Könige vom Dreikönigenpförtchen (→ St. Maria im Kapitol), um 1320, zu sehen. Auffallend ist vor allem die wertvolle romanische Goldschmiedearbeit am Altar, die große Altartafel aus St. Ursula (um 1770).

Chorraum (Fortsetzung)

In der nördlich an den Chor anschließenden Sakristei befinden sich u. a. hervorragende geistliche Tücher und Gewänder sowie die im Köln des 15. Jahrhunderts entstandene Kissenplatte.

Sakristei

Im Mittelschiff haben vorzügliche romanische Skulpturen Aufstellung gefunden, u.a. die "Siegburger Madonna" (um 1150). In den westlichen Teil des Mittelschiffs wurden die Tympana (Bogenfelder über Eingängen, beide um 1160) installiert: das vom nördlichen Portal von St. Cäcilien, das aus zerstörten römischen Grabsteinen zusammengesetzt ist, und das Tympanon von → St. Pantaleon.

Mittelschiff

Das Schnütgen-Museum in der ehemaligen Kirche St. Cäcilien birgt eine der bedeutendsten Sammlungen mittelalterlicher Kirchenkunst

Zwischen den Friesen hindurch gelangt man in die (eindrucksvoll restaurierte) Krypta am Westende des Mittelschiffs. Hier sind gotische und barocke Goldschmiedearbeiten, vornehmlich sakrale Geräte zu sehen.

Krypta

Im südlichen Seitenschiff befinden sich Skulpturen der Spätgotik; viele Figuren weisen den charakteristischen Körperschwung auf, etwa die Heilige Jungfrau (von Tilman von der Burch, um 1480) oder der hl. Nikodemus (niederrheinisch, um 1480). Lebhaft erzählend ist der hl. Hieronymus mit dem Löwen dargestellt (um 1460). Bedeutend ist daneben auch der niederrheinische Passionsaltar (1520 – 1530).

Südliches Seitenschiff

Auf der südlichen Empore, die man wieder über eine Treppe erreicht, und der anschließenden Westempore, von der aus man einen schönen Blick über die gesamte Ausstellung hat, dreht sich alles um barocke Kunst und um Werke des 19. Jahrhunderts.

Südliche und Westempore

Severinsviertel (Vringsveedel) O 13/14

Lage
Um die Achse Severinstraße

Straßenbahnen
6, 15, 16 (Chlodowigplatz)

Busse
132, 133, 985 (Chlodwigplatz) oder 132, 133 (Severinskirche, Rosenstraße, Severinstraße)

Das Severinsviertel hat noch sehr viel von seinem alten kölnischen Charakter bewahrt, es gilt als eines der lebendigsten 'Veedel' der Stadt. Viele Kneipen, Cafés, Geschäfte und eine harmonische Mischung aus Urkölnern und Ausländern bestimmen seine Atmosphäre – das Vringsveedel ist neben der Altstadt und dem Kwartier Lateng (→ Zülpicher Straße) das beliebteste Kneipenviertel Kölns. Die Mitglieder der Kölner Gruppe BAP begannen hier ihre Karriere als herumziehende Kneipenmusiker, das Viertel besangen sie in ihrem Song "Südstadt, verzell nix". Eine Reihe bemerkenswerter Bauwerke rundet das Bild dieses Stadtteils ab.

Zur Römerzeit wurden entlang der heutigen Severinstraße, der ursprünglich nach Bonn führenden Straße, die Toten bestattet, d.h. – entsprechend dem römischen Zwölftafelgesetz (5.Jh.v.Chr.) – außerhalb der Stadt. Die Fläche des heutigen Severinsviertels entsprach dem Landbesitz der mächigen Severinskirche im 10. Jh. Unter → St. Severin sind heute bemerkenswerte Funde zugänglich, die eine christliche Vorgängerkirche schon aus dem 4. Jh. belegen. Besonderes Aufsehen erregte 1967 die Ausgrabung des Policiusgrabmals (heute im → Römisch-Germanischen Museum) am Chlodwigplatz. Ende der 70er Jahre erwachte das Interesse an einer vorsichtigen Sanierung des nach dem Zweiten Weltkrieg rasch wiederaufgebauten Viertels, die Südstadt wurde als Wohnviertel entdeckt.

Spaziergang

Einen Spaziergang durch das Vringsveedel beginnt man am besten am Chlodwigplatz am Ring. Der verkehrsreiche Platz erhält seinen ruhenden Pol durch die Severinstorburg an seinem nördlichen Ende.

*Severinstorburg

Dieses eindrucksvolle, von der → mittelalterlichen Stadtmauer erhaltene Tor bildet den Eingang zur von Geschäften und Cafés gesäumten Severin-

Das Severinstor der mittelalterlichen Stadtmauer im 'Vringsveedel'

Der Karl-Berbuer-Brunnen erinnert an den gleichnamigen Kölner Sänger und Komponisten vieler bekannter Karnevalslieder.

Severinstor (Fortsetzung)

straße. Der einzelne, über dem Toreingang aufragende trapezförmige Turm des Tors wurde wenige Jahrzehnte nach dem Bau des unteren Abschnitts (Ende 12. Jh.) aufgesetzt. Im 15. Jh. fügte man dem Turm außerdem noch Geschützkammern an. Wie bei der → Hahnentorburg öffnet sich der Durchgang nach außen mit einem spitzen Torbogen, zur Stadt hin mit einem runden. Die vier Geschosse der Torburg werden vom einem Restaurant und einem kleinen Theater, dem Severins-Burg-Theater, genutzt. Von hier geht auch der erste Karnevalszug an Weiberfastnacht um 15.00 Uhr los, der über die Severinstraße zum Alter Markt führt.

Haus Balchem

Durchschreitet man das Tor, steht man bereits nach wenigen Schritten vor der breiten, weißgetünchten Fassade des Hauses Balchem (Severinstr. 15). Es gilt als das schönste erhaltene Barockhaus Kölns. Es wurde, wie die Jahreszahl im Giebel besagt, 1676 von dem Bierbrauer H. Deutz erbaut; der Name des Hauses erinnert an die ehemalige Kölsche Wirtschaft der Balchems an dieser Stelle. Die Fassade ist barock gestaltet, doch der Geschoßaufbau ist der eines Kölner Wohnhauses des Mittelalters (→ Overstolzenhaus): Über dem Erdgeschoß befindet sich ein Zwischengeschoß, zu dem auch der reichverzierte Erker gehört, darüber lag die Wohnetage. Die oberen drei Geschosse dienten als Speicher. Heute beherbergt das Gebäude eine Filiale der Stadtbücherei. Ein Abstecher nach rechts in den Severinswall ermöglicht einen Blick auf die Bottmühle, einer der vier auf der → mittelalterlichen Stadtmauer errichteten Mühlen aus dem 17. Jh.

Bottmühle

Schokoladenmädchen und Stollwerck-Fabrik

Zurück auf der Severinstraße steht man schon wenige Meter weiter auf dem Severinskirchplatz. Gleich vornean steht seit 1990 das 'Schokoladenmädchen' an einem Brunnen. Die Skulptur erinnert an den seit Mitte des 19. Jh.s bis vor wenigen Jahren für das Viertel ausschlaggebenden Wirtschaftsfaktor: die Schokoladenfabrik Stollwerck, in der viele Frauen und Mädchen angestellt waren. Das Unternehmen hatte etwas weiter östlich

Baedeker Special

Op Kölsch jeschwad

Kölsch ist in Köln so manches. Nämlich zum einen alles, was typisch kölsch ist, wie die kölsche Pänz (Kinder) und der kölsche Klüngel (die altbewährte und traditionsreiche Kölner Beziehungswirtschaft). Kölsch ist auch das obergärige, nur in Köln und nächster Umgebung gebraute Bier, das vom Köbes in Stangen ausgeschenkt wird. Und schließlich ist Kölsch auch die **Mundart**, die in Köln gesprochen und gepflegt wird – vor dem Zweiten Weltkrieg noch viel mehr als heute.

Damals wußte noch jedes kölsche Kind, was es nach diesen Worten zu tun hatte: "Kumm ens her, Schängelche (komm einmal her, kleiner Jean), jehste ens flöck (gehst du mal flott) för mich enkaufe, brengste Pund Öllich (Zwiebeln) met, un pass jot op et Jeld op." Wenn aber der Lehrer im Deutschunterricht vorlas: "Bunt sind schon die Wälder, gelb die Stoppelfelder, und der Herbst beginnt", sahen sich die kölsche Pänz erst ratlos an, bevor sie über das merkwürdige Deutsch zu lachen begannen. Die Lehrerinnen und Lehrer, damals noch alle aus Köln und Umgebung stammend, beherrschten natürlich auch alle das Kölsche. Aber schließlich hatten sie den amtlichen Auftrag, den Kindern Hochdeutsch als erste Fremdsprache beizubringen und damit ihre liebe Mühe. In manchen Fällen blieb der Erfolg mäßig. Bei nicht wenigen alten Kölnern hört man das heute noch – deshalb geniert sich aber niemand. Schließlich hat auch der Kölner Oberbürgermeister und spätere Bundeskanzler Konrad Adenauer bis zu seinem seligen Ende kein astreines Hochdeutsch erlernt. Seit dem Ende des Zweiten Weltkrieges sind dann zwar viele des Kölschen nicht Mächtige in die Stadt gekommen. Aber auch heute noch wird in den alten Kölner Vierteln, auf dem Markt, an den Theken und in denTraditionsvereinen viel und mit Vergnügen "op Kölsch jeschwad".

Da im Dialekt immer auch Lebensart und Denkweise der Menschen zum Ausdruck kommen, die sich dieses Idioms bedienen, sollen einige Kostproben der Kölschen Mundart zur Erhellung der Kölschen Mentalität dienen:

Daß Genauigkeit und Pünktlichkeit nicht immer die Stärken der Kölner sind, drückt sich in der beliebten Redewendung aus: "Küste (kommst du) hück (heute) nit, küste morje." Aber man sagt den Kölnern auch nach, daß sie lebensfroh und zuversichtlich sind, denn "et es wie et es" und "et hätt noch immer jot jejange".
Vor allem aber eine gute Eigenschaft haben die Kölner: sie sind (normalerweise) nicht fremden- und ausländerfeindlich. Köln ist von 'Ausländern', den Römern, vor 2 000 Jahren gegründet worden und war in all den Jahrhunderten seither immer Handels- und Durchgangsstadt. Die Kaufleute aber wissen: Versteift man sich immer nur auf die eigene Art, geht man nicht auf die Fremden ein, wird aus dem Handel meist nichts. In Köln läßt man deshalb die Menschen so sein, wie sie sind, denn "jeder Jeck is anders". Wer in Köln ausländerfeindlich ist, hat seinen Verstand nicht beieinander. Das weiß in Köln jedes Kind.
Die Kölner lieben dagegen Spott und Ironie. Wer beim Eintreten seinen Hut nicht abnimmt, bekommt sogleich zu hören: "Häste Mösche (Spatzen) unger dem Hot?" Der Gast, der den Aufbruch nicht finden kann, ist in Köln "en Klävbotz" (eine Klebehose). Aber auch vor derben, vulgären Ausdrücken schrecken die Kölner nicht zurück. Wer mit weitschweifigem, langweiligem Gerede seinem Nachbar auf die Nerven geht, hört von diesem: "Loss mich en Roh met dingem Dressverzäll (deinem Sch ...geschwätz)." Dasselbe ungebührliche Wort ziert auch den Namen des 'Kallendressers', eines kleinen, auf der Kall (Dachrinne) hockenden Figür-

chens am Altermarkt 24 (Haus 'Em Hanen'), das gerade etwas in die Rinne hineinfallen läßt. In Köln schätzt man die einfache Art, den schlichten Ausdruck. Übertriebene Förmlichkeit, höfisches Auf-Vornehm-Machen können die Kölner nicht ausstehen. Sie haben deshalb das spanische "besamanos" bzw. das französische "baisemains" (Handkuß) zum kölschen "Baselemanes" verballhornt. Und da der Handkuß für die Kölner ein Symbol und Signalwort für das ist, was ihnen zuwider ist, hat sich der Begriff für etwas anderes eingebürgert: "Mach nit esu nen Baselemanes!" heißt soviel wie: "Mach nicht so ein Getue, stell dich nicht so an!"

"Kallendresser" am Alter Markt

Manchmal führen scheinbare Entlehnungen aus anderen Sprachen aber auch in die Irre. So glauben viele Leute, die Kölner Gruppe Bläck Fööss hätten sich nach dem englischen 'black' (schwarz) benannt, d.h. als 'schwarze Füße'. Im Kölschen bedeutet bläck aber nicht schwarz, sondern nackt, wie in "op der bläcke Äd schlofe". Wenn Kinder sich in Köln nach der Zeit fragen, aber keine Uhr dabei haben, strecken sie den Arm vor und sagen: "Halver bläcken Ärm." (Ein verwandtes Wort gibt es auch im Hochdeutschen: die Zähne blecken = entblößen)

Die Grammatik des Kölschen ist nicht ganz wie die hochdeutsche. So gibt es bei der Beugung der Hauptwörter keinen zweiten Fall (Genitiv); er wird mit dem dritten umschrieben. Der Hut meines Vaters heißt in Köln deshalb "mingem Vatter singen Hot". Dem Komparativ folgt nicht "als", sondern "wie": "De Metzjersfrau es noch decker wie ehre Mann."
Manch einer mag nun denken: Kölsch, das sind ein paar Lautverschiebungen (z.B. g zu j: "jute Jabe Jottes"), ansonsten ist das ein Hochdeutsch-Verschnitt, ein grammatikarmer Primitivjargon. Weit gefehlt! Das Kölsche hat Ausdrucksmöglichkeiten, die dem Hochdeutschen nicht zu Gebote stehen, z.B. die Verlaufsform, die es im Englischen, aber nicht im Deutschen gibt: "Ich ben mich am ömtrecke", (ich bin dabei, mich umzuziehen). Vor allem aber gibt es im Kölschen wie in jedem Dialekt Besonderheiten, Wörter und Wendungen, die nur dieser kennt, und in der sich die Mentalität der Menschen dieses Sprachraums ausdrückt. Ein Beispiel: Ein uneheliches Kind ist in Köln "e Malörche". Während in dem hochdeutschen Begriff Ausgrenzung mitschwingt, das Kind zu einer Un-Person erklärt, die es eigentlich gar nicht geben dürfte, wird die Welt beim "Malörche" (vom französischen malheur = Pech, Mißgeschick) genommen, wie sie ist. "Malörche" heißt: "Do kann doch dat Kind nix för!" Und so wurde und wird es, zumeist jedenfalls, in Köln auch behandelt – was heute als Selbstverständlichkeit erscheint, was es vor wenigen Jahrzehnten aber vielerorts noch keineswegs war.

Sprachgeschichtlich geht die Kölner Mundart weit zurück, bis etwa ins 12. Jahrhundert. Bis ins 16. Jh. war das Altkölnische sogar Schriftsprache. Letzteres übernahm dann das Neuhochdeutsche. Aber Kölsch gesprochen wurde bis zum Ersten Weltkrieg noch in allen Schichten der Bevölkerung. Die Kölner lieben ihre Stadt heiß und innig. Manche "kummen üvverhaup nit en de Jäng" an Tagen, da sie den Dom noch nicht gesehen haben. Je weiter sie von Köln fort sind und je ferner die Heimkehr, desto mehr plagt sie die Sehnsucht. Willi Ostermann hat es in seinem schönsten und letzten, auf dem Sterbebett im Juli 1936 geschriebenen Lied "Heimweh nach Köln" in Wort und Melodie gesetzt:

> "Wenn ich su an ming Heimat denke
> und sin d'r Dom su vör mir ston,
> mööch ich direk op heim an schwenke,
> ich mööch zo Foß noh Kölle jon."

Den Nationalsozialisten war dieses Lied ein Dorn im Auge, weil es im Zweiten Weltkrieg bei den Soldaten und evakuierten Rheinländern Sehnsucht nach Rückkehr in die Heimat weckte. Sein öffentlicher Vortrag wurde im Herbst 1944 verboten, weil es "die Kampfmoral" der Truppe untergrabe". Geschrieben und vertont war es als Karnevalslied. In Köln ist es eine Art Hymne geworden.

Schokoladenmädchen und Stollwerck-Fabrik (Fortsetzung)

des Platzes um die Dreikönigenstraße ihr riesiges Fabrikareal. In den 70er Jahren zog die Fabrik nach Köln-Porz um, woraufhin eine große Bürgerinitiative für den Umbau der Gebäude in günstige Mietwohnungen eintrat. Es enstand jedoch schließlich ein etwas steriles modernes Neubauviertel mit einem Bürgerzentrum. Am Severinskirchplatz lohnt die Besichtigung des 'Doms des Südens', der Kirche → St. Severin.

Ehemalige Kartäuserkirche

Eine evangelische Kirche befindet sich westlich von hier in der Kartäusergasse 7–9. 1393 wurde die im Stil der Ordensgotik errichtete Kirche der hl. Barbara geweiht. Erst 1334 ließen sich Kartäuser in Köln nieder, obwohl der Gründer des Ordens, der hl. Bruno (gestorben 1101), aus Köln stammte. Seit dem Wiederaufbau der Kirche nach 1945 entspricht die karge Innenausstattung der schlichten, einschiffigen Kirche erneut dem strengen, asketischen Ideal des Ordens. Im 15. Jh. wurden nördlich die Engels- und die Marienkapelle (mit vorzüglichen Figurenkonsolen) angebaut. Die abgeschlossenen Räume des Ordens, 25 Eremitagen und das Kapitelhaus, ehemals im Süden der Kirche um einen Kreuzgang herum angelegt, wurden zum großen Teil zerstört. Dagegen wurden die profanen Klostergebäude des 18. Jh.s im Westen der Kirche restauriert und beherbergen heute das "Haus der evangelischen Kirche".

Das Schokoladenmädchen erinnert an die Stollwerck-Fabrik

St. Maria vom Frieden

In der Verlängerung der Kartäusergasse liegt die barocke Klosterkirche St. Maria vom Frieden (Vor den Siebenburgen 6–10/Ecke Schnurgasse). Auf der Flucht vor den Glaubenskämpfen kamen Karmeliterinnen 1637 nach Köln und gründeten hier ein Kloster. Die dazugehörige Kirche konnte wegen Finanzschwierigkeiten erst 1716 fertiggestellt werden. Nach Auflösung des Konvents im Zuge der Säkularisation diente das Gotteshaus als Pfarrkirche und wurde durch Seitenschiffe und ein nördliches Querhaus erweitert. Seit 1949 ist St. Maria vom Frieden wieder im Besitz des Ordens.

Hinter der barocken, dreigeschossigen Fassade verbirgt sich ein schlichter, seiner ursprünglichen Ausstattung weitgehend beraubter Innenraum. Das Gnadenbild der Schwarzen Muttergottes auf dem Hochaltar stiftete 1642 Maria von Medici (Original verloren; Zweitfassung aus dem 17. Jh.). In der Krypta (normalerweise nicht zugänglich) erinnert eine Gedenktafel an die Pädagogin und Philosophin Edith Stein. Die gebürtige Jüdin konvertierte 1922 zum katholischen Glauben und lebte von 1933 bis 1938 im Karmeliterinnenkloster Köln-Lindenthal. 1942 starb sie in den Gaskammern von Ausschwitz. Am 1. Mai 1987 wurde sie als Märtyrerin seliggesprochen.

St. Johann Baptist

Zurückgekehrt auf die Hauptachse des Veedels, auf die Severinstraße, kommt man an den beiden Kirchen St. Gregor aus dem 11. Jh. und St. Johann Baptist vorbei, die oberhalb der Autoschneise der Severinsbrücke liegen. Nur ein Teil des Mittelschiffs von St. Johann Baptist war nach dem Zweiten Weltkrieg noch unversehrt, die vier staufischen Joche erheben sich nun als Altarhaus über dem Neubau der einstige Kirche der Weberzunft. Im Innenraum sind einige wertvolle Ausstattungsstücke erhalten (vergoldeter Antoniaschrein aus dem 14. Jh. in der Apsis, Messingtaufbekken von 1566, Sitzmadonna mit Kind (um 1320) in der Taufkapelle, Schatzkammer mit mehreren Kelchen, Meßgewändern u.a.).

Elendskirche St. Gregor

Dahinter liegt die einschiffige Elendskirche St. Gregor aus dem 18. Jh., die Friedhofskirche des dazugehörigen Elendsfriedhofs, so benannt nach den 'Elenden', die hier begraben wurden, nämlich seit dem 16. Jh. auch Hingerichtete und Protestanten (!). Über dem Westportal sitzt (als Relief) der "Triumphierende Tod" auf einem Sarg.

Karl-Berbuer-Brunnen (Abb. s. S. 131)

Auf der anderen Seite der Severinstraße führt eine kleine Gasse zum Karl-Berbuer-Platz, auf dem 1987 der gleichnamige Brunnen aufgestellt wurde. Das Wasser des Brunnens von Bonifatius Stirnberg sprudelt zwischen den

Karl-Berbuer-Brunnen (Fortsetzung)

beweglichen Karnevalsjecken, die alle in Beziehung zu dem bekannten Kölner Komponisten und Sänger Berbuer (1900–1977) stehen. Schon die Form des Brunnens, ein Boot, erinnert an Berbuers beliebtes Karnevalslied "Heidewitzka, Herr Kapitän", in dem es um das "Müllemer (Mühlheimer) Bötche" geht. Liedfragmente des Mundartdichters sind auf dem Spruchband um das Becken zu finden. Der Sänger selbst wurde als Bronzekapitän mit Narrenkappe auf dem Mast des Bötchens verewigt. Alle Figuren haben bewegliche Gliedmaßen und lassen sich um die eigene Achse drehen. Auf dem Bug steht Mutter Colonia. Nach dem Überqueren der Severinsbrücke ist es nicht mehr weit bis zu St. Georg.

St. Georg

Lage
Georgsplatz 1/
Ecke Waidmarkt

Straßenbahnen
3, 4, 14
(Severinstraße)

Busse
132, 133
(Waidmarkt)

Besichtigung
Mo. – So.
8.00 – 18.00

Das Kennzeichen von St. Georg, einer der zwölf romanischen Kirchen Kölns, ist ihr würfelartiger, aus Trachytquadern errichteter Westchor, der dem nahezu schmucklosen Äußeren der Kirche ein geradezu festungsartiges Erscheinungsbild verleiht. Bevor Erzbischof Anno II. im Jahr 1059 den Grundstein für die Kirche eines neu eingerichteten Chorherrenstiftes legte, befand sich hier eine merowingische Kapelle, die über den Resten eines römischen Bauwerks – vermutlich ein Straßenposten an der Ausfallstraße nach Bonn – entstanden war. Um die Mitte des 12. Jh.s wurde die Säulenbasilika eingewölbt und mit Pfeilern bestückt; wenig später entstand der mächtige Westchor. Sein 4 m dickes Mauerwerk sollte eigentlich den Unterbau für einen Turm bilden, doch dieser wurde nie realisiert. Die Renaissancevorhalle im Norden, durch die man heute das Gotteshaus betritt, verband einst St. Georg mit der nördlich gelegenen Pfarrkirche St. Jakob (1802 abgerissen).
Der quadratische Westchor, der im Mittelalter dem Gottesdienst der nichtgeistlichen Stiftsangehörigen vorbehalten war, überrascht durch seine schönen Proportionen und eine reiche Wandgliederung mit Skulpturenschmuck an den Kapitellen. In der Mitte des Raumes steht ein romanischer Taufstein (Anfang 13. Jh.), in der Mittelnische der Westwand befindet sich ein Gabelkruzifix aus dem 14. Jahrhundert. Die farbigen Glasfenster im Westchor (dargestellt sind die Heiligen Anno, Georg und Jakob) und im Langhaus schuf der Niederländer Jan Thorn-Prikker (1868–1932), von dem auch das Madonnenmosaik in der nördlichen Apsis des Ostchores stammt. Die mittlere Ostapsis schmücken eine Kopie des 1067 entstandenen romanischen Triumphkreuzes (Original im → Schnütgen-Museum) und ein Triptychon aus der Schule Barthel Bruyns von 1558.

Stadtgarten und Neu St. Alban N 12

Lage
Venloer Straße/
Spichern-Straße

Straßenbahnen
3, 4, 5 (Hans-Böckler-Platz)

Der Stadtgarten ist nicht nur wegen seiner schönen Anlage beliebt, sondern vor allem wegen seines Biergartens und der "Kölner Jazzhaus e.V.", die hier ihren Sitz hat und durch ihr Konzertangebot Furore gemacht hat. Der Park wurde bereits 1827–1829 angelegt und ist damit der älteste Park Kölns. Keine fürstliche Selbstdarstellung lag der Anlage des Parks zugrunde, sondern – ungewöhnlicherweise – legten ihn die Bürger selbst an. Er ist nach der Art eines englischen Landschaftsgartens gestaltet und verfügt über einen schönen Baumbestand. An seiner Nordwestecke befindet sich die Kirche Neu St. Alban.

Neu St. Alban

Die architektonisch bemerkenswerte Kirche wurde an der Nordwestecke des Stadtgartens 1957–1959 von Hans Schilling als Ersatz für die kriegszerstörte Altstadtpfarrkirche Alt St. Alban errichtet. Als Baumaterial dienten die Ziegel des im Krieg zerstörten alten Opernhauses. Der fünfeckige Bau mit der aufsteigenden Ostapsis folgt in seiner Form dem Vorbild einer Kapelle Le Corbusiers (Wallfahrtskapelle in Ronchamps). Von besonderem Interesse ist die Gestaltung des Kircheninnern nach damals neuen liturgischen Vorstellungen: Der Altar ist so angeordnet, daß die Zelebration der Messe zum Gemeinderaum hin erfolgt (offiziell wurde diese Auffassung erst mit dem Zweiten Vatikanischen Konzil). Nach Norden ist eine Sakra-

Neu St. Alban (Fortsetzung)

mentskapelle angefügt. Einige Ausstattungsstücke von Alt St. Alban (→ Gürzenich) sind in die neue Kirche gelangt: im Westen eine Kreuzigungsgruppe aus dem 16. Jh., die Apostelfiguren an der Orgelempore und die Pietà (15. Jh.) darunter, schließlich die schöne Barockkanzel.

Stadtwald und Wildgehege O 8–10

Lage
In Lindenthal, westlich der Innenstadt

Straßenbahnen
1 (Maarweg), 2 (Kitschburger Straße) oder 13 (Wüllnerstraße)

Ruhe und Erholung vom Stadttrubel findet man im Stadtwald, einem etwa 2 km langen und gut 800 m breiten Park, der sich südlich der Friedrich-Schmidt-Straße und westlich des Stadtwaldgürtels bis zum Äußeren Grüngürtel zieht. Abwechslungsreiche Spazierwege führen nicht nur durch einen reichen Baumbestand, sondern auch an weiten Wiesenflächen, Weihern und einem Bachlauf vorbei. Einen schönen Blick in die englische Parkanlage hat man vom Hültzplatz, der nordöstlichsten Ecke der Anlage aus. Sehenswert sind hier in den umliegenden Straßen die prachtvollen Villen aus der Gründerzeit. Etwa in der Mitte der Kitschburger Straße liegt der Eingang zum Wildpark des Stadtwaldes: Hier tummeln sich neben Rehen und Hirschen auch Wildschweine, Ziegen, Pfaue und Wasservögel (besonders mit Kindern ein lohnenswertes Ausflugsziel!). Bevor der ursprüngliche Park um 1900 in den Stadtwald integriert wurde, gehörte er zu der schloßartigen Kitschburg in der Nähe der Dürener Straße.
Vom Aachener Weiher bzw. dem → Museum für Ostasiatische Kunst aus ist der Stadtwald auf einem schönen Spaziergang entlang des Lindenthaler Kanals zu erreichen.

St. Cäcilien

→ Schnütgen-Museum

*St. Andreas N 13

Lage
Andreaskloster (Domnähe)

Straßenbahnen
5, 12, 14, 16, 18 (Dom/Hbf)

Busse
170, 250, 260, 963, 976, 977, 978, 985 (Dom/Hbf)

Die Kirche des Dominikanerordens vereinigt in reizvollem Kontrast rheinische Spätromanik mit französischer Hochgotik. Der schönste Blick auf die Kirche öffnet sich oberhalb der Komödienstraße von der nördlichen Domplatte aus. Der achtseitige romanische Vierungsturm setzt wohl den bedeutendsten Akzent in der Domumgebung. – Die Kirche entstand 1200 über einer Klosterkirche des 10. Jh.s. Zwischen 1200 und der Mitte des 17.Jh.s wurden mehrere Veränderungen und Erweiterungen vorgenommen, beispielsweise wurde der Chor 1414 durch einen gotischen ersetzt. Dabei schüttete man die Krypta zu, an deren Existenz bis 1953, als man sie bei Restaurierungsarbeiten wiederentdecke, nichts mehr erinnerte. Seit dem 14. Jh. fügte man in mehreren Etappen bis ins 16. Jh.s hinein Kapellen an die Seitenschiffe. Da St. Andreas im Zweiten Weltkrieg nicht so stark beschädigt worden war, diente sie zeitweilig als Ersatzkathedrale für den Dom, der erst 1948 teilweise wiedereröffnet werden konnte.

Inneres

Im Innern gilt die westliche Vorhalle als Glanzstück rheinischer Spätromanik. Auf das gedrungene Langhaus mit romanischer, die Horizontalen betonender Wandgliederung (bemerkenswert der Ornamentschmuck der Kapitelle) folgt die Vierungskuppel, die in Anpassung an den ehemaligen Chor des 10. Jh.s tiefer sitzt als das Gewölbe des Mittelschiffs. Der anschließende Hochchor – man beachte die reich verzierten Konsolen – ist nach dem Vorbild der Pariser Sainte-Chapelle völlig in Fenster aufgelöst.

Ausstattung

Über den sog. Blutbrunnen der hl. Ursula, einen Reliquienbehälter des 15. Jh.s, soll das Blut der hl. Ursula und ihrer Gefährtinnen bei deren Märtyrer-

Ausstattung (Fortsetzung)

tod geflossen sein (Vorhalle, Westnische). In der vorderen rechten Seitenkapelle ist die vom Meister von St. Severin um 1500 gemalte Altartafel der Rosenkranzbruderschaft zu sehen, die zum Dank für den Sieg über Karl den Kühnen gemalt wurde. Sie bekundet die Gründung der Bruderschaft durch Jacob Sprenger, einem der Verfasser des "Hexenhammers", der grundlegenden Schrift der Hexenverfolgung (dargestellt links unten vorne, mit schwarzer Kopfbedeckung). Links zu Füßen der Maria kniet Papst Sixtus IV., rechts Kaiser Friedrich III. In der Kapelle rechts vor dem Querhaus haben Wandmalereien aus dem 14. Jh. die Zeiten überdauert. An der Ostwand hinter dem Altar zeigt ein Fresko "Christus als Weltenrichter".

Krypta

In der Krypta, die in der Nachkriegszeit in den Resten einer Krypta des 10. Jh.s. erbaut wurde, liegt in einem römischen Sarkophag der Universalgelehrte Albertus Magnus bestattet, einer der bedeutendsten Theologen und Philosophen des Mittelalters. Einige Reliquien des Heiligen wurden auch in einem vergoldeten spätgotischen Holzschrein (15. Jh.) aufbewahrt, den man in einer der südlichen Kapellen aufstellte. Weiter östlich ist in einer Kapelle ein weiterer Schrein zu bewundern, der Machabäerschrein von 1527, der in der Form einer Kapelle gestaltet ist und die Reliquien der machabäischen Brüder und ihrer Mutter enthalten.

Schreine

Chorraum

Im Chor befinden sich ein bedeutendes Gestühl (1420) mit geschnitzten Heiligenfiguren (die Aposteln und Patrone Kölner Kirchen) und ein Flügelaltar von Barthel Bruyn d. Ä. (16. Jh.). Im Nordchor sind eine Darstellung der Kreuzigung des hl. Andreas (1658) und der Dreiflügelaltar "Auferstehung Christi" (16. Jh.) zu sehen. Am nordwestlichen Vierungspfeiler steht eine Figur des hl. Michael (15. Jh.). Diese sowie die überlebensgroße Skulptur des hl. Christophorus (um 1490) stammen wahrscheinlich von Tilman van der Burch, einem Kölner Stadtsteinmetzen. Die Marienkapelle an der Nordseite birgt mit ihren Szenen aus dem Marienleben (14. Jh.) einen bedeutenden Schatz gotischer Wandmalerei.

Pfeiler mit verschiedenfarbigen Steinen schmücken das Langhaus.
Im Chor das Kreuzigungstriptychon von Barthel de Bruyn d. Ä. (um 1550).

**St. Aposteln N 12

Lage
Apostelkloster 10
(am Neumarkt)

Straßenbahnen
1, 2, 3, 4, 7, 9, 12, 14, 16, 18
(Neumarkt)

Busse
136, 146, 976, 977
985 (Neumarkt)

Besichtigung
Mo., Mi. – Sa.
9.00 – 12.00 und
Mo., Di. – Fr.
15.00 – 17.00

Die Apostelkirche ist berühmt wegen ihres Dreikonchenchores, der hier wohl zu seiner harmonischsten Form gefunden hat. Überhaupt darf die Kirche als ein Meisterwerk des staufisch-romanischen Stils gelten.

Ein erster Bau datiert aus dem 10. Jahrhundert. Im 11. Jh. ließ Erzbischof Pilgrim eine vermutlich nach Westen ausgerichtete Basilika knapp außerhalb der römischen Stadtmauer errichten, die als Klosterbegrenzung bis 1802 bestehen blieb. Der Westturm stammt aus dem 12. Jahrhundert. Ein Gegengewicht zum Westchor entstand nach 1192 mit dem Kleeblattchor im Osten, der wie derjenige von → Groß St. Martin nach dem unübertroffenen Vorbild von → St. Maria im Kapitol gestaltet wurde. Anfang des 13. Jh.s wurden die Schiffe der Basilika eingewölbt. Die so erreichte Bauform wurde in Restaurierungsarbeiten nach 1945 wiederhergestellt.

Die Kirche hat ihre Schaufassade nach Osten, zum ehemaligen Viehmarkt, heutigen → Neumarkt, hin. Die kleeblattförmige Anlage der drei Konchen wird in dem zentralen achtseitigen Tambour der Vierungskuppel zusammengeführt, die von einer byzantinisch geprägten Laterne bekrönt wird. Der in sich ruhende Baukörper wird von den beiden achteckigen behelmten Türmchen akzentuiert, die, in die Nischen zwischen die drei Konchen gestellt, zur Abrundung des Ganzen beitragen. Die reiche Horizontalgliederung entsteht durch die zweigeschossige Etagenanlage, die von einer umlaufenden Zwerggalerie abgeschlossen wird (staufische Chorgliederung nach dem Vorbild von Schwarzrheindorf bei Bonn bzw. → St. Gereon in Köln). Vom Neumarkt her paßt sich der Westturm in den Hintergrund der Dachlandschaft ein, von Westen jedoch offenbart sich der ganz andere, festungsartige Charakter der Westgruppe, vom Volksmund auch als 'Apostelklotz' bezeichnet. Das Rautendach des Westturms gilt als Urtypus dieses Daches in der staufischen Architektur.

Inneres

Im Innern bilden die gewaltige rechteckige Halle des Westwerks mit dem offenen Turmteil (unter der Orgelempore die 1955 wieder freigelegte Krypta des 11./12. Jh.s) und der Kleeblattchor eine Komposition eigentümlicher Harmonie. Im Mittelschiff erkennt man am Buntsandstein der Pfeiler noch die Bauperiode des 11. Jh.s, während die Friese und Gesimse aus Trachyt im 13. Jh. vorgeblendet wurden. Die geschickte Zusammenfassung der unterschiedlichen Räume ergibt sich nicht zuletzt durch die Einwölbung des Langhauses. Die Gliederung der Außenseite der Kirche in Etagen wird im Innern vor allem im Kleeblattchor durch die horizontale Wandgliederung widergespiegelt: Der untere Bereich wird durch Nischen aufgelockert, der obere durch einen Laufgang. Im Dreikonchenchor wird, im Unterschied zu → St. Maria im Kapitol, die zentralisierende Wirkung durch die Kuppel noch gesteigert, deren Achteck über die Bögen der sog. Trompen auf die Vierungspfeiler gestützt ist.

Ausstattung

Die Ausstattung ist im Vergleich zur Vorkriegszeit eher spärlich. Im Westquerhaus, gleich neben dem Eingang, befinden sich die Statuen der Vierzehn Nothelfer (16. – 18. Jh.) aus der Zeit der verschwundenen Kapelle dieses Namens. Nachdem die im 19. Jh. entstandenen Mosaike der Gewölbe durch den Krieg zerstört waren, wurde die Kleeblattanlage und die Vierung 1988 – 1994 von H. Gottfried modern ausgemalt. Diese Ausgestaltung und die des Altars und des Bronzebaldachins von S. Hürten (1975) in der Vierung sind sehr umstritten. Kritiker meinen, sie stören die Harmonie des Kleeblattchores. In der Ostkonche befinden sich in einem modernen Altarretabel die wertvollen Eichenholzfiguren des Apostelzyklus aus dem 14. Jahrhundert. Am südöstlichen Vierungspfeiler steht eine Madonna (1300), am nordöstlichen ein hl. Georg (15. Jh.). Im nordwestlichen Querarm befindet sich ein 'Gemarteter Christus' aus dem 15. Jahrhundert. Aus dem Kirchenschatz stellt der Heribertkelch das wertvollste Kleinod dar, das

Die Apostelkirche am Neumarkt mit ihrem Kleeblattchor und der reichen Fassadengliederung ist ein Meisterwerk der Romanik.

St. Aposteln (Fortsetzung)

im 13. Jh. gefertigt wurde. Abbildungen der Aposteln sind oben in die Schale eingraviert, der Fuß wird von gestanzten Medaillons geschmückt.

Umgebung

Vor der nördlichen Konche des Kleeblattchores auf der Ecke zur Apostelnstraße wurde 1995 eine lebensgroße Adenauerstatue im Gedenken an seine Zeit als Kölner Oberbürgermeister aufgestellt (→ Berühmte Persönlichkeiten, Konrad Adenauer). Hier beginnt eine elegante Einkaufsstraße, die Mittelstraße (→ Neumarkt).

St. Engelbert L 14

Lage
Riehler Gürtel 12

Die Kirche von 1931 hat nicht nur als erster moderner Kirchenbau Kölns Akzente gesetzt, sondern auch als Ort der berühmten Ansprache (1946) von Kardinal Frings (→ Berühmte Persönlichkeiten) von sich reden ge-

St. Engelbert ist der erste moderne Kirchenbau Kölns. Seine äußere Gestalt hat ihm schnell den Spitznamen 'Zitronenpresse' eingebracht.

St. Engelbert (Fortsetzung)

Busse
149 (Esenbeckstraße), oder 134 (Xantener Straße)

macht, woraufhin das kirchlich abgesegnete 'fringsen', das Stehlen zum Lebenserhalt, zum geflügelten Wort wurde.
Der von Dominikus Böhm entworfene Zentralbau setzt sich aus acht parabolisch geformten Wänden über einem runden Grundriß zusammen, die von einem Bleidach überspannt und zusammengeführt werden. Schnell hat sich für das ungewöhnliche Erscheinungsbild der humorvolle Ausdruck 'Zitronenpresse' eingebürgert. Den Kontrapunkt zu den weichen Formen der Kirche bildet der eckige, hoch aufragende, freistehende Kirchturm, dem wie dem Hauptbau Klinker vorgeblendet sind. Im Innern der Kirche wird man von einer stimmungsvollen Atmosphäre empfangen, die durch den nur schwachen Lichteinfall der kleinen Fenster und dem geradezu dramtisch angestrahlten Chorraum entsteht.

**St. Gereon N 13

Lage
Gereonshof 4

Straßenbahnen
6, 15, 19 (Christophstraße)

Besichtigung
Mo. – Sa. 9.00 – 12.30 und Mo. – Fr. 13.00 – 18.00

Spätantike und Mittelalter verschmelzen in dieser ungewöhnlichen Kirche, die ihren Namen von dem Märtyrer und späteren Kölner Stadtpatron Gereon erhielt. Das Herz des Gotteshauses, der spätrömische Ovalraum, wurde von den Baumeistern der Gotik in einen hohen Kuppelraum integriert, der neben der Hagia Sophia und dem Florentiner Dom zu den gewaltigsten seiner Art gehört.

Geschichte

Die Anfänge des Bauwerks reichen in die zweite Hälfte des vierten Jahrhunderts zurück. Inmitten eines römischen Gräberfeldes vor den Mauern Kölns entstand ein ungewöhnlicher Zentralbau über ovalem Grundriß, mit einer großen Nische im Osten und acht Nischen im Süden und Norden. In der zweiten Hälfte des 4. Jh.s wurde der spätantike Bau noch durch ein großzügiges Atrium im Westen erweitert. Bislang ungeklärt blieb die Frage,

Geschichte (Fortsetzung)

von wem und zu wessen Gedächtnis das Bauwerk errichtet wurde. Anzunehmen ist, daß es sich beim Auftraggeber um eine Persönlichkeit aus dem näheren Umkreis des kaiserlichen Hofs handelte. Die mittelalterliche Legende, derzufolge Kaiserin Helena den Ovalbau als Grabstätte für den späteren Patron der Kirche, den Märtyrer Gereon, erbauen ließ (Helena starb einige Jahre vor dem frühesten Baudatum), konnte weder durch Grabungen noch andere Zeugnisse bestätigt werden. Im frühen Mittelalter avancierte das kostbar ausgestattete Bauwerk zu einer hochrangigen Gedächtnisstätte, in der sich kirchliche Würdenträger sowie Merowinger- und Frankenkönige beisetzen ließen. Seit dem 9. Jh. ist ein angegliedertes Kanonikerstift bezeugt. Erzbischof Anno II. ließ im 11. Jh. die Krypta und den Kanonikerchor hinzufügen. Unter Erzbischof Arnold von Wied wurde im 12. Jh. der Chor verlängert und die repräsentative Ostfassade geschaffen. Die architektonisch bedeutsamste Umgestaltung des römischen Ovalraums zum Zehneck (Dekagon) und der Bau der gewaltigen Kuppel fällt in die ersten Dezenien des 13. Jh.s. Wenige Jahre nach Vollendung des Kuppelgewölbes (1227) wurde an der Südseite des Dekagons die Taufkapelle angefügt. Die Sakristei errichtete im 14. Jh. vermutlich die Dombauhütte.

Äußeres

Der von Türmen gefaßte Chor mit viergeschossiger, reich gegliederter Apsis steht in der Achse der alten, vom Dom herkommenden Prozessions-

Basilika St. Gereon

(ehem. Stiftskirche)

Stufen der Bauentwicklung

Konstantinischer Bau des 4. Jahrhunderts

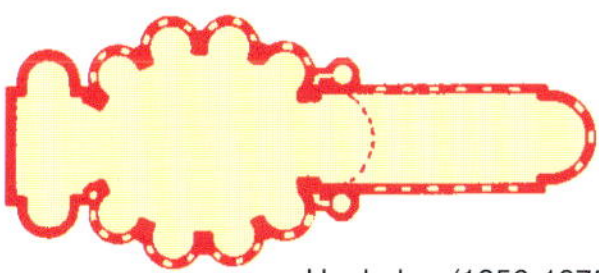

Hochchor (1056-1075) von Erzbischof Anno geweiht

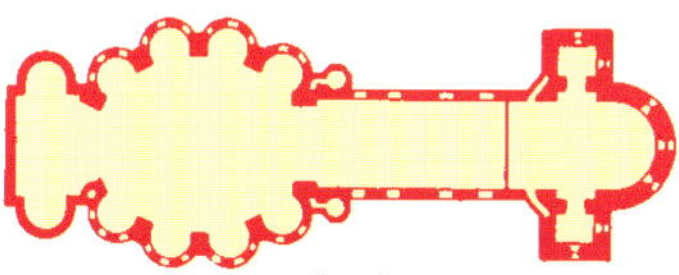

Erweiterung unter Erzbischof Arnold von Wied (1151-1156)

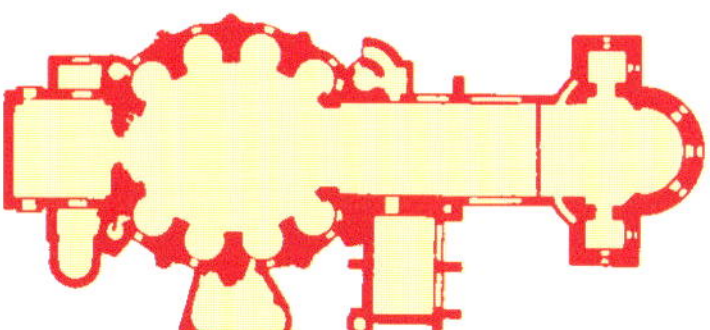

Erweiterungen zwischen 1219 und 1227

Die rot-goldene Kuppel im Dekagon von St. Gereon ist die gewaltigste neben der Hagia Sophia und dem Florentiner Dom.

Äußeres (Fortsetzung)

straße und ist als Hauptschauseite der Kirche ausgebildet. Seine formale Gestaltung erwies sich als richtungsweisend für spätere romanische Choranlagen in Köln (St. Aposteln; St. Kunibert). Überragt werden die Türme vom 48 m hohen Dekagon. Die Konstruktion des gewagten Kuppelbaus mit freistehenden Strebepfeilern zwischen den spätantiken Nischen und den schmalen Lanzettfenstern, die von Dreipässen bekrönt werden, belegt eindrucksvoll den Stilwechsel von der Romanik zur Frühgotik.

Innenraum

Im Innern ist der Eindruck des Dekagons überwältigend. In 34 m Höhe laufen die Rippen des rot leuchtenden Kuppelgewölbes zusammen, das einen Raum von 21 m Durchmesser überspannt. Zwischen den Pfeilern, deren Dienste sich in den Gewölberippen fortsetzen, entfaltet sich eine viergeschossige Wandgliederung: Konchen, Laufgang, Fächerfenster und Obergadenfenster. Fußboden (mit der Enthauptung des hl. Gereon im Mittelpunkt) und rote Kuppelausmalung (1979) sind modern, ebenso die in den 80er Jahren nach Entwürfen von Georg Meistermann und Wilhelm Buschulte entstanden Glasfenster im Dekagon und in der Chorapsis. Treppen führen hinauf in den langgestreckten, wegen der Krypta leicht erhöhten Chor mit dem Barockaltar aus der Kirche St. Kolumba. Sehenswert sind hier die Reste der romanischen Apsisausmalung, das Sakramentshaus an der Nordwand (1608) und an der Südseite der Sebastianusaltar (1635) mit einer interessanten Stadtansicht Kölns im unteren Bildteil. Den Einfluß der französischen Gotik verrät die Sakristei (Fenster aus der Erbauungszeit, Relieftüren Anfang 16. Jh.).
In der Krypta kann man noch die staufischen Fußbodenmosaiken mit Szenen aus dem Leben Samsons und Davids (11. Jh.) bewundern, die einst den Hochchor schmückten. Im Westen öffnet sich die Krypta zur Confessio, in der Steinsarkophage mit den Reliquien römischer Märtyrer aufgestellt sind. Einen Blick lohnt auch die Taufkapelle an der Südseite des Dekagons im Stil der Spätromanik (1230/40).

*St. Kunibert N 14

Lage
Kunibertskloster 2

Straßenbahnen
5, 12, 14, 16, 18
(Breslauer Platz)

Besichtigung
Mo. – So.
9.00 – 12.00 und
15.00 – 18.00

St. Kunibert ist die jüngste und stilistisch einheitlichste unter Kölns romanischen Kirchen. Über einem Vorgängerbau, den der Kölner Bischof Kunibert 663 als Grabstätte gewählt hatte, entstand ab etwa 1215 das heutige Gotteshaus, eine dreischiffige Gewölbebasilika mit östlichem und westlichem Querbau. Noch unvollendet wurde sie 1247 geweiht – ein Jahr, bevor mit dem Dombau (ab 1248) die Gotik als neuer Baustil Einzug hielt. Mit seinen drei Türmen dominierte St. Kunibert jahrhundertelang das Rheinpanorama nördlich des Doms. Die 1993 abgeschlossene Rekonstruktion des Westturms gab dem Bauwerk sein ursprüngliches Erscheinungsbild zurück und setzte einen Schlußpunkt unter den Wiederaufbau der kriegszerstörten romanischen Kirchen Kölns.

Fassade und Inneres

Besonders eindrucksvoll präsentiert sich St. Kunibert von der Rheinseite aus. Die reiche Fassadengliederung der von zwei Türmen flankierten Chorapsis (zwei Fenstergeschosse und eine abschließende Zwerggalerie) ist typisch für die romanischen Choranlagen Kölns. Im Innern zeigt sich die Chorapsis zweischalig durch einen Laufgang im unteren und oberen Geschoß. Von der Innenausstattung, soweit sie aus dem Mittelalter erhalten blieb, sind die Chorfenster aus der Zeit um 1230 am bedeutendsten. Im Scheitelfenster oben ist die 'Wurzel Jesse', d. h. der Stammbaum Christi mit Szenen aus dem Alten und Neuen Testament zu sehen, links und rechts die Legenden der beiden Kirchenpatrone Clemens und Kunibert, in der unteren Fensterreihe die hl. Cordula (links) und die hl. Ursula (rechts). Ein hohes Niveau kennzeichnen auch die Reste mittelalterlicher Wandmalerei im südlichen Ostquerarm (Kreuzigung, um 1260) und in der nördlichen Chornische (Kreuzigung, um 1250). Die Reliquienschreine im Chor (19. Jh.) bergen die Gebeine des hl. Kunibert und zweier Missionare. Am südwestlichen Vierungspfeiler bildet die Maria der Verkündigung zusammen mit dem Engel am nordwestlichen Pfeiler eine raumübergreifende Komposition. Die hervorragenden Plastiken schuf 1439 vermutlich Dombaumeister Konrad Kuyn. Der Auftraggeber Hermanus de Arcka wurde als kleine Stifterfigur zu Füßen Marias verewigt.

Kunibertspütz

Eine gitterähnliche Schieferplatte im Chor verschließt den Schacht des sog. 'Kunibertspütz'. Das Wasser dieses 17 m tiefen, vorchristlichen Brunnens soll dem Volksglauben nach die Fruchtbarkeit der Frauen gefördert haben.

Ursulinenkirche St. Corpus Christi

Lage
Machabäerstr. 75

In der benachbarten Machabäerstraße trifft man auf die barocke Ursulinenkirche (1709–1712), deren Doppelturmfassade die angrenzenden Häuser überragt. Durch den Dreißigjährigen Krieg aus Lüttich vertrieben, ließen sich 1639 Ursulinen im neutralen Köln nieder, wo sie die erste höhere Mädchenschule Deutschlands gründeten. Kurfürst Johann Wilhelm ermöglichte den Bau einer Kirche, die von seinem Hofarchitekten Matteo Alberti, einem gebürtigen Venezianer, entworfen wurde. Der an oberitalienische Saalkirchen erinnernde Kirchenbau ist nur von außen interessant (Ausstattung und Farbfassung der Fassade modern).

*St. Mariä Himmelfahrt N 13

Lage
Marzellenstraße
32 – 40

Der Geist der Gegenreformation wird in der ehemaligen Jesuitenkirche St. Mariä Himmelfahrt spürbar. Als eines der bedeutendsten Beispiele für den jesuitischen Frühbarock ist das reich ausgestattete Gotteshaus überaus interessant.

St. Mariä Himmelfahrt (Fortsetzung)

Straßenbahnen
5, 12, 14, 16, 18 (Dom/Hbf)

Die Jesuiten, die bereits ab 1544 in Köln nachweisbar waren, begannen im Jahr 1618 mit dem Bau einer Kirche. Die Pläne lieferte Christoph Wamser, finanziert wurde der Bau durch großzügige Schenkungen des Hauses Wittelsbach (Kölner Kurfürsten im 17. Jh.). Die Schlußweihe erfolgte 1678. Programmatisch bringt die Kirche das Selbstverständnis der Jesuiten zur Zeit der Gegenreformation zum Ausdruck. Als Vorkämpfer für die Erneuerung des alten, 'richtigen' Glaubens, sprich der katholischen Kirche, entschieden sie sich für Rückgriffe auf vorreformatorische Baustile, insbesondere die Gotik (z. B. Maßwerkfenster, Netzgewölbe, spitzbogige Arkaden im Hauptschiff), die mit Elementen des zeitgenössischen, in Rom herangereiften Barockstils verbunden wurde.

Ausstattung

Die einheitliche Ausstattung von Jeremias Geisselbrunn und Valentin Boltz steht ganz im Zeichen der Marienverehrung. Der barocke Hochaltar (1628) wird bekrönt von einer Madonna im Strahlenkranz; das für St. Aposteln entstandene Altarblatt von Johann Hulsmann zeigt die Himmelfahrt Mariens (1643). Szenen aus dem Marienleben zwischen den Figuren der Evangelisten schmücken die 1634 entstandene Kanzel. In den Scheiteln der Arkaden finden sich 14 marianische Symbole, im südlichen Seitenschiff gibt es einen Zyklus von Marienbildern, die der Jesuitenbruder Bernhard Fuckeradt malte. Eine bewußte Anlehnung an den Dom und die Tradition der katholischen Kirchenbaukunst in Köln sind die auf Konsolen stehenden Figuren an den Pfeilern des Langhauses (Christus als Salvator und Maria als Himmelskönigin an den Vierungspfeilern, im Schiff die 12 Apostel). Weitere beachtenswerte Ausstattungsstücke der Kirche sind die Leinwandbilder im Chor von Johann Toussyn, eine Kommunionbank von 1724 sowie die Beichtstühle in den Seitenschiffen (17. Jh.).

Jesuitenkolleg, ABC-Bank

Nördlich schließt sich an die Kirche der Komplex des ehemaligen Jesuitenkollegs, heute Erzbischöfliches Generalvikariat, an. Südlich der Kirche, neben Wohnhäusern aus dem 18. und 19. Jh., das moderne Gebäude der ABC-Bank (1976), das die Wirkung des Kirchenbaus stark beeinträchtigt.

**St. Maria im Kapitol — O 13

Lage
Kasinostr. 6

Straßenbahnen
1, 2, 7, 9 (Heumarkt)

Busse
170, 132, 133, 250, 260, 977, 976 (Heumarkt)

Die über einem römischen Tempel der kapitolinischen Gottheiten Jupiter, Juno und Minerva errichtete Kirche ist mit ihrer Dreikonchenanlage ein wegweisendes Bauwerk für die rheinische Romanik und Vorbild für einige romanische Kirchenbauten in Köln.
Der im 1. Jh. angelegte römische Tempel lag südöstlich des Stadtzentrums innerhalb der neu errichteten Ummauerung. Im 7. Jh. nahmen die merowingischen Hausmeier den Tempelbezirk in Besitz. Plektrudis, Gemahlin des Hausmeiers Pippin des Mittleren, gründete hier eine kleine Kirche (und vielleicht auch ein Frauenkonvent), in der sie auch beigesetzt wurde. Den heutigen Bau gab im 11. Jh. die Äbtissin Ida, eine Enkelin Kaiser Ottos II. und seiner Frau Theophanu, in Auftrag. Seine Bedeutung ermißt sich u.a. daran, daß Papst Leo IX. 1049 im Beisein von Kaiser Heinrich III. den Kreuzaltar im Hauptschiff weihte. Die Schlußweihe durch Erzbischof Anno II. erfolgte 1065. Im 12. und 13. Jh. wurde zuerst der Vierungsbereich (heute rekonstruiert), dann das Langhaus eingewölbt – beide waren ursprünglich flach gedeckt. Der Westturm stürzte 1637 ein und wurde nicht wieder aufgebaut.

Architektur

Basilikales Langhaus und Dreikonchenchor verschmelzen bei St. Maria im Kapitol zu einem einheitlichen Raumgefüge. Die Seitenschiffe des Langhauses setzen sich in den Umgängen, die um die drei Konchen herumgeführt werden, fort. Zur Geschlossenheit des Raumeindrucks trägt auch die Tatsache bei, daß der Chor nicht – wie sonst üblich – erhöht, sondern auf gleicher Höhe wie das Langhaus liegt. Dies wurde möglich durch die abgesenkte, als Substruktion in den östlichen Abhang gebaute Krypta. Der im-

St. Maria im Kapitol war als erste Kölner Kirche mit einem großen Kleeblattchor das Vorbild für viele spätere romanische Gotteshäuser.

Architektur (Fortsetzung)

posante dreischiffige Raum folgt dem Vorbild der Krypta im Dom zu Speyer. Ein bewußter Rückgriff auf die Oktogon-Architektur der Aachener Pfalzkapelle Karls des Großen ist die ehemalige Empore für die Stiftsdamen an der Westwand des Kirchenschiffs. Das religiöse Pendant zu diesem Hinweis auf die imperiale weltliche Macht bildet die Choranlage im Osten, die exakt der Geburtskirche in Bethlehem nachgebaut wurde.

Ausstattung

Das bedeutendste Stück der reichen Ausstattung von St. Maria im Kapitol sind die um 1060 entstandenen Holztüren, die einst das Portal an der Nordkonche verschlossen und heute an der Westwand des südlichen Seitenschiffs stehen. Die Szenen auf dem linken Flügel erzählen die Jugendgeschichte, die auf dem rechten Flügel die Passion Christi.
Am dritten Pfeilerpaar des Mittelschiffs stehen sich die beiden Grabplatten für die Stifterin Plektrudis gegenüber. Die ältere stammt aus der Zeit um 1160; interessant ist vor allem die jüngere, um 1280 entstandene, die Plektrudis mit dem Kirchenmodell in der Hand zeigt. Drei Madonnenskulpturen entdeckt man beim Rundgang durch die Kirche: In einer Wandnische des Westbaus eine stehende Muttergottes (um 1180/90), der einer Legende zufolge der hl. Hermann Josef beim täglichen Weg zur Schule einen Apfel anbot, sowie die zeitlich benachbarte 'Madonna mit den Achataugen' (um 1150/60) unterhalb der Empore, die den byzantinisch beeinflußten Madonnentypus repräsentiert, und die vor dem Lettner aufgestellte, farbig gefaßte Madonnenfigur, nach ihrer Herkunft aus dem Kloster Limburg als Limburger Madonna bezeichnet (Ende 13. Jh.). Der Renaissancelettner entstand 1517 in Mecheln und wurde 1525 hier aufgestellt. In der Kapelle zwischen Nord- und Ostkonche fand das berühmte Gabelkruzifix von 1304 seinen heutigen Platz. Aufmerksamkeit verdienen außerdem die maßwerkdurchbrochenen Chorschranken in der Ostkonche (1464), das Triptychon (um 1600) in der Hirtzkapelle (1493) und die spätgotischen Fenster in der Hardenrathkapelle.

St. Maria im Kapitol (Fortsetzung) Außerhalb der Kirche

Zwischen Nord- und Ostkonche von St. Maria im Kapitol steht die "Trauernde" von Gerhard Marcks (1949), ein expressionistisches Mahnmal gegen die Schrecken des Krieges. Im Westen der Kirche, in der Kasinostraße, ist das ehemalige Äbtissinnenhaus von 1749 erhalten. Hier wohnte 1804–1806 der Schriftsteller Friedrich Schlegel. An der Ostseite der Kirche, zwischen Marienplatz und Lichthof, befindet sich das Dreikönigenpförtchen, das 1330 an der Stelle errichtet wurde, an der im Jahr 1164 die Gebeine der Hl. Drei Könige in die Stadt gebracht worden sein sollen. Die hervorragenden Skulpturen des Törchens werden heute im → Schnütgen-Museum aufbewahrt.

Durch das basikale Langhaus von St. Maria im Kapitol fällt der Blick auf den schönen Renaissancelettner und die moderne Orgel.

St. Maria Lyskirchen O 14

Lage
An Lyskirchen 12

Straßenbahnen
1, 2, 7, 9 (Heumarkt)

Busse
170, 132, 133, 250, 260, 977, 976 (Heumarkt)

Mit seiner gut erhaltenen spätromanischen Ausmalung nimmt dieser kleine Kirchenbau einen besonderen Platz unter Kölns romanischen Kirchen ein. Das erste, bereits 948 bezeugte Gotteshaus an dieser Stelle wurde im 11. Jh. Eigenkirche des Grundherrn Lysolfus – daher der Name Lyskirchen. Der heutige Bau stammt von 1210–1220 mit Ergänzungen aus dem 17. Jh. (Apsis, Vergrößerung der Fenster). Den Zweiten Weltkrieg überstand St. Maria in Lyskirchen beinahe unbeschadet.
Ähnlich wie bei St. Kunibert war für St. Maria eine dem Rheinufer zugewandte, zweitürmige Choranlage vorgesehen, doch der südliche Turm wurde nie vollendet. Im Inneren der Emporenbasilika bilden die Turmuntergeschosse offene, durch Arkaden vom Chor geschiedene Kapellen.

Ausmalung

Der Eindruck des Innenraums wird bestimmt von den farbenprächtigen Gewölbe- und Wandmalereien aus dem 13. Jh. (um 1880 entdeckt; jüngste Restaurierung 1977 abgeschlossen). Als erstes entstand vermutlich um

St. Maria Lyskirchen (Fortsetzung)

1220/30 die 'Anbetung der Hl. Drei Könige' an der Westwand des Langhauses. In den Gewölbefeldern des Mittelschiffs, die um 1250 ausgemalt wurden, stehen sich Szenen des Alten (auf der Nordseite) und des Neuen Testaments (auf der Südseite) typologisch gegenüber, so beispielsweise im 3. Joch die Verheißung Isaaks und die Verkündigung an Maria. Diesem Bildprogramm liegt die Auffassung zugrunde, daß das Neue Testament die Vorausdeutungen des Alten Testaments erfüllt. Auch die Gewölbe der Turmkapellen schmücken Bilderzyklen: Im nördlichen Turm erzählen sie die Legende der hl. Katharina von Alexandria, im südlichen Turm die des hl. Nikolaus. Beachtenswerte Ausstattungsstücke der Pfarrkirche sind der Taufstein (13. Jh.), die zierliche Muttergottes (2. Hälfte 13. Jh.) über dem Hochaltar, sowie eine weitere Madonnenskulptur aus der Zeit um 1420. Sie wird auch Schiffer-Madonna genannt und erinnert so daran, daß Noithusen einst ein Fischer- und Schiffervorort war.

St. Trinitatis

Lage
Filzengraben 6

Am benachbarten Filzengraben steht die Trinitatiskirche, der erste protestantische Kirchenbau in Köln. Als Bürger wurden die Protestanten – vorwiegend Kaufleute – erst seit der Besetzung Kölns durch französische Truppen 1797 geduldet, die freie Religionsausübung gewährte die Stadt ihnen seit dem Jahr 1802. Im Gebiet der alten Kaufmannsstadt entstand 1857–1860 nach Plänen des Schinkel-Schülers Friedrich August Stüler und mit Unterstützung des preußischen Königs die Pfarrkirche der evangelischen Kaufleute. Um das Gotteshaus von den romanischen und gotischen Kirchen der katholischen Glaubensgemeinde abzuheben, orientierte man sich bewußt am Formenkanon frühchristlicher Basiliken.

** St. Pantaleon — O 13

Lage
Am Pantaleonsberg 2

Straßenbahnen
6, 12, 15, 16, 18, 19 (Barbarossaplatz) oder 3, 4, 7, 14, 18 (Poststraße)

Die ehemalige Benediktinerkirche beansprucht einen Spitzenplatz unter den Kirchen der Stadt, denn sie ist eines der ältesten Gotteshäuser Kölns und wegen ihres kunsthistorisch bedeutsamen Westwerks eine der herausragenden Schöpfungen der ottonischen Sakralbaukunst überhaupt.

An der Stelle einer römischen villa suburbana und einer kleinen, 866 erstmals erwähnten Kirche zu Ehren des griechischen Märtyrers Pantaleon gründete Erzbischof Bruno nach 955 ein Benediktinerkloster. Der Neubau einer Kirche wurde 980 geweiht. Dem Engagement von Kaiserin Theophanu, der aus Byzanz stammenden Gemahlin Kaiser Ottos II., verdankt St. Pantaleon die Erweiterung des Langhauses und den 996 abgeschlossenen Bau des Westwerks. Das ursprünglich als Saalraum ausgebildete Langhaus wurde um die Mitte des 12. Jh.s durch kreuzgratgewölbte Seitenschiffe zur Basilika erweitert. Die meisten spätgotischen und barocken Veränderungen sind beim Wiederaufbau nach dem Krieg nicht berücksichtigt worden.

Architektur

Auch heute noch liegt die Kirche, vom Lärm der Stadt abgeschirmt, inmitten des mauerumgürteten ehemaligen Klosterbezirks. Die gesamte Anlage bildet den einzigen Fall im Kölner Stadtgebiet, wo der ursprüngliche Charakter eines vor den Toren der römischen Stadtmauer gegründeten Klosters noch erkennbar ist. Klöster wie St. Pantaleon bildeten im Mittelalter Keimzellen von Ansiedlungen, die dann durch die große mittelalterliche Stadtmauer ins Stadtgebiet einbezogen wurden. Der Kirchenbau empfängt den Herantretenden mit seinem beeindruckenden Westwerk, das mit seiner Geschlossenheit an eine Festung denken läßt, für den mittelalterlichen Betrachter aber zweifelsohne als irdisches Abbild des Himmlischen Jerusalems zu verstehen war. Im Grundriß bildet das Westwerk ein Kreuz, über dessen Vierung der quadratische Mittelturm, flankiert von den beiden Trep-

Das Westwerk von St. Pantaleon ...

... und ihr spätmittelalterlicher Lettner

Architektur (Fortsetzung)

pentürmen, aufragt. Den Schmuck der tiefen, übergiebelten Vorhalle und der beiden ersten Turmgeschosse sind Rundbogenfriese mit eingesetzten römischen Ziegeln. Die über zwei Geschosse geführte Halle im Innern entspricht dem monumentalen Äußeren des Westwerks. Das Obergeschoß öffnet sich in Emporen, deren Stützen und Rundbogen den Farbwechsel der äußeren Rundbogenfriese aufnehmen. Die architektonische Pracht läßt vermuten, daß die Empore den Mitgliedern der kaiserlichen Familie zum Besuch des Gottesdienstes zugedacht war. Der imperiale Gedanke wird auch im Langhaus deutlich, dessen Wandgliederung auf römische Palastarchitektur der Kaiserzeit Bezug nimmt.

Ausstattung

Verschiedene Epochen vom Mittelalter bis zur jüngsten Vergangenheit haben an der Ausstattung von St. Pantaleon ihre Spuren hinterlassen. Moderne Ergänzungen der Nachkriegszeit sind das Deckengemälde des Westwerks ("Himmlisches Jerusalem") und die (erst vor kurzem ausgemalte) Kassettendecke im Hauptschiff. Spätgotik und Barock prägen das Bild des Chors: der spätgotische, von filigranem Maßwerk durchbrochene Lettner (1503 gestiftet) und die Orgel mit ihrem barocken Prospekt (1652) verschmelzen zu einem stimmungsvollen Ensemble. Im Chorraum hinter dem Lettner befindet sich ein Chorgestühl aus dem 14. Jh. sowie der Hochaltar von 1747 – 1749. Im südlichen Querarm steht der moderne Sarkophag (1965) für Kaiserin Theophanu, ein Kreuzigungstriptychon aus dem Umkreis von Barthel Bruyn d. Ä. (16. Jh.) sowie aus der Krypta abgenommene Wandgemälde aus dem 12. und 13. Jahrhundert. Vom nördlichen Querhaus gelangt man in die sehenswerte Schatzkammer (ehemals Kapitelsaal; nur bei Führungen zugänglich), in der u.a. Teile des romanischen Skulpturenschmucks (Christuskopf um 1000) sowie der Maurinus- (1170) und der Albinusschrein (1886) aufbewahrt werden.
Ebenfalls nur bei Führungen zugänglich ist die Krypta mit dem römischen Sarkophag, in dem Erzbischof Bruno beigesetzt ist, und den Resten der römischen Villa.

St. Peter

O 13

St. Peter bildet mit der benachbarten St.-Cäcilienkirche das einzige in Köln erhaltene Beispiel einer 'Kirchenfamilie', eines Nebeneinanders von Pfarr- und Stiftskirche. Kunstfreunde kennen St. Peter vor allem als Ausstellungsort für zeitgenössische Kunst. Von Pfarrer Mennekes 1987 mutig begonnen, hat sich der 'Ausstellungsbetrieb' in St. Peter zu einer Kölner Institution etabliert.

Lage
Leonard-Tietz-Str. 6

Straßenbahnen
1, 2, 3, 4, 7, 9, 12, 14, 16, 18 (Neumarkt)

Busse
136, 146, 976, 977, 985 (Neumarkt)

Auf dem Gelände römischer Badeanlagen, vermutlich über einer älteren, in karolingische Zeit zurückreichende Kirche, um die Mitte des 12. Jh.s der Neubau von St. Peter. Von dieser Kirche bleib allein der Westturm erhalten, der in den heutigen Bau, eine Emporenbasilika aus der Zeit um 1515/1530, integriert wurde. Das Glockengeschoß des Turms ist eine Ergänzung des 17. Jh.s. Der bedeutendste Schatz der Kirche ist das Altarblatt mit der Kreuzigung Petri, das Peter Paul Rubens 1638 im Auftrag der wohlhabenden Kaufmannsfamilie Jabach fertigte. Rubens lebte als Kind einige Jahre in der benachbarten Sternengasse. Bestimmend für den Raumeindruck des Gotteshauses sind die Glasmalereien aus dem 16. Jh., die in den 60er Jahren überarbeitet wurden. Auf Reste des spätmittelalterlichen Netzgewölbes mit expressionistischer Ausmalung (1925–1928) stößt man im südlichen Seitenschiff.

St. Severin

O/P 13/14

Zweitausend Jahre Geschichte sind eindrucksvoll dokumentiert in der Severinskirche und den Ausgrabungen unter ihr. Auf dem römischen Gräberfeld entlang der Ausfallstraße zum Legionslager Bonn (heute Severinstraße; → Severinsviertel) bestand bereits gegen Ende des 4. Jh.s eine kleine Kirche, die in den folgenden Jahrhunderten um Seitenschiffe und eine Vorhalle erweitert wurde. An ihrer Stelle entstand im 9. Jh. eine große, jetzt nach Osten ausgerichtete Basilika, die Erzbischof Bruno im Jahr 948 weihte. Die Gebeine des Titelheiligen fanden nun in der Confessio ihren Platz. Im 11. Jh. baute man erneut an der Kirche – ein Langchor und eine große Hallenkrypta kamen hinzu (1043 geweiht). Wesentliche Veränderungen erfuhr das Gotteshaus dann noch einmal im 13. Jh., als in den 1230er Jahren der salische Langchor gewölbt und die von seitlichen Türmen gefaßte Apsis angefügt und in der zweiten Jahrhunderthälfte das Langhaus erneuert wurde. Die zweigeschossige Wandgliederung der Chorapsis entspricht dem Typus der staufischen Choranlagen in Köln. Die Modernisierung des Langhauses im Stil der Spätgotik (Maßwerkfenster, Netzgewölbe) fallen ins 15. und beginnende 16. Jahrhundert. Erst 1526 konnte der hohe Westturm, dessen Gestaltung eher niederländische als regionale Einflüsse verrät, vollendet werden.

Lage
Severinskirchplatz

Straßenbahnen
6, 15, 16 (Chlodwigplatz)

Busse
132, 133 (Severinskirche)

Ausstattung

Die Besichtigung von St. Severin beginnt am westlichen Ende des südlichen Seitenschiffs, wo das einzige mittelalterliche Glasgemälde (1508) der Kirche zu sehen ist. Es stammt vermutlich vom Meister der Severinslegende und zeigt eine Kreuzigung. Der Notname des Künstlers leitet sich ab von den 20 Tafeln (um 1500), die Szenen aus der Legende des Heiligen schildern. Sie hängen heute im ersten Chorjoch. Beachtenswert sind in den Seitenschiffen einige Grabmäler der Stiftsherren. Vor dem südöstlichen Vierungspfeiler steht eine anmutige Madonnenstatue aus dem späten 13. Jahrhundert. In der Marienkapelle, die im 14. Jh. als Pfarrsakristei an die Südseite der Severinskirche angebaut wurde, befindet sich eine sehenswerte Pietà von 1410. Eine Gedenktafel in dieser Kapelle erinnert an den 1939 von den Nationalsozialisten ermordeten Kölner Sozialwissenschaftler Benedikt Schmittmann. Im Chor sind einige bedeutende Ausstattungsstücke versammelt. Aus dem 12. Jh. stammt der Fußboden mit geo-

Ausstattung (Fortsetzung)

metrischen Mustern aus schwarzem und gelbem Marmor. Das Chorgestühl mit 62 Sitzen und schönem Schnitzwerk ist das älteste Kölns (13. Jh.). Hinter dem Hochaltar steht etwas erhöht auf vier Säulchen der Severinsschrein, der 1819 als Ersatz für den wertvollen, 1795 eingeschmolzenen Schrein aus dem 11. Jh. geschaffen wurde (1936 ergänzt). Von dem verlorenen mittelalterlichen Schrein besitzt das → Diözesanmuseum noch eine runde Emailplatte mit der Darstellung des hl. Severin. Links des Altars beachte man den Severinsstab (15.Jh.) und den Reliquienschrank aus dem 14. Jh., in dem die Reliquie des hl. Cornelius, das sogenannte Corneliushorn, aufbewahrt wird. Ihm zu Ehren feiert man in St. Severin jeden Montag die sogenannte Hörnchensmesse. Die Wandgemälde im Chor stammen aus dem 19. Jahrhundert.

Krypta

Vom nördlichen Seitenschiff aus gelangt man in die Krypta und den Ausgrabungsbereich – beide nur im Rahmen von Führungen zugänglich. Die

Basilika St. Severin

(ehem. Stiftskirche)

Stufen der Bauentwicklung

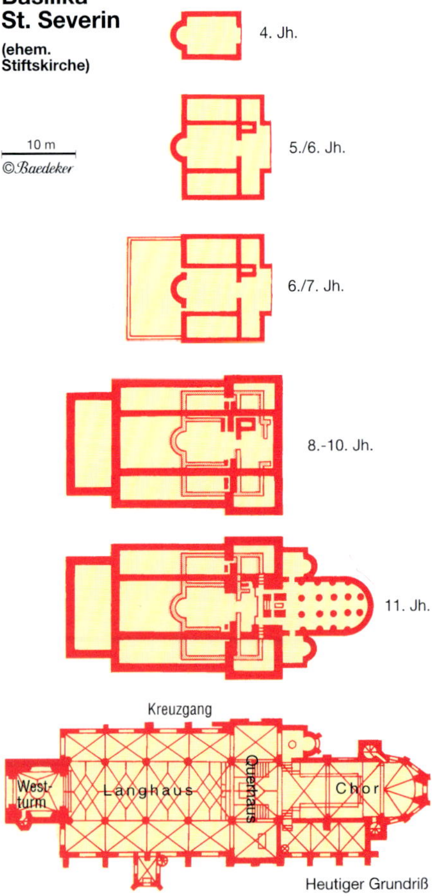

ERSTE BAUPERIODE
Bau einer Friedhofskirche (Zömeterialkirche) im 4. Jahrhundert.

ZWEITE BAUPERIODE
Vergrößerung des Ursprungsbaus um zwei Seitenschiffe und einen dreiteiligen Ostnarthex (Grab des Bischofs Severin?) im 5./6. Jahrhundert.

DRITTE BAUPERIODE
im 6./7. Jahrhundert erhält die Kirche im Westen einen von leichten Wänden umgebenen Vorhof.

VIERTE BAUPERIODE
Um die Wende vom 8. zum 9. Jahrhundert entsteht eine neue, fast doppelt so große Basilika, die eigentliche Kanonikerkirche mit dem Hauptpatrozinium des hl. Severin.

FÜNFTE BAUPERIODE
Um die Mitte des 10.Jahrhunderts(Erzbischof Bruno I.) erfährt die Severinskirche beträchtliche Erweiterungen.

SECHSTE BAUPERIODE
Neubau des Langchores mit einer Hallenkrypta und zwei seitlichen Chorkapellen (Weihe durch Erzbischof Hermann II., 1036-1056)

SIEBENTE BAUPERIODE
Zwischen 1230 und 1237 wird der Langchor erneuert und um eine Chorapsis vergrößert. Im ausgehenden 13. Jahrhundert entsteht das frühgotische Langhaus, das man von 1479 bis zum Beginn des 16. Jahrhunderts im Sinne der Spätgotik umgestaltet. der mächtige Westturm wird von 1393 bis 1411 aufgeführt. - Die Barockzeit brachte nur im Inneren Veränderungen.

Hauptkrypta unter dem Chor lohnt wegen der dortigen Reste von Wandmalereien aus dem 13. Jh. einen Besuch. Ein eindrucksvolles Bild von der großen Zahl an Bestattungen, die es hier neben der alten Römerstraße gegeben hat, vermittelt der Ausgrabungsbereich. Die freigelegten Gräber reichen von den ältesten Brandbestattungen des ersten Jh.s über die Kastensarkophage der beiden folgenden Jahrhunderte bis zu den Plattensarkophagen aus fränkischer Zeit. Die spektakulärsten Funde, wie die aus dem Grab einer wohlhabenden Frau und die aus dem eines Sängers (zu erkennen an seiner Lyra), kann man heute im Römisch-Germanischen Museum bewundern. Deutlich zu erkennen sind in dem Gewirr von in- und übereinandergebauten Sarkophagen auch die Grundmauern der Vorgängerbauten von St. Severin. Schautafeln vermitteln einen Überblick über die einzelnen Bauabschnitte der heutigen Kirche.

Chorfassade von St. Severin

St. Severin, Krypta und Ausgrabungsbereich (Fortsetzung)

Besichtigung
der römischen und fränkischen Grabanlagen unter der Kirche nach Vereinbarung (Tel. 221 35 61)

Führungen
Mo., Fr. 16.30

St. Ursula

N 13

Die Ursulakirche und ihre Baugeschichte, die vom Hochmittelalter bis in das 17. Jh. reicht, veranschaulichen eindrucksvoll die Bedeutung des Reliquienkults im Mittelalter und in der frühen Neuzeit.
Die Kirche geht, wie eine erhaltene Inschrift besagt und archäologische Forschungen bestätigt haben, auf einen Memorialbau des 4. Jh.s für christliche Märtyrinnen zurück. Erste Belege zum Kult der Märtyrerinnen stammen allerdings erst aus dem 9. Jh., und die bekannte Legende der Königstochter Ursula (siehe Kastentext) entstand erst im 10. Jahrhundert. Die Entdeckung zahlreicher Gräber an der ehemaligen Ausfallstraße nach Neuss bei der Stadterweiterung von 1106 gaben dem Reliquienkult und dem daraus entstandenen Handel – der bis nach Finnland, Portugal und Venedig reichte – erst den richtigen Auftrieb, da die römischen Skelette zu Gebeinen der 11 000 Jungfrauen aus dem Gefolge der Ursula umgedeutet wurden. Anfang des 12. Jh.s entstand als sichtbares Zeugnis dieses mittlerweile bedeutenden Kults die heutige Emporenbasilika (1135 Altarweihe). Auf den Bau des Westturms zu Beginn des 13. Jh.s folgten Ende des Jahrhunderts der gotische Chor und die südliche Marienkapelle, die nach weiteren Baumaßnahmen im 15. Jh. wie ein zweites südliches Seitenschiff wirkte (die Abtrennung der Sakristei erfolgte nach dem Zweiten Weltkrieg). Im 17. Jh. wurde die berühmte Goldene Kammer eingerichtet und dem Westturm die barocke Haube aufgesetzt.

Lage
Ursulaplatz 30

Straßenbahnen
5, 12, 14, 16, 18 (Breslauer Platz)

Inneres

Beim Aufbau der kriegszerstörten Kirche entschied man sich dafür, das romanische Erscheinungsbild des Langhauses als Emporenbasilika wie-

Inneres (Fortsetzung)

derherzustellen. Anstatt das gotische Gewölbe nachzubilden, von dem die zierlichen Konsolen noch zu sehen sind, wurde eine moderne Holzdecke eingezogen, die die Wandgliederung der Emporenbasilika erkennen läßt. An das romanische Langhaus schließt hinter dem Querschiff der gläserne, hochgotische Chor an, der Einflüsse französischer Gotik – vermutlich durch die Dombauhütte übermittelt – verrät. Die Glasmalereien seiner elf Fenster (die Zahl elf verweist auf die 11 000 Jungfrauen) sind Ergänzungen des 19. und 20. Jahrhunderts.

Über den wertvollen Reliquienbüsten bilden Hunderte von Knochen und Skeletteilen – angeblich der elftausend Jungfrauen der hl. Ursula – den bizarren Wandschmuck in der Goldenen Kammer von St. Ursula.

Ausstattung

Die Kirche verfügt über eine überaus reiche Ausstattung, die – wie könnte es anders sein – vornehmlich auf die hl. Ursula Bezug nimmt. Am modernen Westportal (1959/1960) zeigen fünf Medaillons Szenen aus der Ursula-Legende. Hinter dem Portal liegt die Vorhalle, deren südlicher Mittelpfeiler eine Pietà aus dem 15. Jh. schmückt. Auf den Balustraden der Nonnenemporen im Langhaus sitzen doppelgesichtige spätgotische Reliquienbüsten der Jungfrauen um Ursula. Am ersten nördlichen Langhauspfeiler im Langhaus befindet sich über dem kleinen, auf Säulen ruhenden Sarkophag der Viventia (um 1100) das Relief einer Kreuztragung (16. Jh.). Das nördliche Querhaus birgt nicht nur das das Grabmal der Kirchenpatronin (17. Jh.; Sarkophag aus dem 15. Jh.), sondern auch den mit 19 Tafeln umfangreichsten Zyklus zur Ursula-Legende. Er ist das 1456 vollendete Werk eines unbekannten Künstlers in der Nachfolge Stefan Lochners. Die Skulptur der Schutzmantelursula, ebenfalls im nördlichen Querhaus, schuf vermutlich um 1460 Tilman van der Burch aus Köln. Im südlichen Querhaus beachte man die beeindruckende Kreuzigungsgruppe, die sich aus einem Pestkreuz des 14. Jh.s und den um 1500 entstandenen Figuren von Johannes und Maria zusammensetzt, das Alabasterrelief ("Ausgießung des Hl. Geistes) aus dem 17. Jh. und zehn Schieferplatten mit gemalten Aposteldarstellungen (13. Jh.). In der Marienkapelle stehen an der Ostwand eine Chri-

St. Ursula, Ausstattung (Fortsetzung)

stusstatue und links neben dem Eingang eine Marienfigur, beide aus dem 15. Jahrhundert. Der Ursulaschrein im Hochchor entstand 1887–1893 unter Einbeziehung einiger mittelalterlicher Teile. Auch die Figuren in den spitzbogigen Nischen des Altarretabels sind eine Nachbildung des ausgehenden 19. Jh.s.

Goldene Kammer

Auf keinen Fall versäumen sollte man einen Besuch der Goldenen Kammer, die man durch eine schwere Eisentür an der Südwand der Vorhalle betritt. Was dem heutigen Betrachter höchst kurios anmutet, ist Ausdruck der Reliquienverehrung im Zeitalter des Barock. Zur Unterbringung der zahlreichen Reliquien, die mit der Ursulaverehrung in Verbindung standen, stifteten 1643 der Kaiserliche Rat Johann von Crane und seine Frau die Kammer. Im unteren Teil sind in kleinen, barock umrankten Nischen insgesamt 122 Reliquienbüsten aus unterschiedlichen Zeiten vereint, darüber bilden die Ornamente und Symbole aus Knochen und Skeletteilen einen bizarren Wandschmuck. In der Mitte des Raumes steht der Schrein des Aetherius, des legendären Bräutigams von Ursula (um 1170), an der Ostwand ein Altar mit der Ekstase der hl. Ursula. Weitere sehenswerte Kostbarkeiten, darunter Textilkunst und Goldschmiedearbeiten, birgt die Schatzkammer auf der Nordseite der Vorhalle.

Die heilige Ursula

Noch heute wird die heilige Ursula von vielen gläubigen Kölnern verehrt, besonders in der ihr geweihten Kirche. Sie sei, so will es die Legende, im dritten Jahrhundert als englische Prinzessin mit elftausend Jungfrauen nach Köln gekommen. Von einfallenden Hunnen seien sie bei Köln allesamt niedergemetzelt worden, weil die Prinzessin sich weigerte, in den Harem des Hunnenführers einzutreten. Im Wappen der Stadt Köln sind die elftausend bis heute in der Form von elf Flammen verewigt.

Übergenaue Historiker glauben das alles nicht. Tatsächlich, eindeutige Beweise für das Leben, Wirken und Sterben der Ursula und ihrer elftausend Begleiterinnen gibt es nicht. Wo hätten denn, argumentieren die Spötter, in dem damals dünn bevölkerten England elftausend Jungfrauen herkommen sollen? Und ob es da keine jungen Männer gegeben hätte, die den Reisedrang der Jungfrauen zu bremsen vermocht hätten? Die enorme Anzahl sei schlicht und einfach erfunden worden, weil es im mittelalterlichen Köln einen schwunghaften Versandhandel mit Reliquien gegeben habe, vor allem mit Knochen verwester Leichen, die man im Kölner Erdreich gefunden habe; das seien aber fast ausschließlich die Gebeine römischer Soldaten gewesen, die Jahrhunderte früher in der Stadt gelebt hätten und hier begraben worden seien.

Die Kölner halten von solcher Nörgelei überhaupt nichts. Für sie waren es elftausend, keine weniger. Wo kämen sie denn da hin? Was soll man mit dem Stadtwappen anstellen, wenn die Besserwisser sich durchsetzen und es waren nur halb so viele, oder gar noch weniger?

Synagoge **O 12**

Lage
Roonstr. 50

Straßenbahnen
1, 2 (Moltkestraße)

Die Synagoge, erbaut 1895–1899 von Emil Schreiterer und Bernhard Below, ist die einzige nach den Zerstörungen der 'Reichskristallnacht' 1938 und dem Weltkrieg noch existierende Synogoge Kölns. Bei ihrem Wiederaufbau 1958 wurde die äußere Gestalt des Baus originalgetreu rekonstruiert, während man im Inneren einige Veränderungen vornehmen mußte, um das Gemeindezentrum und ein Museum zur Geschichte der Juden in Köln (im Westflügel) integrieren zu können. So zog man beispielsweise eine

Synagoge (Fortsetzung)

Busse
136, 146, 985 (Roonstraße)

Decke in den hohen Synagogenraum ein, um ein weiteres Geschoß zu schaffen. Die aufwendigen bunten Innenmalereien des Synogogenraums wurden daraufhin nicht mehr restauriert. Dagegen wurde die äußere Erscheinung der Synogoge, ein Zentralbau über dem Grundriß eines griechischen Kreuzes, beibehalten. Der im rheinisch-neuromanischen Stil gebaute Komplex wird in seinem Zentrum von einer von außen nicht sichbaren Kuppel gekrönt, die Seitenarme, die ehemals die Emporen für die Frauen aufnahmen, dienen mit ihren großen Rosettenfenstern als Lichtspender. Durch die Fenster und die verschiedenen Ecktürme fällt das zwischen zwei Häuserblocks geradezu eingeklemmte und dadurch fast unauffällige Gotteshaus dennoch aus dem Straßenbild heraus.

Rathenauplatz

Der Rathenauplatz südwestlich der Synagoge wurde unter dem Namen Königsplatz 1881 in der Konzeption der Neustadt als Aufstellplatz für die Züge des Kölner Karnevals angelegt. Viele schöne Gründerzeitfassaden prägen heute noch das Bild des Platzes mit dem kleinen Park.

Fassade der einzigen noch existierenden Synagoge Kölns

Universität O 11

Lage
Köln-Lindenthal, Hauptbauten am Albertus-Magnus-Platz

Straßenbahnen
7, 9 (Universität)

Bus
130 (Universität)

Die Kölner Universität nimmt mit über 56000 Studenten unter den deutschen Hochschulen den zweiten Platz ein, die größte Fakultät ist die Philosophische. Ein entsprechend großes Areal nehmen die Gebäude der Universität und der daran angeschlossenen Universitätsklinik ein: Sie erstrekken sich zwischen dem Inneren Grüngürtel und dem Lindenthalgürtel in west-östlicher Richtung und werden im Norden von der Gyrhof- und der Gleueler Straße begrenzt, im Süden von der Kerpener Straße. Die Naturwissenschaftlichen Fakultäten schließen daran südlich zwischen Zülpicher und Luxemburger Straße an.

Die Universität wurde 1388 als erste städtische Hochschule überhaupt gegründet, zugleich war sie die vierte Universität Deutschlands, als welche sie besonders im Spätmittelalter einen weitreichenden Ruf genoß. 1798

durch die Franzosen geschlossen, wurde sie erst 1919 am heutigen Standort der Alten Universität (→ Rautenstrauch-Joest-Museum) wiedereröffnet. Seit 1935 befindet sie sich in Lindenthal.
Das Hauptgebäude mit seinem großen Portal erstreckt sich parallel zur Universitätsstraße, die man hier in einen Tunnel verlegt hat, um den Albertus-Magnus-Platz freizuhalten. An den Hauptbau sind sechs Querflügel angeschlossen, die in den Park des Grüngürtels hineinreichen. Auf dem Albertus-Magnus-Platz steht die Bronzestatue des gleichnamigen, berühmten mittelalterlichen Philosophen (→ Berühmte Persönlichkeiten), die 1956 von Gerhard Marcks geschaffen wurde. Sein Blick ist auf das Hörsaalgebäude (1964–1967) gerichtet, dem gegenüber sich das Philosophikum (1971–1974) erhebt. Weiter südlich nimmt ein zusätzliches Gebäude die Universitäts- und Stadtbibliothek auf. Nördlich des Hauptgebäudes beherbergt das klinkerverkleidete, neungeschossige Hochhaus die Räumlichkeiten der Wirtschafts- und Sozialwissenschaftlichen Fakultät.

Universität
(Fortsetzung)

Volksgarten P 12/13

Der Volksgarten ist besonders in den Sommermonaten ein beliebtes Ziel zum Spazierengehen, zum Bötchenfahren und zur Entspannung im Biergarten oder Restaurant am See. Den Park, dessen Grundfläche der Stadt von privater Hand zur Verfügung gestellt wurde, legte man 1887–1889 im Zuge der Neustadtplanung an. Er dehnt sich zwischen der Volksgartenstraße, an der noch etliche schöne Gründerzeitvillen erhalten sind, sowie der Vorgebirgsstraße, dem Vorgebirgswall und der Rolandstraße aus. Schöne Spazierwege schlängeln sich durch Baumgelände und Wiesen, an einem umgebauten Fort der preußischen Stadtplanung mit einem Rosengarten vorbei und umrunden den langgestreckten See. Hier hat man von der Terrasse eine schöne Aussicht über den See, das Volksgartenrestaurant und der Biergarten sorgen für das leibliche Wohl.

Lage
Volksgartenstraße

Straßenbahn
12 (Eifelplatz)

**Wallraf-Richartz-Museum und Museum Ludwig N 13/14

In den Jahren 1981–1986 wurde zu Füßen des Doms, im zweitausendjährigen Zentrum der Stadt, ein großes Kulturzentrum errichtet, das die Neubauten für das Wallraf-Richartz-Museum und das Museum Ludwig (mit dem Agfa-Foto-Historama) sowie die → Philharmonie umfaßt. Der Komplex entstand unter dem Druck, der wertvollen Sammlung zeitgenössischer Kunst, Pop-Art usw. von Peter und Irene Ludwig einen angemessenen Rahmen zu geben. Zunächst hatte das Aachener Sammlerehepaar ihre Kunstschätze dem Wallraf-Richartz-Museum als Dauerleihgabe überlassen – als dieses jedoch aus allen Nähten platzte, wurde die Schenkung mit der Bedingung eines Museumsneubaus verbunden. Die Stadt ließ sich nicht lumpen, baute einen neuen Museumspalast und gab ihm einen Doppelnamen: der Themenschwerpunkt des Wallraf-Richartz-Museums, Malerei bis 1900, wurde von dem des Ludwigs-Museums, Kunst des 20. Jh.s, zumindest begrifflich getrennt. Im Innern dominiert rein räumlich gesehen das Ludwig-Museum, das sich im Unter- und im zweiten Obergeschoß ausgebreitet hat und sogar auf der ersten Etage, die hauptsächlich vom Wallraf-Richartz-Museum genutzt wird, einige Räume einnimmt. In das alte Museumsgebäude in der Straße An der Rechtschule zog das → Museum für Angewandte Kunst. Planung und Ausführung des neuen Museumsbaus lag bei den Architekten Peter Busmann und Godfrid Haberer, die Preisträger des Ideenwettbewerbes für den Neubau im Jahre 1976. Die Silhouette des Museumsneubaus mit seinen zinkblechverkleideten Sheddächern bildet einen interessanten Kontrast zu der fast daran anschließenden gotischen Domfassade. Beide Museen waren für einige Jahre in der Lage, jeweils rund die Hälfte ihrer Bestände unter optimalen Bedingungen zu prä-

Lage
Bischofsgartenstraße 1
(beim Dom)
Tel. 221 23 70

Straßenbahnen
5, 12, 14, 16, 18
(Dom/Hbf)

Zahlreiche Busse

Öffnungszeiten
Di. 10.00 – 20.00,
Mi. – Fr.
10.00 – 18.00,
Sa., So.
11.00 – 18.00

Der moderne Museumskomplex Wallraf-Richartz-Museum und Museum Ludwig vor den gotischen Türmen des Doms

Geschichte der Museen (Fortsetzung)

sentieren. In die Gesamtplanung wurde auch das → Römisch-Germanische Museum einbezogen, das direkt neben der Apsis des Domes steht. Der gesamte Komplex (westlich bis zum Wallrafplatz) ist Fußgängerzone; zwischen dem Wallraf-Richartz-Museum und dem Werkstättentrakt breitet sich der Heinrich-Böll-Platz aus, unter dem sich die Philharmonie befindet. Zum Fluß hin ist der Rheingarten angelegt, der von der Rheinuferstraße in einem Tunnel unterquert wird (→ Altstadt).
Doch schon 1994 trat ein neues überraschendes Ereignis ein, das die Konzeption des Doppelmuseums gewaltig ins Wanken brachte: Peter Ludwig bot der Stadt neunzig Werke von Pablo Picasso und weitere 82 Werke zeitgenössischer Kunst als Geschenk sowie mehr als 700 Kunstwerke als Dauerleihgabe an. Im Gegenzug sollte das Museum am Dom nur noch seinen Namen tragen und nur noch seiner Sammlung zur Verfügung stehen. Die Stadt nahm an, d.h. das Wallraf-Richartz-Museum muß schon wieder umziehen. Ein Wettbewerb für einen neuen Museumsbau wurde ausgeschrieben, den im Mai 1996 der Architekt Osmald M. Ungers gewann. Der Baubeginn für das Gebäude, das an die Ruine St. Alban beim Gürzenich (Altstadt) anschließen wird, wurde für November 1997 festgesetzt, die Neueröffnung für Mai 2000. Auf 3500 m² Ausstellungsfläche, rund 1 200 m² mehr als bisher, präsentiert dann das Wallraf-Richartz-Museum seine Schausammlung.

Wallraf-Richartz-Museum (ab Mai 2000 in der Martinstr. 39)

Lage
Erstes Obergeschoß des Museumskomplexes

Das Wallraf-Richartz-Museum zeigt Malerei bis 1900; einen bedeutenden Schwerpunkt bildet die mittelalterliche Malerei vor allem der Kölner Schule. In seinem Kern ist es aus einer reichen Kunstsammlung des Kanonikers und ehemaligen Universitätsrektors Ferdinand Franz Wallraf (1748–1824) hervorgegangen, die er nach der Säkularisation von 1802 gerettet und der Stadt vermacht hatte. Der Kaufmann Johann Heinrich Richartz stiftete 1851 eine erhebliche Summe zur Errichtung eines ersten Museums (am Ort des heutigen → Museum für Angewandte Kunst) für die ständig wachsende Sammlung.
Die reichen Bestände des Museums sind in drei Hauptgruppen gegliedert: Kölner Malerei des Mittelalters, Kunst der Renaissance und des Barock sowie Malerei und Plastik des 19. Jahrhunderts. Die mittelalterliche Malerei Kölns stellt weltweit die umfangreichste Sammlung dieser Art dar, der Hö-

Wallraf-Richartz-Museum (Fortsetzung)

hepunkt dieser Zeit nach 1400 ist mit den Werken Stefan Lochners ausgezeichnet repräsentiert, dessen berühmte "Madonna in der Rosenlaube" hier beispielsweise zu bewundern ist. Gezeigt wird außerdem deutsche und niederländische Malerei des 15. und 16. Jh.s, z.B. Dürers "Pfeifer und Trommler", außerdem Altäre aus dem 15. und 16. Jh. sowie französische, italienische und spanische Malerei aus dem 16.–18. Jh. und flämische und niederländische Gemälde aus dem 17. Jahrhundert. Innerhalb der letztgenannten Abteilung stechen Rembrandts berühmtes "Selbstbildnis" und Rubens "Selbstbildnis im Kreise der Mantuaner Freunde" sogleich ins Auge. Auch die deutsche und französische Malerei des 19. Jh.s sowie Plastik aus derselben Epoche ist durch wertvolle Arbeiten hervorragend vertreten, beispielsweise mit Renoirs "Ehepaar Sisley", Monets "Seerosen" und mehreren Arbeiten Leibls. In diesem Geschoß schließt an den Treppenhausbereich die Cinemathek an.

Cinemathek

Museum Ludwig

Lage
Auf allen Ebenen des Museums

Einen erstklassigen Querschnitt durch die Kunst des 20. Jh.s von der klassischen Moderne bis hin zur aktuellen Kunstszene mit Gemälden, Skulpturen, Zeichnungen, Druckgrafik und Fotographie präsentiert dieses jüngste aller Kölner Museen seinen Besuchern. 1976 gegründet, erlangte das Museum im Schatten des Kölner Doms rasch internationale Anerkennung. Den Grundstock der Sammlung bildete zunächst die moderne Abteilung des Wallraf-Richartz-Museums, u.a. mit der Sammlung Haubrich (vor allem Werke des Expressionismus und Verismus, die der Rechtsanwalt Josef Haubrich während der Zeit der NS-Herrschaft rettete). Die Krone setzte dem Museum aber das Ehepaar Irene und Peter Ludwig mit ihren Kunstgeschenken und Dauerleihgaben auf.

Sammlungs-schwerpunkte

Aufgrund der überreichen Sammlung wird der Großteil der Räume alle paar Monate neu arrangiert, eine Vielzahl großer Wechselausstellungen zu unterschiedlichen Themen der Moderne sowie Studio-Ausstellungen mit Projekten einzelner Künstler stellen dem Publikum eine große Bandbreite moderner Kunst vor. Einen der Schwerpunkte bilden die Werke des deutschen Expressionismus, darunter beispielsweise prominente Arbeiten der Brücke-Künstler sowie Bilder von Nolde, Kokoschka und ein umfangreicher Beckmann-Raum. Unter den Sammlungsstücken sind auch die Arbeiten der russischen Avantgarde von herausragender Bedeutung, mit den Hauptwerken der wichtigsten Protagonisten dieser aufregenden Zeit, so Arbeiten von Malewitsch, Popowa, Larionow, Goritscharowa und Rodtschenko. Die umfangreiche Sammlung amerikanischer Pop Art zeigt die gesamte Bandbreite dieser Kunstrichtung mit Werkkomplexen von Johns, Rauschenberg, Warhol, Lichtenstein, Rosenquist, Segal, Kienholz u.a. Mit den jüngst dazugekommenen rund 150 Gemälden, Zeichnungen, Gouachen und Skulpturen sowie 680 grafischen Blättern von Pablo Picasso hat das Museum eine weitere Attraktion von internationalem Rang hinzugewonnen. Der Surrealismus ist mit bedeutenden Werken von Ernst, Magritte, De Chirico und Dali vertreten. Arbeiten von Pollock, Rothko, Stella, Newmann, Serra und Judd repräsentieren die unterschiedlichen Ausprägungen der abstrakten Kunst in den Vereinigten Staaten. Die deutsche Kunst nach 1945 ist beispielsweise mit der Informellen Malerei von Schultze und Schumacher und einer umfangreichen Schau von Bildern von Nay präsent, während die späten 60er Jahre bis zur Gegenwart durch Arbeiten der Zero-Gruppe und wichtiger Werke von Beuys, Klapheck, Graubner, Richter, Kiefer, Baselitz, Penck, Polke und Trockel repräsentiert sind. Insgesamt bemüht sich das Museum Ludwig darum, durch die Art der Präsentation Zusammenhänge und Parallelen zwischen der Kunst der beginnenden Moderne und dem

"Schwarze Nana" von Niki de Saint-Phalle

Museum Ludwig (Fortsetzung) Philharmonie

Kunstgeschehen der jüngsten Jahre und Jahrzehnte zu vergegenwärtigen und zu verdeutlichen.
Im Untergeschoß des Museums liegt auch das Foyer der → Philharmonie.

Agfa-Foto-Historama

Das Agfa-Foto-Historama ist erst in der Zeit nach 1955 entstanden. Damals konnte die Stadt Köln die umfangreiche Fotosammlung Prof. Dr. Erich Stenger (Berlin) erwerben. Hinzu kam im Jahre 1971 die Sammlung historischer Kameras aus dem Photomuseum Düsseldorf, die später noch durch die Bestände des Agfa-Kamerawerkes in München ergänzt und bereichert wurden. Das Foto-Historama wird laufend ergänzt und bietet einen ausgezeichneten Überblick über Fotografie und Fototechnik seit den Anfangstagen dieses Mediums um 1840.

WDR N 13

Lage
Wallrafplatz 5

Straßenbahnen
5, 12, 14, 16, 18 (Dom/Hbf)

Zahlreiche Busse

Heute nehmen die Gebäude des Westdeutschen Rundfunks, eines Nachfolgers der Westdeutschen Rundfunk AG von 1926, ein großes Areal im Westen des Doms ein. Das Hauptgebäude (1950–1953 erbaut) dehnt sich zwischen Wallraf-Platz und Appellhofplatz über eine Länge von mehr als 250 Metern aus, dabei überbrückt es sogar die Tunisstraße. Seine Südfassade (An der Rechtschule) gegenüber dem → Museum für Angewandte Kunst wird von einem griechischen Marmorrelief umlaufen. Der Sender strahlt heute fünf Radiosendungen (Eins Live, WDR 2, 3 und 4 sowie WDR Radio 5) und täglich 32 Stunden Fernsehprogramm aus – 24 Stunden sendet er auf dem eigenen Kanal (WDR Fernsehen) und stellt etwa ein Fünftel aller Sendungen des ARD-Gemeinschaftsprogramms. Somit zählt der WDR zu den größten Sendeunternehmen Europas. Die wachsende Bedeutung des WDR erklärt die Notwendigkeit seiner räumlichen Expansion: mit dem Bau des sog. Vierscheibenhauses, das sich über die Straße An der Ruhr in Richtung der Kirche St. Maria in der Kupfergasse (→ Zeughaus) ausdehnt, wurde der Raumnot zunächst abgeholfen. Durch die 'vier Scheiben', die parallel zueinander und gegeneinander versetzt das langgezogene Gebäude bilden, wird der sonst massig wirkende Block aufgelockert. Die Architektur der vier Scheiben ist am besten von der Neven-Du-Mont-Straße aus auf der Höhe der Kirche zu erkennen.

Hausführungen
tgl., Tel. 220 67 44

Führungen durch die Lindenstraße
in Bocklemünd Sa., So. nach Anmeldung

Wer eine Blick hinter die Kulissen werfen möchte, kann an einer zweistündigen Führung teilnehmen. Zunächst wird ein Informationsfilm über den WDR gezeigt, bevor sich ein Rundgang durch die Produktionsstätten von Hörfunk und Fernsehen anschließt, (wenn dort gerade keine Produktionen stattfinden). Einzelpersonen und kleine Gruppen können sich kurzfristig anmelden, größere Gruppen müssen sich längerfristig vormerken lassen (Tel. 220 1). Ein weiteres zweistündiges Führungsangebot besteht in Köln-Bocklemünd, Freimersdorfer Weg 6 (Tel. 220 67 44): Dort wird den Interessierten der Fundus, die Requisiten und die Produktionsstätten des WDR gezeigt und ein Gang durch die berühmte "Lindenstraße" angeschlossen, sofern dort nicht gedreht wird.

*Zeughaus / Kölnisches Stadtmuseum N 13

Lage
Zeughausstr. 1–3

Straßenbahnen
3, 4, 5, 12, 14, 16, 18 (Appellhofplatz)

In den Jahren 1594–1606 wurde der Ziegelbau des bürgerlichen Zeughauses (Waffenkammer) errichtet. Der frühbarocke Bau ist einfach gehalten, ihn ziert lediglich ein schönes Renaissanceportal, das von einem helmgeschmückten Stadtwappen gekrönt wird, welches von Allegorien umgeben ist, sowie ein Treppenturm an der Westwand, der den an alten Kölner Patrizierhäusern üblichen Treppentürmen entspricht. Die Fensterläden in den Farben der Stadt wurden dem Bau erst bei der Restaurierung von 1980 – 1984 beigefügt. Die Rückfront (zur Straße An der Burgmauer) ruht auf den

Im Zeughaus aus dem 16. Jh. residiert heute das Kölnische Stadtmuseum

Geschichte (Fortsetzung)

Fundamenten der alten → römischen Stadtmauer. Der Niveauunterschied zwischen der Straße An der Burgmauer und der Zeughausstraße verdeutlicht, wie die Römer den Geländeunterschied zur Anlage ihrer Stadtmauer nutzten. Auf dem denkmalgeschützten Turm des Zeughauses steht ein goldlackiertes Auto mit Flügeln an den Seiten mit einer Spannweite von zehn Metern. Diese Skulptur des Aktionskünstlers H. A. Schult stammt von dessen Aktion "Fetisch Auto" aus dem Jahr 1991 – danach sollte das geflügelte Monstrum eigentlich direkt wieder entfernt werden. Doch da der Abtransport sehr teuer und die Werbewirkung für das Stadtmuseum überraschend groß waren, thront das seitdem auf zahlreichen Köln-Fotos verewigte Auto bis heute auf dem Zeughaus.

Umgebung des Zeughauses: Römerbrunnen

Am Ostende des Zeughauses befindet sich der Römerbrunnen, 1915 in den Formen der Fundamente eines hier ehemals befindlichen römischen Turmes erbaut. Die zwölf Reliefköpfe am Brunnen zeigen römische Kaiser von Augustus bis Theodosius, über den sechs Reliefbildern ist ein Köln betreffender fragmentarischer Text aus den Annalen des Tacitus angebracht.

Alte Wache

Im Westen anschließend befindet sich die preußische Alte Wache von 1840/1841, in der heute Wechselausstellungen stattfinden.

Appellhofplatz

Der Name des halbkreisförmingen Appellhofplatzes erinnert an das preußische Appellationsgericht, das hier 1819 als oberste Instanz der Rheinprovinz eingerichtet wurde.

Kölnisches Stadtmuseum

Sammlungsbestände

Der Eingang zum Zeughaus und heutigen Stadtmuseum erfolgt von der Zeughausstraße aus. Das Stadtmuseum enthält Ausstellungsstücke zur Kölner Stadtgeschichte ab dem Mittelalter bis heute, die dem Besucher einen abwechslungsreichen Einblick in die Sozial- und Wirtschaftsge-

Kölnisches Stadtmuseum (Fortsetzung)

Öffnungszeiten
Di. 10.00–20.00,
Mi. – So.
10.00 – 17.00

schichte Kölns und vor allem der Alltagsgeschichte der Kölner durch die Jahrhunderte hindurch geben. Die begrenzte Ausstellungsfläche (2000m²) erlaubt die Präsentation nur eines Bruchteils der Sammlung (5000 Stücke von etwa 200000).

Erdgeschoß

Das Erdgeschoß ist der Darstellung der politischen Geschichte Kölns gewidmet, wobei man rückwärts von der Jetztzeit ins Mittelalter geführt wird. Den Einstieg bildet Kölntypisches der Gegenwart: die Puppen des Hänneschen-Theaters, Karneval, Kölnisch Wasser und die Fordwerke. Über verschiedenste Zeugnisse (Gemälde, Fotografien, Briefe u.v.m.) aus der Nachkriegszeit, dem Dritten Reich und der Weimarer Republik gelangt man zu dem großen Stadtmodell, das das mittelalterliche Köln (bzw. die Umgebung des Doms) nach den Plänen von Arnold Mercator von 1571 zeigt. Vorbei an weiteren sehenswerten Exponaten, zu denen vor allem das gotische Stadtsiegel (13. Jh.) und der Verbundbrief von 1396 (die Stadtverfassung der Zünfte) gehören, kommt man zu dem Original eines Reliefs von der mittelalterlichen Stadtmauer, das die Schlacht an der Ulrepforte zeigt, die für die Kölner ein wichtiger Schritt zur Unabhängigkeit ihrer Stadt vom Stadtherren war. Auf dem Rundgang zurück in Richtung Eingang bewegt man sich wieder chronologisch durch die Geschichte, mit Möbeln, Waffen, Rüstungen, Fahnen u.a. wird dem Betrachter die Zeit vom 12./13. Jh. über die Freie Reichsstadt, die französische und preußische Herrschaft bis zur Kaiserzeit vor Augen geführt. Der Weg hinauf zum Obergeschoß führt an gemalten und fotografierten Porträts der für Köln bedeutenden Persönlichkeiten vorbei.

Obergeschoß

Das Obergeschoß stellt die Kultur- und Wirtschaftsgeschichte Kölns vor. In fünf Abteilungen werden verschiedene Themen angeschnitten nämlich "Glaube, Aberglaube und Wissenschaft", "Reichtum und Armut", "Der große Wandel des Alltags", "Köln um 1900" und "Handel und Verkehr". Dabei läßt sich zum Beispiel der Wandel bestimmter Gerätschaften (Gefäße, Plattenspieler, Möbel u.v.m.) durch die Epochen verfolgen und die Domvollen-

Hier wird die Kölner Stadtgeschichte (fast) lebendig: Harnische aus Eisenblech aus dem 15. und 16. Jh. und eine volle Turnierausrüstung (um 1600)

dung nachvollziehen, man lernt die religiösen Bräuche der Kölner jüdischen Gemeinde kennen, erfährt etwas über die Bedeutung der Schiffahrt auf dem Rhein, über das Leben der Frauen, über die Arbeiterwelt, die Kindheit um 1900 und vieles mehr.

Kölnisches Stadtmuseum im Zeughaus (Fortsetzung)

St. Maria in der Kupfergasse

Lage
Neven-DuMont-Straße 7

Wenige Schritte vom Zeughaus entfernt liegt die wiederaufgebaute ehemalige Klosterkirche der Karmeliter. Zunächst wurde vom Orden der Unbeschuhten Karmeliterinnen, die seit 1637 in Köln ansässig waren, 1673 – 1675 eine Kapelle für das Gnadenbild der Schwarzen Muttergottes errichtet. 1705 – 1711 wurde die Kapelle in einen Kirchenneubau miteinbezogen. Der Bau steht in der Tradition des niederländischen Barock, wie ihn die Karmeliterinnen aus ihrer Heimat s'Hertogenbosch mitbrachten. Anstelle der im Krieg zerstörten, ehemals reichen Barockausstattung wurde der Makkabäeraltar von 1717 hier aufgestellt. Er zeigt die Himmelfahrt der Salomone. Die kostbare Statue der Schwarzen Muttergottes, die seit ihrer Aufstellung zu Beginn des 18. Jh.s viele Pilger anzog, befindet sich in der alten Kapelle, am nördlichen Beginn des Mittelschiffs. Das Marienbild spielt eine große Rolle in der Volksfrömmigkeit. So soll die Statue schwarz geworden sein, weil man sie anläßlich einer Pest durch Köln getragen habe, um die Epidemie zu bannen.
Auf dem Weg vom Zeughaus hierher passiert man nach dem Amtsgericht außerdem das → El-De-Haus, eine Gedenkstätte für die Opfer des Nationalsozialismus.

*Zons (Ausflugsziel)

Lage
25 km nördlich des Kölner Stadtzentrums

Anfahrt
mit dem Auto über die B 9 bis Dormagen-Zons

Das Städtchen Zons, heute zu Dormagen gehörig, ist wegen seiner mittelalterlichen Befestigung, der besterhaltenen des Rheinlands, aufgrund des malerischen Stadtbildes und seiner Freilichtbühne ein beliebtes Ausflugsziel.
Zentral für die Geschichte von Zons wurde die Verlegung des Rheinzolls von Neuss nach dem damals noch direkt am Rhein gelegenen Zons im Jahr 1372. Damit wurde der ehemalige Fronhof der Kölner Erzbischöfe (belegt ab dem 11. Jh.) zur befestigten Stadt. Die Bedeutung des Zolls wird deutlich, wenn man weiß, daß über die Hälfte des Etats der Erzbischöfe bzw. des rheinischen Kurfürsten aus Zolleinnahmen stammte. Verzollt wurden in Zons alle auf dem Rhein transportierten Waren mit 2 – 10 % des Warenwerts. Ab 1463 war Zons im Besitz des Kölner Domkapitels. Ein Streit um Zons zwischen Erzbischof Ruprecht von der Pfalz und Köln weitete sich zum Reichskrieg aus, als auf seiten Ruprechts Karl der Kühne von Burgund, auf Kölner Seite Kaiser Friedrich III. eingriffen. Die Auseinandersetzung endete 1475 mit der Niederlage Karls des Kühnen, und Zons verblieb fortan bei Köln. Die Zeit vom Ende des 16. bis Ende des 18. Jh.s brachte den wirtschaftlichen Niedergang wegen verschiedener Kriege, unter anderem des Dreißigjährigen, und der Verlagerung des Rheinstrombettes nach Osten (heutiger Verlauf 1 km östlich der Stadtmauer). 1796, zur Zeit der französischen Besetzung, wurde der Zoll aufgehoben.

Rundgang

Die Straße erreicht Zons von Westen. Vom ehemaligen Feldtor ist nichts, die eindrucksvollen mittelalterlichen Mauern mit dem Graben davon jedoch sind gut erhalten. Der Südturm (rechts) wurde schon im 15. Jh. zur Mühle umgebaut. In Richtung Rhein führt die Schloßstraße; im Norden, links, ist die neugotische Kirche zu sehen, die ab 1875 an Stelle eines Vorgängerbaus des 14. Jh.s errichtet wurde. Ein wenig weiter ist im Süden (rechts) der 'Juddeturm' (14. Jh., mit Barockhaube), ein Eckturm der alten Vorburg, d.h. ein Teil der auch gegen die Stadt befestigten Zonser Burg, erhalten.

Rundgang (Fortsetzung)

Wo die Schloßstraße auf die Rheingasse und die Rheinmauer trifft, befand sich der Marktplatz mit dem nicht erhaltenen Rathaus an der Nordseite. Rechts ist heute das Kreismuseum im ehemaligen Herrenhaus aus dem 17. Jh., einem Teil der Vorburg, untergebracht (geöffnet Di. bis Fr. 14.00 – 18.00, Samstag und Sonntag 10.00 – 12.30 und 14.00 – 17.00 Uhr). Sehenswert sind hier vor allem die größte Jugendstil-Zinnsammlung Deutschlands und die Dokumente zur Stadtgeschichte. Noch weiter nach Süden befand sich die Hauptburg. Von ihr stehen noch das Südtor (Doppeltoranlage), das in die Vorburg führte, der Torturm, durch den man in die Hauptburg gelangte, und der Schloßturm als südöstlicher Eckturm der Stadtmauer.
Die Rheingasse mit ihren alten Häusern und der ehemaligen Rheinmauer bietet eine stimmungsvolle Atmosphäre. Wo früher, direkt vor der Mauer, der Rhein floß, weiden heute Kühe. Am Nordende der Rheingasse erreicht man den sechsgeschossigen quadratischen Rhein- oder St.-Peters-Turm, der die Zollstation beherbergte. Auf der Stadtseite des anschließenden Rheintores ist auf einem Relief Erzbischof Friedrich von Saarwerden dargestellt, wie er von Petrus das Zollrecht verliehen bekommt, darunter die Bauinschrift mit der Jahreszahl 1388. Der Gang entlang der Stadtmauer mit Wachhäuschen und dem nordwestlichen Eckturm, dem vollständig erhaltenen Krötschenturm, schließt den Rundgang ab.

Rheindeich

Zwischen der Stadt und dem Strom wurde der Rheindeich aufgeschüttet, auf dessen Krone ein Fuß- und Fahrweg einen schönen Blick auf Zons und auf die sanftwelligen Flußauen gewährt. Unweit nördlich befindet sich der Anleger der Rheinfähre nach Düsseldorf-Urdenbach.

Zons, Rheindeich (Fortsetzung)

Freilichtbühne

Im einstigen Zwinger der Feste, an der Außenseite der Mauer, befindet sich heute eine vielbesuchte Freilichtbühne. Sie ist nur von außen zu erreichen. Parkplätze findet man unweit westlich und auf dem Vorland des Rheindeiches. Im Sommer gastieren in Zons Ensembles naher Großstadtbühnen.

*Zoo und Aquarium L 14/15

Lage
Riehler Str. 173

Straßenbahnen
15, 16 (Zoo, Flora)

Bus
134 (Zoo/Flora)

Öffnungszeiten
Sommer:
tgl. 9.00 – 18.00,
Winter:
tgl. 9.00 – 17.00,
Aquarium
tgl. 9.30 – 18.00

Der große Kölner Zoo zeigt mehr als 5000 Tiere etwa 600 unterschiedlicher Arten aus aller Welt und hat sich damit und mit seiner mehr als 130jährigen Tradition in Köln einen einzigartigen Ruf erarbeitet. Nicht zu unrecht gilt er als einer der größten und schönsten Tiergärten Deutschlands.
Seit der Tiergarten als einer der ersten in Europa 1860 eröffnet wurde, hat sich nicht nur die Größe, die Gestaltung der Tiergehege und die vorhandene Artenvielfalt verändert, sondern auch die Zielsetzung des Zoos: Neben dem Wunsch, dem Publikum einen guten Querschnitt durch das Tierreich anzubieten, steht heute auch der Natur- und Artenschutz im Vordergrund. So werden im Kölner Zoo Wisente, Löwenäffchen, Balistare und Przewalskipferde gehalten, um ihre Arten zu erhalten und sie später wieder in die Natur zu entlassen.
Den Besucher erwarten mehr als dreißig Freigehege und -anlagen, die den Bedürfnissen der Tiere so weit als möglich entsprechen, so für Bären, Großkatzen (Geparden, Leoparden, Löwen u.a), Affen, verschiedene Huftiere wie Antilopen, Bisons, Ochsen, Giraffen, Kamele usw. und zahlreiche Vogelarten.
Besonders beeindruckend sind die aus der Gründungszeit des Zoos erhalten gebliebenen Tierhäuser, die nun zum Teil sogar denkmalgeschützt sind, und die in späteren Jahrzehnten entstandenen Gehege, die Zeugnis von den sich wandelnden Vorstellungen vom Sinn und Zweck eines Zoos geben. Das äußerlich wie ein indischer Tempel anmutende Elefantenhaus von 1863 und das 1898/1899 gebaute ehemalige Vogelhaus (heute Affenhaus), das an eine russische Kirche erinnert, entsprechen dem Verständnis des 19. Jh.s, nach dem sich der exotische Artenreichtum auch in den entsprechenden Baustilen widerspiegeln sollte. Aus dieser Gründungszeit des Zoos stammt auch die klassizistische Direktorenvilla (1859/1860). Zwischen dem Seelöwenfelsen von 1882 und dem berühmt gewordenen Affenfelsen von 1914 liegen ebenfalls Welten: Während ersterer mit seiner eher sterilen, steinernen Landschaft vordringlich dem Amuse-

Afrikanischer Elefant vor dem ältesten Gebäude des Zoos, dem 1863 im maurischen Stil errichteten Elefantenhaus

Tierhäuser und -gehege im Wandel der Zeit

Der größte Anziehungspunkt im Kölner Zoo ist der Affenfelsen, auf dem sich immer Dutzende von Pavianen tummeln.

Affenfelsen

ment der Zuschauer diente, die einen optimalen Einblick in das Areal erhielten, stand der Bau des Affenfelsens nach dem Vorbild von Hagenbecks Tierpark in Hamburg (1907) unter dem Motto "Tiere in der Landschaft". Die Paviane und Langurenarten haben hier die Möglichkeit, sich in den hohlen Felsen zurückzuziehen, wo sich die von außen nicht einsehbaren Käfige befinden. Der Akzent hat sich hier vom reinen Ansehen des Tieres auf das Beobachten des Tierlebens verschoben. Dementsprechend ist der Affenfelsen – neben dem neuen Urwaldhaus für Menschenaffen – zur Hauptattraktion des Zoos geworden.

Primaten

Die Primaten sind im Kölner Zoo übrigens schwerpunktmäßig vertreten: 30% aller gezeigten Säugetiere stammen aus dem Reich der Affen. Zu bewundern sind unter ihnen vor allem die Menschenaffen, die an dem dem Haupteingang entgegengesetzten Parkende 1985 ein Urwaldhaus erhielten. Darin sind Gorillas, Orang-Utans und die seltenen Bonobos versammelt: Hier geborene Affenbabys bezeugen die Tatsache, daß die Affen ihr künstliches Zuhause akzeptieren. Nicht vorbeigehen sollte man auch am Lemurenhaus mit seinen Halbaffen aus Madagaskar (links vom Haupteingang).

Weitere Tierarten

Rechts des Haupteingangs gelangt man an Kamelen, Bären, Pandas und Kakadus vorbei zum Südamerikahaus, in dem man sich einen Überblick über die Neuweltprimaten verschaffen kann. Aber auch der Bestand an Raubkatzen läßt sich sehen und zieht entsprechend viel Publikum an: neben den Löwen und Tigern sind seit 1987 auch die Geparden in einem Freigehege zu beobachten, das einer afrikanischen Savannenlandschaft nachempfunden wurde. 1994 entstanden zwei weitere Areale für Raubkatzen im hinteren Teil des Zoos: Hier leben Leoparden und Schneeleoparden in recht authentisch gestalteten Lebensräumen (hochalpines Gebirge und Waldlandschaft). Der Besucher blickt durch Glasscheiben (ohne Gitter), durch die er die Großkatzen beobachten kann. Auf den mit den Scheiben abgegrenzten Wegen fühlt man sich als Betrachter bisweilen selber auf dem Präsentierteller gegenüber den Leoparden in ihrem großzügigen Areal, das den Tieren auch Verstecke bietet. Eine nicht uninteressante Erfahrung! Daneben gibt es auch einen Kinderzoo, in dem man Tiere streicheln und füttern darf und eine Zooschule für Schulklassen.

Zoo (Fortsetzung)

Gegenüber dem Zoo-Haupteingang liegt der Neubau des Aquariums mit Insektarium und Terrarium, in denen eine große Zahl von Insekten, Reptilien und Fischen gehalten wird. Beeindruckend ist die Atmosphäre des Hauses schon gleich nach dem Eingangsbereich: Man findet sich in einer schwach beleuchteten Halle wieder, in deren Seitenwände etliche künstlich beleuchtete Aquarien eingelassen sind, worin sich bunte Fischarten und Wasserschildkröten tummeln. Aufsehenerregend ist die Fütterung der Piranhas alle zwei Tage um 15.00 Uhr. Im weiteren Verlauf des Rundwegs kann man Bekanntschaft mit Krokodilen, Schlangen und Echsen machen. Der erste Stock des Gebäudes ist den Insekten vorbehalten. Obwohl es auf der Erde allein 800 000 Insektenarten und nur etwa 46 000 Arten von Wirbeltieren gibt, ist diese Abteilung des Tierreichs in kaum einem Zoo vertreten. Die meisten dieser Tiere sind einfach zu klein und leben zudem oft im Verborgenen. In Köln hat man sich daher bemüht, dem Besucher das Verhalten der Insekten, von Tausendfüßlern und Spinnentieren in vielen kleinen Glaskästen vor Augen zu führen. Hier sind große Gottesanbeterinnen, Heuschrecken, kleine Wanzen, dicke Kakerlaken, zarte Libellen, Käfer und Fliegen versammelt. Bienen gelangen von ihrem einsehbaren Bienenstock durch einen kleinen Ausgang nach draußen. Eine Attraktion ist hier ein begehbarer Glasraum, in dem man von Schmetterlingen umflattert wird.

Aquarium mit Terrarium und Insektarium

Will man Zoo und Aquarium gemeinsam an einem Tag besuchen, lohnt sich der Kauf einer verbilligten Kombinations-Karte.

Hinweis

Zülpicher Straße / Kwartier Lateng — O 12

Die Zülpicher Straße im Kölner Südwesten ist die Hauptachse des Kneipen- und Restaurantviertels, das in den siebziger Jahren den Spitznamen 'Kwartier Lateng' bekam. Diese Bezeichnung ist die 'eingekölschte' Version des Namens für das Pariser Studentenviertel Quartier Latin, an das hier in Köln nicht nur das junge Publikum und das rege Nachtleben erinnern, sondern auch die Fülle an vorzüglichen in- und ausländischen Gaststätten, Bars und Cafés. Auf der Suche nach Unterhaltung oder lukullischen Genüssen findet man etliches auf der Zülpicher Straße (auf dem Abschnitt zwischen Hohenstaufenring und dem Bahndamm), beispielsweise mehrere Kneipen, französische und italienische Eßlokale und das mit einer Gaststätte verbundene Kino "Filmdose" (Zülpicher Str. 39). Auf der Höhe der Dasselstraße geht die Kyffhäuserstr. ab, die wiederum von der Hochstadenstraße gekreuzt wird, in beiden befinden sich ebenfalls etliche Kneipen. Sehr lohnenswert ist es auch, die Gegend um den Rathenauplatz zu durchstreifen, wo sich einige gute französische, italienische und griechische Restaurants niedergelassen haben.

Lage
Neustadt-Süd

Straßenbahnen
6, 7, 9, 15, 19
(Zülpicher Platz)

Die 1893 – 1900 erbaute Herz-Jesu-Kirche am Zülpicher Platz gilt als einer der wichtigsten neugotischen Bauten Kölns. Die architektonische Gestaltung steht sichtbar unter dem Eindruck des 1880 fertiggestellten → Doms. Das Langhaus ist im wesentlichen ein Nachkriegsneubau, vor allem der Turm weist jedoch das ursprüngliche Bild auf.

Herz-Jesu-Kirche

Praktische Informationen von A bis Z

Praktische Informationen von A bis Z

Anreise

Mit der Eisenbahn

Köln ist als einer der wichtigsten Verkehrsknotenpunkte Deutschlands bequem und schnell von allen deutschen und vielen europäischen Großstädten aus per Eisenbahn zu erreichen. Täglich fahren über 1 300 Züge in den Kölner Hauptbahnhof ein, der mitten im Stadtzentrum direkt neben dem Dom liegt. Weitere große → Bahnhöfe, die von Nahverkehrszügen angefahren werden, befinden sich im Westen (Köln-West) und Süden (Köln-Süd), in Ehrenfeld, Mühlheim und Deutz – hier, direkt bei der Messe, kommen auch die Autoreisezüge an. Daneben gibt es ein weit verzweigtes Netz von S-Bahnlinien, die vom Hauptbahnhof aus in verschiedene Kölner Stadtteile und in die weitere Umgebung Kölns (bis Neuss/Düsseldorf im Norden, Au an der Sieg im Südosten und Bergisch-Gladbach im Nordosten) führen. Köln ist an das ICE-, EC-/IC- und IR-Netz der Deutschen Bahn AG angeschlossen. Mit dem ICE erreicht man Köln beispielsweise von Hamburg aus in gut 3 Stunden (ca. 4 Std. mit dem IC), von Berlin aus in 5 Stunden (knappe 6 Std. mit dem IC) und in guten 5 Stunden von München aus (weniger als 6 Std. mit dem IC).
Auskünfte → Bahnhöfe

Mit dem Auto

Köln ist von einem geschlossenen, fast überall sechsspurigen Autobahnring mit sieben Autobahnkreuzen umgeben, auf den Autobahnen aus allen Himmelsrichtungen stoßen. Daneben führen zwölf Bundesstraßen in die Stadt. Am besten gelangt man in die Stadt:

- von Norden auf der A 57 (Neuss, Düsseldorf) oder der A1 (Bremen - Münster - Dortmund - Wuppertal),
- von Osten auf der A4 (Olpe),
- von Südosten rechtsrheinisch auf der A3 (Passau - Regensburg - Nürnberg - Würzburg - Frankfurt - Koblenz),
- von Süden linksrheinisch auf der A 61 (Mannheim - Mainz - Koblenz),
- von Bonn aus auf der A 555 oder der A59, die man auch vom Köln-Bonner Flughafen aus benutzt,
- von Westen auf der A4 (Aachen) und
- von Nordwesten auf der A 61 (Venlo, Mönchengladbach)

Parken

Zu Parkhäusern und dem Parkleitsystem → Parken.

Mitfahrgelegenheiten

Wer eine billige Möglichkeit des Reisens sucht, kann sich in den Mitfahrzentralen Kölns nach Mitfahrgelegenheiten erkundigen oder eine solche anbieten.

Citynetz Mitfahrzentrale, Saarstr. 22, Tel. 19 4 44
Mitfahrzentrale Mc Share, Maximinenstr. 2, Tel. 12 20 21

◂ *Karneval in Kölle ist jedes Jahr wieder ein buntes, fröhliches Ereignis*

Anreise (Fortsetzung)
Mit dem Bus
Europabus

Die Europabusse der Deutschen Touringgesellschaft fahren vom Kölner Hauptbahnhof aus (Breslauer Platz, hinter dem Hbf) sehr preiswert im Linienverkehr alle europäischen Hauptstädte und viele europäische Großstädte an.
Informationen, Reservierungen, Fahrkarten Mo. – Fr. 9.00 bis 18.00, Sa. 9.00 – 12.00 Uhr; Tel. 12 00 44 oder 12 05 29.

Regionalbusse

Die Regionalbusse kommen alle am Busbahnhof (Breslauer Platz) direkt hinter dem Kölner Hauptbahnhof an. Reiseauskünfte und Fahrkarten für die Busse im Regionalverkehr erhält man am Infoschalter für Busse am Breslauer Platz (Tel. 12 44 12).

Mit dem Flugzeug

15 km südöstlich von Köln liegt der Köln-Bonner Flughafen in der Wahner Heide. Das Service-Angebot des Flughafens umfaßt Geschäfte, Banken, Reisebüros, Snack-Bars, ein Restaurant (3. OG., tgl. 11.00 – 20.00 Uhr), ein Postamt, Autoverleih (→ Mietwagen) usw.

Auskunft

Telefon: (0 22 03) 40 40 01 / 02
Fax: (0 22 03) 40 40 44
Internet: www.airport-cgn.de

Hotelreservierung ab Flughafen

Über die Hotel-Reservierungsanlage auf der Ankunftsebene (Eingang B) können Hotelzimmer in Köln und Umgebung gebucht werden (grünes Licht = Zimmer frei, rotes Licht = Zimmer belegt; kostenlose Telefonverbindungen zu allen angezeigten Hotels).

Flughafenführungen

Der Besucherdienst des Flughafens führt Gruppen ab 15 Personen Mo. bis Fr. um 9.00, 11.00, 13.00 und 15.00 Uhr in das 'Innenleben' des Köln-Bonner Flughafens ein. (Tel. (0 22 03) 40 43 88 /89)

Airport-Express

Zwischen 7.00 und 20.00 Uhr pendelt täglich alle 15 Minuten (abends und morgens alle 30 Minuten) ein Bus (Linie 170) zwischen dem Köln-Bonner Flughafen und dem Kölner Hauptbahnhof (Breslauer Platz, Bahnsteig 4a) sowie
zwischen dem Heumarkt und dem Bahnhof Deutz/Messe (Fahrtzeit ca. 30 Minuten).
Zusätzlich verkehrt ein Flughafenbus von 7.50 bis 10.30 und von 15.38 bis 18.38 Uhr alle 20 Minuten zum Messebahnhof Köln-Deutz.
Der Bus Linie 161 ab Flughafen fährt bis Porz-Zentrum, wo man in die Straßenbahnlinien 2 oder 7 (Haltestelle Porz-Markt) umsteigt, die ins Kölner Stadtzentrum (Neumarkt) fahren.
Auch vom Flughafen Düsseldorf aus gibt es einen Transfer-Service zur Kölner Messe.

Auktionshäuser (Auswahl)

Auswahl

Auction Team Köln, Bonner Str. 528 – 530, Tel. 38 70 49

Auktionshaus Süd (am MediaPark), Gladbacher Str. 32,
Tel. 51 40 40

Hüll Auktionshaus, Berrenrather Str. 138, Tel. 44 40 26

Kunsthaus Lempertz, Neumarkt 3, Tel. 925 72 90
(Auktionshaus für alte und neue Kunst)

Sotheby's , St. Apern-Str. 17, Tel. 20 71 70

Venator und Hanstein KG, Cäcilienstr. 48, Tel. 2 57 54 19
(Altes Kulturgut, Kunst, Buchantiquariat, Kölner Buch- und Graphika)

Ausflüge

Innerhalb des Stadtgebiets

Hinweis

Unter den 'Sehenswürdigkeiten von A bis Z' finden sich Erläuterungen zu den Kurzausflügen zur → Römischen Grabkammer in Köln-Weiden sowie nach → Brauweiler, beide im Westen Kölns.

Wildpark Köln-Dünnwald

Einige lohnenswerte Ausflugsziele liegen noch innerhalb des Kölner Stadtbereichs, so z.B. der Wildpark Köln-Dünnwald (ca. 10 km nordöstlich des Kölner Stadtzentrums), in dem auf 20 ha Schwarz- und Damwild, Muffel, Axis und Wisente zu beobachten sind (geöffnet tgl. bis zur Dämmerung; Straßenbahnlinie 4 bis Höhenhaus, dann Buslinien 154 oder 155 bis Wildpark).

Wildgehege Brück

Durch das Wildgehege Brück (50 ha) am westlichen Rand des Königsforstes (ca. 10 km westlich der Kölner Innenstadt) führt ein schöner Waldlehrpfad, im Gehege wird Rotwild, Schwarzwild und Dybowski-Wild gehalten.

Freizeitinsel am Rhein, Groov

Die Freizeitinsel Porz-Zündorf, die sog. Groov, lockt besonders an sonnigen Wochenenden viele Kölner mit ihren ausgedehnten Spazierwegen nahe des Rheinufers mit Spielplätzen für Kinder, mit Liegewiesen, Auenwald und kleinen Binnengewässern, mit Minigolfanlagen und Kahnverleih, Tennisplätzen, einem Freibad, einem kleinen Yachthafen und einem Café. (Straßenbahnlinie 7, Zündorf)

Rodenkirchen

Am linken Rheinufer im Süden von Köln befindet sich ein weiteres beliebtes Ausflugsziel, der 1975 nach Köln eingemeindete Stadtteil Rodenkirchen, ein ehemaliges Fischerdorf. Insbesondere sein malerischer alter Ortskern mit kleinen Fachwerk- und Backsteinhäusern lockt die Spaziergänger an. Eine Besichtigung lohnt dort auch die am Rhein gelegene Kapelle Alt-St. Maternus (Steinstr. 1), die im 11. – 17. Jh. erbaut bzw. mehrfach erweitert wurde. Den Rhein entlang erstreckt sich ein Künstlerviertel mit schönen Villen aus den 20er Jahren (Uferstraße / Walther-Rathenau-Str. / Im Park). Rund 4 000 seltene Pflanzenarten bekommt man im großen Forstbotanischen Garten (Am Neuen Forst / Schillingsrotter Str. / Friedrich-Ebert-Str.) zu sehen (geöffnet tgl. ab 9.00 Uhr, Nov. – Febr. bis 16.00, April – Aug. bis 20.00, März, Sept., Okt. bis 18.00 Uhr.)

Außerhalb des Stadtgebiets

Hinweis

Einige lohnenswerte Ausflugsziele außerhalb von Köln sind im Kapitel 'Sehenswürdigkeiten von A bis Z' bereits beschrieben, so ein Besuch des → Schlosses Augustusburg in Brühl oder des großen Vergnügungsparks → Phantasialand in Brühl. Im Nordosten Kölns liegt → Altenberg mit seinem Dom und dem Märchenwald, im Norden das mittelalterliche → Zons mit einer Freilichtbühne.

Knechtsteden

Das Kloster Knechtsteden, rund 28 km nordwestlich von Köln, wurde im 12. Jh. errichtet, im 15. Jh. im gotischen Stil erneuert und nochmals im 19. Jh. nach einem Brand wiederhergestellt.. Äußerst reizvoll ist das Äußere der Kirche von Osten her (Zugang durch das barocke Klostertor): Der gotische Chor steht in eigentümlichem Kontrast zu den reifen romanischen Formen des achteckigen Vierungsturms mit den beiden Chorflankentürmen. Langhaus und Westapsis beeindrucken durch ihre Schlichtheit. Von überregionaler Bedeutung sind im Inneren die Wandmalereien des 12. Jh.s in der Westapsis. Im Unterschied zu anderen Malereien des 12. Jh.s im Kölner Raum (→ St. Maria Lyskirchen, Sehenswürdigkeiten von A bis Z) stehen die von Knechtsteden deutlich in der Tradition byzantinischer Formenstrenge. (Zu erreichen mit der DB bis Dormagen, dann weiter per Bus, oder mit dem Auto über die A 57 bis Abfahrt Dormagen, dort Richtung Grevenbroich nach Knechtsteden.)

Ausflüge (Fortsetzung)

Rheinisches Freilichtmuseum

Rund 45 km südwestlich von Köln liegt das Rheinische Freilichtmuseum bei Mechernich-Kommern. Dort läuft man durch ein (für heutige Verhältnisse) romantisches, friedvolles Dörfchen des 17./18. Jh.s, in dem restaurierte Häuser, Stallungen und Scheunen mit originaler Innenausstattung besichtigt und die in einem solchen Dorf einst verrichteten Tätigkeiten tatsächlich erlebt werden können wie backen, weben, Gärten und Felder bestellen, Pferde beschlagen usw. (geöffnet 1. 4. – 31. 10, tgl. 9.00 – 18.00; 1. 11 – 31. 3. tgl. 10.00 – 16.00). Zudem lohnt das Dorf Kommern, dessen Stadtbild von hübschen alten Fachwerkhäusern geprägt ist, gleich nebenan den Besuch. (Zu erreichen über A1 Richtung Euskirchen bis Bad Münstereifel/Mechernich, dann ca. 5 km bis Mechernich-Kommern.)

Königswinter Drachenfels

Nach Königswinter führen von Köln viele Wege: mit dem Auto über die A 3 bis Abfahrt Siebengebirge, mit der Bahn nach Königswinter Bf. oder mit einem Schiff der Köln-Düsseldorfer (→ Rheinfahrten) bis Königswinter. Von dort aus kann man per pedes den Eselsweg zum Drachenfels hochsteigen oder sich mit der Zahnradbahn den Berg hochbefördern lassen. Zu Fuß kommt man an der Nibelungenhalle mit angeschlossenem Terrarium vorbei.

Organisierte Fahrten

Das Verkehrsamt Kölns bietet neben einer Vielzahl von geführten → Stadtbesichtigungen auch organisierte Fahrten in die weitere Umgebung Kölns an, die per Bus bzw. Schiff durchgeführt werden und zwischen fünf und zehn Stunden in Anspruch nehmen. Treffpunkt für alle Touren ist das Verkehrsamt (Unter Fettenhennen 19, 50 667 Köln, gegenüber dem Dom), Informationen und Bestellungen (möglichst frühzeitig) unter Tel. 22 12 33 32, Fax 22 12 48 48.
Fahrten um die fünf Stunden für etwa 290,- DM (Zuschläge für fremdsprachige Führungen) führen z.B. nach Maria Laach oder nach Bonn, zu den Brühler Schlössern, nach Mönchengladbach (Museum Abteiberg und Abteikirche), ins Bergische Land oder zur Kunstsammlung NRWs und ins Hetjens-Museum (beide in Düsseldorf) oder auch nach Brauweiler in Verbindung mit Knechststeden und Zons oder zur Museumsinsel Hombroich in Verbindung mit St. Quirinus in Neuss. Etwas länger und teurer sind die organisierten Fahrten in das Rheinische Freilichtmuseum nahe Kommern (s.o.) mit Stadt-und Schloßbesichtigung (ca. 10 Std.). Zehn Stunden dauert die Rheintour (ca. 490,- DM), die das Verkehrsamt anbietet.

→ Rheinfahrten — Schiffsausflüge
→ Stadtbesichtigung — Stadtrundfahrten

Auskunft

Für Köln
Verkehrsamt

Verkehrsamt der Stadt Köln, Unter Fettenhennen 19
(gegenüber des Doms), Tel. 22 12 33 45 und 194 33, Fax 22 12 33 20
Das Verkehrsamt bietet eine Anzahl von Dienstleistungen für Touristen an, die unter folgenden Telefonnummern fernmündlich bzw. zu den Geschäftszeiten direkt erfragt werden können:

- Informationsbüro (Touristische Stadtinformationen, Zimmervermittlung für denselben Tag), geöffnet: Mo. – Fr. 8.00 – 21.00 (im Sommer vom 1.5. bis 31.10. bis 22.30), So. und feiertags 9.30 – 19.00 (im Sommer 9.00 – 22.30), — Information, Zimmervermittlung
- Vermittlung von Fremdenführern für alle Sehenswürdigkeiten in und um Köln in den gängigen Sprachen, Tel. 22 12 33 32, Fax 22 12 48 48 — Fremdenführer
- Hotelzimmer-Reservierung, Tel. 22 12 33 30/38/48 — Hotelzimmer
- Privatzimmer-Vorvermittlung (nur zu Messezeiten), Tel. 22 12 33 35 — Privatzimmer
- Angebote Sonderprogramme (Wochendendprogramme, Karneval, Städtetouren u.a.), Tel. 22 12 33 88 oder 22 12 33 97 — Sonderprogramme

Auskunft (Forts.) Presse- u. Info.amt	Presse- und Informationsamt der Stadt Köln, Laurenzplatz 4, Tel. 194 33, geöffnet Mo. – Do. 8.00 – 16.15 Uhr, Fr. 8.00 –12.15 Uhr
DOMFORUM	DOMFORUM, Informations- und Besucherzentrum des Kölner Doms, Domkloster 3 (beim Dom), 50 667 Köln, Tel. 92 58 47 20, geöffnet Mo. – Fr. 10.00 – 18.30, Sa. 10.00 – 17.00, So. 13.00 – 17.00 Uhr (Regelmäßige, kostenlose Diaschau über den Kölner Dom; regelmäßige Dom- und Kirchenführungen (täglich), im Foyer Infomaterial zu Stadt, Kirchen und Gesellschaft)
Für Zons	Verkehrsamt, Schloßstr. 37, 41 541 Dormagen, Tel. (021 33) 37 72
Für Brühl	Brühl-Info, Uhlstr. 3, 50 321 Brühl, Tel. (022 32) 790
Internet	Wissenswertes und Aktuelles zu Kölns Museen, zum Einkaufen, zu Veranstaltungen u.v.m. finden sich im Internet unter http://www.cologneweb.com

Automobilclubs

ADAC	ADAC, Luxemburger Str. 169, Informationszentrale: Tel. 47 27 47, tgl. 7.00 – 22.00 Uhr, Pannenhilfe, tgl. 24 Std.: Tel. 018 02 22 22 22
ACV	ACV (Automobil-Club + Verkehr), Goldgasse 2, Tel. 91 26 90
Abschleppdienste Tag & Nacht	Colonia, Matthias-Brüggen-Str. 68, Tel. 95 68 60 Mauritius-Garage, Koblenzer Str. 15, Tel. 38 01 63

Badeseen, Badezentren (Auswahl)

In Köln gibt es 10 städtische Hallenbäder, 2 städtische Freibäder und 3 städtische Kombibäder sowie ein Leistungszentrum für Schwimmer. In der Umgebung Kölns liegen außerdem mehrere Baggerseen.

Freibäder	Freibad Stadion in Köln-Müngersdorf, Aachener Str., Tel. 49 83 259 Freibad Vingst, Vingster Ring, Tel. 87 18 22 Alle drei Kölner Kombibäder (s.u.) haben auch Freibäder.
Hallenbäder	Hallenbad Bickendorf, Venloer Str. 569, Tel. 58 57 56 Hallenbad Nippes, Friedrich-Karl Str. 64, Tel. 740 58 41 Hallenbad Chorweiler, Liller Str. , Tel. 279 17 50 Hallenbad Wahn, Albert-Schweitzer-Str., Tel. (0 22 03) 18 35 40 Hallenbad Rodenkirchen, Mainstr., Tel. 279 17 80 Hallenbad Weiden, Ostlandstr. 39, Tel. (022 34) 471 10 Genovevabad, Bergisch-Gladbacher Str. 67, Tel. 61 32 91
Kombibäder	Kombibad Höhenberg, Schwarzburger Str. 4, Tel. 87 49 40 Kombibad Zollstock, Raderthalgürtel 8 – 10, Tel.38 18 35 Kombibad Zündorf, Groov/Trankgasse, Tel. (0 22 03) 8 13 22
Aqualand	Freizeitbad Aqualand (überdachtes Bad) in Chorweiler, Meridanstr. 1, Tel. 702 80 mit Rutschen, Sauna, Fitneßstudio und Sonnenbank
Therme	Claudius Therme, Sachsenbergstr. 1, Tel. 98 14 40, tgl. 9.00 – 23.00 Uhr 10 Außen- und Innenbecken (20° – 36°), Saunen, osmanisches Dampfbad
Baggerseen	Bleibtreu See im Naturpark Kottenforst Ville, Tel. (022 52) 42 66 Liegewiesen und Strand, Schwimmen, Surfen, Segeln, (Anfahrt mit Linie 18 nach Brühl oder B 265 über Luxemburger Str.)

Badeseen (Fortsetzung)

Fühlinger See, zwischen Neusser Landstraße, Oranjehofstr. und Industriestr. gelegen, Tel. 279 18 50, sieben Seen, ein Freibad, Liegeflächen rund um die Seen, Surfen, Tauchen, Ruderbootverleih, Regattabahn (Anfahrt Bus 120, 121 bis Merianstr. bzw. Seeberg)

Liblarer See, Am See, Erftstadt-Liblar, Tel. (0 22 35) 38 99
Strandbad, Liegewiese, Imbiß

Otto-Maigler-See, in Hürth-Gleuel, Tel. (022 33) 3 52 48
Badesee mit Liegewiese (Anfahrt: über Luxemburger oder Berrenrather Str., nur 10 km vom Stadtzentrum entfernt)

Bahnhöfe

Allgemeines

Der Hauptbahnhof liegt mitten im Stadtzentrum direkt neben dem Dom und wird von ICE-, IC-, EC- und IR-Zügen aus allen Himmelsrichtungen direkt angefahren. Nahverkehrszüge bedienen auch die Bahnhöfe im Westen (Köln-West), Süden (Köln-Süd), in Ehrenfeld, Mühlheim und Deutz (Autoreisezüge). Daneben gibt es ein weit verzweigtes Netz von S-Bahnlinien, die vom Hauptbahnhof aus in verschiedene Kölner Stadtteile und in die weitere Umgebung Kölns führen.

Auskunft

Bundesweit einheitliche Telefonnummer der Deutschen Bundesbahn für Fahrplanauskünfte, Fahrscheinbestellungen, Reservierungen: Tel. 19 4 19

Online-Dienst

Auskünfte über Fahrpläne und Service-Daten (Schlaf-, Liegewagen, Autoreisezüge usw.) sowie Buchungen, Reservierungen und Zahlungen können auch online getätigt werden unter www.bahn.de.

Bibliotheken und Archive (Auswahl)

Bibliotheken

Bibliothek des Amerika-Hauses, Apostelnkloster 13 – 15,
Tel. 2 09 01 47, geöffnet Di. – Fr. 13.00 – 18.00 Uhr

Bibliothek des Institut Français, Sachsenring 77, Tel. 9 31 87 70,
geöffnet Mo., Mi. 12.30 – 19.00, Di., Do. 9.30 – 19.00 Uhr
(Französische Literatur, auch in Übersetzungen, Zeitschriften, Tageszeitungen)

Bibliothek des Italienischen Kulturinstituts, Universitätsstr. 81, Tel. 940 56 10

Bibliothek Germania Judaica, Josef-Haubrich-Hof 1, Tel. 23 23 49
(Geschichte des deutschsprachigen Judentums)

British Council Library, Hahnenstr. 6, Tel. 2 06 44 0,
geöffnet Mo., Mi., Do., Fr. 11.00 – 17.00, Di. 11.00 – 19.00 Uhr
(Englische Literatur, Zeitschriften, Tageszeitungen, audiovisuelle Medien)

Hochschulbibliothek des Landes NRW, Classen-Kappelmann-Str. 24,
Tel. 40 07 50

Universitäts- und Stadtbibliothek, Universitätsstr. 33, Tel. 470 22 14

Zentralbibliothek und Stadtbücherei Köln, Josef-Haubrich-Hof 1
(am Neumarkt), Tel. 22 12 38 28

Kunst- und Museumsbibliothek der Stadt Köln / Rheinisches Bildarchiv,
Unter Sachsenhausen 37, Tel. 22 12 24 38,

Bibliotheken (Fortsetzung)

geöffnet Di. – Fr. 10.00 – 12.30 Uhr, Do. außerdem 16.30 – 18.30 Uhr (Bilder und Fotos der Kölner und Rheinländischen Kunstgeschichte und Architektur)

Archive

Historisches Archiv der Stadt Köln, Severinstr. 222 / 228, Tel. 22 12 23 29 (Dokumente der Kölner Stadtgeschichte vom 12. Jh. bis heute)

Historisches Archiv des Erzbistums Köln, Gereonstr. 2, Tel. 16 42 58 00 (Akten des Generalvikariats, Dekanatsakten des alten Erzbistums Köln, Teile des Domarchivs, alte Kölner Pfarrarchive, Sammlung Widerstand und Verfolgung 1933 – 1945 u. a.)

Archiv und Dokumentationszentrum zur Geschichte und Kultur der Roma, Bobstr. 6–8, Tel. 24 25 36, geöffnet Di., Fr. 14.00–17.00 Uhr

Kolpingwerk, Deutscher Zentralverband (Archiv und Bibliothek), Kolpingplatz 5 – 11, Tel. 20 70 10 (Geschichte des Kath. Gesellenvereins bzw. des Kolpingwerks, Nachlaß Kolping)

Rheinisch-Westfälisches Wirtschaftsarchiv, Unter Sachsenhausen 10, Tel. 164 08 03 (Handelskammerakten, Firmenarchive, Firmennachlässe)

Feministisches Archiv und Dokumentationszentrum, Bayenturm, Tel. 931 88 10

Biergärten und Ausflugslokale (Auswahl)

Allgemeines

In den Sommermonaten werden in Köln vielerorts die Bierbänke herausgetragen – die Kölner danken es den Biergartenbesitzern durch häufigen Besuch. Draußen sitzen kann man an sonnigen Tagen auch in der Altstadt, vor den Cafés und Restaurants an der Frankenwerft, am Alter Markt und in vielen Einkaufsstraßen in der Innenstadt (siehe auch → Restaurants).

Biergärten Auswahl

Aachener Weiher (westliche Innenstadt), Richard-Wagner-Str. , 11.00 – 22.00 Uhr (1000 Plätze, Bierbänke werden am Weiher aufgestellt)

Biergarten an der Rennbahn (Weidenpesch), Scheibenstr. 40, Tel. 74 08 300, 11.30 – 23.00 Uhr, So. ab 10.00 Uhr (1200 Plätze unter Kastanienbäumen an der Rennbahn, großes Speisenangebot, Live-Musik; manchmal nebenan Trödelmarkt)

Biergarten auf dem Rathenauplatz (Kwartier Lateng), 11.00 –22.00 Uhr (Kleiner, stimmungsvoller Biergarten)

Decksteiner Mühle (Deckstein), Gleueler Str. 371, Tel. 43 38 44, 12.00 – 23.00 Uhr, So. ab 11.00 Uhr (Ausflugslokal mit schönem Biergarten und Blick auf das laufende Mühlrad, gute Küche)

Deutzer Bahnhof (Deutz), Ottoplatz 7, Tel. 880 06 15, 11.00 –1.00 Uhr, Fr./Sa. mind. bis 3.00 Uhr (Keine Sperrstunde gibt es für dieses Kneipenrestaurant mit großem Biergarten, Live-Musik und gutes Essen)

Em Ahle Kohberg (Merheim), Ostmerheimer Str. 455, Tel. 69 25 25, 11.00 – 24.00 Uhr, Mo. geschlossen (Rustikales Restaurant in altem Fachwerkhaus mit angeschlossenem idyllischen Biergarten unter Bäumen, 200 Plätze)

Haus am See (Lindenthal), Bachemer Landstr. 420, Tel. 43 43 21, ab 10.00 Uhr (Ideal für Familien und Spaziergänger, die ihre Ruhe wollen; das Lokal mit großer Terrasse liegt direkt am See, Café- und Restaurantbetrieb)

Biergärten (Fortsetzung) Auswahl

Herbrand's (Ehrenfeld), Herbrandstr. 21, Tel. 954 16 26, 16.00 –3.00 Uhr, Fr./Sa. bis 4.30 Uhr (Mitten im Gewerbegebiet liegt dieser etwas andere Biergarten: Über mehrere Ebenen erstreckt sich der 1 500 Plätze bietende Biergarten; Bäume aus Stahl ersetzen das fehlende Grün, es wird auch Musik und Kabarett geboten.)

Hyatt Regency Hotel (Deutz), Kennedy-Ufer 2a, Tel. 828 12 34, 11.00 – 22.00 Uhr (Von 500 Plätzen vor dem Luxushotel aus hat man eine phantastische Sicht auf die Kölner Altstadt, sonntags Jazz-Brunch)

Küppers Brauhaus (Bayenthal), Alteburger Str. 157, Tel. 934 78 10, 11.00 – 1.00 Uhr (Riesiger Biergarten beim gleichnamigen kölschen Brauhaus, Selbstbedienung an einer langen 'Freßtheke'.)

Stadtgarten (Belgisches Viertel), Venloer Str. 40, Tel. 952 99 40, 12.00 – 23.00 Uhr, Sa., So. ab 10.30 Uhr
(600 Plätze draußen, weitere 90 drinnen stehen im dem wahrscheinlich beliebtesten Biergarten Kölns zur Verfügung; hier trifft sich die Szene mitten im Grünen; Live-Musik; Selbstbedienung; außer Salaten bekommt man nur abends etwas Warmes, während der Woche auch mittags.)

Volksgarten (Südstadt), Volksgartenstr. 27, Tel. 38 26 26, 11.00 –1.00 Uhr (700 Plätze am See, traditionsreicher Biergarten und Restaurant, immer sehr gut besucht)

Zum Treppchen (Rodenkirchen), Kirchstr. 15, Tel. 39 21 79, 11.00 – 24.00 Uhr, So. ab 10.00 Uhr (Beliebtes Ausflugsziel in der Nähe des Rheins, 200 Plätze im Lokal, 700 im Biergarten, nicht billig; es gibt kein Kölsch)

Cafés (Auswahl)

Broadway Café (Innnestadt), Ehrenstr. 11, Tel. 25 52 14
(Szene-Café, dem gleichnamigen Kino (nebenan) angeschlossen; schlicht eingerichteter, schlauchartiger Raum, wenig Kuchen, aber viel zu beobachten in und außerhalb des Cafés)

Café am Berlich (Innenstadt), Auf dem Berlich 8 – 10, Tel. 2 57 62 57
(Man sitzt bei Kaffee, Kuchen oder Eis zwischen tropischen Gewächsen, Papageien und echten Affen.)

Café Berg (Braunsfeld), Aachener Str. / Ecke Melatengürtel, Tel. 54 28 07
(Vielleicht das beste Café Kölns; jedenfalls gibt es gigantische Torten, denn eine Meisterkonditorin ist hier am Werk.)

Café Cremer (Innenstadt), Breite Str. 54, Tel. 257 84 46
(Großes Kuchenangebot; guter 'Beobachtungsposten' von den Fenstern der ersten Etage auf die belebte Breite Straße)

Café Eigel (Innenstadt), Brückenstr. 1 – 3, Tel. 2 57 58 58
(Ein Café vom alten Schlag mit großer Tortenvielfalt, Eiskreationen und feinem Pralinensortiment)

Café Fassbender (Innenstadt), Mittelstr. 12 – 14, Tel. 925 99 90
(Seit vielen Jahrzehnten etabliertes Café; Tortenspezialist)

Café Franck (Innenstadt), Rudolfplatz 12, Tel. 925 77 10
(Große Auswahl an köstlichen Kuchen, gediegen-elegante Atmosphäre)

Café Fromme gibt es gleich 2x in der Innenstadt:
Breite Str. 122, Tel. 2 57 61 22 und

Cafés (Fortsetzung)

Neumarkt-Passage, Tel. 2 57 71 06
(Erlesenes Kuchenangebot in diesen zu den besten Kölner Cafés gehörenden Einrichtungen, aber auch nicht billig)

Café Füllenbach (Nordstadt), Ebertplatz 14 – 16, Tel. 12 23 39, samstags nur bis 13.00 Uhr geöffnet, sonst bis 18.00 bzw. 18.30 Uhr
(Exzellente Torten und ein großes delikates Pralinenangebot machen das etwas fade Ambiente schlagartig vergessen.)

Café Hirsch (Lindenthal), Dürener Str. 80a, Tel. 40 49 53
(Hierher reist man auch aus anderen Stadtteilen an, da man u.a. von der köstlichen Trüffeltorte mit frischen Erdbeeren magisch angezogen wird; Terrasse)

Café im Bauturm (Belgisches Viertel), Aachener Str., Tel. 52 88 21
(Mehr ein Szene-Treff und eine Bar als ein Kuchen-Café, es gibt kaum mehr als Snacks zu essen, dafür sitzt man hier gemütlich bis um 3.00 Uhr; das experimentelle Bauturm-Theater liegt gleich nebenan.)

Café Reichard (beim Dom), Drususgasse 7, Tel. 257 85 42
(Neben der exklusiven Lage beim Dom sind auch die Kuchen spitze, die Einrichtung ist elegant, teils wird im Hintergrund leise Klavier oder Geige gespielt; empfehlenswertes Mittagsbuffet; Glaspavillon, Terrasse)

Café Samowar (Sülz), Palanterstr. 46, Tel. 42 53 74
(Teevariationen für alle Geschmäcker, Terrasse)

Café Zimmermann (Innenstadt), Herzogstr. 11 – 13, Tel. 2 57 39 78, sonntags geschlossen
(70er Jahre-Café mit feinstem Kuchensortiment aus eigener Herstellung)

Dansk is Paradis (Altstadt), Alter Markt 55, Tel. 2 57 69 80
(Empfehlenswertes Eiscafé, Fr. und Sa. bis 2.30 Uhr nachts geöffnet!)

Printen Schmitz (Innenstadt), Breite Str. 87, Tel. 2 57 63 84, sonntags geschlossen (Süße Versuchungen ohne Ende)

Sagui (Innenstadt), Hohe Str. 164 – 168, Tel. 2 58 04 40
(Eiscafé mit Tischen draußen und drinnen, tgl. bis 24.00 Uhr geöffnet!)

Rheinterrassen (Deutz), Rheinparkweg 1, Tel. 880 95 34
(Das 50er-Jahre-Café besticht nicht nur durch seine Kuchenauswahl und andere Gerichte, sondern auch durch seine große Terrasse, von der aus man einen tollen Blick über den Rhein auf den Dom und die Altstadt hat; Bühne mit Live-Musik.)

Camping

Campingplätze in Köln

Campingplatz der Stadt Köln, Weidenweg 37, 51 105 Köln-Poll
(Lage ca. 5,5 km südlich des Kölner Stadtzentrums direkt am Rhein, 1,5 km nach Poll, Wiese, 200 Stellplätze, wohnmobilgeeignet, Restaurant, Rabatt ab 1 Woche, geöffnet 28.4. – 10.10., keine Reservierung)

Städtischer Familienzeltplatz, Weidenweg 100, 51 105 Köln-Poll, Tel. 83 64 27
(Lage ca. 5 km südlich des Kölner Stadtzentrums direkt am Rhein (rechtsrheinisch), 1km zum Poller Stadtzentrum, Wiese, geöffnet 1. 5. – 10. 10.)

Campingplatz Waldbad, Peter-Baum-Weg, 51 069 Köln-Dünnwald, Tel. 60 33 15

Camping (Fortsetzung)

(Lage ca.1 km vom Zentrum Dünnwald, 10 km vom Kölner Stadtzentrum, Nähe Wildpark und Freibad, im Wald, 50 Stellplätze sowie 50 Plätze für Dauercamper (mit Zelt, Caravan oder Mobilheim), Restaurant, Reservierung möglich, ganzjährig geöffnet)

Campingplatz Berger, Uferstr. 53a, 50 996 Köln-Rodenkirchen, Tel. 39 22 11 (Lage am Rhein (linksrheinisch), ca. 7 km südöstlich des Kölner Stadtzentrums, 1,5 km ins Rodenkirchener Stadtzentrum, Wiese und Bäume, Rabatt ab 1 Woche, 125 Stellplätze sowie 125 Plätze für Dauercamper, Restaurant, ganzjährig geöffnet, keine Reservierung)

Campingplatz in Brühl

Campingplatz Heider Bergsee, 50 321 Brühl, Tel. (0 22 32) 2 70 40 (Lage am Heider Bergsee (B 265 Richtung Brühl im Süden Kölns bis Heider Bergsee), 1 km zum Brühler Stadtzentrum, Hecken, Bäume, 70 Stellplätze sowie 180 Plätze für Dauercamper, Restaurant, Strand mit Liegewiese, ganzjährig geöffnet, keine Reservierung)

Diplomatische und konsularische Vertretungen

Österreich: Honorarkonsulat: Glockengasse 1, 50 667 Köln, Tel. 8 99 84 15
Belgien: Botschaft: Cäcilienstr. 46, 50 667 Köln, Tel. 2 57 55 11

Einkaufen

Haupteinkaufsstraßen

Die Haupteinkaufsstraßen in Köln liegen zwischen Dom und Neumarkt im Stadtzentrum: die Hohe Straße und die Schildergasse. Dort befinden sich die großen Kaufhäuser, Textilien- und Schuhgeschäfte, Sport-, Spielzeug-, Porzellanläden und viele andere Spezialgeschäfte für Schmuck, Pelze, Besteck, Kosmetika usw. Auch rings um den Neumarkt herum reihen sich die Läden aneinander, u.a. zwei der größten Buchhandlungen der Stadt (s.u.).

Weitere große Einkaufsstraßen und -passagen

Die exquisitesten Modegeschäfte liegen an der Mittelstraße (→ Neumarkt), dort lohnt ein Abstecher in den Baazar de Cologne mit seinen über 70 kleinen Läden, Cafés und Restaurants. Weitere Shopping-Center befinden sich in der Nähe des Neumarkts, z.B. der Olivandenhof (Am alten Posthof/ Ecke Zeppelinstr.), die Richmodis-Passage und die Neumarkt-Passage (beide direkt am Neumarkt). Mode, Cafés und viele Spezialgeschäfte befinden sich auch in der Gegend um die → Ehrenstraße mit Pfeilstraße und Friesenwall sowie in der Verlängerung der Ehrenstraße, der Breite Straße und ihrer Umgebung (z.B. Apostelnstr.). Auf der Breite Straße Ecke Neven-DuMont-Straße befindet sich die große Schweizer Ladenstadt mit dem Theater am Dom und vielen kleinen Läden (Musikinstrumente, Poster und Gemälde, Souvenirs, Mode u.a.)

Antiquitäten

Eine Fülle von Antiquitätenläden und Galerien befindet sich in der St.-Apern-Straße in der Innenstadt.
'blaue Galerie' Köln, Auf dem Berlich 13 (antiker Schmuck)
Bernhard von Hünerbein, Lintgasse (antike Musikinstrumente)
Fidow-Fiddickow, Herzogstr. 32 (altes Silber)
Dr. Hampel Antiquitäten, Neumarktpassage (Biedermeier, Art déco)
Peter Pütz, Kreishausgalerie, St.-Apern-Str. 17 – 21 (antike Juwelen)
Rotmann Ikonen, St.-Apern-Str. 11

Buchhandlungen

Buchhandlung Gonski, Neumarkt 18a
(Riesenangebot über mehrere Etagen, Bücher aller Art, Café)
Mayersche Buchhandlung, Hohe Str. 68
Kunstbuchhandlung König, Ehrenstr. 4
Frauenbuchladen, Moltkestr. 66

Einkaufen (Fortsetzung), Delikatessenläden

Fegers & Unterberg & Berts, Heumarkt 55 – 57 (Weine, Spirituosen)
Hoss an der Oper, Breite Str. 25 – 27 (Feinkost)
Käsehaus Wingenfeld, Ehrenstr. 90 (300 Käsesorten aus 6 Ländern)
Sterck Joh. Jos. & Zoon, Neue Langgasse 4 (40 Kaffeesorten)

Galerien

→ Galerien

Puppenklinik

Etwas Besonderes ist die 'Kölner Puppenklinik' in der Friesenstraße 17 (Tel. 257 70 08). Der Laden 'verarztet' kranke Puppen und Teddies, wozu eine Riesenauswahl an Knöpfen, Puppenarmen, -haaren usw. zur Verfügung steht. Der Besuch ist ein Erlebnis nicht nur für Kinder!

Große Ladenketten, gemütliche Cafés und diverse Spezialgeschäfte reihen sich in der Schildergasse, einer der Haupteinkaufsstraßen, aneinander.

Magierzubehör

Im 'Zauberkönig' in der Großen Budengasse 7 kann man außer Zauberhilfsmitteln für Profis und Amateure auch Scherzartikel aller Art erstehen.

Souvenirs

Die meisten Souvenirläden sind rund um den Dom versammelt und um den Alter Markt in der Altstadt. 4711- Parfum ersteht man in der Glockengasse 1.

Essen und Trinken

Allgemeines

Im strengen Sinne gibt es keine eigenständige Kölner Küche, jedoch nicht etwa, weil in Köln "jejesse weed, wat op dr Desch kütt" (gegessen wird, was auf den Tisch kommt), was eher Ausdruck einer gewissen Vielseitigkeit ist, sondern weil man in Köln von alters her wegen der weitreichenden Handelsverbindungen und vielen Reisenden im kulinarischen Sinne sehr offen war. Einige Gerichte können jedoch noch als typisch angesehen werden:

Essen und Trinken (Fortsetzung), Rheinischer Sauerbraten

In Essigmarinade eingelegtes Rindfleisch, das mit der Marinade und Zwiebeln durchgebraten und dann mit einer Sauce (Bratensud mit Rosinen und Preiselbeeren) und Kartoffelklößen serviert wird – soll nirgendwo so gut schmecken wie in Köln.

Himmel und Ääd

Ein Gemisch aus Kartoffelpüree (aus der Erde) und gestampften Äpfeln (vom Himmel), serviert mit in der Pfanne gebratener Blutwurst.

Hämcher

Hämcher entspricht der Schweinshaxe: Unterschenkel vom Schwein, gepökelt und in einem Wurzelsud gekocht. Dazu nimmt man viel Senf (auf Kölsch 'Mostert' von französisch 'moutarde'), als Beilage gibt es Sauerkraut ('suure Kappes') und Püree.

Rievkooche

Reibekuchen; Kartoffelpuffer: Geriebene Kartoffeln, mit wenig Weizenmehl, einer geriebenen Zwiebel und Salz vermengt, werden in heißem Öl knusprig ausgebacken. Dazu gibt es Schwarzbrot und Apfelmus – auch Reibekuchen schmecken nirgendwo so gut wie in Köln ...

Halven Hahn

Halven Hahn ist beileibe kein ganzes Gericht, und schon gar nicht wird Geflügel serviert. Es handelt sich vielmehr um ein 'Röggelche' (= knuspriges Brötchen) mit mittelaltem Holländer Käse, worauf man dann noch Senf streicht – ein leckerer Happen zum Bier!

Kölschen Kaviar met Musik

Ein Gericht mit irreführendem Namen; bezeichnet wird damit ein Stück Blutwurst mit einem Röggelchen und Zwiebeln (die wegen ihrer Auswirkungen beim Verdauungsvorgang 'Musik' genannt werden). Blutwurst heißt übrigens auf Kölsch nicht 'Blootwoosch', wie der Zugereiste, stolz auf erste Sprachkenntnisse, meinen mag, sondern 'Flönz' – man hat es schwer als 'Immi' in Köln ...

Kölsch

Getrunken wird in Köln zwar auch Wein und anderes, vor allem jedoch helles obergäriges 'Kölsch' (→ *Baedeker-Special* S. 180 / 181).

Feiertage

Folgende Feiertage kommen noch zu den im gesamten Bundesgebiet üblichen hinzu: Fronleichnam (10. Juni), Allerheiligen (1. November). Außerdem gibt es in Köln die karnevalsbedingten Feiertage im Februar/März, donnerstags vor Karneval (Weiberfastnacht) schließen viele Geschäfte und alle Behörden zumindest nachmittags; rosenmontags haben viele Geschäfte nur einige Stunden vormittags geöffnet. Über die Karnevalstage haben die Museen geschlossen.

Flugverkehr

→ Anreise

Frühstücken (Auswahl)

Hinweis

Mehrere Lokale bieten in Köln Frühstück bzw. ein Frühstücksbuffet an. Die angegebenen Zeiten beziehen nicht auf die allgemeinen Öffnungszeiten der Gaststätten, sondern auf die Zeiten, zu denen Frühstück serviert wird.

Frühstückscafés

Alter Wartesaal (Innenstadt), Johannisstr. 11, Tel. 9 12 88 50, nur sonntags von 10.30 – 15.00 Uhr (Vielgerühmter Brunch vom kalten und warmen Buffet; sensationell gut, unbedingt vorbestellen!)

Baedeker Special

Drink doch eine met ...

Mehr als 20 Kölschsorten werden in der Stadt gebraut

Welch ein Wohlklang liegt doch in diesen Worten, vor allem wenn sie an das Ohr eines Kölners bzw. einer Kölnerin dringen. Sogleich wird er / sie sich nicht nur an das allseits bekannte Lied von Fred Hook erinnern, das vor allem während der Karnevalszeit durch die Gassen der Stadt schallt: "Drink doch eine met, / stell dich nit esu ahn, / du steihs he de janze Zick eröm. / Häs de och kei Jeld, dat es janz ejal, / drink doch met un kümmer dich nit dröm!" Vielmehr wird vor ihrem bzw. seinem geistigen Auge blitzschnell das Bild eines kühlen **Kölsch** erscheinen, das man bevorzugt in einem der kölschen Brauhäuser zu sich nimmt. Dabei pflegt man die zu jeder Tages- und Nachtzeit mindestens zweireihig an der Theke stehenden Mittrinker, ob Mann oder Frau, ob Einheimischer oder Fremder, in lebhaft geführte Unterhaltungen miteinzubeziehen. Denn die Kölner sind in der Regel nicht auf den Mund gefallen, besonders dann nicht, wenn sie sich in ihrer natürlichen Umgebung, der Kölschen Kneipe, aufhalten. Und Sympathien schagen dann spontan jedem entgegen, der Kölsch trinkt, jenes helle, obergärige Bier, das (laut Gerichtsbeschluß von 1963) nur in Köln und Umgebung gebraut werden darf und in 'Stangen', hohen, 0,2 l fassenden zylindrischen Gläsern ausgeschenkt wird.

Für die Kölner ist dieses traditionsreiche Bier ein Kulturgut wie der Kölner Dom, das man mindestens ebenso hegt, pflegt und lobpreist – und schließlich kann das Kölner Bier sogar auf eine längere Geschichte zurückblicken! Denn noch bevor man 1248 den Grundstein zum heutigen Dom legte, wurde in Köln bereits erstmals eine Biersteuer erhoben (1212); die Existenz von Kölner Brauereien ist sogar schon im 11. Jahrhundert durch schriftliche Aufzeichnungen belegt. Doch so wie der Dom sein Aussehen durch sechs Jahrhunderte hindurch immer wieder veränderte, bis er im 19. Jh. vollendet wurde, so wandelte sich auch das Kölner Bier, bis es seine heutige Qualität erreicht hatte. Sein Geschmack variierte je nach Herstellung und Zutaten, zu denen lange Zeit sogar Zucker gehörte. Bis zum Ende des 15. Jh.s war der schnell verderbliche Gruit die gebräuchliche Bierwürze ('Gruitbier'), bis dieser vom Hopfen abgelöst wurde, dessen Gehalt im Kölsch heute im Vergleich zu anderen Bieren sogar besonders stark ist.

1396 schlossen sich die Kölner Brauer zu einer politischen und handwerklichen Organisation zusammen, nämlich (politisch) als Gaffel, deren Vertreter im Stadtrat mitsprachen, und (handwerklich) als Zunft, die über die einzelnen Brauereibetriebe und ihre Produkte wachte. Wahrscheinlich schon etwas früher entstand die Petrus-von-Mailand-Bruderschaft, die entsprechende kirchlich-religiöse Vereinigung der Brauer und damit eine der ältesten Handwerker-Zusammenschlüsse in Deutschland, die bis heute mit dem Zusatz Kölner Brauer-Corporation existiert und deren etwa 90 Mitglieder 1996 ihr 600jähriges Bestehen feierlich begingen. Solchermaßen organisiert, bemühten sich die Kölner Brauer seit dem 15. Jh. (mit wechselndem Erfolg), Vorschriften zur Bierherstellung und -zusammensetzung zu erlassen und diese zu kontrollieren, was sich schon innerhalb der eigenen Stadtmauern als schwierig erwies, praktisch unmöglich aber für das im Kölner Umland hergestellte und meist billigere Kölner Bier war. Das schon 1516 erlassene bayrische Reinheitsgebot für untergärige Biere galt für das Kölner Bier nicht, das obergärig ist, d.h. dessen während des Gärungsprozesses verwendete Hefe nach oben steigt und dort abgehoben wird.

Erst vor wenigen Jahren, 1986, unterzeichneten 24 Mitglieder des Kölner Brauereiverbandes die Kölsch-Konvention, in der u.a. Vorschriften über Geschmack, Herstellung und Abfüllung des Kölsch enthalten sind und sogar die Form des Kölschglases, der 'Stange', festgelegt ist. Nun dürfen nur diese 24 Betriebe, von denen allerdings schon einige nicht mehr existieren, das nunmehr geschützte Kölsch brauen, wobei es natürlich immer noch geschmackliche Unterschiede zwischen den Marken gibt. Eine Sonderstellung unter den Brauereien nehmen das Brauhaus Päffgen in der Friesenstraße und die Malzmühle am Heumarkt ein, denn sie sind die einzigen noch existierenden von einstmals mehr als 100 Kölner Hausbrauereien, in denen noch im Hinterhaus gebraut und im Vorderhaus ausgeschenkt wird. Hier gibt es auch noch den sog. Thekenschaaf (Thekenschrank), wegen seines Aussehens auch 'Beichtstuhl' genannt, eine Art offener Kabuff mit Bänkchen und Tisch, von dem aus der Wirt Gaststube und Ausschank überblicken kann. – Die meisten Kölner Brauereien haben ihre Produktion an den Stadtrand verlegt, manche sind aufgekauft worden oder mußten schließen. Nichtsdestotrotz rühmt sich Köln immer noch, innerhalb ihrer Stadtmauern weltweit die meisten Brauereihäuser zu haben.

Jedenfalls gibt es eine Vielzahl Kölscher Kneipen, hauptsächlich in der Altstadt und im Severinsviertel (Vringsveedel). Und daß in diesen Häusern die echt Kölsche Tradition gewahrt wird, sprich, daß der Gast in tiefstem Kölner Dialekt (Kölsch) angeredet und zudem geduzt wird, daß dem Gast unter Umständen auch mal humorvoll über den Mund gefahren wird, daß es laut und lustig hergeht und daß genug Kölsch getrunken wird, dafür sorgen die **Köbesse**, die selbstbewußten Kellner der Kölschen Kneipen. Mit blauer Schürze, blauem Hemd, Ledergeldtasche und dem 'Kranz' (das für Kölsch-Stangen maßgeschneiderte Serviertablett) ausgerüstet, eilen die Köbesse durch das Lokal und bringen ihr Kölsch unter die Leute, d.h. jedes leere Kölschglas wird – in der Regel ohne Aufforderung seitens des Gastes – durch ein volles ersetzt. (Übrigens empfielt es sich in diesem Zusammenhang weder kundzutun, das Kölsch schmecke einem nicht, noch das Mischen von Kölsch mit Limonade zu einer Art Radler zu verlangen – der Köbes als Hüter von Kölsch und Tradition wird beides weit von sich weisen.) Da die Stangen nur 0,2 l fassen, hat der Köbes mit dem Auswechseln leerer Gläser in volle viel zu tun, aber in Glä-

Kölsch wird vom Köbes in 'Stangen' aus einem 'Kranz' serviert

sern mit mehr Volumen und einem größeren Durchmesser würde das Kölsch zu schnell schal werden. Auch zum Export in Flaschen eignet sich das Kölsch übrigens nicht besonders, denn es entfaltet seinen Geschmack am besten, wenn es vom Faß kommt. Daher holen sich die Kölner für private Feste ein Pittermännchen (kleines Kölsch-Fäßchen) von den Brauereien. Viele dieser Pittermännchen sieht man während der Karnevalstage in Kinderwagen oder auf anderen fahrbaren Untersätzen durch die Straßen rollen – geschoben von kleineren oder größeren Gruppen von Karnevalsjecken, die besonders während der Tollen Tage dieser Stärkung bedürfen. Und wenn sie dabei "Drink doch eine met" singen, dann meinen sie es auch so.

Frühstücken (Fortsetzung)

Café Central (Innenstadt), Jülicher Str. 1, Tel. 207 15 20, 7.00 –12.00 Uhr, Sa., So. 7.00 – 15.00 Uhr (3 Standardfrühstücke ab 10,- DM, Buffet)

Café im Bauturm (Belgisches Viertel), Aachener Str. 24, Tel. 52 88 21, 8.00 – 3.00 Uhr (nachts!), Sa., So. 9.30 – 3.00 Uhr (Szenetreff, Listen zum Ankreuzen bei eigener Zusammenstellung, sonntags auch 3 Standardfrühstücke)

Café Köln (Südstadt), Kartäuserhof 2, Tel. 310 09 77, 9.00 – 15.00 Uhr, Sa., So. ab 10.00 Uhr (4 Standards, kinderfreundliche Umgebung, spezielle Preise für Kinder)

Café Reichard (beim Dom), Unter Fettenhennen 11, Tel. 2 57 85 42, 8.30 – 11.30 Uhr (Vorzügliches warmes und kaltes Buffet, elegante Einrichtung)

Filos (Südstadt), Merowinger Str. 42, Tel. 32 91 47, 9.00 – 15.00 Uhr (5 empfehlenswerte Standards von 5,- DM bis 22,- DM)

Glashaus (im Hyatt-Regency-Hotel, Deutz), Kennedy-Ufer 2a, Tel. 8 28 12 34, 6.30 – 10.30 Uhr, So. Brunch 12.00 – 15.00 Uhr (Teures Frühstücksbuffet in eleganter Atmosphäre, Blick über den Rhein auf die Altstadt, sonntags Brunch mit Champagner)

Kommödchen Café (Nippes), Merheimer Str. 53, Tel. 72 58 78; tgl. 10.00 – 14.00 Uhr (Standards von 4,- DM bis 11,- DM, sonntags großes Buffet mit Lachs, Salaten; Rührei, Müsli u.a. Köstlichkeiten)

Lokal in der Alten Feuerwache (Nordstadt), Melchiorstr. 3, Tel. 73 73 93, 10.00 – 13.00, Sa., So. 10.00 – 15.00 Uhr (Sonntags wird ein großes Buffet aufgefahren mit viel Vegetarischem, schöne Terrasse)

Moderne Zeiten (Innenstadt), Auf dem Berlich 1, Tel. 2 57 51 71, 9.00 – 3.00 Uhr (nachts!) (Internationale Standards von 5,- DM bis 15,- DM, ein wenig teurer wird es mit Lachs und Champagner.)

Shab (Innenstadt), Lindenstr. 93, Tel. 23 22 64, 8.00 – 15.00 Uhr (9 leckere Standards, Studententreff)

Fundbüros

Herkulesstr. 42, 50 823 Köln, Tel. 221 25 99 oder 221 63 13 (geöffnet Mo. – Fr. 7.30 – 12.00 Uhr, Fundlager geöffnet Di., Do., Fr. 7.30 – 12.00 Uhr)

Galerien (Auswahl)

Allgemeines

Mehr als 100 private Galerien im Kölner Stadtgebiet präsentieren Kunst aller Richtungen und Epochen. Diese enorme Anzahl erklärt sich aus der Tatsache, daß Köln zu einer Kunstmetropole von internationaler Bedeutung avanciert ist, die Künstler und Kunstsammler gleichermaßen anzieht. Ein Dreh- und Angelpunkt für die Kunstszene ist vor allem auch die Art Cologne, die große Kunstmesse im November.

Führungen

Das Verkehsamt (Unter Fettenhennen 19, 50 667 Köln,Tel. 221 33 32) bietet auf Anfrage maßgeschneiderte Programme mit fachkundigen Führungen durch Künstlerateliers und Galerien an.

Hinweis

Die meisten Galerien öffnen nicht vor 10.00 Uhr und schließen bereits um 18.00 Uhr. Fast alle Galerien machen auch eine Mittagspause.

Galerienauswahl

Galerie Inge Baecker, Zeughausstr. 13, Tel. 2 57 04 01
(Happening-Fluxus, Kritischer Realismus, z.B. Arman, Beuys, Cage, Friedmann, Gross, Kagel, Kolar, Niedecken, Roda)

Galerie Boisserée, Drususgasse 7 – 11, Tel. 2 57 85 19
(Abstraktion nach 1950, zeitgenössische Graphik und Malerei, figürliche Bronzeplastik, z.B. Braque, Chagall, Corinth, Miro, Liebermann, Kollwitz, Meid, Tapies, Hundertwasser, Dali, Friedlaender, Koller, Dahmen)

Galerie Gmurzynska, Goethestr. 67, Tel. 3 76 44 0
(Klassische Moderne – Kubismus, Dada, Konstruktivismus, Russische Avantgarde, z.B. Arp, Chagall, Kassak, van der Leck, Leger, Moholy-Nagy, Picasso, Schwitters)

Galerie Karsten Greve, Wallrafplatz 3, Tel. 2 57 87 37 und Albertusstr. 18, Tel. 2 57 10 12 (Internationale Avantgarde nach 1945, z.B. Kounellis, Fontana, Knöller, Manzoni, Beuys, Prangenberg)

Galerie Heinz Holtmann, Richartzstr. 10, Tel. 2 57 86 07 und 2 57 87 16 (Internationale Avantgarde und Moderne Klassiker, z.B. Banana, Beuys, Buthe, Christo, J. Klauke, Szczesny, Warhol, Salome)

Galerie & Edition Hundertmark, Brüsseler Str. 29, Tel. 23 79 44
(Editionsgalerie, Fluxus, Wiener Aktionismus, Zeichner, z.B. Andersen, Attersee, Batholomé, Blume, Corner, Fillou, Novak)

Lempertz Contempora, Neumarkt 3, Tel. 925 72 90 (Zeitgenössische Kunst)

Galerie Reckermann, Albertusstr. 16, Tel. 2 57 48 68
(Nouveau Réalisme, z.B. Yves Klein, Mimmo Rotella, Arman, klassische und moderne Fotografie)

Orangerie Reinz, Helenenstr. 12, Tel. 257 50 38 (Französische und deutsche Künstler nach 1945, französische Grafik, z.B. Ackermann, Chagall, Dali, Fautrier, Hoerle, Matisse, Miro, Nay, Nolde, Ortega, Picasso, Poliakoff)

Galerie Rolf Ricke, Volksgartenstr. 10, Tel. 31 57 17 und 31 37 13
(Aktuelle Kunst, minimal art, z.B. Artschwager, Baer, Bergmann, Bunk, Gesing, Münch, Nattermüller, Wanner, Wolf, Ruscha)

Galerie Der Spiegel, Richartzstr. 10, Tel. 25 55 52
(Wechselnd, z.B. Arp, Klee, Max Ernst, Trökes)

Galerie Monika Sprüth, Wormser Str. 23, Tel. 38 04 15
(Avantgarde, internationale Künstlerinnen)

Galerie C. Stützer, Kamekestr. 21, Tel. 51 82 14
(Junge Malerei, deutsches Informel, Klassik, moderne Skulptur)

Galerie Werner Michael, Gertrudenstr. 24, Tel. 92 54 62 0
(Baselitz, Broodthaers, Byars, Immendorff, Kirkeby, Lüpertz, Penck)

Geld

Öffnungszeiten

Banken und Sparkassen sind im allgemeinen montags bis freitags von 8.30 Uhr bis 13.00 und von 14.00 bis 16.00, donnerstags vielfach bis 17.30 Uhr geöffnet.

Geldwechsel

Geldwechsel ist bei den meisten Banken und Sparkassen möglich, außerdem am Flughafen und in den größeren Hotels.

Hotels (Auswahl)

Hotelverzeichnis

Ein Verzeichnis aller Hotels und Pensionen ist im Kölner Verkehrsamt, Unter Fettenhennen 19, kostenlos erhältlich.

Achtung!

Zu Messezeiten (rund 90 Tage im Jahr) sind die Kölner Hotels und Pensionen oft überbelegt, vor allem in den Monaten Februar, März, September und Oktober. Zu diesen Zeiten sollte man frühzeitig buchen oder die Zimmervermittlung des Verkehsamtes (s.u.) in Anspruch nehmen, die bei Bedarf auch Hotels in der Umgebung Kölns anbieten können, die per Pendelbus erreichbar sind.

Zimmerreservierungen

Das Verkehrsamt vermittelt Hotelzimmer (Reservierungen nur per Brief oder Fax) gegen eine Gebühr von 6,- DM pro Bett (Tel. 221 33 30/38/48) und vorvermittelt Privatzimmer, letzteres allerdings nur zu Messezeiten (Tel. 221 33 35). Zimmervermittlungen für denselben Tag sind ebenfalls gegen Gebühr unter Tel. 221 33 45 oder 1 94 33, Fax 221 33 20 möglich.
Auch die Mitwohnzentrale (An der Bottmühle 6, Tel. 32 70 84, Fax. 32 55 56) vermittelt Zimmer, die Vermittlungsgebühr liegt allerdings etwas höher (unterschiedlich je nach Zimmerpreis).
Privatunterkünfte bei Gastgebern in Köln und Umgebung (Bed & Breakfast) der einfachen, gehobenen oder luxuriösen Kategorie vermittelt Homestay Agency International, Lessingstr. 2, 57627 Hachenburg, Tel. (0 26 62) 94 00 50, Fax 94 04 77 bzw. im Hebborner Feld 60, 51467 Bergisch Gladbach, Tel. (0 22 02) 94 00 08, Fax 94 00 09; homestay@rz-online.de.

Preise und Kategorien

Die Hotels sind nach Kategorien geordnet, die sich (unverbindlich) auf die Durchschnittspreise für ein Doppelzimmer mit Bad und Frühstück beziehen. Bei vielen Hotels lohnt sich die Nachfrage nach günstigeren Gruppen- und Wochenpreisen bzw. Nachlässen in der Nebensaison. Zu Messezeiten können die Preise allerdings auch höher liegen. In jedem Fall lohnt sich frühzeitiges Informieren.

Preiskategorie I (Luxusklasse) = über 200,-DM
Preiskategorie II = 160,- bis 210,- DM
Preiskategorie III = 110,- bis 160,- DM
Preiskategorie IV = 60,- bis 110,- DM

Abkürzungen

Z. = Zimmer
P. = Parkmöglichkeit
Frb. = Frühstücksbuffet

Kategorie I

Dom-Hotel, Domkloster 2a, 50 667 Köln, Tel. 20 24 0, Fax 20 24 444, 125 Z., Frb., Sauna, Zimmer TV, Konferenzräume, Restaurant
(Elegantes, traditionsreiches Luxushotel (seit mehr als 125 Jahren in Köln) direkt am Dom mit einmaligem Blick auf die Kathedrale und die Museen, klassisch elegant eingerichtete Zimmer, ruhige Lage, denkmalgeschütztes Gebäude, Doppelzimmer ab 520,- DM.)

Excelsior Hotel Ernst, Trankgasse 1 – 5, Domplatz, 50 667 Köln, Tel. 27 01, Fax 13 51 50, 160 Z., Sauna, TV, Konferenzräume, Restaurant, P.
(Neben dem Dom-Hotel das erste Haus in der Stadt mit langer Tradition, dieses Grandhotel liegt ebenfalls beim Dom, Zimmer teilweise mit Antiquitäten möbliert, Doppelzimmer ab 420,- DM.)

Hotel im Wasserturm, Kaygasse 2, 50 676 Köln, Tel. 2 00 80, Fax 2 00 88 88, 90 Z., davon 42 Suiten, Frb., Sauna, Solarium, Massage, Zimmer TV, Konferenzräume, Restaurant, Bar mit Gartenterrasse, P.
(Das Luxushotel wurde in den denkmalgeschützten ehemaligen Wasserturm Kölns (von 1872) gebaut, Sonderservices wie Kindermädchen, Hundebetreuer und Sekretariatsdienste sind verfügbar, avantgardistische In-

nenarchitektur, die Zimmer sind mit Designer-Möbeln und Originalkunstwerken ausgestattet, die Bäder haben Fußbodenheizung, die Suiten bestehen aus bis zu 8 Zimmern, Doppelzimmer ab 390,- DM. Vom exquisiten, außenverglasten Restaurant hat man einen Panoramablick über Köln. Hier steigt die Prominenz ab.)

Kategorie 1 (Fortsetzung)

Hyatt Regency Köln, Kennedy-Ufer 2a, 50 679 Köln-Deutz, Tel. 8 28 12 34, Fax 8 28 13 70, 305 Z., Frb., Hallenbad, Sauna, Whirlpool, Zimmer TV, Konferenzräume, Restaurant, P.
(Von dem auf der rechten Rheinseite gelegenen amerikanischen Nobelhotel aus hat man einen phantastischen Blick auf die Altstadt und das Köln der gegenüberliegenden Rheinseite. 5 Gehminuten über die Hohenzollernbrücke zum Dom. Sehr guter Hotelservice, Doppelzimmer ab 310,- DM.)

Die imposante Hotelhalle des Maritim ist von exklusiven Geschäften und guten Restaurants und Cafés gesäumt.

Maritim Hotel Köln, Heumarkt 20, 50 667 Köln, Tel. 2 02 70, Fax 2 02 78 26, 454 Z., davon 28 Suiten, Frb., Hallenbad, Dampfbad, Sauna, Solarium, Fitneß-Center, Zimmer TV, Konferenzräume, 4 Restaurants, Bars, Panoramacafe, Geschäfte im Foyer, P.
(Zentrale Lage südlich der Altstadt am Rhein. Einen Blick in die großzügige, glasüberdachte Hotelhalle mit seinem Marmorfußboden zu werfen und die exklusiven Geschäftsauslagen anzuschauen, lohnt sich auch, wenn man es sich nicht leisten kann, dort abzusteigen (Doppelzimmer ab 300,- DM). Glasaufzüge bringen Hotelgäste und Restaurantbesucher zu den oberen Ebenen. Gut eingerichtete Zimmer, 12 davon mit Blick über den Rhein.)

Kategorie II

Chelsea, Jülicher Str. 1, 50 674 Köln, Tel. 23 47 55, Fax 23 91 37, 30 Z., Frb., 1 Suite, Zimmer TV, Restaurant, P.
(Äußerlich unscheinbares Szenehotel in Uninähe, die meist einfachen Zimmer sind mit vielen modernen Gemälden ausgestattet, die zum Teil von

Phänomenal ist im Hotel Im Wasserturm nicht nur der Panoramablick über die Stadt, auch Zimmer, Service und Restaurant entsprechen der Luxusklasse.

Kategorie II (Fortsetzung)

den Künstlern als Bezahlung für ein Zimmer dienten. Das Restaurant ist bis 3 Uhr nachts geöffnet.)

Coellner Hof, Hansaring 100, 50 670 Köln, Tel. 12 20 75, Fax 13 52 35, 72 Z., Frb., Zimmer TV, Restaurant, P.
(Gutbürgerliches Hotel im Norden der Innenstadt, guter Service, gute Verkehrsverbindungen in die Stadtmitte (Linien 6, 15, 19 ab Hansaring).)

Conti, Brüsseler Str. 40 – 42, 50 674 Köln, Tel. 925 92 80, 81 Betten, Frb., Zimmer TV, Restaurant, P. (Das Hotel liegt im Belgischen Viertel , d. h. inmitten von vielen Kneipen, Restaurants und Galerien, etwa 5 Minuten per Bahn (Linien 1, 2 ab Moltkestr.) vom Neumarkt entfernt. Die Zimmer sind ordentlich und gut eingerichtet.)

Flandrischer Hof, Flandrische Straße 3 – 5, 50 674 Köln, Tel. 25 20 95, Fax 25 10 52, 143 Z., Frb., Zimmer TV, P.
(Obwohl das Hotel garni zentrumsnah beim belebten Hohenzollernring und dem Rudolfplatz liegt (gute Verbindung zur Altstadt), ist es recht ruhig. Die Zimmer sind geräumig und gut ausgestattet.)

Kategorie III

Altstadt-Hotel, Salzgasse 7, 50 667 Köln, Tel. 2 57 78 51, Fax 2 57 78 53, 46 Betten, Frb., Sauna, Zimmer TV
(Mitten in der Altstadt gelegen, die Einrichtung ist rustikal und gemütlich. Restaurants sind in der Umgebung in Hülle und Fülle zu finden, dort ißt man allerdings zumeist nicht gerade billig.)

An der Philharmonie, Große Neugasse 36, 50 667 Köln, Tel. 2 58 06 83, Fax 2 58 06 67, 30 Z., Frb., Zimmer TV, Restaurant
(Ausstattung und Lage des Hotels sind sehr gut, es liegt mitten in der Alt-

stadt, so daß es auch nicht weit zum Dom und den Hauptgeschäftsstraßen ist. Die verhältnismäßig günstigen Zimmerpreise sind erstaunlich.)

Kategorie III (Fortsetzung)

Bremer, Dürener Str. 225, 50 931 Köln-Lindenthal, Tel. 406 80, Fax 40 68 10, 69 Z., Frb., Hallenbad, Sauna, Zimmer-TV, Restaurant, P. (Sehr gute Adresse zum Wohnen und Dinieren, auf der Dürener Straße läßt sich hervorragend shoppen, 30 Gehminuten vom Neumarkt entfernt (oder Busse 136, 976, 977).)

Central-Hotel am Dom, An den Dominikanern 3, 50 668 Köln, Tel. 13 50 88, Fax 13 50 80, 62 Z., Frb., Zimmer TV (Nordwestlich des Doms liegt dieses gepflegte Hotel mit angenehmem Service.)Rheinblick, Uferstr. 20, 50 996 Köln-Rodenkirchen, Tel. 39 12 82 oder 35 20 31, Fax 39 21 39, 30 Z., Frb., Hallenbad, Sauna, Zimmer TV, P. (Das Hotel liegt außerhalb des Stadtzentrums im Vorort Rodenkirchen (Busverbindungen ab Rodenkirchen Rathaus mit 130, 131, 135), schöner Blick über den Rhein, gepflegtes Ambiente, guter Service.)

Rhein-Hotel St. Martin, Frankenwerft 31 – 33, 50 667 Köln, Tel. 2 57 79 55, Fax 2 57 78 75, 44 Z. (Bestechend ist die Lage des gediegenen Hotels garni an der Rheinuferpromenade, mitten in der Altstadt. Restaurants in der Umgebung.)

Weber, Jahnstr. 22, 50 676 Köln, Tel. 23 32 82 – 84, Fax 23 00 60, 28 Z., P. (Das renovierte Hotel nahe der Kölner Innenstadt wird von einer Familie geführt. In gut zehn Minuten Fußweg erreicht man den Neumarkt, am nahegelegenen Zülpicher Platz (Kneipen- und Restaurantviertel) treffen mehrere Straßenbahnenlinien zusammen.)

Kategorie IV

Im Kupferkessel, Probsteigasse 6, 50 670 Köln, Tel. 13 53 38, Fax 12 51 21, 13 Z., Zimmer TV (Nördlich von St. Gereon, 10 Minuten zu Fuß zum Dom, liegt dieses kleine Hotel, das einfach ausgestattet, aber ordentlich ist (U-Bahnen 6, 15, 19 ab Christophstr.).)

Jansen Pension und Pension Otto, Richard-Wagner-Str. 18, 50 674 Köln, Tel. 25 18 75 bzw. 25 29 77 oder 25 24 26, 10 Betten und 14 Betten, Zimmer TV, P. (Sehr schlicht ist die Ausstattung der beiden zusammengehörenden Pensionen in der westlichen Innenstadt, kein Zimmer hat ein separates Bad oder WC, aber entsprechend niedrig sind die Preise pro Übernachtung. 1 Minute Fußweg zum Rudolfplatz (von dort direkte Verkehrsverbindungen in alle Richtungen).)

Tagungs- und Gästehaus St. Georg, Rolandstr. 61, 50 667 Köln, Tel. 93 70 20 0, Fax 93 70 20 44, 31 Z., Frb., Mehrbetträume für Gruppen, Konferenzräume, Restaurant, Café, Terrasse (Die Zimmer im ehemaligen Kloster sind einfach, aber ordentlich und sehr preisgünstig. Südwestlich des Chlodwigplatzes gelegen, bieten sich gute Ausgehmöglichkeiten in die Südstadt und ins Severinsviertel, die Verkehrsverbindungen zum Stadtzentrum sind gut.)

Hotels der Kategorie IV in der Nähe des Hbfs

Folgende Hotels in unmittelbarer Nähe des Hauptbahnhofes (alle hinter bzw. nördlich des Hbfs) bieten ebenfalls Doppelzimmer unter 110,- DM an, sind aber auch nur schlicht und mit dem Allernötigsten ausgestattet:

Berg, Brandenburger Str. 6, 50 668 Köln, Tel. 12 11 24 oder 13 25 91, Fax 1 39 00 11, 20 Z., P.

Brandenburger Hof, Brandenburger Str. 2 – 4, 50 668 Köln, Tel. 12 28 89, Fax 13 53 04, 42 Z., Zimmer TV, P.

Einig, Johannisstr. 71, 50 668 Köln, Tel. 912 75 40, Fax 912 75 48, 16 Z., Frb., Zimmer TV

Hotels (Fortsetzung)	Müller, Brandenburger Str. 20, 50 668 Köln, Tel. 912 83 50, Fax 13 71 56, 15 Z., Frb., Zimmer TV
	Rossner, Jakordenstr. 19, 50 668 Köln, Tel. 12 27 03, 32 Betten

Jugendherbergen

Köln-Deutz	Jugendherberge Köln-Deutz, Siegesstr. 5a, 50 679 Köln, Tel. 81 47 11, Fax 88 44 25 (Lage rechtsrheinisch, gegenüber der Altstadt (ca. 10 Gehminuten), 374 Betten, 6 Tagesräume, SB-Buffet)
Köln-Riehl	Jugendgästehaus Köln-Riehl, An der Schanz 14, 50735 Köln, Tel. 76 70 81, Fax 76 15 55 (Lage unmittelbar am Rhein (linksrheinisch) zwischen Zoobrücke und Mühlheimer Brücke (hinter dem Colonia-Hochhaus), 3 km nördlich der Altstadt, 366 Betten, 54 Familienzimmer, 12 Tagesräume, große Wiese, Bolzplatz, Cafeteria, Preis pro Übernachtung ca. 35,- DM, U-Bahnlinien 5, 16, 18 bis Boltensternstraße)

Kino (Auswahl)

Programmhinweise	Informationen über laufende Programme, Anfangszeiten u.a. erhält man für das linksrheinische Köln (Altstadt, Innenstadt usw.) unter Tel. 1 15 11 und für das rechtsrheinische Köln (Deutz, Kalk usw.) unter der Nummer 1 15 14
Kinos (Auswahl)	Broadway, Ehrenstr. 11 (Innenstadt), Tel. 9 25 75 70 (anspruchsvolles Kino in 3 Sälen, Erstaufführungen)
	Capitol, Hohenzollernring 79 (westliche Innenstadt), Tel. 572 20 (zwei Kinos, aktuelle Filme werden mit Untertiteln gezeigt)
	CC-Rex-Kinocenter, Hohenzollernring 60 (westliche Innenstadt), Tel. 25 41 41 (sechs Kinos, Mainstream-Filme)
	Cinemathek, Bischofsgartenstr. 1 (im Museum Ludwig, Altstadt), Tel. 22 12 23 71 und 21 11 36 (für Cineasten: Orginalfilme mit Untertiteln, thematische Filmreihen zu bestimmten Regisseuren, Themen, Ländern, Genres oder Schauspielern)
	Cinedom, Im MediaPark, Maybachstr. (nördliche Innenstadt), Tel. 95 19 51 95 (9 Kinos; Mainstream-Filme)
	Kinocenter Schildergasse, Schildergasse 98 – 100 (Innenstadt), Tel. 2 58 01 22 (acht Kinos, Mainstream-Filme)
	Lupe 2, Mauritiussteinweg 102 (Innenstadt, beim Neumarkt), Tel. 240 63 94 (zeigt Highlights der Filmgeschichte)
	Passage-Kinocenter, Hohe Str. 128 (Innenstadt), Tel. 2 57 58 90 (Mainstream-Filme in 7 Kinos)
	Metropolis, Ebertplatz 19 (nördliche Innenstadt), Tel. 7 39 12 45 (zwei Kinos, Originalfilme)
	Odeon, Severinsstr. 81 (Südstadt), Tel 31 31 10 (anspruchsvolles Kinoniveau)
	Off-Broadway, Zülpicher Str. 24 (Südweststadt), Tel. 23 24 18 (Programmkino mit Biergarten)

Residenz, Kaiser-Wilhelm-Ring 30 (westliche Innenstadt), Tel. 13 48 21(vier Kinos mit z.T. gehobenem Filmniveau) — Kino (Fortsetzung)

Scala, Hohenzollernring 48 (westliche Innenstadt), Tel. 25 42 24

UFA, Hohenzollernring 22 (westliche Innenstadt), Tel. 257 15 43 (neun Kinos im alteingesessenen Kinopalast am Ring, Mainstream-Filme)

Märkte (Auswahl)

Wochenmärkte

In allen Kölner Stadtteilen zusammen werden etwa 60 Wochenmärkte mit Angeboten von Lebensmitteln über Kleidung bis hin zu Krimskrams aller Art abgehalten. Sie finden an unterschiedlichen Tagen meistens von 7.00 Uhr bis 13.00 Uhr statt. Auskünfte erteilt das Marktamt der Stadt Köln, Marktstr. 10 unter Tel. 221 44 75. Die buntesten und originellsten Wochenmärkte sind:

Wochenmarkt auf dem Alter Markt, freitags 8.00 – 18.30 Uhr — Altstadt
Wochenmarkt am Apostelnkloster, dienstags und freitags 7.00 – 13.00 Uhr — Innenstadt
Wochenmarkt auf dem Sudermannplatz, dienstags und freitags 7.00 – 13.00 Uhr
Wochenmarkt in Nippes, Wilhelmplatz, tgl. außer sonntags 7.00 – 12.30 Uhr — Nippes

Floh- und Trödelmärkte

Von März bis Oktober finden rund 200 Floh- und Trödelmärkte in Köln statt. Sie finden meist samstags von 9.00 – 18.00 Uhr oder sonntags von 11.00 – 18.00 Uhr statt. Genaue Termine entnimmt man der Tagespresse oder den Stadtzeitungen. Regelmäßig finden statt:

Altstadt-Flohmarkt: jeden 3. Samstag im Monat rund um Groß St. Martin
Kölner Ladenstadt: jeden 2. Sonntag im Monat in der Kölner Ladenstadt zwischen Breite Str. und Glockengasse
Südstadt-Flohmarkt: jeden 1. Sonntag alle 2 Monate auf dem Parkplatz des Stadions Süd
Nippes-Flohmarkt: jeden 4. Sonntag im Monat auf dem Wilhelmplatz
Weidenpesch-Flohmarkt: freitags und samstags in der Scheibenstraße, Weidenpesch-Rennbahn
Mai-Trödelmarkt: am 3. Maiwochenende ab Freitag auf dem Neumarkt
Herbst-Trödelmarkt: am 3. Sept.wochenende ab Freitag am Neumarkt

Blumenmarkt
Mitte April bis Mitte Mai tgl. von 9.00 – 18.00 Uhr auf dem Neumarkt

Vogelmarkt
Jeden Sonntag in der Annostraße / Ecke Rosenstraße

Weihnachtsmärkte

Im Dezember finden sowohl auf dem Neumarkt als auch auf dem Alter Markt große Weihnachtsmärkte statt.

Messen

Für 25 Branchen und Wirtschaftszweige ist Köln weltweit der Messeplatz Nr. 1, auf dem regelmäßig rund 30 000 Unternehmen ausstellen. Knapp die Hälfte aller Messen drehen sich um Hightech- und Investitionsgüterbereiche (→ Messe, Sehenswürdigkeiten von A bis Z). Folgende Messen finden periodisch zu den angegebenen Zeiten in Köln statt:

Internationale Möbelmesse — Januar

ISM (Internationale Süßwarenmesse) — Januar/Februar

Interjeans (Internationale Sportswear and Young Fashion Messe) — Februar
Kind + Jugend-Messe
Domotechnika (Weltmesse der Hausgerätetechnik)

Messen (Fts.) März	Internationale Eisenwarenmesse
März/April	KunstKöln (Editionen, Art Brut, Kunst ab 1960)
April	Westdeutsche Kunstmesse (Antiquitäten) OPTICA (Weltmesse für Augenoptik), in Jahren mit gerader Jahreszahl Anuga Food Tec
Mai/Juni	medienforum NRW
Juni	Handwerks-Messe NRW ENSORGA (Internationale Fachmesse für Entsorgung und Recycling)
August	Internationale Herren-Moden-Woche Kind + Jugend-Messe Popkomm (Popmusik und Entertainment)
September	SPOGA (Internationale Fachmesse für Sportartikel, Campingbedarf, Gartenmöbel) GAFA (Gartenfachmesse) IFMA (Internationale Fahrrad- und Motorrad-Ausstellung), in Jahren mit ungerader Jahreszahl s + b (Sport-, Bäder- und Freizeitanlagen), bei ungeraden Jahrenzahlen photokina (Weltmesse Bild, Ton, Professional Media), in Jahren mit gerader Jahreszahl
Oktober	ANUGA (Cologne-World Food Market), in Jahren mit ungerader Jahreszahl ORGATEC (Internationale Büromesse), in Jahren mit gerader Jahreszahl IFMA (Internationaler Fahrradmarkt), in Jahren mit gerader Jahreszahl
November	ART COLOGNE (Internationaler Kunstmarkt) Spielactiv & Modelleisenbahn, in Jahren mit gerader Jahreszahl
Nov. /Dez.	Reisemarkt
Information	Ausführlichere Informationen gibt die Messe- und Ausstellungs-GmbH (Köln-Messe), Postfach 21 07 60, 50532 Köln, Tel. 82 10

Mietwagen (Auswahl)

	Zur Bereitstellung eines Mietwagens am Kölner Hbf ruft man das Rail-&-Road-Tel. an: 13 20 71, Fax 13 76 46
Alamo	Ab Flughafen Köln/Bonn: Tel. (0 22 03) 553 58
Avis	Clemensstr. 29, 50 676 Köln, Tel. 23 43 33 Bundesweite Reservierungen: Tel. 018 05 55 77 Ab Flughafen Köln/Bonn: Tel. (0 22 03) 40 21 39
Hertz	Bismarckstr. 19, 50 672 Köln, Tel. 51 50 84 Bundesweite Reservierungen: Tel. (01 80) 5 33 35 35 Ab Flughafen Köln/Bonn: Tel. (0 22 03) 610 85
Europcar	Christophstr. 26, 50 670 Köln, Tel. 9 12 60 10 Bundesweite Reservierungen: Tel. (01 80) 580 00 Ab Flughafen Köln/Bonn: Tel. (0 22 03) 95 58 80
Sixt Budget	Aachener Str. 226, 50 931 Köln, Tel. 954 10 24 Bundesweite Reservierungen: Tel. 018 05 23 22 22 Ab Flughafen Köln/Bonn: Tel. (0 22 03) 954 50

Museen

Museumsdienst Köln

Der 1965 gegründete Museumsdienst Köln ist das älteste museumspädagogische Zentrum Deutschlands. Seine Hauptaufgabe liegt in der Bildungs- und Öffentlichkeitsarbeit. Der Museumsdienst gibt Ausstellungsprogramme heraus, organisiert Arbeitsgemeinschaften für kunsthistorisch Interessierte und führt Kurse und Seminare durch.
Geschäftssitz: Schaevenstr. 1b, 50 676, Köln, Tel. 240 76
(Bürozeiten: Mo. – Do. 8.00 – 13.00 Uhr, Fr. 8.00 – 12.00 Uhr)
Der automatische Informationsdienst zu Ausstellungen und Veranstaltungen ist rund um die Uhr unter Tel. 2 21 43 43 abzuhören.

Im Kapitel 'Sehenswürdigkeiten von A bis Z' beschriebene Museen

Die meisten Kölner Museen sind im Kapitel 'Sehenswürdigkeiten von A bis Z' ausführlich auch mit Angaben zu Lage und Öffnungszeiten beschrieben, nämlich das → Wallraf-Richartz-Museum und Museum Ludwig, das → Römisch-Germanische Museum, das → Museum für Angewandte Kunst, das → Museum für Ostasiatische Kunst, das → Schnütgen-Museum, das → Schokoladenmuseum, das Kölnische Stadtmuseum im → Zeughaus, das → Erzbischöfliche Diözesanmuseum, das → Rautenstrauch-Joest-Museum, das → Prätorium, das → EL-DE-Haus und die → Römische Grabkammer in Köln-Weiden. Außerdem finden sich Angaben zur Josef-Haubrich-Kunsthalle, zum Kölnischen Kunstverein und zum Käthe-Kollwitz-Museum unter dem Stichwort → Neumarkt, zur Domschatzkammer unter → Dom sowie zum Kölner Karnevals-Museum unter → Belgisches Viertel. Hinweise zur Ausstellung beim Ubier-Monument finden sich unter → römische Stadtmauer, zu den Ausgrabungen unter St. Severin unter → St. Severin und zur jüdischen Mikwe unter → Rathaus. Das Kreisheimatmuseum Zons wird unter → Zons erwähnt.

Weitere Museen in Köln

Besteckmuseum Bodo Glaub
Kommödienstr. 107 (neben dem → Zeughaus), Tel. 13 41 36
Geöffnet Mo. – Fr. 10.00 – 18.00, Sa. 10.00 – 14.00 Uhr
Wechselausstellungen zu Eßwerkzeugen aller Epochen und Kulturen

Deutsches Sport und Olympiamuseum
Rheinauhafen 1, Tel. 33 60 90
Geöffnet Di. – Fr. 10.00 – 18.00, Do. bis 20.00, Sa., So. 11.00 – 19.00 Uhr
Im Herbst 1999 eröffnetes Museum zu Geschichte und Höhepunkten des internationalen und deutschen Sportgeschehens von der Antike bis heute

Historische Braustätte der Küppers-Kölsch-Brauerei
Alteburger Str. 145 – 155, Tel. 96 29 94 59, geöffnet: Mo. – Do. 10.30 – 16.30, Fr. 10.30 – 14.00, Sa. 10.30 – 14.30 Uhr, Gruppen nach Voranmeldung
Brauereimuseum mit über hundert Jahre alter kompletter Hausbrauerei

Josef-Haubrich-Kunsthalle
Josef-Haubrich-Hof 1, Tel. 22 12 23 35, geöffnet: Mi., Do., Sa., So. 10.00 bis 17.00, Di. 10.00 – 20.00 Uhr (wechselnde Öffnungszeiten)
Wechselnde Ausstellungen zu Themen alter und neuer Kunst und Kultur

Käthe-Kollwitz-Museum
Neumarktpassage 18 – 24, Tel. 227 23 63 und 227 26 02
Geöffnet: Di. – Fr. 10.00 – 18.00, Sa., So. 11.00 bis 18.00 Uhr
International größte Sammlung der Werke von Kollwitz, Handzeichnungen aller Schaffensperioden, Druckgraphik (Sämtliche Zyklen, bedeutende Einzelwerke, alle Plakate), Bronzeskulpturen

Kölner Jugendwerkzentrum
Geisselstr. 1, Köln-Ehrenfeld, Tel. 51 43 41
Geöffnet: Mo. – Do. 15.00 – 22.00, Fr. 15.00 – 18.00 Uhr
Ausstellung internationaler Kindermalerei und -plastik

Museen (Fortsetzung)

Kölnischer Kunstverein
Cäcilienstr. 33, Tel. 21 70 21, geöffnet: Di. – So. 10.00 – 17.00 Uhr
Kunst des 20. Jh.s, Graphikeditionen, Wechselausstellungen, Video- und Musikveranstaltungen

Museum Kölner Karnevalsorden
Unter Käster 12, Tel. 25 29 81, geöffnet: Mo.–Fr. 15.00–18.00

Museum zur Geschichte der Keramik / Keramion
Bonnstr. 12, Frechen, Tel. (022 34) 228 91
Geöffnet: Di., Mi. Do. 10.00 – 17.00, Sa. 14.00 – 17.00, So. 10.00 – 16.00 Uhr

Optischer Telegraph
Egonstr. 152, Köln-Flittard, Tel. 66 23 88
Besichtigung nur nach Vereinbarung
Optische Telegraphenstation

Breslauer Sammlung
Markmannsgasse 7, Tel. 258 26 76
Geöffnet: Mo. 15.00 – 18.00, Sa. 9.00 – 13.00 Uhr
Bilder und Dokumente über Breslau/Schlesien

Sammlung EMI Electrola
Altes Preußwerk, Maarweg 149, Tel. 490 20
Nur nach Voranmeldung
Historische Phonographen und Grammophone, Firmengeschiche EMI Electrola, Technik und Maschinen zur (Vinyl-)Schallplattenproduktion

Spielzeug-Museum – "Kleine Welten" – Sammlung Lückert
Kolumbastr. 4, Tel. 25 10 50, geöffnet: täglich außer Mi. 11.00 – 16.00 Uhr

Haus des Waldes
Gut Leidenhausen, Köln-Porz (Wahn)
Geöffnet: So. und feiertags, sommers 10.00–18.00, winters 10.00–17.00 Uhr
Waldentwicklung, Waldtiere, Ökologie. In der Nachbarschaft befinden sich ein Tiergehege für Rot- und Schwarzwild und eine Greifvogelschutzstation.

Musik · Nachtleben (Auswahl)

Köln bietet als Musikstadt Deutschlands (→ Natur, Kultur, Geschichte, Musikstadt Deutschlands) jedem Musikliebhaber etwas, vom Opernliebhaber bis zum Rock-Fan. Die aktuellen Kulturtermine sind aus der jeweiligen Monatsvorschau des Verkehrsamtes Köln (Unter Fettenhennen 19, beim Dom) zu ersehen. Dort für 2,- DM erhältlich. Ein telefonischer Ansagedienst informiert Tag und Nacht über Theater- und Konzertveranstaltungen: Tel. 115 17

Klassik

Philharmonie, Bischofsgartenstr. 1, Tel. 20 40 80 (Über 30 Konzerte pro Monat, 400 im Jahr, hauptsächlich Klassik, aber auch Jazz, Big Bands, 2000 Plätze)
Gürzenich, Martinstr. 29 – 31, Tel. 925 89 90
Oper der Stadt Köln, Offenbachplatz, Tel. 22 12 84 00 (Opern aller Epochen, festes Ensemble, Gaststars, Tanzforum)

Rock

E-Werk, Schanzenstr. 37., Tel. 96 27 90 (Regelmäßig große Konzerte, Shows, Disko, fünf bis fünfzehn Veranstaltungen im Monat)
Müngersdorfer Stadion, Aachener Str., Tel. (022 04) 498 31 (Großkonzerte)
Live-Music-Hall, Lichtstr. 30, Tel. 954 29 90 (Internationale Gruppen, ca. 15 Veranstaltungen pro Monat, Disko, Platz für 1700 Zuschauer)

Musik · Nachtleben (Fortsetzung)

Alter Wartesaal, Johannisstr. 11 (am Hauptbahnhof), Tel. 912 88 50
(House- und Technoszene)
Underground, Vogelsanger Str. 200, Tel. 54 39 66
(Früher ein Insidertip, heute ein beliebter Auftrittsort für Rock/Pop-Bands, ca. 12 Veranstaltungen pro Monat, Platz für 350 Zuschauer)
MTC, Zülpicher Str. 10, Tel. 240 41 88
(Rockkeller, Konzerte)

Jazz

Stadtgarten, Venloer Str. 40, Tel. 95 29 94 20
(Konzerte, Sitz der Jazzhaus-Initiative, geöffnet tgl. 12.00 – 1.00, am Wochenende 12.00 – 3.00 Uhr)
Subway, Aachener Str. 82, Tel. 51 79 69
(Hier traten und treten die Größen des Jazz auf, ansonsten Diskobetrieb)
Papa Joe's Jazzlokal 'Em Streckstrump', Buttermarkt 37, Tel. 257 79 31
(tgl. ein Konzert ab 20.30 Uhr, sonntags sogar zwei Bands, 180 Plätze, Jazz, Dixieland)
Joe's 'Klimperkasten', Alter Markt 50-52, Tel. 258 21 32
(tgl. Klaviermusik ab 20.00 Uhr, Swing und Blues, Kleinkunst)
Küppers Biergarten, Ecke Schönhauserstr./Alteburgerstr. 157, Tel. 934 78 10 (Klassik, Jazz, Rock (unplugged))
Melody Piano Bar, Dürener Str. 169, Köln-Lindenthal, Tel. 40 82 36

Diskotheken

Alter Wartesaal, Hbf., Tel. 912 88 50
Apollo, Hohenzollernring 79, Tel. 56 98 10
Das Ding, Hohenstaufenring 30 – 34, Tel. 24 63 48
Die Halle (Tor 2), Girlitzweg 30, Köln-Müngersdorf, Tel. 949 89 70
Disko 42, Hohenstaufenring 25, Tel. 24 79 71
E-Werk, Schanzenstr. 28, Köln-Mühlheim, Tel. 96 27 90
Kantine, Kempener Str. 135, Köln-Nippes, Tel. 972 68 36
Kauri, Auf dem Rothenberg 11, Tel. 2 57 79 22
Lalic, Rathenauplatz 6, Tel. 24 26 75
Live-Music-Hall, Lichtstr. 30, Ehrenfeld, Tel. 954 29 90
MTC, Zülpicher Str. 10, Tel. 240 41 88
Rhein-Rock-Hallen, Otto-Hahn-Str. 6, Godorf, Tel. (0 22 36) 84 10 04
Subway, Aachener Str. 82, Tel. 51 79 69 (z.T. auch Jazzkonzerte)
Tunnels, Karthäuserwall 18, Tel. 3 10 05 90
Übernacht, An der Hahnepooz 8, Tel.258 34 29
Underground, Vogelsanger Str. 200, Köln-Ehrenfeld, Tel. 54 43 76

Notdienste

Polizei: 110
Feuerwehr: 112
Rettungsdienste: 112
Notarzt 112
Ärztlicher Nothilfedienst: 1 92 57 und 18 05 30 45 05
Ärztlicher Bereitschaftsdienst für Zahn- und Tierärzte: 01 15 00
Krankentransport: 74 54 54
Apotheken (Auskunft über Nacht- und Sonntagsdienste): 01 15 00

Öffnungszeiten

Geschäftszeiten

Seit 1. November 1996 gibt es für Geschäfte keine einheitlichen Öffnungszeiten mehr. Es steht den Läden frei, von Mo. – Fr. ab 6.00 Uhr bis 20.00 Uhr und samstags bis 16.00 Uhr zu öffnen. Nur an den vier Wochenenden vor Weihnachten dürfen die Läden bis 20.00 Uhr öffnen.
In vielen Stadtteilen außerhalb der Ringe schließen die Geschäfte im Gegensatz zu den meisten Läden in der Innenstadt auch über Mittag.

Öffnungszeiten (Fts.), Museen

Die Öffnungzeiten der Museen sind im Kapitel 'Sehenswürdigkeiten von A bis Z' zu finden bzw. unter → Museen in den 'Praktischen Informationen'.

Parken

Park & Ride

Im Gebiet des Verkehrsverbunds Rhein-Sieg (VRS), das weit über die Kölner Stadtgrenzen hinausgeht, stehen bereits über 100 P & R-Plätze mit über 10 000 Stellplätzen zur Verfügung. In Köln selbst sind bislang 29 Park & Ride-Plätze eingerichtet, z.B. in Bocklemünd (Linie 3, 4), Brück, Mauspfad (Linie 1), Dellbrück (Linie S 11), Godorf (Linie 16), Junkersdorf (Linie 1), Kalker Friedhof (Linie 1), Königsforst (Linie 9), Longerich (DB, Linie 35), Marienburg (Linie 16), Merkenich (Linie 12), Nippes (DB, Linien S11, S 12), Porz (DB, Linien S 12, S30, S 39), Porzer Str. (Linie 9), Porz-Wahn (DB, Linie S 12), Rodenkirchen (Linie 16), Severinsbrücke (Linien 2, 7), Stadion (Linie 1), Sürth (Linie 16), Zoo/Flora (Linien 15, 16) und Zündorf (Linien 2, 7).

Parkleitsystem

Ein Parkleitsystem erleichtert Autofahrern die Fahrt in die Kölner Innenstadt. 29 Parkhäuser sind an das System angeschlossen. Auf großen, z.T. elektronisch gesteuerten Hinweistafeln an allen großen Ein- und Ausfallstraßen, Kreuzungen und Abzweigungen im Stadtgebiet kann man sich als Autofahrer schnell informieren, wo Parkhäuser sind und wie man dorthin gelangt. Pfeile auf den Schildern weisen die Richtung, die Nummern geben die Anzahl der freien Parkhausplätze an. Die Tafeln führen in drei verschiedene Bereiche der Stadt zu den nächstgelegenen Parkhäusern: rote Tafeln leiten zum Bereich Dom/Rhein, blaue Tafeln zum Neumarkt und grüne zu den Ringen. Auf jedem Schild sind die entsprechenden Parkhäuser angegeben, z.B. im Bereich Dom/Hbf. die Parkhäuser Dom, Groß St. Martin, Breslauer Platz, Philharmonie, Hohe Str., An Farina, Gürzenich, Aral, Kaufhof und Maritim. In der Gegend um den Neumarkt stehen weitere 11 Parkhäuser zur Verfügung, u.a. Oper, Theater, Karstadt, Hertie, Bazaar und Apostelnstraße. Die acht Parkhäuser an den Ringen befinden sich am Hohenzollernring, bei Fina, am Klapperhof, Kaiser-Wilhelm-Ring, Rudolfplatz, Von-Werth-Str., beim Media-Park und bei der Stadtsparkasse.

Parks und Grünanlagen

Köln hat im Vergleich zu anderen deutschen Großstädten relativ viele Grünflächen innerhalb ihrer Stadtgrenzen. In vielen Parks findet man Ausflugslokale (→ Biergärten und Ausflugslokale).

Grüngürtel und Stadtwald

Bereits erläutert wurden im Kapitel 'Sehenswürdigkeiten von A bis Z' die die Stadt in Halbkreisen umgebenden → Grüngürtel, der Äußere und der Innere, mit ihren Weihern, Seen, Kanälen, Waldstücken, Wiesen und Spielplätzen. Der → Stadtwald mit seinem Wildgehege, den langen Spazierwegen und den zwei großen Seen ist in den Äußeren Grüngürtel integriert.

Stadtgarten und Volksgarten

Der → Stadtgarten und der → Volksgarten sind zwar im Verhältnis viel kleiner, gehören aber mit ihren Gastronomiebetrieben bzw. Biergärten zu den beliebtesten Ausflugszielen im Stadtgebiet.

Flora, Botanischer Garten, Zoo

Attraktive Parkanlagen mit großen Blumenbeeten, Gewächshäusern und Sondergärten sind die → Flora und der Botanische Garten nördlich der Innenstadt. Wenige Meter entfernt zeigen → Zoo und Aquarium über 5 000 Tiere 600 verschiedener Tierarten in ihren Freigehegen und Tierhäusern.

Rheinpark

Neben großen Spielplätzen, weitläufigen Wiesen und einem tollen Blick auf das linksrheinische Köln hat der Rheinpark (→ Deutz) auch noch den Tanzbrunnen und zwei Seilbahnen zu bieten, eine davon führt über den Rhein.

Unterhalb der Zoobrücke (Eingang Riehlerstraße) sind im Skulpturenpark (tgl. ab 10.30 Uhr geöffnet) 28 Skulpturen von international bekannten Künstlern wie di Suvero, Stella, D. Smith, Cragg, Förg u. a. aufgestellt.

Parks (Fortsetzung) Skulpturenpark

Etliche kleine, verstreut liegende Parks geben den Bewohnern verschiedener Stadtteile Gelegenheit, sich zu entspannen, beispielsweise im Norden Kölns der Weidenpescher Park mit der Pferderennbahn, der Nordpark und der Blücherpark, im Südwesten der Beethovenpark und im Süden der Vorgebirgs-, der Volks- und der Südpark.

Kleinere Parks

Ganz im Osten des rechtsrheinischen Köln beginnt der Königsforst, der sich mit vielen Wanderwegen durch sein schattenspendendes Gehölz über die Stadtgrenze hinauszieht.

Königsforst

Im Forstbotanischen Garten in Köln-Rodenkirchen (→ Ausflüge) sind Bäume, Sträucher und Pflanzen aus vielen Teilen der Welt zu bewundern.

Forstbotanischer Garten

Wildparks befinden sich außer im → Stadtwald auch in Brück und Dünnwald (Praktische Informationen, Ausflüge).

Wildparks

Die Freizeitanlage Groov am Rhein in Köln-Porz lockt nicht nur mit ihren Spazierwegen, sondern auch mit ihren sonstigen Freizeitangeboten (Kahnverleih, Minigolf, Spielplätze, Yachthafen, Gastronomie, → Ausflüge).

Groov

Post

Die Postämter sind Mo.–Fr. von 8.00 – 18.00 Uhr, samstags von 8.00 bis 12.00 Uhr geöffnet. Kleinere Postämter können über Mittag schließen.

Öffnungszeiten

Die Hauptpost befindet sich in den WDR-Akaden, Breite Straße 6–26, geöffnet Mo. – Fr. 7.00 – 21.00, Sa., So. 11.00 – 20.00 Uhr

Hauptpost

Telegrammaufnahme unter Tel. 018 05 12 12 10

Telegramm

Radfahren

In Köln gibt es ca. 520 000 Kraftfahrzeuge und 717 000 Fahrräder, d.h. fast ein Drittel mehr Räder als Pkws. Im Vergleich zu anderen Großstädten der Bundesrepublik liegt der Anteil des Radverkehrs am Gesamtverkehr relativ hoch, nämlich bei 11 %. Durch eine systematische Förderung des Radverkehrs möchte man diesen Anteil sogar noch erhöhen. Daher ist die Stadt Köln seit 1993 zusammen mit 18 weiteren Städten Mitglied in der Arbeitsgemeinschaft "Fahrradfreundliche Städte und Gemeinden in Nordrhein-Westfalen". Man bemüht sich hier, in der Stadt fahrradgerechtere Verkehrsbedingungen zu schaffen; bisher hat man schon etliche Gefahrenpunkte für die Radfahrer entschärft und zahlreiche Umbauten zugunsten des Radverkehrs durchgeführt.

Radfahren in Köln Allgemeines

Allgemeiner Deutscher Fahrradclub (ADFC), Im Sionstal 8, 50 678 Köln, Tel. 32 39 19, Fax 32 69 86
(Interessenvertreter der Radfahrer, Termine, Infos zu Touren, Tips für Fahrradkäufe u.a.)

ADFC

Kölner Fahrradverleihservice, Markmannsgasse (in der Altstadt neben der Deutzer Brücke), Tel. 017 16 29 87 96, Mo. – Sa. 8.00 – 20.00 Uhr, So. 11.00 bis 20.00 Uhr (Der Fahrradverleih bietet auch ausgearbeitete Fahrradrouten an, z.B. eine Stadtrundfahrt, eine Rheinpanorama-Tour, eine Biergarten-Tour, eine Grüngürtel-Tour und eine romanische Kirchen-Tour.)

Radverleih

Reisezeit

Da Köln in der Kölner Bucht liegt, der rheinischen Tiefebene, herrscht hier das ganze Jahr über ein relativ mildes Klima. Im Winter bleibt der Frost meist aus, es schneit hier auch seltener als in anderen deutschen Gegenden, im Sommer wird es nicht allzu heiß. Als Reiseziel kann man Köln daher das ganze Jahr hindurch empfehlen.

Restaurants (Auswahl)

Allgemeines

In Köln gibt es eine Vielzahl von Restaurants aller Preisklassen und Nationalitäten, daneben Bistros und natürlich die traditionellen Brauhäuser (→ *Baedeker-Special* S. 198 / 199). Daneben existiert eine große Zahl von kleinen Imbissen und Snack-Bars, in denen man noch um drei Uhr morgens Pommes frites, Curry-Wurst oder Gyros bekommt (viele im Studentenviertel um die → Zülpicher Straße herum zu finden).

Viertel mit einer großen Auswahl an Restaurants

Relativ teuer ißt man in den meisten Restaurants in der Altstadt, besonders an der Frankenwerft. Hier speisen vor allem Geschäftsleute und Messebesucher, oftmals zahlt man allerdings mehr für die Lage als für das Essen. Wer nicht lange suchen will, kann sich zum Alter Markt oder zum Heumarkt begeben, die von verschiedenen guten Lokalen umgeben sind. Es lohnt sich auch ein Spaziergang entlang der Ehrenstraße sowie der Gegend um die Zülpicher Straße (Kwartier Lateng, Studentenviertel) in Ringnähe (z.B. Roon-, Kyffhäuser-, Engelbert-, Boisseréestraße). Im → Belgischen Viertel finden sich mehrere In-Lokale aller Nationalitäten (Gegend um den Brüsseler Platz, z.B. Bismarck-, Antwerpener-, Lütticher-, Händel-, Jülicher Straße). Gute Restaurants haben auch viele → Hotels.

Restaurants (Auswahl) in der Alt- und Innenstadt

Al Setaccio (Kwartier Lateng), Zülpicher Str. 34, Tel. 24 11 20 (Knusprige Pizzen aus dem Steinbackofen und diverse frische Fischgerichte locken vor allem Studenten in das gutbesuchte italienische Restaurant.)

Alter Wartesaal (Domnähe), Johannisstr. 11, Tel. 91 28 85 0 (Feinschmekkerlokal (neben dem gleichnamigen Szenetreff) im ehemaligen Wartesaal des Hauptbahnhofs, das auch von prominenten Gästen gern beehrt wird; klassische deutsche Küche mit Pfiff, begehrtes Brunchbuffet am Sonntag; Vorbestellung notwendig)

Ambiance am Dom (im Hotel Excelsior Ernst), Trankgasse 1 – 5,
Tel. 1 39 19 12, Sa., So. geschlossen (Das kleine Nobel-Restaurant im Keller des Hotels Excelsior Ernst ist meist vollbesetzt; das barock ausgestattete Restaurant des Meisterkochs Kokjé (franz. Küche) ist ein Renner.)

Bastei (Nordstadt), Konrad-Adenauer-Ufer 80, Tel. 12 28 25, Samstagmittag geschlossen (Alteingesessenes Luxus-Restaurant für gehobene Ansprüche in sehr gehobener Preisklasse; klassisch-elegante Einrichtung, Panorama-Rundblick über den Rhein auf das Rechtsrheinische)

Bier-Esel (Innenstadt), Breite Straße 114, Tel. 2 57 60 90, So. geschlossen (In das älteste Kölner Muschelrestaurant geht man vor allem wegen der diversen Miesmuschel-Kreationen, doch hier wird auch typisch kölsches Essen in all seinen Variationen serviert; preisgünstig, meist volles Lokal)

Bosporus (nördliche Innenstadt, Nähe Hansaring), Weidengasse 36,
Tel. 12 52 65, Montagabend geschlossen

Seit eh und je einer der ersten Gourmettempel Kölns: die Bastei

Restaurants in der Alt- und Innenstadt (Fortsetzung)

(Empfehlenswerte türkische Küche im Eigelsteinviertel, mit Liebe zubereitete Speisen; Menüs zwischen 25,- und 45,- DM, nette Bedienung)

Branzino (Ringnähe), Friesenwall 33, Tel. 25 43 48, So. geschlossen (Der 'kölsche' Italiener Rino Casati hat eine neue, helle, gemütliche Trattoria eröffnet. In ungezwungen lockerer Atmosphäre gibt es italienische Küche zu reelen Preisen. Ein kleiner, schattiger Innenhof lädt im Sommer ein.

Brasserie Bruegel (westliche Innenstadt), Hohenzollernring 17, Tel. 25 25 79 (An der belebten Ringstraße liegt diese Brasserie, in der auf zwei Etagen hauptsächlich Fisch und Pasta serviert wird, Jazz live tgl. ab 22.00 Uhr.)

Em Krützche (Altstadt), Am Frankenturm 1, Tel. 2 58 08 39, Mo. geschlossen (Mehr als 400 Jahre alt ist dieses Lokal, in dem man Deftiges aus der kölsch-französischen Küche serviert bekommt, von 'Himmel un Äd' bis hin zu Gänsebraten und Jagdfasan. An den blankgescheuerten Tischen im Erdgeschoß und den gedeckten Tischen des Kamin- oder Chippendale-Zimmers im 1. Stock finden sich viele Messe- und Theaterbesucher ein.)

Keule (Altstadt), Heumarkt 56, Tel. 2 58 11 59, nur abends geöffnet (Kölner Kneipe mit gutbürgerlicher Küche, viele Grillgerichte, Prominententreff)

Moderne Zeiten (Innenstadt), Breite Str. 100, Tel. 2 57 51 71 (Preisgünstiges, leichtes Essen ohne viel Schnickschnack; Karte von Pasta über Fleisch bis Fisch, Küche bis 3.00 Uhr geöffnet)

Nana's (Innnenstadt), Pfeilstraße 15, Tel. 2 57 30 70, tgl. geöffnet (In-Lokal mit täglich wechselnder Speisekarte vom Salat über Lammfilet bis zur gebratenen Gänseleber; immer wieder neue Innendekoration; fröhliches, extroviertiertes Publikum; Bar)

Baedeker Special

Bei 'Himmel un Ääd' im kölschen Brauhaus

Selbst wenn man nur kurze Zeit in Köln verbringt, sollte man es nicht versäumen, in eine der urkölschen **Brauhäuser** einzukehren, in denen der Köbes (Kölscher Kellner) noch der Herr im Haus ist, in denen Kölsch getrunken, an blankgescheuerten Tischen gesessen und neben Gutbürgerlichem vor allem auch typisch kölsche Gerichte wie 'Himmel un Ääd' (Kartoffelpüree mit Äpfeln und gebratener Blutwurst) serviert werden (→ Essen und Trinken). Hier trifft man sich nicht nur an Wochenenden und Feiertagen, wo die Platzfrage allerdings ein vordringliches Problem wird – in allen Brauhäusern sollte man zu diesen Zeiten einen Tisch vorbestellen –, die Kölner halten sich in ihren alteingesessenen Lokalen eigentlich am liebsten ständig auf, denn man ist in Köln der Meinung:

> Wer sing Arbeit hät jedonn',
> darf sich eine drinke jon,
> wer drinke well, soll nit vergesse,
> wat Kräftiges dobei zu esse.

Und so geht man beispielsweise ins **Päffgen** in der Friesenstr. 64 – 66 (Telefon 13 54 61, geöffnet tgl. 10.00 – 24.00 Uhr, Küche 11.00 – 23.00 Uhr), eines der ältesten und traditionsreichsten Brauhäuser der Stadt. Hier wird noch im Hause selbst gebraut, es ist laut und man ißt deftig, während der Wirt vom 'Beichtstuhl' aus das Geschehen überwacht. Falls der Köbes hektisch ist und durch ein lockeres Mundwerk glänzt, sprich mit seiner Meinung nicht hinterm Berg hält – wundern Sie sich nicht, das gehört dazu. Im Garten ist Platz für 150 Leute.

Wem der Gang ins Friesenviertel (westliche Innenstadt) zu umständlich ist, wird auf der Suche nach einem echt Kölschen Brauhaus auch in der Altstadt leicht fündig. Sechs bekannte Häuser können hier mit ihren unterschiedlichen Kölsch-Marken nicht über mangelnde Kundschaft klagen, so auch das **Früh am Dom** (Am Hof 12 – 14, im Süden des Doms am Heinzelmännchenbrunnen, Tel. 2 58 03 95 / 97, geöffnet tgl. 8.00 – 24.00 Uhr, Küche 8.00 – 11.00 und 11.00 – 23.45 Uhr). Neben 450 Plätzen im rustikalen, holzgetäfelten Inneren stehen weitere 160 Stühle im Biergarten (mit Domblick!) zur Verfügung, die es zu ergattern gibt. Neben der optimalen Lage, die allerdings auch einen regen Touristenbesuch mit sich bringt, besticht das Früh durch gutes Essen.

Am Alter Markt im Herzen der Altstadt ist das **Gaffel-Haus** (Alter Markt 20 – 22, Tel. 2 57 76 92, geöffnet tgl. 11.00 – 1.00 Uhr, Küche 11.45 – 23.30 Uhr) ein beliebter Treffpunkt. Das seit zehn Jahren bestehende Lokal, das sich im ältesten Gebäude am Alter Markt befindet, lockt nicht nur durch sein gutes Essen, sondern auch durch sein Ambiente: Neben dem verwinkelten, durch Treppchen und Nischen unterteilten Innenraum gibt es eine Terrasse (120 Plätze) mit einem schönen Blick auf Groß St. Martin.

Biegt man am nördlichen Ende des Alter Markts nach rechts in die Mühlengasse ein, steht man auch schon vor der nächsten Versuchung: Seit Ende 1995 residiert hier **Peters Brauhaus** (Mühlengasse 1, Tel. 2 57 39 50, geöffnet tgl. 11.00 – 24.00 Uhr, Küche 11.30 – 23.30 Uhr), das mit seinen originalen Holzvertäfelungen, der rustikalen Einrichtung und dem typisch kölschen Essen an die Kölner Brauhaustradition anknüpft. Schließlich stand hier schon vor Jahrhunderten ein bekanntes Kölner Brauhaus.

200 Meter weiter südlich liegen am Heumarkt gleich zwei Kölsche Brauhäuser: An der Ecke zur Salzgasse sitzt man draußen und drinnen gemütlich im **Päffgen in der Altstadt** (Heumarkt 62, Tel. 257 77 65,

geöffnet tgl. 12.00 – 1.00 Uhr außer Mo.). Im Vergleich zum urkölschen Stammhaus im Friesenviertel (s.o.) fällt hier der größere touristische Trubel, aber auch die gemütlichere Einrichtung auf.

Auf der gegenüberliegenden (südlichen) Seite des Heumarkts (nahe des Hotels Maritim) bietet die **Malzmühle** ihre typisch kölschen Gerichte an (Heumarkt 6, Tel. 21 01 17, geöffnet tgl. 11.00 – 23.00, Küche 12.00 – 23.00 Uhr). Das Mühlen-Kölsch wird wie ehedem im Nachbarhaus gebraut. In diesem traditionsreichen Haus mit seinem rasanten Service ist es oft schwierig, einen der 200 Plätze zu ergattern, entsprechend laut geht es oft zu.

Eine gute Adresse für echt kölsches Lokalkolorit ist auch das **Brauhaus Sion** in der Altstadt (Unter Taschenmacher 5 – 7, Tel. 257 85 40, geöffnet tgl. 10.00 – 0.30 Uhr, Küche 11.30 – 23.30 Uhr). Rustikal ist die Einrichtung in diesem größten Kölner Brauhaus mit seinen 6 Räumen, dem Wintergarten und der Terrasse. Stiche und Fotos vom alten Köln zieren die Wände, und deftig sind nicht nur die Gerichte, sondern auch die Sprüche der Köbesse – echt Kölsch also!

Auch außerhalb der Altstadt sind natürlich Brauhäuser zu finden, schließlich wollen die Kölner in allen Stadtvierteln mit Kölsch, 'Halvem Hahn' und 'Himmel un Äd' versorgt werden. Wer sich beispielsweise gerade im 'Vringsveedel' (Severinsviertel) aufhält, sollte nicht am mehr als 100 Jahre alten **Früh em Veedel** vorbeigehen (Chlodwigplatz 28, Tel. 31 44 70, geöffnet tgl. 11.00 – 1.00 außer So., Küche 1.00 – 24.00 Uhr). So kölsch wie das ganze Viertel ist auch dieses Brauhaus, urig und gemütlich mit ungewöhnlich freundlichen Köbessen.

Noch etwas weiter gen Süden liegt nicht weit vom Rhein entfernt im Stadtteil Bayenthal **Küppers Brauhaus** (Alteburger Straße 157, Tel. 934 78 10, geöffnet 11.00 bis 1.00, Küche 11.00 – 22.45 Uhr). Den Ausflug lohnt dieses Lokal allemal, denn neben einer reichhaltigen Speisekarte, die außer Kölschen Gerichten auch andere Leckereien anpreist, und einem riesigen Biergarten mit 1000 Plätzen veranstaltet das Haus auch Open-air-Konzerte, Jazzfrühschoppen und Kindertheater.

Anzupreisen ist auch **Em golde Kappes** in Nippes – wir befinden uns nun im Norden Kölns (Neusser Str. 295, Tel. 73 49 32, geöffnet tgl. 10.00 – 24.00 außer So. und feiertags, Küche bis 23.00 Uhr). Seit 1913 besteht dieser Familienbetrieb bereits, der sich dank des regen Besucherverkehrs wohl auch noch die nächsten Jahrzehnte hier halten werden wird. Die historische Einrichtung stammt aus der Zeit der Jahrhundertwende. Die Getränkekarte bietet außer zwei Kölsch-Marken auch andere Biersorten und eine recht gute Auswahl an deutschen Weinen.

Vom sog. Beichtstuhl aus wird der Speisesaal der Malzmühle überblickt

Schließlich sei das **Lommerzheim** (Siegesstr. 18, Tel. 81 43 92, geöffnet tgl. 6.30 bis 0.30 außer Di., Küche von 11.30 – 14.00 und 17.30 – 22.30 Uhr) auf der 'schäl Sick' im rechtsrheinischen Köln-Deutz nicht vergessen. Trotz karger, um nicht zu sagen liebloser Einrichtung sitzen die Kölner gern bei 'Lommi' und lassen sich eins seiner gigantischen Koteletts kredenzen.

Restaurants in der Alt- und Innenstadt (Fortsetzung)

Rasputin (Innenstadt, südlich des Neumarkts), Thieboldsgasse 101 – 103, Tel. 240 13 52, Di. geschlossen (Bestes Restaurant in Köln für russische Küche, Menü um 50,- DM, 20 Wodkasorten)

Ristorante Grande Milano (westl. Innenstadt), Hohenstaufenring 29 – 37, Tel. 24 21 21, So. geschlossen (Klassische italienische Küche, erlesene Kreationen, u. a. Trüffelgerichte; edeles Ambiente; viele Messebesucher)

Taj Mahal (Innenstadt, Nähe Schildergasse), An St. Agatha 27, Tel. 2 58 03 36, Mo. geschlossen (Bestes und ältestes indisches Restaurants Kölns, preiswerte Mittagsmenüs; gepflegte Atmosphäre)

Tchang-Kleiner (Altstadt), Große Sandkaul 19, Tel. 257 58 42 (Ältestes chinesisches Lokal in Köln, gute Küche, mittlere bis gehobene Preisklasse)

Weinhaus im Walfisch (Altstadt), Salzgasse 13, Tel. 2 57 78 09; Sa. Mittag und So. geschlossen (Mehrhundertjähriges Traditionsgasthaus; gutbürgerliche, deftige Küche; große Portionen; 3-Gänge-Menü um 60,- DM; eines der schönsten und gemütlichsten Altstadtlokale)

Restaurants (Auswahl) außerhalb der Ringe

Alcazar (Belgisches Viertel), Bismarckstr. 39 A, Tel. 51 57 33 oder 52 77 65, tgl. geöffnet (Nachmittags ein Szene-Treff, abends ein guter Tip für variationsreiche deutsche und südeuropäische Küche, die man in lockerer Atmosphäre genießt)

Artischocke (Belgisches Viertel), Moltkestr. 50, Tel. 25 28 61, nur abends geöffnet (Französische Gourmetküche in kleinem, gemütlichen Restaurant, Hauptgerichte um 30,- DM)

Café-Restaurant Central (Belgisches Viertel), Jülicher Str. 1 /Ecke Lindenstr., Tel. 207 15 20 (Szene-Lokal mit Gerichten von Pasta bis Salat; im Sommer auch Sitzplätze vor der Türe)

Dionysos (Kwartier Lateng), Meister-Gerhard-Str. 30, Tel. 23 14 45, nur abends geöffnet (Die wahrscheinlich beste griechische Küche in Köln zu normalen Preisen, mitten im Studentenviertel, Terrasse)

Goldener Pflug (Merheim), Olpener Str. 421, Tel. 89 55 09, Sa., So. geschlossen (Ein absoluter Spitzenreiter unter den exklusiven Restaurants der Stadt, traditionelle französische Küche von Trüffeln über Täubchen bis zum heißen Erdbeersoufflé; dem hohen Niveau angemessene hohe Preise)

Graugans im Hyatt Regency (Deutz), Kennedy-Ufer 2a, Tel. 828 12 34; tgl. geöffnet, während der Woche auch Mittagstisch (Dieses Gourmet-Restaurant des Hotels muß man hervorheben, nicht nur wegen des Blickes über den Rhein auf die Altstadt, sondern vor allem wegen der exquisiten originellen Küche mit west-östlichen Speisen; Menüs um die 60,- DM,)

Haus Scholzen (Ehrenfeld), Venloer Str. 236, Tel. 51 59 19, Mo., Di. geschlossen (Mit Liebe zubereitet sind die gutbürgerlichen Gerichte (Fisch und Fleisch) dieses gemütlichen Restaurants mit Lokalkolorit; freundliche Bedienung; Schnäpse aus eigener Brennerei)

HoteLux (Kwartier Lateng), Rathenauplatz 21, Tel. 24 11 36, nur abends geöffnet (Ausgefallenes Restaurant mit russischer Küche, man sitzt auf Plüschsitzen aus rotem Samt, Vorbestellung unabdingbar, Bar)

L'Angolo (Lindenthal), Dürener Str. 120, Tel. 4 00 26 91 (Italienische Küche zu annehmbaren Preisen)

Restaurants außerhalb der Ringe (Fortsetzung)

La Société (Kwartier Lateng), Kyffhäuser Str. 53, Tel. 23 24 64, mittags geschlossen (Kleines (35 Plätze), aber sehr feines Restaurant im Studentenviertel; riesiges Weinsortiment; viele Stammgäste)

Le Moissonier (Neustadt-Nord), Krefelder Str. 25, Tel. 72 94 79; So., Mo. geschlossen (Eines der beliebtesten Restaurants in Köln, ein authentisches Pariser Bistro mit Gourmet-Küche; Jugendstil-Einrichtung; sehr delikate Gerichte vom Hasenrückenfilet über Wachteln bis zu Ravioli von Schnecken und Pilzen, alles unter 45,- DM! Sehr gute Weine, alle auch glasweise zu haben, und eine freundliche Bedienung runden den Eindruck ab. Vorbestellen!)

Mainzer Hof (Südstadt, Nähe Chlodwigplatz), Maternusstr. 18,
Tel. 31 25 49 (Gut besuchtes, gemütliches Veedel-Lokal mit gutbürgerlicher Küche und wechselnder Tageskarte; durchschnittliche Preise; besonders mittags immer vollbesetzt; im Sommer Tische draußen)

Manni's Rästorang (Kwartier Lateng), Kyffhäuser Str. 18, Tel. 23 09 70, tgl. geöffnet (Ein legeres Feinschmecker-Lokal mitten im Studentenviertel, internationale Küche, riesige Auswahl, lange Theke für Kölschtrinker)

Merhaba (Nippes), Florastr. 33 – 35, Tel. 76 41 18, Mo. geschlossen (Empfehlenswerte türkische Küche im Familienbetrieb, preisgünstige türkische Spezialitäten; wechselnde Tageskarte; freundlicher Service; westeuropäische Einrichtung; Gartenterrasse)

Messeturm Restaurant (Deutz), Kennedy-Ufer, Tel. 88 10 08, Samstagmittag geschlossen (Gehobene internationale Küche oben auf dem Messeturm mit wunderbarem Rundblick; auch Café)

Olé (Kwartier Lateng), Pfälzer Str. 1, Tel. 24 43 58 (Das gute spanische Essen zu normalen Preisen wird oft von spanischer Live-Musik gekrönt.)

Tomate (Belgisches Viertel), Aachener Str. 11, Tel. 2 57 43 07, Sonntag geschlossen (Gute und sehr preisgünstige Mittagsmenues werden abends von köstlich zubereiteten Delikatessen abgelöst; man sitzt allerdings eng aufeinander in dem in knalligem Farben gestalteten Raum)

Paul's Restaurant (Nippes), Bühlowstraße 2/Ecke Florastraße,
Tel. 76 68 39 (In der traditionsreichen Eckkneipe "Haus Schnackertz" hat Christoph Paul 1997 sein Restaurant eröffnet. Im dunkel gehaltenen Gastraum wird man vorzüglich bedient mit leichten, modernen Speisen, z.B. Lammrücken mit Auberginenmousse gratiniert oder Seeteufel in Pistazien-Sauce, aber auch deftige rheinische Speisen, z.B. geschmorte Kalbshaxe in Trüffel-Burgunder-Sauce.)

Imbisse

Köln hat eine Imbißkultur der eigenen Art entwickelt: Neben vielen kleinen Gyros- und Grill-Imbissen, in denen man noch um 3.00 Uhr nachts seinen Hunger stillen kann, haben sich etliche Edel-Imbisse mit vorzüglichen Speisekarten etabliert.

Diner's (Innnestadt), Neumarkt 16, Tel. 2 57 06 69,
geöffnet tgl. bis 19.00, Do. bis 21.00 Uhr, So. bis 17.00 Uhr (Vom Ambiente her mehr ein Bistro als ein Imbiß; Gerichte von Deftigem bis Lachsspinatlasagne)

Enzio-in-Biss (Innenstadt), Apostelnstr. 50, Tel. 257 82 27, So. geschlossen (Ein Feinschmecker-Imbiß mit italienischen Köstlichkeiten, auch Trüffel sind inbegriffen)

Restaurants, Imbisse (Fortsetzung)

Grill-Station (Belgisches Viertel), Brüsseler Str. 68, Tel. 51 39 98, Sa, So. geschlossen, Küche bis 21.00 Uhr (Ein waschechter Imbiß mit köstlichem Schaschlik, Curry-Wurst und Pommes frites.)

King Wah (Belgisches Viertel), Maastrichter Str. 4, Tel. 25 27 93, bis 23.30 Uhr (Edler China-Imbiß mit verschiedenen asiatischen Spezialitäten)

La Croque (Kwartier Lateng), Zülpicher Str. 19, Tel. 23 24 25, tgl. bis 1.00 Uhr, Fr., Sa. bis 3.00 Uhr (Französische Gerichte, Baguettes; Terrasse)

Mexican Food House (Kwartier Lateng), Luxemburger Str. 42, Tel. 21 96 93, bis 3.00 Uhr (Tacos und andere mexikanische Spezialitäten, ab 23.00 sind alle Gerichte billiger!)

Rievkooche am Bahnhof (Mitten auf dem Bahnhofsvorplatz steht das kleine rote Reibekuchenhäuschen; für diesen typisch kölschen kalorienreichen Genuß verpaßte schon so mancher den Anschlußzug.)

Biergärten → dort
Cafés → dort
Frühstück → dort

Rheinfahrten

KD

KD Köln-Düsseldorfer, Frankenwerft 15, 50 667 Köln, Tel. 20 88 02 oder 258 30 11
Die KD fährt vom 1. 4. bis 29. 10. täglich mit 25 Schiffen auf Rhein, Main, Mosel, Elbe und Donau. Jedes Jahr gibt die Schiffahrtsgesellschaft neue Programme mit Abfahrtszeiten und Spezialangeboten sowie Kreuzfahrten heraus, die an der Frankenwerft 15 ausliegen. Angeboten werden jedes Jahr einstündige Panorama-Rundfahrten zwischen Zoobrücke und Rodenkirchen mit Erklärung aller Sehenswürdigkeiten, tgl. bis zu 12 mal ab 10.30 bis 18.00 Uhr. Außerdem bietet die KD ein- und mehrtägige Fahrten an, z.B. zum Drachenfels nach Königswinter und zurück; zum Siebengebirge oder bis Bad Hönningen tgl. im Juli und August; in drei Tagen von Köln nach Frankfurt (Mai – Okt. jeden Fr.); in drei Tagen von Köln nach Straßburg (April – Okt. jeden Mi.); in 5 Tagen von Köln nach Basel (April – Okt. jeden zweiten So.) oder mit dem Tragflügelboot tgl. außer Mo. nach Mainz. Außerdem stehen Kaffeefahrten, Abendfahrten u.v.m. im Programm.

Dampfschiffahrt Colonia

Dampfschiffahrt Colonia, Anlegestelle Hohenzollernbrücke (beim Dom), Tel. 2 57 42 25 (Einstündige Rheinrundfahrten ab 10.00 Uhr, ab Pfingsten täglich Abendfahrten mit Musik von 20.15 – 22.30 Uhr)

KölnTourist Personenschiffahrt

KölnTourist Personenschiffahrt am Dom GmbH, Konrad-Adenauer-Ufer, 50 668 Köln, Tel. 12 16 00 und 12 17 14
(Täglich Panorama-Runfahrten vom Konrad-Adenauer Ufer nördlich vom Dom/Hbf. aus nach Rodenkirchen (Maternus-Kapellchen), zwischen 10.00 und 16.00 Uhr alle 1,5 Std. ab Köln, je nach Witterung wird der Fahrplan erweitert oder eingeschränkt; zudem werden in den Sommerferien jeden Freitag Tagesfahrten nach Königswinter, Rolandseck und Linz angeboten; jeden Samstag im Juni, Juli, August und Sept. werden Abendfahrten mit Musik veranstaltet und einige Sonderfahrten organisiert, z.B. zum Tanz in den Mai, zum Rhein in Flammen (Großfeuerwerk in Bonn) u.a.

Fährbetrieb

Fährbetrieb Hans Linden, Tel. 38 47 38 oder 12 16 66
(Etwa alle 10 Minuten pendelt eine Fähre zwischen der Hohenzollernbrükke und der Messe in Deutz am gegenüberliegenden Rheinufer, Mai – Okt. 10.00 – 17. 30, zu Messezeiten schon ab 7.30 Uhr (Einfache Fahrt 1,50 DM, Hin-und Rückfahrt 2,50 DM)

Schiffsfahrten

→ Rheinfahrten

Sport

Wichtige Sportstätten
Sportstadien (Auswahl)

Müngersdorfer Stadion, Aachener Str./Junkersdorfer Straße
In der Anlage befinden sich Fußball- und Leichtathletikstadien, Tennis- und Hockeyplätze, ein Freibad, Reitturnierplätze, eine Radrennbahn, Turn- und Gymnastikhallen, eine Fitneßbahn, Freiflächen für Ballspiele und ein Schwerathletikraum. Hier finden u.a. die Spiele des FC Köln statt. (Straßenbahnlinie 1, Stadion)

Köln Arena, Willy-Brandt-Platz 3
Deutschlands größte multifunktionale Veranstaltungshalle. 18000 Zuschauer können hier internationale Sportveranstaltungen erleben.

Stadion Süd, Vorgebirgsstr. / Höninger Weg
Hauptkampfbahn, zwei Tennen-Fußballplätze, Rasen-Trainingsplätze und eine Sporthalle. Hier finden die Heimspiele des SC Fortuna statt.

Sporthalle, Messegelände, Köln-Deutz
Hier findet u.a. das Kölner Sechstagerennen (Dez./Jan.) statt. Viele Rock-, Pop- u.a. Großkonzerte (Straßenbahnen 3, 4, 14 bis Messe /Sporthalle)

Bäder, Seen

→ Badeseen, Badezentren

Radrennbahn

Radrennbahn in Köln-Müngersdorf, Carl-Diem-Weg / Olympiaweg
Auf der 1995 eingeweihten 250 m - Bahn werden auch internationale Spitzenrennen ausgetragen.
(Straßenbahnlinie 1, Stadion)

Eis- und Schwimmstadion

Lentstraße in Köln-Nippes (Nähe Zoobrücke)
Das Zentrum umfaßt eine Eishalle, eine Eislauffreifläche (beide geöffnet für die Öffentlichkeit von September bis März), ein Freibad (geöffnet Mai bis September) mit Sauna, Solarium und einer Gaststätte.
(U-Bahnlinien 5, 15, 16, 19, Reichenspergerplatz)

Pferderennbahn

Pferderennbahn Weidenpesch, Scheibenstraße, Tel. 7 40 83 00
Hier findet u.a. jährlich eines der höchstdotierten Rennen in Deutschland statt, der Preis von Europa, sowie weitere herausragende Rennen wie der Gerling-Preis, das Zanders-Union-Rennen, der Ostermann-Pokal, der Preis der Winterfavoriten und das Mehl-Mühlens-Rennen.
(Straßenbahnlinie 6, 12, 18, Scheibenstraße)

Marathon

Seit 1997 wird in Köln jährlich ein Marathon ausgetragen.

Stadtbesichtigungen

Stadtrundfahrten

Der CCS-Cologne Coach Service bietet im Auftrag der Stadt Köln zweistündige Stadtrundfahrten an. Voranmeldung ist nicht erforderlich (außer für größere Gruppen).
Die Rundfahrten finden vom 1. 4. – 31. 10. tgl. um 10.30, 11.00, 14.00 und 14.30 Uhr statt und zwischen dem 1. 11. und 31. 3. tgl. um 11.00 und 14.00 Uhr. Vom 1.4. bis 31.8. findet jeden Samstag zusätzlich eine Fahrt um 17.00 (ohne Museumsbesuch) statt.
Es geht vorbei an römischen Baudenkmälern, mittelalterlichen Stadttoren, romanischen Kirchen, Dom, Rathaus und Gürzenich. Angeschlossen ist ein Mueeumsbesuch. Treffpunkt ist jeweils die Bushaltestelle vor dem Verkehrsamt, Fahrkarten sind im Bus erhältlich.

Stadtbesichtigung (Fortsetzung), Verkehrsamt

Das Kölner Verkehrsamt bietet eine Vielzahl von organisierten Stadtrundfahrten in verschiedenen Sprachen und themenbezogen an, die per Bus, Kutsche, Schiff oder zu Fuß durchgeführt werden. Broschüren und Informationsmaterial sind im Verkehrsamt erhältlich (Unter Fettenhennen 19, gegenüber des Domportals, Tel. 22 12 33 45).

Touren

Mehr als 50 verschiedene andere Touren sind vom Verkehrsamt aus zu buchen, beispielsweise die normalen Stadtführungen (2 oder 3 Std.) wahlweise zu Fuß, per Bus oder per Kutsche; Führungen 'auf den Spuren der Römer', die innerhalb von 1 – 3 Std. durch die Stadt und ins Römisch-Germanische Museum und/oder ins Praetorium führen; Führungen durch das mittelalterliche Köln, durch den Dom (zwischen 1 und 2 Std.), durch einzelne Museen, durch einzelne oder mehrere Kirchen, z.B. durch die romanischen oder die modernen. Thematisch ausgerichtet sind auch die Rundgänge durch das unterirdische Köln (Praetorium, Mikwe, Römerkanal u.a.), zu Gräber und Grabbeigaben, die Kölsch-Tour zu Sprache, Bier und Lebensart (u.a. mit Brauhausbesuch), zum Kölner Alltag gestern und heute (Frauengeschichte, Juden, Südstadt usw.), zu verschiedenen Kunstschätzen u.v.m. Je nach Art der Tour ist eine Buchung zwischen einer und drei Wochen vorher erforderlich unter Tel. 221 233 32, Fax 221 248 48. Die maximale Teilnehmerzahl bei Stadtführungen zu Fuß beträgt 25.

Köln Tourismus Card

Das Verkehrsamt bietet für den Aufenthalt in Köln auch die sog. Köln Tourismus Card an. In einem Pauschalpreis inbegriffen ist ein Voucherheft für eine Stadtrundfahrt mit Fremdenführer, freier Eintritt in neun Museen, Freifahrt für Busse und Bahnen, eine ermäßigte Tages-Ausflugs-Schiffahrt auf dem Rhein, eine ermäßigte Rhein-Bötchenfahrt nach Rodenkirchen, Ermäßigungen für die Oper, die Rheinseilbahn, das Phantasialand, den Zoo, das Schokoladenmuseum, das Aqualand, eine Turmbesteigung des Doms u.a. Erhältlich sind die Hefte beim Verkehrsamt.

StattReisen Köln

Zwischen April und Nov. führt StattReisen samstags um 14.00 Uhr ab der Domplatte / Nordtor durch die Stadt; Themen sind Anekdoten und Wissenswertes um die Sehenswürdigkeiten und die Stadtentwicklung.

Frauengeschichtsverein

Rundgänge und Führungen ausschließlich für Frauen bietet der Kölner Frauengeschichtsverein an, Marienplatz 4, 50 676 Köln. Die Themenpalette reicht von Stadtführungen unter frauengeschichtlicher Perspektive bis zu Rundgängen zu Frauen im nationalsozialistischen Köln (EL-DE-Haus) und Führungen zu Einzelpersönlichkeiten, z.B. zur hl. Ursula oder zu Kaiserin Theophanu. Termine und Treffpunkte sind beim Frauengeschichtsverein zu erfragen (Di., Mi. 9.00 – 15.00 Uhr unter Tel. 24 82 65).

Taxi

Taxiruf Köln Tel. 1 94 10
Die Telefonnummern der fast 40 Taxi-Rufsäulen des Unternehmens sind den Gelben Seiten unter Taxiunternehmen zu entnehmen.
Großraumtaxi (Kleinbusse bis 8 Personen) Tel. 017 16 13 01 29
Taxi + Mietwagen Wolters Tel. 40 40 40

Telefon

Vorwahlen

Kölner Vorwahl innerhalb Deutschlands : 02 21
Von Österreich nach Köln: 06 02 21
Von der Schweiz nach Köln: 0 04 92 21
Fernsprechauskunft (Inland): 11 8 33

Notrufe

→ Notdienste

Theater (Auswahl)

Allgemeines

In Köln ist neben den städtischen Bühnen (Oper, Schauspielhaus, Schlosserei, Kammerspiele am Ubierring, Halle Kalk, West-end-Theater, Hänneschen-Theater) eine Vielzahl privater Theater entstanden, so daß man die Auswahl aus einer breiten Palette hat, über Boulevard-Stücke im Theater am Dom und Volksstücke im seit 1848 bestehenden Millowitsch-Theater bis zu Kabarett (atelier-Theater, Comedia Colonia, Die Machtwächter, Senftöpfchen, Theater in der Filmdose, Theater am Sachsenring), über Zeitgenössisches und Experimentelles (Der Keller, Theater im Bauturm, Piccolo-Theater, Freie Werkstatt, Severinsburg-Theater) bis hin zu Nachwuchsbühnen (Horizont). Eine Sonderstellung nimmt das Kölner Stockpuppentheater, das Hänneschen-Theater ein, das in Kölscher Mundart nachmittags und abends vor Kindern und Erwachsenen spielt und seit Jahren immer ausgebucht ist (→ Sehenswürdigkeiten von A bis Z, Altstadt).

Städtische Bühnen

Oper der Stadt Köln, Offenbachplatz, Abendkasse Tel. 2 21 82 48
Schauspielhaus, Offenbachplatz, Abendkasse Tel. 22 12 82 52
West-end-Theater, im Schauspielhaus, Abendkasse Tel. 22 12 82 52
Schlosserei, Krebsgasse, Abendkasse Tel. 22 12 83 21
Hänneschen-Theater, Puppenspiele der Stadt Köln, Eisenmarkt 2 – 4, telefonische Vorbestellung unter Tel. 2 58 12 01 (tgl. 10.00 –14.00 außer Mo., Di.), meist sind die Vorstellungen Wochen oder Monate vorher ausverkauft!

Telefonische Spielplandurchsage

Die städtischen Bühnen bieten eine telefonische Spielplandurchsage unter Tel. 1 15 17 und 01 15 17, für das Schauspielhaus unter Tel. 221 84 00 an.

Private Theater

atelier-Theater, Roonstr. 78, Kasse Tel. 24 24 85
Comedia Colonia, Löwengasse 7 – 9, Tel. 24 76 50
Freies Werkstatt-Theater, Zugweg 10, Tel. 32 78 17
Horizont-Theater, Thürmchenswall 25, Tel. 13 16 04
Kabarett Die Machtwächter, Gertrudenstr. 24, Tel. 257 83 60
Musical Dome Köln, Goldgasse 1, Tel. 577 90
Piccolo-Theater, Zülpicher Str. 28, Tel. 23 27 04
Senftöpfchen, Große Neugasse 2 – 4, Tel. 2 58 10 58
Severinsburg-Theater, Eifelstr. 33, Tel. 32 17 92
Theater am Dom, Glockengasse 11, Tel. 2 58 01 53
Theater am Sachsenring, Sachsenring 3, Tel. 31 5015
Theater in der Filmdose, Zülpicher Str. 39, Tel. 23 96 43
Theater Der Keller, Kleingedenkstr. 6, Tel. 31 80 59
Theater im Bauturm, Aachener Str. 24, Tel. 52 42 42

Programme und Adressen

Die freien und privaten Theater in Köln geben monatlich einen Theaterkalender heraus, aus dem Programme und weitere Adressen ersichtlich sind.

Kartenvorverkauf

→ Vorverkaufsstellen

Veranstaltungen

Februar

Karneval (Ereignisse und Termine → *Baedeker-Special*, S. 104 / 105)
(Wege der Umzüge, Termine (auch von Bällen und Sitzungen) entnimmt man den Tageszeitungen oder einer jährlich erscheinenden Broschüre des Verkehrsamts am Dom unter dem Titel “Karneval in Köln”, mehrsprachig).

März – Oktober

Jeden dritten Samstag im Monat Flohmarkt in der Altstadt (am Alter Markt, in der Sportanlage Süd, im Stadtteil Nippes, in der Kölner Ladenstadt)

April

Jazzhausfestival im Stadtgarten
Ostervolksfest, meist in Deutz

Veranstaltungen (Fortsetzung) Mai	Blumenmarkt auf dem Alten Markt Am dritten Maiwochenende (ab Freitag): Mai-Trödelmarkt auf dem Neumarkt Ende Mai/Anfang Juni: Kölner Weinwoche auf dem Neumarkt Medien-Festival in der Altstadt (→ Natur, Kultur, Geschichte; Medienstadt)
Mai – September	Bis Anfang September jeden Fr., Sa., So.: Musik – Show – Tanz am Tanzbrunnen im Rheinpark (Deutz)
Juni	Fronleichnam (Donnerstag): Fronleichnamsprozession "Mülheimer Gottestracht" mit Schiffen auf dem Rhein zwischen 11.00 und 13.00 Uhr
Juni – Sept.	Bis Anfang September: dienstags Orgelfeierstunden im Dom (20 Uhr)
Juli	Christopher-Street-Day (erstes Juliwochenende) Kappesrollen (= Kohlkopfrollen) rund um den Vogelsanger Markt in Vogelsang (am Monatsanfang) Deutzer Schützenfest Internationale Sommerakademie des Tanzes
August	Internationales Leichtathletik-Sportfest des ASV im Kölner Müngerdorfer Stadion
September	Internationales Pantomimenfestival Kölner Bücherherbst auf dem Neumarkt, 4 Tage lange Verkaufsschau von Verlagen und Buchhandlungen, Kulturprogramm Antiquariatstage 3. Septemberwochenende: Herbst-Trödelmarkt auf dem Neumarkt
Oktober	Pferderennen: Preis von Europa (Pferderennbahn Weidenpesch)
Herbstferien	Leverkusener Jazztage (Tel. (02 14) 24 079) während der Herbstferien in Nordrhein-Westfalen
November	Am Ostermannbrunnnen in der Altstadt wird die Karnevalssaison eröffnet (am 11.11 um 11.11 Uhr)
Oktober / November	Reliquienprozessionen an den den Gedenktagen der Heiligen folgenden Sonntagen: St. Ursula (21. Oktober), St. Severin (23. Oktober) und St. Kunibert (12. November) Kölner Jazzhaus-Festival im Stadtgarten im November
Dezember	Weihnachtsmärkte auf dem Alter Markt und dem Neumarkt (21. November bis 23. Dezember) Ende Dezember/Anfang Januar: Kölner Sechstagerennen in der Kölner Sporthalle ab 24.12.: Weihnachtskrippen in den Kölner Kirchen.
Messen	→ dort
Märkte	→ dort

Verkehrsmittel (Öffentlicher Nahverkehr)

Allgemeines	Köln besitzt ein sehr gut ausgebautes Verkehrsnetz mit 42 Buslinien und 14 Straßenbahnlinien. Das U-Bahn- und das S-Bahn-Netz sind aneinander gekoppelt, so daß die unterschiedlichen Schienenfahrzeuge sowohl Stadtbahnstrecken als auch Straßenbahn- und Eisenbahnstrecken befahren können. Über Tag fahren die meisten Linien im 10-Minuten-Takt, zu den Rush-hours sogar öfter. Abends werden die meisten Linien dann auf einen 15-Minuten-Takt reduziert.

Verkehrsmittel (Fortsetzung)
VRS

Seit 1987 besteht der Verkehrsverbund Rhein-Sieg (VRS), der sich aus der KVB (Kölner Verkehrs-Betriebe AG) und elf weiteren Verkehrsunternehmen zusammensetzt. Durch einheitliche Tarife und die gemeinsame Abstimmung der Fahrpläne können nun auch viele Ziele im Kölner Umland leichter und schneller erreicht werden.

Die Stadtbahnlinien 16 und 18 verbinden z.B. Köln und Bonn.

Informationscenter (Fahrgast-Center)

Über Verbindungen und Tarife informieren die sog. Fahrgast-Center, die in jedem Kölner Stadtbezirk eingerichtet werden sollen. Bisher gibt es diese Informations- und Fahrkartenverkaufsstellen in den U-Bahn-Stationen am Neumarkt, in Chorweiler, am Dom/Hbf und am Ebertplatz. Weitere Center befinden sich in Ehrenfeld (Ehrenfeldgürtel 14), Mühlheim (Wiener Platz), am Neumarkt 25, in Kalk (Kalker Hauptstr. 247 – 273), Nippes (Neusser Str./Florastraße), Porz (Friedrich-Ebert-Platz 12), Rodenkirchen (Ringstr. 2) und in Brühl (Carl-Schurz-Str. 42) und Wesseling (Fußgängerunterführung Flach-Fengler-Str./Bahnhofsstr.).

Auskunft

Für Tarif- und Fahrplanauskünfte steht außerdem die Telefonauskunft unter Tel. 547 33 33 zur Verfügung, die rund um die Uhr besetzt ist.

Fundbüro

Fundbüro der Verkehrsbetriebe: Tel. 547 36 71

Tarifsystem

Das Verbundgebiet der VRS ist in 142 Tarifzonen eingeteilt, diese sind wiederum in Teilzonen untergliedert. Der Preis für eine Fahrt mit Bus oder Bahn richtet sich nach der Anzahl der Tarifzonen, die man durchfährt. An jeder Haltestelle ist deshalb ein alphabetisch geordnetes Fahrtzielverzeichnis ausgehängt, aus dem die Anzahl der Tarifzonen von der Einstiegsstelle bis zum Ziel verzeichnet sind. Sehr günstig sind die Kurzstreckentarife (K), die für eine kürzere Strecke innerhalb des Stadtgebietes gelten. Ob man mit einem Kurzstreckentarif fahren kann, ersieht man aus den Grafiken 'Kurzstreckenplan' an jeder Haltestelle, auf denen alle Haltestellen angegeben sind, die vom Einstiegsort aus mit einem Kurzstreckentarif zu erreichen sind. Die weiteren Preisstufen reichen von A bis D für 1 – 12 Tarifzonen. Die meisten Fahrtziele innerhalb des Stadtgebietes sind mit dem Tarif K und dem (Ein-bis-Zwei-Zonen-) Tarif A erreichbar.

Fahrkarten

Es gibt keine unterschiedlichen Fahrkarten je nach Verkehrsmittel (Bus, Straßenbahn, U-, S-Bahn), sondern man kann mit demselben Fahrschein jedes Verkehrsmittel benutzen und problemlos z.B. vom Bus in die Bahn umsteigen, ohne neu lösen zu müssen.

Einzelfahrscheine und Mehrfahrtenkarten

Einzelfahrscheine berechtigen zu einer einfachen Fahrt in der gelösten Preisstufe (von Kurzstrecke über A bis D). Mehrfahrtenkarten (4 Fahrten) sind ebenfalls in allen Preisstufen erhältlich. Dabei können 4 Fahrten unabhängig voneinander gemacht werden, oder man kann mehrere Mehrfahrtenkarten für eine beliebig lange Strecke kombinieren.

Streifenkarte

Dieselben Kombinationsmöglichkeiten gelten für die Streifenkarte, die aus 9 Feldern besteht. Die Anzahl der zu entwertenden Streifen zu einem bestimmten Ziel ist aus den Tabellen an den Automaten und Haltestellen zu ersehen. Man knickt die benötigten Felder auf der Karte um und entwertet z.B. nur das 3. Feld. Damit gelten dann auch die beiden ersten Felder als entwertet.

Geltungsdauer

Die Geltungsdauer der oben genannten Fahrscheine beträgt einschließlich der möglichen Fahrtunterbrechungen ab Entwertung:
- für die Kurzstrecke 45 min.
- für bis zu zwei Tarifzonen 90 min.
- bei 3 – 4 Tarifzonen 120 min.
- bei 5 – 8 Tarifzonen 180 min.
- bei 9 – 12 Tarifzonen 240 min.

Verkehrsmittel (Fts.)
Empfehlungen für Touristen:

Für Touristen, die die öffentlichen Verkehrsmittel häufig benutzen wollen, empfehlen sich folgende Fahrausweise:

24-Stunden-Karte

Die 24-Stunden-Karte ist für eine Person vom Zeitpunkt der Entwertung 24 Stunden lang gültig. Der Fahrgast kann beliebig oft ein- und umsteigen oder die Fahrt unterbrechen.

Minigruppenkarte

Mit der Minigruppenkarte können bis zu 5 Personen gemeinsam fahren. Er gilt von montags bis freitags ab 9.00 bis 3.00 Uhr nachts sowie am Wochendende und an Feiertagen ohne jede zeitliche Einschränkung.

3-Tages-Karte

Mit der 3-Tages-Karte kann ein Fahrgast an drei aufeinanderfolgenden Tagen beliebig oft fahren. Die Karte ist außerdem übertragbar.

Fahrkartenverkauf

In allen Straßenbahnen, U-Bahnen und Stadtbahnwagen ist ein Automat vorhanden (Kleingeld nötig!). Auch die Busse der KVB sind in der Regel mit Automaten ausgerüstet, in wenigen Fällen kann man einen Fahrausweis beim Fahrer kaufen. Außerdem gibt es an den wichtigsten Haltestellen ebenfalls Automaten.
Einzel-Fahrausweise aus Automaten sind bereits entwertet, deshalb sollte man dort nur Fahrkarten für den sofortigen Fahrantritt lösen.
Fahrkarten kann man zudem bei den VRS-Verkehrsstellen und den Fahrgast-Centern sowie an ca. 150 privaten Verkaufsstellen erwerben, z.B. an Kiosken, die über das gesamte Stadtgebiet verteilt sind.

Rheinseilbahn

Ein Verkehrsmittel der besonderen Art ist die Rheinseilbahn. Von Ostern bis Ende Oktober schweben die Gondeln von der Riehler Str. 180 (beim Zoo) in rund 50 m Höhe über den Rhein zum Rheinpark (Auenweg) hinüber. Fast 1 km beträgt die Streckenlänge, in den 50 Kabinen haben je 4 Personen Platz. Ca. 6 min dauert die Fahrt, auf der man einen schönen Blick über Köln hat. Tel. 76 20 06, Fax 76 21 40. Preis für eine einfache Fahrt 6,50 DM für Erwachsene, Kinder ermäßigt, Gruppenpreise ab 5 Personen.

Vorverkaufsstellen

Theater- und Konzertkassen

Bühnen der Stadt Köln (Oper, Schauspielhaus, Schlosserei, Kinderoper in der Yakut-Halle, Westend-Theater, Halle Kalk) Offenbachplatz,
Tel. 22 12 84 00, Fax 22 12 82 49
KölnTicket, Roncalliplatz am Römisch-Germanischen Museum, Tel. 28 01,
Fax 20 40 81 99
Theaterkasse am Neumarkt, (U-Bahn-Ebene), Tel. 2 57 38 42
Theaterkasse im Kaufhof, Hohe Straße 1, Tel. 2 57 88 11 oder 2 57 88 14
Theaterkasse Next am Rudolfplatz, Hohenzollernring 2–4, Tel. 2 58 29 57,
Fax. 25 29 14
Theaterkasse im Hause Saturn, Hansaring 64, Tel. 91 30 116, Fax 13 34 99
Theater am Dom, Glockengasse 11, Kölner Ladenstadt, Tel. 2 58 01539,
Fax 258 01 56
Kölnarena Ticket-Shop, Willy-Brandt-Platz 2, Tel. 80 20
Millowitsch Theater, Aachener Str. 5, Tel. 25 17 47, Fax 272 73 72
Theater am Tanzbrunnen, Rheinparkweg 1, Tel. 821 31 83, Fax 821 34 30
Theater der Keller, Kleingedenkstr. 6, Tel. 31 80 59, Fax 31 41 10
Kabarett 'Die Machtwächter', Gertrudenstr. 24, Tel. 257 83 60
Senftöpfchen-Theater, Große Neugasse 2–4, Tel. 258 10 58
Comedia Colonia, Löwengasse 7–9, Tel. 24 76 70, Fax 21 56 39
Theater im Bauturm, Aachener Str. 24, Tel. 52 42 42, Fax 951 44 31
KölnTicket event, in der Mayerschen Buchhandlung, Neumarkt-Galerie
Buchhandlung Gonski, Neumarkt 18a, Tel./Fax 20 90 93 57
Der andere Buchladen GmbH, Wahlenstr. 1, Tel. 52 05 79, Fax 51 13 43

Start-Ticket, weltweiter Kartenvorverkauf, Tel. (0 69) 758 80

Zeitungen (Auswahl)

Kölner Tageszeitungen

Kölner Stadt-Anzeiger
EXPRESS
Kölnische Rundschau
Bild-Zeitung

Stadtzeitungen

StadtRevue (mit Veranstaltungstips in und um Köln)
Kölner Illustrierte (auch Sonderhefte zum Einkaufen u. ä.)
Tempo
Prinz

Glossar

Kunstgeschichtliches Glossar

Apsis	(griech. = das Angefügte) Halbkreisförmiger Raum, von einer Halbkugel überwölbt, der ein Hauptgebäude abschließt. Seit römischer Antike bekannt, von der christlichen Kirchenbaukunst als Abschluß eines Langbaus gebräuchlich. In oder vor der Apsis steht der Altar, daher wird die Apsis oft als Chor bezeichnet. Nebenapsiden mit Seitenaltären schließen die Seiten- oder Querschiffe ab. Im Laufe der Zeit entwickelten sich nicht-runde Formen von Apsiden, so die polygonalen (mehreckigen), die rechteckigen, hufeisenförmigen usw. Ein Synonym für halbkreisförmige Apsiden ist die → Konche.
Architrav	Waagerechter Steinbalken über Säulen, Pfeilern oder Pilastern, der seine Last auf diese verteilt.
Archivolte	Häufig ornamentreiche Stirnseite eines Bogens, auch der Bogenlauf an romanischen und gotischen Gewändeportalen.
Arkade	(lat. = Bogen) Auf Pfeilern oder Säulen ruhender, offener Bogen, bzw. eine Bogenreihe. Ungeöffnet, d.h. einer Wand nur aufgelegt, wird sie Blendarkade genannt. Als Arkade wird auch der Gang bezeichnet, der von einer Bogenreihe an einer Seite begleitet wird.
Auskragung	Bauteile, die frei über einem Unterbau vorspringen, bzw. Steine, die aus einer Wandfläche vorgezogen sind.
Basilika	Drei- oder mehrschiffiger Kirchenraum, in dem das Mittelschiff höher als die Seitenschiffe ist und durch hochgelegene Fenster (→ Obergaden) beleuchtet wird. Ursprünglich in der römischen Antike gebräuchliche Bezeichnung für eine Markt- oder Gerichtshalle.
Bifore	Zweibogiges Fenster
Biforium	Zweibogenöffnung, doppelte Arkade
Blende	Ein einer Mauer zur Schmückung vorgesetztes, architektonisches Bauteil, z.B. ein Blendbogen, ein Blendtriforium usw.
Bündelpfeiler	In der Gotik ein Kernpfeiler mit ihn umgebenden Dreiviertelsäulen.
Chor	Ursprünglich der Raum für den Chorgesang bzw. das Chorgebet der Kleriker, seit dem 15. Jh. der Altarraum. In Basiliken mit Querbau der Raum, der als Verlängerung des Mittelschiffs über den Querbau hinausreicht. An diesen schließen dann u.U. die → Apsis bzw. die Apsiden an. Oft ist der Boden des Chors erhöht oder vom Gemeinderaum durch eine Chorschrankte oder einen → Lettner abgetrennt.
Chorgestühl	Das an den Langwänden des Chors aufgestellte Gestühl für die Geistlichen zum sitzenden, knieenden oder stehenden Gebet.
Chorumgang	Ein- oder mehrschiffiger Raumteil, der um den Chor gelegt ist.
Confessio	Grabkammer eines Heiligen unter dem Hochaltar. Seit karolingischer Zeit durch einen Gang für die Gläubigen zugänglich (→ Krypta).
Dachreiter	Schlankes Türmchen, das auf dem Dachfirst (meist über der → Vierung) sitzt und oftmals eine Glocke birgt.
Dekagon	Zehneckiger Zentralraum

Lange, dünne Viertel-, Halb- oder Dreiviertelsäule, die einem Pfeiler angegliedert oder einer Wand vorgelegt ist und die Gurte oder Rippen eines Gewölbes stützt. Häufig in Bündeln vorkommend tragen die Dienste die Last der Gewölbe. In der Romanik werden die Dienste → Vorlagen genannt.	Dienst
Kirche mit drei halbrunden oder polygonalen → Konchen, meist eine am Abschluß des Langhauses und je eine am Abschluß des Querbaus. Sie wird vom → Trikonchos unterschieden.	Dreikonchen-anlage
Geschoß über den Seitenschiffen, dem Chorumgang oder der Empore.	Empore
Chor, der in zwei oder drei Geschosse gegliedert ist.	Etagenchor
Altaraufsatz mit zwei beweglichen, geschnitzten oder bemalten Flügeln. Ohne Mittelteil wird das → Retabel Diptychon genannt, mit einem Mittelteil (Altarschrank) Triptychon, mit mehreren Flügeln Polyptychon.	Flügelaltar
Malerei, die auf noch feuchtem Wand- oder Deckenputz aufgebracht wird, die mit dem Putz trocknet und abbindet.	Fresko
Schmaler, horizontal verlaufender Streifen, meist ornamentiert, zum Schmuck oder Abschluß einer Wandfläche. An Außenwänden oft plastisch gestaltet, spricht man beispielsweise von einem Rundbogenfries, wenn der Fries aus einer Reihe von kleinen Rundbogen besteht.	Fries
Darstellung Christi mit eingefallenem Körper und vom Tod gezeichneten Antlitz an einem Kreuz mit gabelartig nach oben verlaufenden Seitenarmen (auch Pestkreuz).	Gabelkruzifix
Obergeschoß einer architektonischen Wandgliederung, meist der hochgelegene Teil des Mittelschiffs mit Fenstern (→ Obergaden).	Gaden
Langgestreckter, seitlich offener Laufgang an einer Fassade; oder gedeckte Passage.	Galerie
Konstruktionsprinzip einer romanischen Basilika zur Festigung der Gewölbe. Das Vierungsquadrat wird als Maßeinheit für alle anderen Teile des Grundrisses zugrundegelegt, so entspricht beispielsweise der Grundriß des Langhauses drei oder mehr Vierungsquadraten, die Seitenschiffe wiederum haben die halbe Breite des Mittelschiffs, d.h. zwei Quadrate im Seitenschiff entsprechen einem großen im Mittelschiff, wodurch jedes Mittelschiffjoch von je zwei Seitenschiffjochen gestützt wird.	Gebundenes System
Ein aus der Mauer hervortretender, meist waagerechter Streifen, der eine Wand oben abschließt oder sie in horizontale Abschnitte gliedert. Das Gesims kann die Form einer geraden, abgeschrägten oder anders gestalteten Platte haben, durch Konsolen gestützt werden und an verschiedenen Stellen auftauchen (Sockel-, Fuß-, Stockgesims).	Gesims
Schräg geführte Mauerfläche einer auf ein Portal oder ein Fenster gerichteten Maueröffnung (→ Laibung)	Gewände
Krummflächiger oberer Abschluß eines Raumes, meist aus keilförmigen Steinen. Tonnengewölbe haben als einfachste Gewölbeform einen halbkreisförmigen Querschnitt, können aber davon auch abweichen (Spitzbogentonne, Flachtonne u.a.). Ein Kreuzgratgewölbe entsteht bei der Durchdringung einer Längstonne durch eine gleichhohe Quertonne. Dabei ergeben sich Kanten, die Grate, die die vier entstandenen Kappen voneinander trennen. Werden die Grate durch tragende Rippen verstärkt, spricht man von Rippengewölben, so entstehen aus den Kreuzgratgewölben in der Gotik die Kreuzrippengewölbe.	Gewölbe

Gurt, Gurtbogen — Verstärkungsbogen, der quer zur Längsachse eines Gewölbes verläuft. Er trennt die Joche voneinander (daher z.T. Jochbogen genannt).

Joch — Durch → Gurte und Stützen abgegrenzter Gewölbeabschnitt. Man zählt ihn in der Längsrichtung des Kirchenschiffs.

Kapitell — Oben abschließender Teil (Kopfstück) einer Säule oder eines Pfeilers, Zwischenglied zwischen Stütze und Last, z.T. ornamentiert, in unterschiedlichen geometrischen Formen.

Kapitelsaal — Versammlungsraum des Kapitels (des Kreises der stimmberechtigten Mönche / Ordensmitglieder / Stifsangehöriger) für Besprechungen, Lesungen u.ä. In der Regel an der Ostseite des Kreuzgangs gelegen.

Kleeblattchor — → Dreikonchenanlage

Konche — Halbrunde → Apsis, manchmal nur die muschelförmige Halbkuppel der Apsis.

Konsole — Tragelement, das aus der Wand oder einem Pfeiler vorspringt und eine Figur, einen → Fries, einen Balken, einen Bogen o.ä. trägt.

Kreuzgang — Bei Kloster- oder Stiftskirchen der um einen quadratischen Innenhof führende Wandelgang, zum Hof hin in → Arkaden geöffnet.

Krypta — Kultraum meist unter dem → Chor, in dem Reliquien aufbewahrt bzw. verehrt werden. Stollenkrypten bestehen aus einem begehbaren, u-förmigen Stollen, in dessen Mitte sich die Grabkammer (→ Confessio) befindet. Seit dem 10. Jh. entwickelte sich die dreischiffige, gewölbte Hallenkrypta unter dem Chor, dessen Boden durch die Krypta über das Niveau der Schiffe gehoben wird.

Kuppel — Gewölbeform über einem runden oder quadratischen Raum. Überwölbt die Kuppel einen runden Raum, gibt es keine Nahtstellen zwischen den Wänden und der Kuppel, über einem eckigen Grundriß werden Hilfskonstruktionen eingesetzt.

Laibung — Die im Innern eines Raumes meist schräg verlaufende Begrenzung einer Maueröffnung, z.B. bei Fenstern, Portalen, Bögen.

Langhaus — Gemeinderaum einer Basilika, bei einschiffigen Kirchen der in der Kirchenachse längs verlaufende Raum bzw. bei mehrschiffigen Kirchen die Gesamtheit der Längsschiffe.

Laufgang — Gang im oberen Teil eines Gebäudes, der mit Säulen meist zum Innenraum hin geöffnet ist (außen → Galerie).

Lettner — Schrankenarchitektur, Trennwand zwischen Kleriker- und Laienraum in Kloster- und Stiftskirchen, gebräuchlich im hohen Mittelalter und in der Renaissance. Neben einem oder mehreren Toren hatte der Lettner oben eine Brüstung für das Lesepult. Ursprünglich bezeichnete der Lettner nur das Lesepult, von dem aus Epistel und Evangelium vorgetragen wurden.

Lisene — Schwach vortretender, senkrecht verlaufender Mauerstreifen zur Innen- und Außengliederung einer Mauerfläche, vor allem in der Romanik. Sie dienen oft als optische Stütze eines Blendbogens oder Rundbogenfrieses.

Maßwerk — Geometrische Schmuckform in der Gotik, meist zur Unterteilung von Fenstern, auch zum Schmuck von Giebeln, Wänden, Brüstungen u.a. Es entstand aus der Notwendigkeit, die großen, spitz zulaufenden gotischen Fenster zu unterteilen. Das Maßwerk setzt sich im unteren, geraden Fensterteil als Stabwerk fort.

Obergaden – Der Teil der Haupt- bzw. Mittelschiffwände einer Basilika, der über die Seitenschiffe hinausgeht und durch seine Fensterzone Licht hineinläßt (daher oft Lichtgaden genannt).

Paß – Aus Halb- oder Dreiviertelkreisen zusammengesetzte gotische → Maßwerkfigur, je nach Anzahl der zusammengehörigen Kreisbögen Dreipaß, Vierpaß usw.

Pfeiler – Architektonisches Stützglied aus Mauerwerk, meist rechteckig oder polygonal, freistehend oder mit einer Wand verbunden.

Pfeilerbasilika – Basilika, deren Haupt- bzw. Mittelschiffwände von Pfeilern getragen werden. (Bei einer Säulenbasilika dienen die Säulen lediglich zur Trennung der Schiffe.)

Pietà – Vesperbild, plastische Darstellung Mariens mit dem Leichnam Christi auf ihrem Schoß (italienische Bezeichnung).

Pilaster – Flacher Wandpfeiler mit Basis und → Kapitell, an Außen- und Innenwänden zu finden. Wichtiges Element der Wandgliederung besonders in der Renaissance, dem Barock und dem Klassizismus.

Postament – Im Unterschied zum kleineren Sockel der mindestens hüfthohe Unterbau einer Säule oder Statue.

Querhaus Querschiff – Der in Querrichtung zur Kirchenachse verlaufende Raum. Ist dieser gleich hoch und gleich breit wie das Mittelschiff, spricht man von einem Querschiff. Anders dimensionierte querliegende Räume heißen Querhaus. Bei der Durchdringung von Lang- und Querhaus entsteht die Vierung.

Reliquiar – Behälter (Reliquienschreine, Arm- und Kopfreliquiare u.a.) zur Aufbewahrung der Überreste (Reliquien) eines Heiligen.

Retabel – Altaraufsatz aus Stein, Metall oder Holz, mit Gemälden oder Skulpturen geschmückt. Er schließt die Altarplatte rückwärtig ab. Im 14. Jh. entwickelt sich das Retabel zum → Flügelaltar weiter.

Rippe – Verstärkender und tragender Konstruktionsteil einer Decke, genauer gesagt eines Rippengewölbes. Die Rippen, die über die Diagonalen des Grundrisses gespannt werden, kreuzen sich im Scheitel und leiten Druck und Schub des Gewölbes auf die Stützpunkte ab. In der Spätzeit des Gewölbebaus werden die Rippen zu Dekorationszwecken genutzt.

Sakristei – Nebenraum des Chors, in dem die heiligen Geräte und die Priestergewänder aufbewahrt werden.

Säule – Senkrechte, runde Stütze, die sich nach oben hin verjüngt, bestehend aus Basis, Schaft und → Kapitell.

Säulenbasilika – → Pfeilerbasilika

Schiff – Der Innenraum von Langbauten, bei mehrschiffigen Kirchen nennt man das mittlere Schiff Mittelschiff und die begleitenden Schiffe Seitenschiffe. Ist das Mittelschiff höher als die Seitenschiffe, spricht man von einer → Basilika (→ Querhaus und Querschiff).

Schlußstein – Der oberste und zuletzt eingesetzte Scheitelstein eines Bogens oder eines Hauptknotenpunktes der Gewölberippen.

Strebewerk – Das System aus Strebepfeilern und -bögen, die in der gotischen Architektur zur statischen Verankerung von Außenwänden und zur Ableitung des Gewölbedrucks dienen.

Sturz	Der gerade obere Abschluß einer Tür oder eines Fensters. In der Form eines Giebels wird er Giebelsturz genannt.
Tabernakel	1. Ein tresorartiges Gehäuse, in dem die geweihten Hostien aufbewahrt werden. 2. Ein von Stützen getragener Überbau über einer Figur, einem Altar oder einem Grab.
Triforium	Laufgang in der Hochwand einer Basilika. Er verläuft zwischen den Arkaden, die den Gang zum Mittelschiff, Querschiff oder Chor hin öffnen, und den höherliegenden Fenstern des → Obergadens.
Trikonchos	Dreikonchenbau, dessen zentralisierendes Element die Vierung ist. Sie bildet die bestimmende Mitte des Kirchenbaus. Drei Langraumstirnseiten werden von Konchen abgeschlossen, die im rechten Winkel aufeinanderstoßen.
Triptychon	Dreiteiliges Altarbild mit Mittelteil und beweglichen Seitenflügeln, mit denen der Mittelteil verdeckt werden kann.
Trompen	Nischenartige Wölbungen zwischen zwei Mauerecken, halbe Hohlkegel, deren Spitzen nach unten gerichtet sind. Durch sie kann ein quadratischer Unterbau in ein Rund oder ein Vieleck überführt werden.
Tympanon	Das Wandfeld über einem Kirchenportal zwischen → Sturz und Bogen, oft mit Reliefs geschmückt. Eigentlich allgemein der Ausdruck für das Wandfeld, das von einem vorgeblendeten Bogen umfangen wird.
Vorlagen	In der Romanik gebräulicher Ausdruck für den → Dienst.
Vierung	Der quadratische Raum, der durch die Kreuzung von Langhaus und Querhaus (-schiff) entsteht.
Vierungsturm	Der Turm, der sich im Außenbau über der Vierung erhebt.
Weicher Stil	Stilstufe der deutschen Plastik während der Gotik, um 1400 – 1430. Auffallend ist die Darstellung weich fließender, reicher Gewänder und allgemein die des Lieblichen und Anmutigen.
Westwerk	Der im Westen an eine Bischofs- oder Klosterkirche angebaute Baukörper, der um einen meist quadratischen turmartigen Mittelbau gruppiert ist. Dieser wird parallel zur Kirchenachse an drei Seiten von Emporen umgeben, die wiederum untereinander durch Treppen bzw. Treppentürme verbunden sind. In der ottonischen Zeit entwickelten sich die Emporenbauten zu Querflügeln, an die Westseite wurde ein zweigeschossiger Emporenflügel angefügt, dessen Untergeschoß als Eingangshalle diente. Das Westwerk hat ein eigenes Patrozinium (Schutzherrschaft eines Heiligen). Erwiesen ist, daß die Emporen auch als Kaisersitze dienten, ein Erdgeschoßraum wurde oftmals als Taufkapelle verwendet.
Zwerggalerie/ Zwerchgalerie	Laufgang in der Außenmauer, der die gesamte Kirche, die → Apsiden oder andere Bauteile umläuft. Nach außen öffnet sich der Gang durch kleine Säulen bzw. → Arkaden.
Zwickel	Dreieckiges Flächenstück z.B. zwischen zwei Bögen einer Arkade (Bogenzwickel), zwischen Bogen und Rahmung oder auch als überleitendes Gewölbeteil (Gewölbezwickel).

Register

Verzeichnis der Karten und graphischen Darstellungen

Bildnachweis

Archiv für Kunst und Geschichte (Berlin): S. 24, 27, (u), 28, 29, 30
Barisch, Klaus (Köln): S. 45, 203
Barten, R. (Köln): S. 105, 125
Branscheid, Barbara (Karlsruhe): S. 1, 7 (2x u), 17, 18, 22, 34, 37, 39, 41, 42, 63 (2x), 65 (li), 70, 73, 77, 88, 90, 95, 96, 98, 100, 101, 103, 106, 107, 108, 109, 113, 114, 119, 121, 130, 131, 133, 137, 139, 140, 142, 145, 146, 148 (re), 152, 154, 156, 159, 160, 163, 164, 180, 181, 187, 188
Branscheid, Ursula (Kusterdingen-Wankheim): S. 12, 19, 27 (o), 66, 74, 84, 92, 93, 94, 104, 118, 148 (li), 178
Branscheid, Dr. Wilhelm (Köln): S. 3 (o), 25, 75, 87, 134
Damm, Fridmar (Köln): S. 65 (re), 81, 82, 129, 151
Decker, Inge (Köln): S. 6 (u)
Hänneschen-Theater (Köln): S. 64
HB Verlags- und Vertriebsgesellschaft mbH (Hamburg): S. 110, 127, 157
Lade Fotoagentur (Hamburg): S. 3 (u), 5, 6 (o), 6/7, 7 (o), 8/9, 52/53, 102, 126, 166/167, 201
laif-Bildagentur (Köln): 83, 84 (li)
Mennicken, M.: S. 86
Rheinisches Bildarchiv (Köln): S. 116
Vollmer, Manfred (Essen): S. 71

Titelbild: Panoramablick mit Dom, Fernsehturm und Museum Ludwig (Foto: Lade)
Hinterer Umschlagdeckel: Martinswinkel in der Altstadt (Foto: Barbara Branscheid)

Impressum

Ausstattung:
107 Abbildungen
12 Karten und graphische Darstellungen, 1 großer Stadtplan

Text: Barbara Branscheid
Textbeiträge von Ursula Branscheid (Musikstadt Deutschlands, Specials anteilig), Dr. Wilhelm Branscheid (Stadtgeschichte, "Die heilige Ursula", Specials anteilig), Thomas Corzelius, Andrea Hollmann (Kunstgeschichte), Andrea Wurth

Bearbeitung: Baedeker-Redaktion (Barbara Branscheid)

Kartographie: Christoph Gallus, Hohberg-Niederschopfheim; Franz Huber, München; ADAC Verlag · Haupka Verlag · Mairs Geographischer Verlag (großer Stadtplan)

Gesamtleitung: Rainer Eisenschmid, Baedeker Ostfildern

7. Auflage 2000

Druck: Mairs Graphische Betriebe GmbH & Co., Ostfildern
Printed in Germany
ISBN 3-87504-153-4

Gedruckt auf 100 % chlorfreiem Papier

Notizen

Der Varta-Führer
Hotels und Restaurants
von Experten getestet
Deutschland
NEU
Mit CD-ROM
VARTA

Verlagsprogramm

Städte in aller Welt

Amsterdam
Athen
Bangkok
Barcelona
Berlin
Brüssel
Budapest
Dresden
Florenz
Frankfurt/M.
Hamburg
Hongkong
Istanbul
Köln
Kopenhagen
Lissabon
London
Madrid
Moskau
München
New York
Paris
Prag
Rom
San Francisco
St. Petersburg
Singapur
Stuttgart
Venedig
Weimar
Wien

Reiseländer · Großräume

Ägypten
Australien
Baltikum
Belgien
Brasilien
China
Dänemark
Deutschland
Dominikanische Republik
Finnland
Frankreich
Griechenland
Großbritannien
Indien
Irland
Israel
Italien
Japan
Jordanien
Kanada
Karibik
Kenia
Kuba
Luxemburg
Malaysia
Marokko
Mexiko
Namibia
Nepal
Neuseeland
Niederlande
Norwegen
Österreich
Polen
Portugal
Schweden
Schweiz
Skandinavien
Spanien
Sri Lanka
Südafrika
Syrien
Thailand
Tschechien
Tunesien
Türkei
Ungarn
USA
Vietnam

Regionen · Inseln · Flüsse

Algarve
Andalusien
Bali
Bodensee
Bretagne
Burgund
Costa Brava
Elba
Elsaß/Vogesen
Florida
Franken
Französische Atlantikküste
Fuerteventura
Gardasee
Gran Canaria
Griechische Inseln
Harz
Hawaii
Ibiza · Formentera
Ischia · Capri · Procida
Istrien · Dalmat. Küste
Italienische Riviera
Kalifornien
Kanada · Osten
Kanada · Westen
Kanalinseln
Korfu · Ionische Inseln
Korsika
Kreta
Kykladen
La Palma
Lanzarote
Loire
Lombardei · Mailand · Oberital. Seen
Madeira
Malediven
Mallorca · Menorca
Malta
Mecklenburg-Vorpommern
Norditalien
Oberbayern
Provence · Côte d'Azur
Rhodos
Rügen
Sachsen
Salzburger Land
Sardinien
Schleswig-Holstein
Schottland
Schwäbische Alb
Schwarzwald
Seychellen
Sizilien
Südengland
Südtirol
Sylt
Teneriffa
Tessin
Toskana
Türkische Küsten
Umbrien
USA · Nordosten
USA · Südstaaten
USA · Südwesten
Zypern

Kleine Städteführer Deutschland und Schweiz

Augsburg
Bamberg
Basel
Berlin
Bonn
Bremen
Freiburg
Hannover
Heidelberg
Konstanz
Leipzig
Lübeck
Mainz
Nürnberg
Regensburg
Trier
Wiesbaden